ΦΙΛΟΛΟΓΙΑ
爱言：古典语文学
古典音韵学系列

古音三书

重音与节奏

拉丁语和希腊语的韵律特点

Accent and Rhythm

William Sidney Allen

Prosodic Features of Latin and Greek

［英］威廉·西德尼·阿伦 著　黄瑞成 译

西北大学出版社
·西安·

项目资助

古典辞书编纂与古典语文学研究

(2020CDJSK47ZH07)

国家社科基金重大项目"《古典拉丁语汉语大辞典》编纂"

(16ZDA214)阶段性成果

Accentus est quasi anima uocis.

POMPEIUS, *Comm. Artis Donati*, v, 126 K

重音就像声音的灵魂。

——庞培,《多纳图斯〈语法技艺〉评注》

Τῇ δὴ τῆς κινήσεως τάξει ῥυθμὸς ὄνομα.

PLATO, *Laws* ii 665

运动的秩序名为节奏。

——柏拉图,《法义》

中文版"古音三书"序一

语言首先由声音构成。文字书写固然重要,究竟是第二位的。语料的声音,极富深义。语言的韵律,更是如此。语言的声音及其韵律,构成了语言的音乐性。希腊语和拉丁语韵律事关重大,不惟就诗而言如此:作为语言实质的韵律,其影响无所不在。

中国(汉语)语文学,有极为悠久的语音学乃至音韵学分析传统。这种学术兴趣发生在西方,较中国晚近得多,但西方的理论音韵学和历史音韵学后来居上,发展成为一个体量庞大的学术领域,阿伦(William Sidney Allen)关于希腊语和拉丁语发音的贡献即属此列。他的理论尽管不可避免会引起争议,却仍然是这一领域的基本经典,所有更进一步的讨论都必须参考。将他的著述介绍到中国学术界,将使得东西方历史语文学的一项对话成为可能,这种对话是每一位有志于将语文学全球化的学者的兴趣所在。

黄瑞成教授独具慧眼,精心译成阿伦这三部经典著作,为中国的历史音韵学研究的全球化做出了贡献。特别令人欣慰的是,他对原作的所有前言和导论都给予恰当关注,这为进入西方历史音韵学史领域提供了极好洞见,也为我们就如何翻译相关古代文献展开有历史眼光的富有成效的对话开辟了道路。

应当强调指出,阿伦在一个关键问题上与瑞典音韵学家高本汉(Bernhard Karlgren)观点一致:他们都不关注抽象的音韵学系统，而关注在历史中变迁的音韵学系统在发音上的实情。所以，比较研究希腊语和汉语在音韵学系统和发音模式上的变迁细节，将是一项极具学术吸引力的工作，黄教授翻译的"古音三书"为这项重要学术课题提供了必要准备。我期待着一个时日的到来：能够对中国和希腊两千五百年间的语音变迁，着眼于其语文学和理论细节，作出深入比较研究。到那时候，音韵学史——这个长时段（longue durée）——将会变成一种全球语文学。黄教授愿为此富有雄心的未来学术课题铺路。但此时此刻，就目前而言，他为任何关于希腊语和拉丁语究竟如何发音的讨论，提供了极为重要的出发点。

"古音三书"的翻译出版，是我们全球范围内依然太过狭隘的语文学实现全球化进程中的一个重要时刻。

何莫邪（Christoph Harbsmeier）
丹麦哥本哈根
2022年12月19日

中文版"古音三书"序二

阿伦（1918—2004）是过去一百年间为数不多能将发声语音学高水平专业知识，与希腊语、拉丁语和梵语文学的渊博学识相结合的杰出学者之一。阿伦的研究涵盖范围极广：从对高加索阿巴扎语的详尽阐明（"Structure and system in the Abaza verbal complex", *Transactions of the Philological Society*, 1956, 127—176）——这是对一位母语为阿巴扎语的受访者（Major Huseyin Kumuz）超过100小时的语音研究成果——到关于梵语语音学和梵语语法学家的两部研究著作（*Phonetics in Ancient India*, London Oriental Series, 1, London, 1953, and *Sandhi: the theoretical, phonetic, and historical bases of word-junction in Sanskrit*, The Hague, 1962）。

读者面前的"古音三书"，是阿伦专门研究希腊语和拉丁语韵律和语音的著作。《古典拉丁语语音》首版于1965年，再版于1978年；《古典希腊语语音》首版于1968年，再版和三版于1974和1987年。这两本书至今畅销不衰，广为学生和老师阅读使用。它们为想要诵读古代著作家，如维吉尔或荷马诗作的读者，提供了简明易懂的指导，还广泛运用于古代戏剧的现代排演中。在中小学以及大学中，这两本书已成为标准参考书目。第三本书《重音与节奏：拉丁语和希腊语的韵律特点》，是为不同于《古典拉丁语语音》和《古典希腊语语音》的读者对象写就的。这本书不会出现在中小学图书馆里，也不大可能出现在本科生的阅读书目中。然而，如莱昂斯（John Lyons）在《古典语音学家阿伦》中所言："这部著作因其对所有相互关联主题的权威处理而受到普遍认可，且很可能被各相关学科的同行专家评为他的遗作中最为重要的部分。"

这三本书出版以来，在希腊语和拉丁语语音学领域已有了长足进展，我只能简单概述其中最重要的一些著作。按照阿伦作品的出版顺序，我将首先介绍研究拉丁语发音的新著，其次是研究希腊语发音的著作，然后转向研究拉丁语和希腊语音节划分与格律的著述，当然就这三个方面不可避免有相互重叠的著作。关于拉丁语发音，首先我要谈及韦斯（Michael Weiss）的《拉丁语历史与比较语法纲要》（*Outline of the Historical and Comparative Grammar of Latin*，Ann Arbor, 2020）第二版，这本书有一小节针对拉丁语发音（pp. 61—70），其中包括对拓展书目的完整标注；这本书也对音变作了最为全面的考察，这些音变在历史上和上古都影响了拉丁语的发音。2021年去世的伟大拉丁语学者亚当斯（Jim Adams），在其人生最后二十年间出版的主要作品中，同样探讨了拉丁语音韵学和正字法的诸多方面。对拉丁语方言差异（或拉丁语正字法练习）感兴趣的读者，推荐其参考亚当斯《公元前200—公元600年拉丁语的区域多样化》（*The Regional Diversification of Latin 200 B.C.—A.D. 600*，Cambridge, 2007）一书中有关"拼写"或"元音"等条目的"索引"。亚当斯的《社会变异与拉丁语》（*Social Variation and the Latin Language*, Cambridge, 2013, 29—198）关于"音韵学与正字法"的长篇章节，也对我们认识拉丁语发音有重要价值。同样重要的是罗伯卡洛（Michele Loporcaro）对拉丁语元音和罗曼语系元音变化长达一本书篇幅的研究:《从拉丁语到罗曼语的元音音长》（*Vowel Length from Latin to Romance*, Oxford, 2015）。

关于希腊语发音，由吉安纳基斯（Georgios K. Giannakis）牵头的团队主编的《希腊语与语言学百科全书》（*Encyclopedia of Greek Language and Linguistics*, Leiden, 2014，也有在线版）中，有许多涉及希腊语发音的条目，包括"重音""音韵学""音节""半元音"等。关于后古典时代的希腊语发音，尤为有用的是霍罗克斯（Geoffrey Horrocks）的《希腊语：关于这门语言及其使用者的历史》（*Greek: a history of the language and its speakers*, 2nd edition, Chichester, 2014），以及维塞拉（Carlo Vessella）的《复杂巧妙的语言使用者：阿提卡词汇中的阿提卡式发音》（*Sophisticated Speakers: Atticistic Pronunciation in the Atticist lexica*, Berlin, Boston, 2018）。在此同样值得指出，阿伦将其作为希腊语字母 *eta* 在公元前5世纪演变为前高元音的例证所提到的一些学校课本（p. 74 fn. 22），如今可追溯至罗马时期，或许迟至公元5或6世纪（参见Leslie Threatte, *The Inscribed Schist Fragments from the Athens Academy Excavations*, Athens, 2007）。关于希腊语方言的新发现和新研究，也在不断揭示细节：一个典例便是多苏纳（Julián Méndez Dosuna）最近与帕克（Robert Parker）合作的一篇文章（"The Pronunciation of Upsilon and Related Matters: A U-Turn", in Robert Parker and Philippa M. Steele eds., *The Early Greek Alphabets: Origin, Diffusion, Uses*, Oxford, 2021, 119—145）。

《重音与节奏》面世以来，其所涵盖的研究主题，已由阿伦的观点获得巨大推进。这本书有一个不尽完美之处，或许会导致一些学者过于草率地轻视其结论，那就是它坚持由斯泰森（R.H. Stetson）提出的"肌动理论"（Motor Theory），这是一种解释音韵单位即音节的方法。斯泰森提出了一种理论（详见 *Motor Phonetics*, Amsterdam, 1951），认为音节有其生理基础，他所谓"胸部搏动"参与了单位发音的产生。20世纪50年代，语音学家拉迪福吉德（Peter Ladefoged）领导的实验显示，斯泰森在这一点上是错误的，语音学家通常已不支持肌动理论。阿伦知道拉迪福吉德对斯泰森理论的批评（见《重音与节奏》页44—45），但仍认为这一模型具有强大的解释作用。阿伦之后，那些关于古代音韵学问题的研究，对肌动理论的充分性并不十分确信。在《希腊语言说中的韵律》（*The Prosody of Greek Speech*, Oxford, 1994）中，德瓦恩（A.M. Devine）和史蒂芬斯（Laurence D. Stephens）运用出自其他语言的证据，以不足一页的篇幅（p. 73f.）批驳了肌动理论，尽管他们也确实利用了阿伦这部著作很多方面的内容。《重音与节奏》还有其他方面，也为后续成果所取代，例如，阿伦认为罗马语法学家和研究拉丁语重音的作家"盲目地将希腊语系统误用在对拉丁语的说明中"，最近的研究（Philomen Probert, *Latin Grammarians on the Latin Accent*, Oxford, 2019）证明，这是低估了罗马人描述重音现象的复杂巧妙。

然而，在承认阿伦的《重音与节奏》不乏缺陷的同时，我们也应注意到这部作品的洞见之深刻、阐述之原创和理论之大胆。这本书中讨论的许多问题仍具争议，且尚无普遍认可的理论来解释。随着音韵学诸理论的变革，学者们也在依据不同理论基础来解释希腊和罗马的韵律证据。尽管如此，《重音与节奏》仍具有持久重要性，因为，阿伦的证据搜集和深刻分析，在新理论出现时，对检验它们仍具有重要性。

新的发现仍在使希腊语和拉丁语的韵律和语音学版图复杂化，同时也在增长我们的学识。举个简单的例子，阿伦在《重音与节奏》（页268）中指出，没有证据表明，公元4世纪以前，希腊语诗行中重音音峰与格律节拍相符合，后者是每行诗的强音位置。怀特马什（Tim Whitmarsh）最近的一篇文章《少关注，多重读：一首来自罗马帝国的格律诗》（"Less Care, More Stress: A Rhythmic Poem from The Roman Empire", *The Cambridge Classical Journal*, 67, 2021, 135—163），发掘了一首早期希腊语诗歌的优秀代表作，它明显具有"重读格律"，从而将希腊语重音性质转变的时期，推溯至比阿伦的设想更早的年代。

对希腊语和拉丁语韵律和语音的研究，仍将在阿伦等人打下的基础上推进。我希望，这三本书的中译本，会促进几辈中国学者更全面地研究这些引人入胜的主题。这些著作是他们最好的研究指南，且毫无疑问，这些著作的翻译将引领未来的学者重新思考希腊语和拉丁语的语音和韵律，并为尚未解决的难题提出新理论和新对策。

克拉克森（James Clackson）
比较语文学教授
剑桥大学耶稣学院

（黄卓尔 译）

目　录

前　言　　　　　　　　　　　　　　　　　　　001
符号凡例　　　　　　　　　　　　　　　　　　003
引述说明　　　　　　　　　　　　　　　　　　005

第一部分：理论背景概述　　　　　　　　　　007
  1. "韵律"和"韵律结构"：历史背景　　　　　009
  2. 语法考察　　　　　　　　　　　　　　　　029
  3. 音节；元音和辅音　　　　　　　　　　　　043
     音韵学进路　　　　　　　　　　　　　044
     语音学进路　　　　　　　　　　　　　048
  4. 音长和音量　　　　　　　　　　　　　　　070
     元音音长　　　　　　　　　　　　　　070
     辅音音长　　　　　　　　　　　　　　075
     音节音量　　　　　　　　　　　　　　076
     一种肌动进路　　　　　　　　　　　　093
  5. 重读　　　　　　　　　　　　　　　　　　109
  6. 音高　　　　　　　　　　　　　　　　　　121
  7. 重音　　　　　　　　　　　　　　　　　　125
  8. 节奏　　　　　　　　　　　　　　　　　　139

9. 格律　149
　　程式化　150
　　诗体层面　151
　　规则与变体　153
　　行与小句；音顿与跨行　163
　　音步　177

第二部分：拉丁语的韵律结构　183

10. 音节结构；音量与音长　185
　　~VCV~ 和 ~V̆CCV~（概论）　185
　　停顿前的 ~V̆C 的音量　186
　　元音音长　189
　　复合性停顿的释放和阻止　193
　　~V̆CC(C)V~（不停顿的音列）　194
　　~V̆CC(C)V~（停顿前的音列）　195
　　~V̆CC(C)V~（停顿后的音列）　196
　　超特征化　203

11. 词语音联（~V + V~）　204

12. 重音　217
　　（a）分类学　217
　　（b）适用范围　222
　　规则重构　232
　　重音音阵　234
　　双音节重读　244

短长格短读	256
断音重读	265
词尾重读	266
次要重读	269
附记A：英语中的短长格短读与断音重读	273

第三部分：希腊语的韵律结构　　285

13. 音节结构；音量与音长　　287

~VCV~ 和 ~V̆CCV~（概论）	287
停顿前的 ~V̆C 的音量	289
元音音长	293
复杂停顿的释放和阻止	294
~V̆CC(C)V~（不停顿的音列）	295
~V̆CC(C)V~（停顿前的音列）	296
~V̆CC(C)V~（停顿后的音列）	297
超特征化	314

14. 词语音联（~V + V~）　　317

15. 重音　　326

（a）分类法	326
音乐证据	328
"语调升降"	332
莫拉	333
（b）适用范围	334
限制规则	335

非重读后接词	340
非重读后接词组合	346
抑音音标	347
语调；非重读后接词（和非重读前接词）重述	352
疑问句	357
"中度"重音	360

附记B：希腊语六音步中一个重音节等值于两个轻音节　361

16. 重读　368

（a）关联重音的重读　368

（1）古典时代的关联　368

（2）后古典时代的关联　374

（3）动力重音　379

附记C：盎格鲁－荷兰传统　384

（b）非重音性重读　387

证据（1）格律（先验）　389

证据（2）音乐　394

证据（3）格律（后验）　395

以往解决难题的进路　396

一种新进路　401

附记D："不论"原则　419

重读规则总结　473

附录：拉丁语六音步　475

古代西方语法和工具书版本	513
所引现代著作	514
索　引	543

| 跋"古音三书" | 560 |

前　言

这本书题名所指总体研究领域，近几年间越来越引起我的关注，也为我发表的期刊论文和著作章节提供了主题。近来，有人建议我可将这些著述汇集成书以裨益于学术。但我思量此提议越多，则越觉得不值得这么做。一来，已写就的篇什，其目的和读者对象都不同，要汇集成书则结构过于芜杂。二来，在几个问题上，我的观点数年间已有推进和变化，所以，为保证前后一致，必须为大部分文章增补脚注、前言和跋语。第三，我的研究的基本取向，是由特定的、"针对文献的"研究朝更为普遍的原则推进；尽管某一篇作品的表达，无疑揭示了作者思想进程的某一方面，但难以期待它能裨益于学术界。

这样看来，我应当写一本全新的著作以飨潜在的读者，此前发表的作品则述其大要（因而需频繁述及），① 但反其道而行之——也就是说，开篇讨论基础概念和普遍原则（按我写作当时关于它们的设想），以俟用于描述和廓清特殊的语言现象。与此同时，这也是一次全面考察其他著作家的最新观点的良机，这些观点尤其有用于本书作理论概述的"第一部分"，这部分覆盖的主题和出版作品的范围相当广泛。

---

① 笔者的名字全书缩写为 A.。

在最近两本致力于古典语言的语音学著作中（A 1965；1968a），关注点主要在音位上的元音和辅音音段，也非常频繁并特别论及某些更为广泛的"超音段"（suprasegmental）特征，诸如音长、音量、重音和音联。眼下这本书几无例外致力于后几种类型的现象；其总体范围如主题所示，但将在导论性章节中作更为确切的界定。"节奏"这个术语，尤其可作各种解释；纪元后 4 世纪，关于音乐，已有一位著作家在回答"何谓节奏？"这一问题时，引述了六种不同的权威观点；①晚近，这个术语的用法计有五十余种。②尽管其非常广泛的含义使其可以用作一个题名，但有了更为确切的术语，它将弃之不用（按照第 8 章的某些讨论）。"韵律"（prosodic）这个术语，作为副标题，将构成特别由第一章研究的主题。

我们希望，运用最近关于语音学上可通达的活语言的研究和考察，将进一步澄清第 2 章、第 3 章主要关注的"死"语言的某些特征。但是，反过来，有可能为说明古老的现象而建立的抽象模型，可以证明其与现代语言，包括英语，也有某种相关性，甚至引向对后者中迄今未知的某些特征的考察。此类特征的一个特殊案例，构成"第二部分"单独一项"附记"的主题。

我要感谢考勒曼先生（R. G. G. Coleman），他仔细校读了这份冗长而又往往难以识读的打字稿，从而使我免于大量不当表述；文责仍当由我自负。

威廉·西德尼·阿伦

于剑桥

1972年6月

---

① Baccheius, ap. Jan 1895, 313.
② de Groot 1932, 82.

符号凡例

（特殊惯例在相关页码中有描述）

~ = 略去不重要的事项

C = 辅音

V（V̌, V̄）= 元音（短，长）

Σ（Σ̣, Σ̱）= 音节（轻，重）

Ṿ, V̱ 轻、重音节中的元音

Σ̌, Σ̄ = 包含短、长元音的音节

(C)V+(C) = 有胸阻的音节

(C)V°(C) = 无胸阻的音节

/ / = 音位称述

[ ] = 语音称述

{} = 词形称述

aa, etc. = 长元音（在音位称述与语音称述中）

- = 语法界限（词内）

. = 音节界限

, = 词界（没有显示空格的地方）

| = 音步界限

‖ = 格律单位界限

⋮ = 小句界限（音顿或音分）

I...VI = 第一音步……第六音步

a = 音步的第一要素

b = 音步的第二要素

a_1/b_1，a_2/b_2 = 双音节中的第一、第二音节（譬如，六音步中的"IVb_1 处的词语划分" = 长短短格第四音步中长短格部分之后）

引述说明

除非另有提示,数字指页码。

前面有 p. 的数字,指本书内容的互参页码。

所引著作详情,见页 361★ 及以下所列文献书目。

当两位作者同姓时,其中一位在引述和文献书目中以星号 * 标明。

若某一作者的某一部著作在某一章中频繁引述,首引后略去出版时间,并在文献书目中以粗体印刷。

★ 书中此类页码均指原著页码,即本书页边码。——译注

I

第一部分
理论背景概述

1. "韵律"和"韵律结构":历史背景
"Prosody" and "prosodies": the historical setting

按其最初的语言学用法(linguistic use),希腊语术语 προσῳδία 具有清晰和限定的含义;如其词源所显示的那样,它意指一种"音调",言说时要按此来吟诵,这个术语尤指旋律重音(melodic accent),后者是所有古希腊语词汇的特征。如此来规定这种重音定位(accentuation)是恰当的,"因为,吟诵要与音节和谐一致"(quia προσᾴδεται ταῖς συλλαβαῖς),如一位拉丁语语法学家后来所评说的那样。① 在此意义上,这个术语正是由亚里士多德创造的;拉丁语的 accentus 这个词,显然是特别基于这个希腊词在重音方面的含义而仿造的。

并无确凿证据表明,亚里士多德为其进一步增添了新的含义,② 尽管他也继续在更为普遍的意义上来使用此术语,指吟诵更长地延

---

① Diomedes, i, 431 K.
② Laum 1928, 21。在《智者的辩驳》(*Soph. El.* 177b)中,亚里士多德论及 ὅρος,根据 προσῳδία,按照文本,有别于 ὅρος(差异在于"送气")。但乌里希(Uhlig 1883, 171)评论说,"我的疑问在于,如此校勘,ὅρος 就失声变成了 ὀρός"(dubito an ita corrigendus sit ut ὅρος mutetur in ὀρός),只涉及重音区分;事实上,在《特拉克斯注》(*Schol. in D. Thr.* 171 H)中引述了这种特殊的对比("水质对比奶质"[τὸ ὑδατῶδες τοῦ γάλακτος]),亦参 Margoliouth 1911, 329。

续着的话语。可是后来，这个术语的含义开始扩展到其他某些特征，如重音（accent），对这些特征的解释，无法通过将言辞按音段分析为元音和辅音音位（phonemes/στοιχεῖα）而达成——而首先要通过送气发音（aspiration）和元音音长来说明。这些特征，还有其他范畴（*Poet.* 1456b），亚里士多德确有论及，但显然，除此之外，他还认为这些特征源于音位要素（phonematic elements）。这种含义扩展，或许可以追溯到特拉克斯（Dionysius Thrax，2c. B.C.），① 而真正确立要到希罗迪亚努斯（Herodian，2c. A.D.）的时代；的确，在瓦罗（Varro，2c. B.C.）的时代，我们已然看到一种雄辩的、尽管是想象式的对下述做法的合理化：将送气发音和元音音长与音高结合起来，它们是言辞"整体"的三个"维度"：②

4 Scire oportet uocem sicut omne corpus tris habere distantias: altitudinem crassitudinem ⟨longitudinem⟩. Longitudinem tempore ac syllabis metimur: nam et quantum ⟨m⟩or⟨a⟩e enuntiandis uerbis teratur et quanto numero modoque syllabarum unum quodque si⟨t⟩ uerbum, plurimum refert. Ab altitudine discernit accentus, cum pars uerbi aut in graue deprimitur aut sublimatur in acutum. Crassitudo autem in spiritu est, unde etiam Graeci aspirationem appellant ⟨δασεῖαν et ψιλήν⟩; nam omnes uoces aut aspirando facimus pinguiores aut sine aspiratu pronuntiando tenuiores. [应当知道，声音，正如每一个物体，都有三个维度：高

---

① Laum 1928, 25 f.
② Ed. Goetz & Schoell, Frag. 76.

度，厚度，〈长度〉。长度，我们用时间和音节来度量：因为，要读的词语会用多少莫拉，同时，每一个词有多少种音节，特别是长度所要涉及的内容。由高度可以辨明重音，一个词的每个部分，要么低沉，要么高扬。而厚度在于气息，希腊人也用此来称呼送气〈δασεῖαν（送气）和ψιλήν（不送气）〉；因为，我们发所有音，要么送气，发音会更为粗重，要么不送气，发音会更为轻柔。]

不必奇怪，希腊语法学家会指出这些特征，因为，尽管在这门语言中，它们完全有可能不同（譬如，δῆμος VS δημός, εἴην VS εἴην, λίπαρῶς VS λῑπαρῶς），通常在古典时期的书写中显示不出来，除某些元音符号本来音长就不同（短元音 ε, o VS 长元音 η, ω, ει, ου），还有破裂辅音组合要送气发音（φ, θ, χ VS π, τ, κ）。在亚历山大里亚时期，关于早期语言的知识衰败了，希腊语开始作为外国语来教授，遂感到有必要在古典文献中将这些特征标示出来，若非如此则会导致歧义（πρὸς διαστολὴν τῆς ἀμφιβόλου λέξεως［以辨别有疑问的词语］），传统上，拜占庭的阿里斯托芬（Aristophanes of Byzantium）的名字，与相关符号的采用联系在一起（重音符号，**长音**［longum］和**短音**［breve］符号，还有"送气"与"不送气"的气音符号）。与此同时，还采用符号以消除连续书写的文本中的词语界限方面的歧义——省略符表示省音（elision），逗号表示词语之间的界分，连字符（ligature/ὑφέν）表示连续，尤其在复合词中：所以，譬如 καθ᾽ημων（VS καθημαι），ηλθε, νηπιος（VS ηλθεν, ηπιος），μεγαλητορα（VS μεγαλη, τομη）。

到了纪元后 300 年左右，προσῳδία 这个术语似乎不仅已开始用于指原初的音高之韵律，还有其他两种词**内**（intra-word）的送气和音长之"韵律"，也（如"重音"[accent] 的通行用法）开始用于指标示这些特征的符号，从而还扩展到词**间**（inter-word）的音联（juncture）或非音联（disjuncture）符号。① 后来这种扩展，首先被认为是"误用"（καταχρηστικῶς），但到了泰奥多西乌斯（Theodosius, c. 400 A.D.）的时代，它融入了 προσῳδία 的含义；② 这种扩展的正当性可至于这样的程度：甚至连这些音联符号也与原初的韵律有关，它们的功用是表明，一个特殊的词语序列，讲说时是否可以使用单个词语重音（ἕνωσις τοῦ τόνου）。③

还有一种扩展，将重音和送气音符号普遍用于出现所有这些特征的情形，而非只用于有可能造成歧义的情形；④ 通过词扩展，会模糊"韵律"符号与标点符号的功能区分，后者的功能是指引阅读时

---

① 乌里希（Uhlig 1883, 170 f.）："因此，为了全面理解 προσῳδία 之概念，除了文献中已表明的以外，就发音而言，还应关注以下内容：音调，双元音的拉长和缩短，送气音，两音之省音造成前音末尾元音的省略，一音中音节之结合，多音中音节之分离。"（ita ut προσῳδίας notione omnia comprehendantur quae in pronuntiandis vocibus praeter ea quae litteris exprimuntur observanda sunt: tenores, productio aut correptio vocalium ancipitum, spiritus, synaloephe duarum vocum quae prioris vocali finali elisa efficitur, coniunctio syllabarum in unam vocem, disiunctio in plures.）

② Laum 1928, 27 f.

③ Palmer 1957, 191.

④ 可是，长音符号，尽管偶尔也用于纸莎抄本（尤其是方言文献，特别标示出 ā = 阿提卡方言的 η），却未成为规范正词法系统的一个部分——大概是因为，有歧义的（δίχρονα）元音，也就是 ι, υ, α，极少涉及严格的对比：Ruipérez 1956, 76；Fischer 1961；A 1968a, 86。

的停顿和语调（πρὸς τὸ βέλτιον παρασκευάσασθαι τὴν ἀνάγνωσιν［为更好地诵读作准备］）；可是，连后面这些特征也可以视为从句或句子的"韵律"，堪比词语更为传统的韵律。

这就是拜占庭时期的情形，而未见进一步演变，如此直至文艺复兴。后来（在英格兰始于15世纪），"韵律"这个词再现，具有典型的新的所指。它意指一个主题而非一种现象（无论是语音现象还是书写现象），意指人文科学的一个特殊分支，其仅有部分涉古典的προσῳδία。新的韵律的特质，可以明确按一度流行的穆雷（Lindley Murray）的《英语语法》（*English Grammar*）来定义：①

韵律由两部分构成：前者教授词语的真实**发音**，包括**重音**、**音量**、**强调**、**停顿**和**音调**；后者教授**诗律**（VERSIFICATION）法则。

这个术语的含义领域的新进者，当然就是"诗律"。这两大主题之间的主要关联，在于音节"音量"，元音音长之古韵乃是其主要构成部分。直至晚近，研究作诗，从根本上仍然是研究**古典**的诗律（尽管也常用于后来的诗艺［poetry］：参见页351及其以下）；由于古典格律（classical metres）以音量为基础，自然足以将这样的研究与关注其基本韵律的学科连接起来。词语、从句和句子的边界，也与诗节（verse）相关，按照这个术语的衍生用法，它们也都是韵律。

对韵律的格律方面的强调，尤为英国中学坚持拉丁语诗歌写作能力培养所鼓舞，尽管名目不一。譬如，斯威特（Henry Sweet）

---

① 3rd edn（1816），i, 345.

在"分析"(Analysis)主题下处理了分音段的辅音和元音单位，在"综合"(Synthesis)主题下进而讨论了"它们在言说中结合起来的不同方式……它们的**音量**、**重读**和**语调**"(1891，226 ff.)；[①]在此主题下，斯威特还处理了音节和过渡音(transitions)。随着20世纪第二个15年中描述语言学的迅速发展，各种此类现象再次与"韵律"名称相符合，尤其在美国语言学家和"布拉格学派"(Prague School)的著作中。[②]所以，对于特鲁别茨柯依而言(1935/1968，30；1939/1969，95)，"韵律单位"或"韵律音位"(prosodemes)是"节奏-旋律"(rhythmic-melodic)单位，密切关联音节及其"属性"，包括时长、声强和音高。对于布洛赫与特拉格尔(Bloch & Trager，1942，34)而言，"韵律特征"包括"音量（音长），重读（响度）和音调（音高）"，[③]与此同时，"音联"现象构成一个相关主题。最近，在将"韵律"术语用于三个已论及的特征时，马蒂内(Martinet 1960，77)评论说，它们的应用特点本质上出现在每一种话语中。

在美国著作家那里，"韵律音位"也用来指**有区别的**韵律特征或"韵律性音位"(prosodic phonemes)，[④]也就是说，指在聚合关系上(paradigmatically)彼此相反的特征（譬如，高音 VS 低音，在有音调的语言中出现在相同语境中）。这类特征与那些仅在组合关

[①] 亦参 Sweet 1906，44 ff.。
[②] Vachek 1966，63 f.。
[③] 尤为特别的是（Trager 1941，132），在描述词语或"作为一个词的部分的音节"时，从而有别于更为广泛的"语调"特征。
[④] Hamp 1957，*s.vv.*

系上（syntagmatically）彼此对照的特征（譬如拉丁语中重读之强 VS 弱，在类似语境中彼此并不对立）之不同，也受到强调：譬如 Rischel 1964，87 f.；Pulgram 1969，394。

在这些用法中，"韵律"（prosodic）的一个常见的替代术语是"超音段"（suprasegmental）；① 在特拉格尔那里（1941，135），也使用"具现"（exponential）这个术语，他进而评论说："任何次要的语音特点——正如喉音化、鼻音化、唇音化、卷舌、'喉音性质'、'音重'（weight），等等——可以想见其功能就像某一既定语言的具现。"

部分与已论及的特征类型重叠，有哈里斯（Harris）创造的术语"音位长组元"（phoneme long components）（譬如，1951，125 ff.）。哈里斯评论说，音段音位（segmental phoneme）"并非不从属于其语境"，他寻求表达所隐含的从属关系（dependences），通过抽绎出"延伸超出从属关系之音长的长组元"。此范畴显然，譬如，能够包括延伸超出音节的重音特征（任何分析通常都认为它们与音位音段分离），② 与此同时，它进而延伸至这样的特征，譬如，音列（sequence）/st/ 中的清音发声；所以，*bust* = /bʌzd/，密切关联 *buzzed* = /bʌzd/，从而消除了对 /d/ 并不出现在 /s/ 之后的陈述语境的需要。这种特征的"域"（domain），也许会变化，由上述例证中的两个音段变为更长的言语绵延（stretches of speech）；例如，土耳

---

① Hamp 1957，*s.v*；如今特别是 Lehiste 1970，1 ff. 及全书（*et passim*）。
② 描述个别元音单位音调特征，却被排除了，并且被哈里斯分开归入"单位音长组元"（unit-length components）（1951，143 ff.）。

其语（Turkish）中的"元音和谐"（vowel harmony），完全能够用词语音长组元（word-length components）来描述（参见页 8）。

在"伦敦学派"（London School）的著作中，① "韵律"这个术语开始重获甚至扩展其在古代晚期的用法范围，以弗斯（Firth）1948 年的纲领性论文《语音与韵律》（"Sounds and Prosodies"）为开端。此术语的这种用法，基于一种音韵学类型，后者强调（斯威特意义上的）合成（synthesis）作用，将其作为一个有区别的描述维度；"横向"（horizonal）维度只处理音段"音位"要素，而任何与更大的单位关联的要素，都分配给了韵律范畴结构（"韵律结构"）的"纵向"（vertical）维度。"关联"（Relevance）在此可作广义解释，它不仅仅局限于语音上不同程度的扩展域的某些特征的持续，也可以用于不必持续的特征之间的关系（譬如，相互以肯定或否定方式牵连）。与哈里斯的长组元不同，韵律结构在此意义上一般都与某种更高的结构单位有关，最常见的情形是与音节或词有关；② 任何为这种单位定界的特征（参比布拉格学派的"界标"［boundary signals］），③ 也可以视为韵律特征。所以，如弗斯所指出的那样（1948，146），尽管英语的 *h* 在 *eating*，*heating*……这样的词形变化中具有音位性质，它也是音节中首音的一个标志（从而是一种韵律）。可是，弗斯也强调（1948，152），特征与音位或韵律范畴的配置，基于其在特殊语言中的功能，所以，"一门语言

---

① Langendoen 1968, 49 ff.; *Palmer 1970, ix ff.
② Robins 1957, 4; 1969, 112 f.
③ 譬如，Trubetzkoy 1935/1968, 43 ff.。

中的一个音位组分，在另一门语言中也许是一种韵律"；[1] 如里舍尔（Rischel）所评述的那样，关于选择音段还是"超音段"的处理方式，"获得结构上的简单性是最终动机"。

"任何音位组合潜在的基本模式就是音节"[2]；因此，一个词的"外形"（profile）按照其音节构造，也可以视为韵律，[3] 如结构之发音所显示的那样，元音和辅音要素就在此结构中发挥作用：譬如，重—轻—重（或"长短长格律"）描述了 *cāritās*, *pontifex* 这类拉丁语词汇的特点，很像希腊语中按重音来描述词语的"次末音节上是扬音"（paroxytone）、"次末音节上是扬抑音"（properispomenon），如此等等。

显然，对于某些特征而言，按照弗斯式的韵律术语来描述，与按照长组元来描述，不同之处仅在于用语；[4] 譬如，对土耳其语中的"元音和谐"的韵律描述，也可以认为描述了这门语言的类型特点。相关现象可以按照词语韵律"后"（VS "前"）和"圆唇"（VS "非圆唇"）来描述。[5] 当抽绎出这些特征时，唯一需要讨论的音段元音要素，可以简单描述为"闭"（I）或"开"（A）。按此分析，如 *gözlerimiz* 意为"我们的眼睛"（our eyes）和 *kollarımız* 意为"我们的手臂"（our arms），可以说完全等同于（A-A-I-I），从而也附带反映了相同的语法结构，语音上的不同可以归结为前者的韵律在

---

[1] 参见 Robins 1957, 5。
[2] 参见 Jakobsonn & Hallle 1968, 422。
[3] 参见 Firth 1948, 133。
[4] 参见 Langendoen 1968, 54 ff.。
[5] 如 Waterson 1956；参比 Lyons 1968, 128 ff.。

"前",而后者的韵律在"后"。

在上例中,"圆唇"特征适用于两个词,但其运作受某些规范限制;在这种情况下,韵律与词之整体相关,但这并不必然意指其在语音上超出了域之整体。① 原则尤可由梵语中涉及舌尖卷曲的某些现象为例显明;② 这种特征可以抽绎出来作为词语的一种韵律,但其实际在语音上的扩展,以肯定方式由某个"焦点"位置所决定,以否定方式,如印度人自己所评论的那样,③ 由某些语音上可分类的"干扰"(interfering)辅音(梵语的 vighna-kṛt)所决定。所以,在如 pramāṇam 这个词中,"焦点"在于 r 卷舌音贯彻始终,但在 pradānam 这个词中,卷舌音受齿音 d 的发音干扰而中断。显然,按此分析,卷舌辅音 ṇ 与不卷舌辅音 n 在正词法上的区分是多余的,因为,这种区分是实现词语的卷舌韵律规则的自然而然的结果。

梵语,还有希腊语,也可以认为其所显示的韵律涉及语音特征的组合关系而非某一特征的持续。这种现象在两种语言中统称为"格拉斯曼法则"(Grassmann's Law)。从历时角度看,它涉及一种"送气音的异化"(dissimilation of aspirates),在此意义上,如果送气发音原本出现在连续的音节上,其首次出现会受到抑制:所以,有了重叠形式 *dha.dhā.mi → dadhāmi, *θι. θη. μι → τίθημι。发音过程的共时性影响这类替代做法,如现在时 τρέφω(第二个音节 φω

---

① 在其简写(也是更常见)形式中,意为"我们的眼睛"的这个词,即 gözümüz(这里"眼睛"的复数语素省略了),圆唇发音贯彻始终。
② A 1951, 940 ff.
③ A 1953, 66 f.

包含一个送气辅音）VS 将来时 θρέψω（第二个音节 σω 不包含送气发音，从而首音节就包含送气发音）。按照韵律分析，送气发音可以抽绎为一个特征（通常极为复杂），①其位置由语境所决定。所以，在前述希腊语例子中，动词可以规定为不变的拼写形式 *H*τρεπ-（VS τρέπω, τρέψω 中的 τρεπ-），*H* 这个韵的实现是作为词根末尾辅音的送气发音，如果这个辅音后接元音（τρέφ-ω），后接一个辅音（θρέπ-σω），则词首要送气发音。事实上，这一特殊现象在哈里斯看来（1944，196）也经得起组元形式的分析法检验。②

在此意义上发挥韵律功能的特征类型，在各种语言中都倾向于重复出现。譬如，关于送气发音，尽管梵语和希腊语具有遗传关系，人们普遍认为，这种现象在两种语言中有完全分离的起源；③晚近，一种可以比较却无疑是独立的演变，可在现代印度－雅利安方言中看到（哈多迪语 [Hāṛautī]）。④所以，帕拉克里语（Prakrit）的 *bhikkhā* 意为"施舍"（<梵语 *bhikṣā*）→ 哈多迪语的 *bhīk*（抑制了**第二个**送气音），而帕拉克里语的 *pokkhara* 意为"莲池"（<梵语 *pauṣkara*）→ 哈多迪语的 *phokar*（送气发音转移）；进而能够规定一条普遍的描述规则：在这种方言的有送气发音的词语中，相关的语音特征出现并且仅出现在最前面的可能位置上。

我们将会注意到，在最近的扩展中，各种为"韵律"所覆盖

---

① A 1951，944.
② 关于一种转换—生成处理，参见 *Anderson 1970。
③ 在希腊语中，紧接浊送气音的清音化和 *s→h 的变化，两种演变都未出现在梵语中；参见 Kiparsky 1965，3—17 ff.。
④ 关于韵律基础的分析，见 A 1957。

的语义学领域，开始包括扩展了的希腊语的 προσῳδίαι。乍看起来，这似乎是引人注目的巧合。因为，尽管现代的韵律有别于音位要素的根据是纯粹的语言学标准，希腊语的 προσῳδίαι，按照此术语的更为广泛的应用，却具有显著的书写基础，后者所指此类相关特征，并不显示于元音和辅音的音段正词法——事实上，根本在于亟须 "对文本作出标示" (στίζειν τὰς γραφάς)。譬如，不显示送气发音，可以视为纯粹出于偶然原因。在早期希腊语中，字母 H (源于闪米特语的 ḥēt)，用于表示送气音 /h/。但在东部伊奥尼亚方言中，作为失去送气音的一个结果，这个字符变得多余，从而方便于用来表示长半开元音 /ɛɛ/，后者在阿提卡方言和伊奥尼亚方言中演变为较早期的 /aa/；到了纪元前 5 世纪末，阿提卡方言开始采用伊奥尼亚字母，它将字符 H 用作元音，并停止以其表示送气音，尽管在阿提卡方言中它仍然要发音。

但事实上，归为 προσῳδίαι 的特征并未显示于正词法中，这在某些情况下反映了对其不同于音段音位之功能的意识。就其否定方面而言，这有可能涉及一种直觉，它们的词法功能（这些特征潜在地表达了所指含义之不同）相较于元音和辅音的功能并不重要；可是，就较为肯定的方面而言，它们的功能总体而言并不同类，与表达语法含义有关，而与表达词法含义无关，譬如，与界定或描述语法单位 "词语" 有关。后一种功能由重音来承担，而前一种功能由音联和无音联（juncture and disjuncture）现象来承担。至于送气发音，就其否定方面而言，由出现 VS 不出现送气发音所导致的词法区分，比较而言的确很少能与由长元音 /ɛɛ/ VS 短元音 /e/ 所导致的那种区分相比，这一点对阿提卡方言采用 H 的影响，有可能是采用了后一种功能而排除了前一种功能。① 就其肯定方面而言，/h/ 的出现是一个词开端的一半标志；此外，不同于英语，希腊语的 /h/ 在音节结构中不占用一个辅音"位置"——它对音量没有影响，也不排除省音或元音融合：英语的冠词 *an/a* 在 *an owl/a howl*, *a towel* 中的分布，与 ἔστιν οὐδέν, ἔστιν οὗτος/ἔστι τοῦτο 中出现 VS 不出现 "后缀 ν" (ν ἐφελκυστικόν) 形成对照。希腊语用于区分 προσῳδίαι 与 στοιχεῖα 的功能标准，如在书写系统中所反映的那样，很可能更多出于本能而非理性，但至少一定程度上可用以解释新旧韵律之间有相当大的领域相互重叠。

最近，"韵律"这个术语有更进一步的扩展，见于克里斯特尔（1969），② 其中的"韵律"主题也覆盖了诸如停顿、拍子（tempo）和"节奏型"（rhythmicality）这些特征——可是，它们仍然明显与这个术语更为传统的意义有关。

有时候人们觉察到，如弗斯所为（1948，152），在语言的历史演变中，韵律特征倾向于占据支配地位，也倾向于将变化保留在音段、音位的构成部分中。譬如，印欧语言的辅音音列 *skʹ(h) 在梵语中演变为 cch，如 *gʷm̥skʹe → gaccha（= 希腊语的 βάσκε），保留了首音节的原初音量；在词首位置上，结果变成了简单的 ch，如 *skʹhid- → chid-（参比希腊语的 σχίζω）；但当前面的词以短元

---

① 可是，这个字符往往继续出现，以其送气音质将 ὅρος 意为"边界"与 ὄρος 意为"山"区分开来，在此有可能出现严重歧义。

② 其第二章包括一项对最近关于韵律特征主题的著作的有价值的考察，不管其出现采用了"韵律"还是其他标签。

音结尾时，词组中原初的音量模式通过重叠词首辅音而得以保持，如 na cchidyate 意为"没有切断"①。在后来一个时期，在由梵语的 kartati 意为"切"向帕拉克里语的 kaṭṭaï，也从而向印地语的 kāṭe 变化过程中，辅音变化也完整保留了卷舌韵律（原初"焦点"在 r）：只是实现的方式变了。

某些韵律特征倾向于特别具有持久性。譬如，据称皮下肌动失语症（subcortical motor aphasia）患者，连续制造出的胸部搏动（chest pulses），与力图表达的音节一样多；② 雅克布森评论说，描述的句子整体的特征，倾向于保存在失语症的扰乱之中："与音位相对，它们有其自身恒定的含义，譬如，句末特定的语调，标志着有意义的单位的结束。"（1941/1968，43）从病理学和历史两方面看，这些倾向于保持的特征是最普遍、最基本的发声（phonation）特征，最普遍既指在大多数语言中发挥韵律功能的意义上，也指使利用的特殊内容最少。这些特征，按马蒂内的术语说（1960，77），就是力量（force）、音高（pitch）和时长（尽管我们后文有必要按照音节结构来重新解释后两种特征）。此外，这些特征发挥的重音和节奏功能，就是本书研究的主要关注点所在。

这种对语言学的"韵律结构"研究领域的界定，也将我们的主题引向与诗律意义上的"韵律"研究的密切关联。

用艾略特（T. S. Eliot, 1942, 17）的话说，"诗中的音乐，一定是潜在于其时代的普通言说之中的音乐"；诗与通常的口头语言

---

① A 1962, 47 f., 55 ff.
② 参见 Stetson 1951, 171。

的关系，有大量著作家论及，尤其近几年；他们的观点，可择其典型简述如下：

在通常条件下，诗的节奏基于口头语言的节奏（Miller 1902，499）。

格律形制的实施，以潜在的语言学系统为条件。所以，如所周知，诗律系统不可能基于语言中不相关的韵律要素（Stankiewicz 1960，77 f.）。

格律模式模仿语言的声音结构（Thompson 1961，167）。

诗歌形式的构型特征，受语言中韵律的结构特征支配（Watkins 1963，218）。

日常言说的节奏就是诗的基础，在大多数语言中都是如此（Abercrombie 1967，98）。

如果将一首诗规定为一件文学艺术作品，也就是"语言艺术"作品，那么，其程式化的特征也就是写诗所使用的语言的特征（de Groot 1969，537）。

在特别论及拉丁语诗歌的程式化（stylization）时，弗兰克尔（Fraenkel）评论说，按其结构规则，它在任何方面与有教养的罗马人的日常语言均无不同；"程式化"在此语境中的含义就是原则的选择和强化，这些原则已然在日常交谈的语言中演变形成了（1932，198）；实际生活中不可能出现的任何原则都是不容许的（1928，343）。文德里斯（Vendryes，1936，105）本人用类似的术语作了表达，大意是，诗人们——尽管通常并未意识到这一点，但

13

比其他人具有更可靠的直觉——实行了他们所使用的语言的语音学原则。

有人提出，至少某些格律模式的起源，也许与作为其基础的语言的关系更为密切，与其说它们源于抽象的原则，不如说源于言说中习以为常的实际措辞的韵律模式。① 人们自然会想到荷马诗行中的程式化要素，普遍认为它体现了文字出现以前的创作的特点。可是，在某种意义上，这是一种将"口头"与"书面"创作对立起来的简单化的做法（譬如 Parry 1930；1932）。对于"有教养的"诗人而言，写作确为一种记录和传达其创作的方式，也是一种有所增益的有用辅助手段。但创作活动本身能够并且很大程度上仍然采用了口头方式，特别在一种被认为注重口头应用的文化中；甚至自然语言更为精妙的韵律模式，部分基于比词更长的语境，在古代"有教养的"诗艺中② （譬如阿提卡悲剧）③ 显然受到尊重之程度表明，至少音节要素（cola）的秩序之扩展，而非单个词语，其口头创作要先于最终付诸书写。不过，要说一位"口传"诗人必定"总是按规程作诗"（Parry 1932，6），"他没有纸就没法用他的词语作成任何篇幅的诗"（Parry 1930，77 f.），也并不完全属实。④ 在使用雅利安语的印度，写作出现缓慢，不可能有大量手写形式的文献存在于纪元前 2 世纪前；⑤ 但是，除吠陀颂诗（the Vedic

---

① 参见 Nagy 1970b，95 f.。
② 参见页 283 及其以下。
③ 关于相关写作，参见 Greene 1951，37 ff.。
④ 亦参 Kirk 1966，134 ff.。
⑤ Burrow 1955，65.

hymns），此前久已广泛存在哲学、仪式和科学（包括语法）文献，既有诗歌也有散文，很少显示其具有口语特点。① 甚至在引入书写之后，口传得以保存并成为印度教育和文化的重要建构因素，直至今日。事实上，佩里（Parry）构建的二分法，也许很大程度上过于依赖"口传诗歌创作，如其在当代塞尔维亚（Serbia）、在图阿雷格部落中（Tuareges）、在阿富汗（Afghanistan）的实践……"（Parry 1930，78）；或许，譬如从一项对拉贾斯坦邦（Rajasthan）游吟诗人（Chāraṇs）的创作实践的研究中，浮现出的是一幅不同的图景。为免误解，② 应区分两类不能使用文字的作者身份——一类是作者当着听者的面创作（显然佩里所设想的就是这种类型，而且普遍认为构成了荷马史诗的基础）；另一类是他私下创作，只是在满意地完成之后才"发布"他的作品（这种类型最有可能潜在于印度传统）。后者，按其本质，具有与书面作品类似的确定形式，这将其与前者的多变区分开来。③

但是，尽管有人会接受一种程式化的创作模式，倾向于表现一类不能使用文字的作者身份，而且在使用文字的文化中，诗歌倾向于摆脱传统表达方式的局限，倾向于"采用其自身的动力学"（Nagy 1970b，96），④ 这并不意指，书面诗歌创作必然会降低语音上

---

① 此类证据之一，也许就是语法"箴言"（sūtra）文体之极简（在波你尼［Pāṇini］最后的格言之众所周知的言简意赅中达到高峰；譬如，参见 A 1953，58），连同下述事实：甚至最"具有代数性质的"语法公式也可以发音读出。

② 亦参 Lord 1960，5。

③ 关于凯尔特语和其他相应的语言，尤参 Young 1967，295 ff.。

④ 参见 Lord 1960，130。

的真实性。举一个极端的例证，譬如，有人会惊人地发现，一种诗歌创作中格律所要求的元音长度，完全不同于言说中词语构成的元音长度；埃尔弗里克（Aelfric）对这种可能性的惊人设想，① 依赖于其自己的盎格鲁-撒克逊式拉丁语发音所具有的误导性证据。

可是，如下文讨论将要表明的那样（页335及其以下），谨慎有保留的表达中言之有物，这是米勒（Miller）和阿伯克龙比（Abercrombie）的说法（页12）——"在正常条件下"并且"在最大多数语言中"；因为，如文德里斯接着所表达的那样（1936，106），诗律系统，一门语言也许可以从另一门语言中借用（或者，从同一门语言的更早期阶段借用）；所以，在利用诗艺来建构音韵学之前，必须首先确定诗人的用法中的习传与人为之程度。

语言与格律之间的关系是双重的。首先，如今人们普遍接受，格律模式最终基于日常言说现象；其次，这种模式的表现采用了言说的措辞。事实上，"韵律"可以定义（Zirin 1970, 13）为这种模式和表现之间的关系。如哈勒和凯译（Halle & Keyser）令人记忆犹新的表达，② 一种成功的韵律理论应当有能力描述诗行"我在黄金国度里游历已久"（Much have I travelled in the realms of gold）与诗题"首阅查普曼的荷马"（On first looking into Chapman's Homer）之间的不同，或"哦，凛冽的西风哟，你是秋的呼吸"（O wild West Wind, thou breath of Autumn's being）与诗题"雪莱西风颂"（Ode to the West Wind by Percy Bysshe Shelley）之间的不同。

---

① Burrow 1955, 65.
② 1966, 189; 1971, 139, 167; Keyser 1969, 380.

由此关系可为研究这样的语言学特征获得某些结果,选择这些特征就是为了描述诗歌的特点。概而言之,甚至对于一门活的语言来说,已有人指出(Bazell 1953, 63),"带有格律的文本是完美的好文本,而事实上这样的文本要么找不到,要么根本就不存在,对于很多语言而言,不将格律标准视为必不可少无须论证,即使找得到这些格律标准"。而对于一种"死"语言来说,这样的文本证据弥足珍贵;因为,通过观察语言学形式如何投射到基本格律规范之上,我们也许能够推断出关于前者的信息,仅靠审查其正词法揭示不了这些信息,也不会从其他资料中碰巧获得。事实上,正是埃尔弗里克所反对的做法,代表了这一原则的一个非常简单的应用。

因为,正是某些韵律上的语音特质,尤其有助于描述诗行的周期性(periodicities)特点,研究某种死语言的这些特征的语言学家/语音学家,从而不可避免被迫要关注格律事实;[①]戈登(Gordon)(1966, 16)甚至进而主张,"完全有可能从诗艺证据出发来展示每一时期的英语散文的重读系统"。

可是,研究往往是一种双重方式的活动。当某人试图通过参照关于已知的 y 的事实来提高对 x 的理解时,司空见惯的情形是,这个过程会表明某种对 y 的新解释——就我们研究的主题而言,所涉及的语言学家就穿上了音韵学家的外衣。的确,越来越多的人认为,[②] 只有变成语言学家,才能成为堪当重任的音韵学家;洛茨(Lotz, 1960, 137)坦言:"由于所有格律现象都是语言现象,所以,

---

① 参见 Halle & Keyser 1971, xvi。
② 譬如,Stankiewicz 1960, 81; Pace 1961, 419。

格律学（metrics）完全内在于语言学之权能。"

  古典格律学领域高度复杂和专门，有几代学者为此而殚精竭虑；即使接受了构成上述内容之基础的理论原则，对于语言学家/语音学家而言，若自认为已有资格将此主题收入囊中，仍属唐突之见。但可以说，当前的研究，以其不可避免的双面角色（Janus-like rôle）而言，将能够为格律现象偶尔带来亮光，而传统方法尚未对这些现象作出解释，或其呈现似乎采用了不恰当的术语。这个角色并不简单，因为，"担当重任"，如洛茨所言，要努力匹敌格律学一方的反应——不得不面对的情形是，有一位知名古典格律学家不容分辩拒斥关于某一主题的对立观点，认为"我想这是源出于语言学的看法"[①]。但至少可望有所作为，以补救阿伯克龙比（1964a, 5）所痛惜的状况："大多数语音学家很少关注诗歌结构。此外，大多数研究韵律的著作家，很少关注语音学。"

[①] Dale 1964, 20 n. 9.

2. 语法考察
Grammatical considerations

  我们下文将主要关注某些普遍的语音现象的性质（无论从发音、声响方面看，还是从听觉方面看），关注其在所研究的特殊语言结构中所发挥的功能——换句话说，关注这些语言的音韵学（phonology）。但绝无可能将音韵结构与语法结构区分开来，譬如，往往音韵上形成对比的不同系统，与不同的语法范畴密切相关（英语中"指示词"等词首限定为 /ð/，就是明显的例子）；而且，按照具有普遍支配作用的语法转换—生成模式，这两方面的结合尤为紧密：用鲍斯塔尔（Postal, 1968, 114）的话说，"成系统的音位表达，不仅涉及具有特定属性的音韵学音阵（phonological matrix），这些属性可由语音学确定，而且所涉及的属性可由语法中的句法部分的输出来提供，也就是说，由表面句法结构（Surface Syntactic Structure）来提供"。就英语中的重读而言，譬如，乔姆斯基和哈勒（Chomsky & Halle, 1968, 59）试图证明，"主要重读的位置和词与短语中延展（contours）的重读，很大程度上可由话语的句法结构和非韵律音韵结构，通过一个转换周期来预见"[①]；为支持其论

---

  ① 参见 Halle & Keyser 1971, xiii f.；亦参（但根据较不普遍的规则）Waldo 1968, 1。

点,他们指出了实验证据:甚至一位训练有素的语音学家,也不可能可靠或准确地探知这种延展,若他不知道一门语言,也就是说,"对于一门语言,他不能确定其言说的表面结构"(25)。必然的结论是,一门语言的正词法是为知道这门语言的读者编定的,"他理解句子,也因此知道句子的表面结构";从而,重读位置和规范的元音或辅音交替,总体上没有偏离——的确,连著作家也声称,"英语正词法,尽管其前后不一常为人述及,也相当接近于成为最好的英语正词法系统"(49)。

18   语法与音韵的交织,明显见于英语名词与动词的主要重读位置所使用的规则不同。① 这些不同,很大程度上可以从历史角度来解释;② 但是,共时性的语法动机,譬如,在名词范围内,可以认为第二音节,还有开头两个音节中的元音音质,重读水平不同,如 *relaxation* vs *devastation* 这两个词——不同可归于下述事实:前一个名词与动词 *reláx* 有关(主要重读第二个音节),而后一个名词没有与之相应的动词 *devást*。③

    希腊语重音的一种生成进路,为奇帕斯基(Kiparsky)(1967a)所倡导,④ 他总结说,这样将给予更为恰当的说明,相较于对所导致的重音结构的一种"分类学"描述。的确如此,如波你尼两千多

---

① Chomsky & Halle 1968, 37 n. 26, 44, 70.
② Kurath 1964, 147; Halle & Keyser 1971, 119 ff.
③ Chomsky 1967, 116 f.; Chomsky & Halle 1968, 38 f.; Halle & Keyser 1971, 5 ff.。如 *presentation* 这样一个词的(美式)发音中的变化,如乔姆斯基和哈勒所认为的那样,无疑可以归因为派生"历史"上的差异(161, 182 f.)。亦参页 38 以下关于 *condensation* 和页 112 注释 64 关于 *information*。
④ 亦参 1967b, 124 ff.; Warburton 1970a; Sommerstein 1971, 162 ff.

年前异乎寻常地表明的那样,① 通过一种明断的规则秩序,可以综合的、经济的并且往往是讲究的方式对事实作出说明。但我们不能想当然地认为,只因规则"起作用",也就是说,产生了正确的结果,就可以达成对事实的满意**解释**(explanation),按照这个术语的通常含义。② 所以,参照拉丁语中符合"拉赫姆法则"的现象(从而,譬如 făcio 构成了一个过去分词 făctus,而 ăgo 构成的过去分词是 āctus),奇帕斯基(1965,1—29 ff.;1967a,87 f.)表明,这可以获得解释,通过引入所推测的拉丁语元音拉长规则 V→长/—g③,先于而非后于印欧语言的辅音同化规则 C→清音/—t④。按照乔姆斯基和哈勒设定的规则来解释英语的 relaxation 等词语的重音现象,派生包含涉及一个作为基础的单词形式 reláx,后者至少由可以证实的语言事实所促动;但在拉丁语形式 āg- 中没有如奇帕斯基的第一条规则所引发的那样的促动;就其本身而言,这只是一个内在的经济、有效的问题,但绝不会增进我们对索绪尔(Saussure)的名言"解释意味着与已知术语有关"(1916/1960,189)意义上的现象的理解。⑤

---

① A 1962,24。
② 参见 Gardiner 1952,5 ff.。
③ 参见已有研究:de Saussure 1916/1960,167 f.。
④ 亦参 Postal 1968,262;King 1969,43 f.,114,126。
⑤ 当然,可以像某些转换生成语法学家(TG grammarians)所主张的那样,这种规则是某个说话者的心智过程的相关因素;但由于这一点无法证明,从而未能提供一种解释:参见牛顿的总体批评(Newton 1971,53)。事实上,特殊现象很可能具有比奇帕斯基等人所认识到的更为复杂的语法动机:目前可参见库吕洛维奇(Kuryłowicz 1968a);瓦特金斯(Watkins 1970,57,此人评论奇帕斯基的提议说"这似乎只是置换了难题,而非一种解决");*Campbell 1971,195 f.;Collinge 1971,257;亦参 Weinreich,Labov & Herzog 1968,144;Samuels 1972,55 n. 2。

构型（*formulation*）并不总是等同于**解释**。

有必要提出这些观点，只是为了澄清促动着当前研究的特殊"解释癖好"（explicandi cacoethes）的性质，也是为强调这种癖好的主要目的是描述韵律的音韵学系统的特点，按照其语音具现（phonetic exponents），而非按照其（描述性的）派生历史。这种描述有两个目的：一方面，凭借其自身的力量，作为应用重构（performative reconstruction）的一种练习；另一方面，作为理解音韵学的辅助，将其与客观约束框架（the framework of material constraints）联系起来，音韵学就在此框架中发挥作用。所以，譬如在处理（现在时）διδόμενός τε vs（现在完成时）δεδομένος τε 的重音时，我们不应将关注点放在解释语法上所造成的两种形式中的主要重音有何不同，而应放在要求前者而非后者有一个次重音的语音动机。

的确会有这样的情形，其中语法考量与解释音韵学系统有关；譬如，（分词）βάς 和 λιπών 与（虚拟语气）βῆς 和 λίπῃς 语法上的可比性，是支持按照"莫拉"（morae）来描述希腊语重音的一项证据。[①]但就本书研究的目的而言，这种偶然相关之情形，可以更为经济的方式纳入其中，也就是以**特别**参见语法的方式，而非与语法结构完全整合，绝大多数时候这种做法与讨论无关紧要。[②]

如此强调应用方面，也许冒着相当大的风险，乔姆斯基和哈勒（1968，111）承认这一点，最终"我们也许会发现，我们试图解释的某些事实，并不从属于语法，而是落入了应用理论之中，我

[①] 参见页 92, 236 ff., 亦参 Garde 1968, 146。
[②] 参见 Hall 1971, 30 n. 9。

们忽略了某些事实，认为它们是应用之特征，实则应将其纳入语法规则"。但是，可以说我们这是在与流行趋势相反的方向上冒风险，而这种进路的互补性也许对降低整体风险有所裨益。尤其，当我们进而思考音节时，我们将采用一种模式，给予有用而非"能力"（competence）以优先性；与当今某些语言学家不同，我们认可弗罗姆金（Fromkin 1968, 47）的看法："能力与应用之间的关系是语言学的关切所在"，除雅克布森认为无涉意义的语言学是无意义的，"无涉言语的语言学是无法言说的"。

要援用"语法前提"（grammatical prerequisites）的最常见的情形，涉及对主要单元的界定——首先是句子（Sentence）、词（Word）和语素（morpheme）。① 这类界定与涉及当前所关注的主题的相关性，可以概括如下：

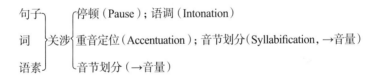

从句（Clause）的相关性，通常堪比句子的相关性，短语（Phrase）有时候与词的相关性类似。②

语素划分也许直接关涉希腊语中的重音定位，当对此类差异作出解释时：如在（现在时命令语气）ἔπ-ισχε vs（不定过去时命令语气）ἐπί-σχες 中。但如上文解释，这种变化落入了本研究的范围之

---

① 参见 Pike 1947。
② 参见 Lyons 1968, 170 ff.。

外，譬如主动态复合词 λιθο-βόλος 与被动态复合词 λιθό-βολος 之间的区分；在此，我们的关注点仅在于解释，为何所有这些被认为是"给定的"形式有可能，而譬如 *ἔπισχει 或 *λίθοβολος 这样的形式没有可能。另一方面，音节划分则是另一码事；事实上，譬如在早期拉丁语诗歌中，一个像 abripi 这样的词，首音节合乎规则是重音节，但 fabrica 的首音节合乎规则是轻音节，对此需要按照对前者而非后者的语素划分来作出解释，就是 ab-ripi，所引起的音节划分是 ab.ri.pi vs fa.bri.ca。① 因为，早期拉丁语中通常的情形，并非音节划分自由可变，纯粹从音韵学观点来看，如希腊语中的指引定位那样。因此，在早期拉丁语中，明显的变化需要语音之外的解释，在希腊语中（就我们的目的而言）则非如此，尽管这种变化仍在语言中常见的语音限制条件范围之内。

语法上导致的变化涉及音节的过渡，如上文拉丁语例证所示，尤其常见于所涉及的某些类型的辅音音列。② 在英语中，举一个常见的例子，*night rate* 和 *dye trade* 中所感知到的过渡显然不同，③ 这里，用霍凯特（Hockett）的话说，音列 /tr/ 分别由"尾音"（coda）+"首音"（onset）和复合首音构成；而音节的不同反映在音段音位上是同音位变体，譬如反映了 /r/ 的清音化和摩擦发音程度，以及双元音 /ai/ 的时长。与此类似，对于那些运用"喉音强化"（glottal reinforcement）的说话者而言，譬如会出现在 *market rate* 而非 *arbitrate*

---

① A 1965, 90; Drexler 1967, 12 n.10，重音定位，尽管非常罕见，也会受此影响，如在 *quam-ób-rem* 中，譬如与 *ténebrae* 相比。
② 参见 Ebeling 1960, 56。
③ 参见 Hockett 1955, 52, 63 f.; Gimson 1970, 207, 301。

的第一个 /t/ 上。①

　　这种变化的潜在原则，应用非常广泛；譬如，最近有一项关于汉语普通话（Mandarin Chinese）的研究得出结论："语素音位转换，也许取决于信息的句法成分，就音节之间的音联类型而言，也就音节所属范畴而言。"（Cheng 1966，152）

　　由语法结构所导致的音节和音位变体之不同，也往往反映在历史演变过程中。② 在希腊语中，*ti 的演变的不同，见于 *totios → 阿提卡－伊奥尼亚方言的 τόσος 与 *melitia → 阿提卡方言的 μέλιττα：伊奥尼亚方言的 μέλισσα，也许可以由下述事实得到解释：μέλισσα 可以分析为 *melit-ia（比较 μέλιτ-ος，等等），μέλιττα 却无作如此分析的理据（motivation）。可以从英语中举一个相近的平行例证，音列 /tʃ/，譬如，在 hatchet vs hat-shop 中，具有不同音质，其中不同的音位结构反映在不同的音节划分和辅音音长上。

　　然而，这种情形也是真实的，"可以发现很多符合规则的例证，这些规则在音位之内发挥作用，也穿越了音位边界"（Brown 1970，9）；这显然不经济，尤其对于我们当前的目的而言，要认出这些与音韵学不相关的语法界限。譬如，郑良伟（Cheng）将其上引结论与赞同下述看法联系在一起：音韵学诸部分，可与句法结构区别对待，尤其涉及"音节语法"（syllable grammar）的设置。在古典语言中，既然语法边界只在其与音韵学有关时才援用，如此独立对待

---

① 参见页 58 以及 Higginbottom 1964，135 f.，138。
② 参见 Wyatt 1970，51，76 n. 19。

音节结构之可能性，要比在英语这样的语言中大得多；①这强化了对待具有**特殊**基础的语法前提的一般决定——与乔姆斯基的观点并不冲突（1964, 106）："**有些**（*some*）语音过程基于句法和词法结构。"②

　　解释在何处需要涉及语法单位，就必定以这些单位本身已然得到确认为前提条件。而且，就语素或句子而言，这种确认容易达成，至少就我们这里所要求的目的而言——有一个保留条件：尤其与语素相关。正如句子是传统语法分析的最高单位，可以将语素描述为最小单位。然而，需要记住的是，这样的单位是**抽象的结果**（*abstractions*），而且它们在音韵学上的表现常常会引发难题。③所以，rats 和 mice 都包含语素 {复数}，bigger 和 worse 都包含语素 {比较级}；但就音韵学表现而言，rats 和 bigger 容许语素分析齐整地投射于音韵学上就是 /ræt-s/ 和 /big-ə/，相关语素可以由语子（morphs）/s/ 和 /ə/ 来表现；mice 的情形却并非如此，worse 的情形更非如此，后者语素分析类型是 {bad}+{比较级}，不能匹配于将音韵学表现形式 /wəəs/ 分解为两个前起后继的语子。事实上，"一个词是否能够划分为更小的语法片段，是一个程度问题"（Lyons 1968, 181）。但任何与将要讨论的问题相关的语素分析，都属于这种类型的分析：容许相应地细分为音韵学层面的语子；而且，当需要作此分析时，关于细分点不会产生难题。

　　与我们的韵律特征最常相关的单位就是**词**。词的连接当然总也

---

① 参见 Trubetzkoy 1935/1968, 46。
② 斜体为乔姆斯基所加。
③ 参见 Fudge 1969, 258。

是语子的连接——词的连接的音韵学特点，往往不同于词中的语子连接的特点。可以从梵语中举一个简单的例子，其中的音联（"连接音变"[sandhi]）原则尤为昭然。在这门语言中，对"内在"（词内）连接音变中所容许的音韵学音列的限制，比对"外在"（词间）连接音变中所容许的音韵学音列要弱。① 所以，在 mahatas 这个词，即 mahat 意为"伟大"（great）的属格单数中，容许有音列 /ta/，正如在单一语子（譬如，śatam 意为"100"）中；但在此关联处，如 mahad asti 意为"这是伟大的"，浊音组元内在于词首元音 /a/，也延及前一个词末的辅音，造成 /d/ 而非 /t/。类似的对照，也见于拉丁语中词首音列为 /s/+ 破裂音之情形；在词中的语子连接处，前面的语子以短元音结尾，这种音阵始终意味着前面的音节是重音量，譬如，在 re-spiro 中，正如在一个语子（譬如 restis）中；但在词的连接处，早期拉丁语中，这种音节的音量通常是轻音量，譬如，*sator sartorque scelerum* ~（Plautus, *Capt.* 661）。②

一般而言，词的边界在音韵学上的标记要比词内语子的边界更清楚。③ 但相较于语素或句子，对词的定义如所周知容易出现困难。这是传统语法的基本单元，看起来以各种语言为母语的人凭直觉都知道这一点，在有教养的阶层中，则倾向于以书写方式形成制度，譬如采用词内空格。即使如此，希腊语中也没有一个毫无歧义表示它的词，直到特拉克斯（Dionysius Thrax）为语法目的将普通词语

---

① A 1962, 25.
② 参见页 139, 亦参 Hoenigswald 1949a; Drexler 1967, 12 n. 10; Collinge 1970, 196 n.1。
③ 参见 Kuryłowicz 1948/1960, 210 f.。

λέξις 意为"话语"（utterance）重新规定为 μέρος ἐλάχιστον τοῦ κατὰ σύνταξιν λόγου［词是连续的言辞中最小的部分］（Ars Gramm., 22 U），从而预示了其现代定义中最常见的定义一个"最小的自由形式"①。部分困难在于，在此层级水平上，界定单位的语义、语法和音韵标准倾向于相互符合，但也只是**倾向于**如此；所以，标准之间的一致，尤其是后两类标准之间，受到期待，但不完整的一致导致这种期待往往落空。譬如英语定冠词，大概在语义学上有资格成为一个词，但在语音学上的表现不像一个词，就其规范语法而言，它从不重读；语法标准模棱两可——它不可能作为一个最小的自由形式出现（也就是说，作为单词句［one-word sentence］）；但按其出现于其中的词组的"可中断性"标准而言，譬如在 the (big) house 中,②它显然更为独立，例如，相较于现在分词（-ing）的语素③，正词法就是这样认为的。

这种标准之冲突的存在，导致有些语法学家给予语言单位的语法地位以优先性（譬如，Lyons 1968, 206），而其他语法学家则给予其音韵学地位以优先性（譬如，Fudge 1969, 258），与此同时，赖西林（Reichling 1935, 436）总结说，"我们按照其含义来认识词"。但在语法定义与音韵学定义之间作出选择时，一般而言有的地位也与非选择层级中相当水平上的单位相符合，尽管人们否认可以称这些单位为"词"；大多数人认为，相较于截然分

---

① Robins 1967, 22; A 1968, 113 n.
② 参见 Lyons 1968, 204。
③ 或后者定冠词，如像罗马尼亚语（Rumanian）中（譬如，lupul 意为"这只狼"），或冰岛语（Icelandic）中（譬如，skipið 意为"这条船"）。

开两类标准，决定哪一方才名副其实并不重要。所以，普尔格莱姆（Pulgram 1969，387 f.；参见 1970，24 f.）将相关语法（"词型学－词汇"[morphological-lexical]）单位称为"词位"（lexeme），① 而将"词"这个术语留给了"音韵学单位，也就是说，此项单位的范围与一个词位一样或更长，从音韵学上讲，它在某个话语中的表现——就界标和重音定位而言——就像所涉及的单一词位"。必须进一步认识到，"在世界上的很多语言系统中，词的位置具有巨大差异"（Kramsky 1969，78）。

就本研究而言，词的水平上的定义之难题只是偶尔相关。它们一般起于有两个（偶尔会更多）语法上的"词"表现得像一个词的地方，就其韵律音韵学（prosodic phonology，使用普尔格莱姆的术语，两个或更多"词位"构成一个"词结"[nexus：1970，25 ff.]），这些难题一般并不严重。因为，一般而言，要么音列中的一个词从属于规定特别清晰的音韵学范畴，通常它本身在韵律上与前后词（也就是一个"非重读后接词"或"非重读前接词"）附属一体，而且/要么两个词具有密切语法关联。

有鉴于后文将作更为详尽的讨论，我们可以指出，在希腊语中，譬如像 φιλῶ σε 这样一个音列，带有非重读后接代词，表现出像 φιλοῦσα 这个词那样具有单一重音的特点；而非重读前接词音韵上附着于后接词，见于像 πρόπαλαι，διάπεντε 这种形式的词的重音定位。② 在拉丁语中，Caesar 这个词语非重读后接成分 -ne 的结合，

---

① 莱昂斯在各种意义上使用了这个术语（1968，197）。
② Vendryes 1929，93.

重音定位是 caesárne，就像单个词如 lantlérna 之情形，尽管后接成分与 Caesar 没有特殊语法关系，而是与以 Caesar 为第一个词的整个句子有特殊语法关系。① 关于非重读前接词，昆体良（Quintilian i.5.27）评论说："因为，当我说 circum litora 时，好像读成了一个词，遮蔽了两词的分离，就好像一个词中有一个扬音。"（nam cum dico circum litora, tanquam unum enuntio dissimulata distinctione, itaque tanquam in una voce una est acuta.）也就是说，circum litora。词列音韵上如此连贯的证据，见于早期拉丁语诗歌的模式，显示了 ád forum, uoluptás mea,（in）malám crucem 类型（习惯上密切关联）的重音定位；支持这一点的还有历史证据，形如 ílico, sédulo < *in(s) loco, *se dolo，表明了元音的弱化（*o → i, u），其特点是词中间的音节上无重音。②

也许不仅仅是音调特征会在这种连贯性中涉及，我们已提及梵语中一个词具有卷舌音的韵律（页9），在吠陀颂诗（the Vedic hymns）中，可以发现这种特征跨越了密切关联的词的边界——譬如，agneṣ 意为"属火的"（of fire）+ avena 意为"随喜"（by favour）→ agner aveṇa，其中第一个词中的卷舌音，聚焦于 ṣ（在音联中 → r），扩展到语法上相关的随后的词，从而导致 n→ṇ 的卷舌音。③

然而，聚合之程度多变。在希腊语中，一个词后接一个非重读后接词，通常保留其本身的重音不变，若有必要，建议为非重读后

---

① Fudge 1969, 258 f.
② Harsh 1949, 19; Drexler 1967, 14 f.
③ A 1962, 49 n. 10.

接词加上次重音，譬如在 ἄνθρωπός τε 中；可是，在拉丁语中则完全聚合，hómines 的重音在 hominésque 中转移了。但在希腊语中，与如 πρόπαλαι 这种完全聚合的形式相反，在冠词 + 名词（譬如 ἡ πόλις）的结合中，名词保留其重音，冠词只是无重音意义上的非重读前接词。

这种聚合与独立之间的一系列过渡状态，会导致用法变化。在斯拉夫语中，譬如介词有时候可以与后接词构成一个重音单位，如俄语中 ú_morja 意为"靠海"或捷克语（Czech）ná_mostě 意为"在桥上"；① 但就前一种情况，尼科尔森（Nicholson 1968, 84 f.）指出，这不再具有规范性，"介词……倾向于丧失重音变回名词"；而就捷克语而言，瓦西克（Vachek 1968, 145 f.）评论说，"正音规范……要求重读构成音节的介词，但讲捷克语的人实际上往往将重音转移到介词所定向的词的首音节上"，以至于"为介词赢得了独立词之地位"。② 在波兰语（Polish）中，与此类似，库吕洛维奇（1958, 379 f.）评论了关于与非重读后接成分 -dy 组合后的重音定位，譬如，písałgy 或 pisáłgy，意为"他或许会写"，这里，由于波兰语通常词末音节是重音，第一个词的重音定位意指两个分离的词，后一个词则意指单位为单个词。

这种类型的潜在变化，诗人们也会将其用于格律目的。在希腊语中，科斯特（Koster 1953, 57；参见页 17 以下）评论说，这

---

① Garde 1968, 73（这里的扬音重音显示重读，不像按捷克语正词法，显示元音长度）。

② 亦参 Pulgram 1969, 381 n。

种倾向是为了避免在音顿前后使用介词,只是**或多或少要作出标注**。或许,这是打了折扣的说法,但肯定有这样的情形,其中为了音顿之目的,这种形式被当成了独立的词:譬如,索福克勒斯《埃勒克特拉》(Sophocles, *El.* 921):τί δ' ἔστιν ; οὐ πρὸς ⋮ ἡδονὴν λέγω τάδε;①——但在埃斯库罗斯《乞援人》(Aeschylus, *Supp.* 949)中,ἐξ ὀμμάτων 组合被当成一个词,目的是"波尔森桥接"(Porson's Bridge,见页 304);而在《普罗米修斯》(*Prom.* 107)中,θνητοῖς γὰρ 组合也是这样处理的,譬如,《乞援人》(*Supp.* 467)中的 γὰρ 似乎被当成了一个独立的词,因为它后接一个音顿:ξυνῆκας· ὠμμάτωσα ⋮ γὰρ σαφέστερον。② 在此类情形中,如弗兰克尔就类似的关联所作的评论(1928, 346 f.),这是一个诗人选择使用句法模式或单独的节奏模式的问题。

---

① 参见 Descroix 1931, 254。
② 关于 γὰρ 的地位,进一步参见 Sobolevskij 1968, 244 f.。

3. 音节；元音和辅音
The Syllable; Vowels and Consonants

虽然语法理论问题与要讨论的问题只有边缘关联，但与某些基本的语音学和音韵学难题的关联则截然不同；其中最关键的是音节。这一事实，所有学派的语言学家早就认识到了；1906 年，白洛（Poirot 395）就指出，重音理论仍处在落后状态，因为，它密切关联音节理论，后一领域属于语音学，很大程度上仍是**未知领域**（*terra incognita*）；1949 年，豪根（Haugen 280）表达了这样的观点：对韵律现象的有效分析，不能离开对音节的或明或暗的定义。音节与格律之"韵律"，在古代已有深入认识，具体而言就是在朗基努斯（Longinus）为赫费斯提翁（Hephaestion）《指南》（*Enchiridion*, 83 C）所作序言中："格律的质料（ὕλη）就是音节，无音节则不可能有格律。"但是，如豪根后来所抱怨的那样（1956，213）"音节在语言学描述中已然变成了继子。尽管每个人迟早都会发现它用起来方便，却无人为定义尽多少力。"①普尔格莱姆有类似评论（1970，11）：音节使用广泛却无定义——"似乎，假设了每个人都知道它是什么。其实没一个人知道它是什么。"或许，症状就在

---

① 参见 Bell 1970b，17。

克里斯塔尔（Crystal）关于英语韵律的讨论中，音节储备被当成了"既定的"（1968，5 n.1），关于"音节划分等等问题"，有人提及奥康诺尔和特里姆（O'Conno & Trim，1953，见下文）；可是，如克里斯塔尔所指出的那样，他们的所作所为是"一种补充性的有意忽略"，未对韵律特征作出任何说明。

音韵学进路

一窥罗塞蒂（Rosetti 1959）或哈拉（Hála 1961）或拉齐克其乌斯（Laziczius 1961/1966）的研究，可以了解关于此主题的多种观点，但各种进路的最基本分歧，在于语音学进路 VS 音韵学或"音韵结构"（phonetactic）进路之不同。① 首先看后者，音韵学结构进路的最坚定代表，以叶姆斯列夫（Hjelmslev）为典型："如果音韵学尚未对音节、元音和辅音，给出一个前后连贯的定义，原因是这些单位被认为是纯粹的声音单位"（1938，272）；更为肯定地说（266），"一个音节就是一连串表达，包括一个并且仅有一个重音"——这是由其逻辑结论得出的定义，在一门像法语这样的"无重音的"语言中，从而据说没有真正的音节。② 一种更具有现实性的从音韵学角度抵达问题的进路，就是奥康诺尔和特里姆的进路

---

① 参见 Pulgram 1970，22。
② 可是，叶姆斯列夫作出了让步，认为元音和辅音在这样的语言中可以确定，如果它拥有的词具有单一音位，如法语的 *à*, *ou*。这样的音位，从而可以归为元音，以此为基础，一个包括一个并且只有一个元音的单位，可以定义为一个"似音节"（pseudo-syllable）。

（1953）；首先，英语的音位被归属于元音和辅音范畴，基于其结合潜力；然后，音节可以定义为"音位与作为核心的元音单位组合为一个最小的音位模式，前后都有辅音单位或所容许的辅音组合"（122）。阿诺德也将此方法应用于法语（1956）。

音节划分

可是，产生一个可靠的具有普遍性的音节定义是一回事，为音节彼此定界——也就是"音节划分"——建立标准是另一回事。这样的标准，一般要到所容许的词语起首和末尾的音位序列（sequences）①中去寻找；所以在考察英语的 anger/ænɡə/ 时，音节分界将置于 /ŋ/ 与 /g/ 之间，因为 /ŋg/ 序列既不容许在词首，也（按标准英语发音）不容许在词尾，可是，/ŋ/ 容许在词尾，而 /g/ 容许在词首。但主要困难起于下述事实：按此标准，所容许的词首与词尾序列的活动范围，往往使一种或另一种划分同样成为可能：譬如，extra 这个词，所容许的划分有 /ek.strə/ 或 /eks.trə/ 或 /ekst.rə/（比较 back stroke，sex trial，next row）。在如此不确定的情况下，倾向于一种或另一种音节划分，也许可以按照统计学上的或然性来提出。所以，要在 VC.V 与 V.CV 之间作出选择，可以考虑词首是 V 和 CV 与词尾是 V 和 VC 的类型之数目；这些类型的数

---

① **序列**这个术语将始终作为一个一般术语来使用，其功能被规定为必不可少，优先于一系列内涵功能的术语，如"辅音丛"（cluster）、"辅音组合"（group）、"辅音系列"（series）、"辅音串"（string），如此等等（譬如 Pulgram 1970，57 n. 28，79；Collinge 1970，194 n.）；参见 Huffman 1972，66。

目分别（就英语而言）是 12 和 421 与 12 和 277。从而，VC.V 这种划分之可能性计有 277+12=289，而 V.CV 这种划分之可能计有 12+421=433，显然倾向于后一种划分。与此类似，如果 V.CCV、VCC.V 和 VC.CV 都有可能，也可以考虑词首和词尾为 CC 的类型数目，分别为 26 和 59；从而，V.CCV 这种划分之可能，计有 12+26=38，VCC.V 这种划分计有 59+12=71，而 VC.CV 这种划分确定有 277+421=698（奥康诺尔和特里姆 1953，121）。①

古代理论

此类标准的应用历史悠久。始于希腊语法学家制定的规则，譬如，希罗迪亚努斯（Herodian, ii, 393 ff. L），辅音序列一般都分属于不同音节，但在词首出现时，则与后接的元音结合在一起（ἐν συλλήψει），视为单个辅音："所以，在 κτῆμα 中，κτ 在词首；但即使出现在词中间，如在 ἔτικτον 中，κ 和 τ 也要结合在一起（也就是 ἔ.τι.κτον）。"这种规则的构建主要为了实用之目的，为了书写位于行末的词内部的切分，②这么做无可非议。在具体排字时，希腊语规则的主要原则仍需坚持，尽管有时候要根据其造成语音混淆之理由而有所调整。③它们并非一开始就具有纯粹的语音学或音韵学动机，这一点由下述例外可以见得：容许出于语法考虑而推翻常规，譬如，προσ.ῆκεν（Herodian, ii, 407 L）；事实上，他们所倡导的音节界定，往往与其他音韵学标准有冲突。但是，不考虑其首要动机，这些标

---

① 参见 Arnold 1956, 280 f., 批评参见 Bell 1970b, 43 ff., 80 f. n. 4。
② 参见 *Hermann 1923, 123 ff.。
③ 进一步详情，见 A 1968a, 99 n. 2。

准明显包括不止一点点音韵学推理，涉及与词首和词尾位置有关的音位分布；① 原则基本上就是普尔格莱姆的说法（1970，46）："任何话语部分中的任何音节界限，都必须遵循语言中普遍存在的限制，详细审查词的界限。"词首序列的标准就是恰当的例子，而将 VCV 序列划分为 V.CV 而非 VC.V 这条规则，有可能基于认识到，希腊语中真正的词尾单个辅音数目格外受限，这就是 ν, ρ, ς。② 此外，尽管拉丁语语法学家有代表性地重述了希腊语的规则，拉丁语铭文在其与语音直觉相冲突的地方，仍然比希腊语更大程度地倾向于无视这些规则。③

更早并且很有可能是文字出现以前的梵语的音节划分规则，几无可能有一个正词法基础；④ 这些规则可能是从切近的语音考察中得出的，并且更接近于满足其他音韵学标准。通过某种轻微的原则变化，譬如，将词中辅音序列中的第一个辅音指配给它前面的音节，而根本不涉及可能的词首辅音序列。⑤

---

① 参见 Bell 1971, 44 n. 4。
② ἐκ 和 οὐκ 是非重读前接词形；前停顿词形是 ἐξ 和 οὔ。
③ 参见 A 1965, 90；1968a, 99 n. 2。
④ 尤其是在印度的书写系统中，词中间的辅音序列结合为单个字符，而无论其性质如何：所以，在天城体（Devanāgarī）字母中，patanti 意为"他们坠落"（they fall），写作 पतन्ति=pa/ta/nti，尽管另外的考虑使人不可思议，竟然能够以 nt 开始一个梵语音节。
⑤ A 1953, 81 f.

语音学进路

　　假设有可能根据元音和辅音的分布，无歧义地确定一门给定的语言的音节界限，从而确定其结构，则会合理地提出在音韵学中音节是不是一个必要的概念这个问题（所以，Kohler 1966；参见 A 1956，170）。如果建立在这种分布的基础之上，然后用音节来解释这种分布，[1] 且如果这是它的唯一用途，那么，出于循环性和冗余性之理由，上述问题的答案似乎就是否定的。但如果音节结构提供了一种对其他语音特质的解释，那情况就完全不同了；而对于我们主要关注的语言而言，情况肯定正是如此。但也存在这样的情况：在这些语言中，音节结构不可能仅凭音位分布来确定。譬如在拉丁语中，我们可以根据音节划分 /ho.nes.tus/VS/to.ni.trus/，来解释 *honéstus* 与 *tónitrus* 之间的重音定位之不同。可是，st 和 tr 序列之不同，很难根据关涉词首或词尾的辅音分布标准来确定；因为两者作为词首同样都是容许的，与此同时，t 和 r 在词首，s 和 t 在词尾，也同样都是有可能的。[2] 那么，音节划分上的不同，或许必须从重音定位中推导出来，这样论证就再次陷入了循环。的确，拉丁语中在 st 和 tr 之间有分布上的不同，[3] 与上述音节划分一致，但这些不

---

[1] 参见 Anderson 1969，140。

[2] 也要注意到，在拉丁语和希腊语的历史上，某些序列的音节划分（如其他标准所示）已经变化了，尽管分布基本未变（参见页 138，211）。

[3] 譬如，事实上，tr 就像单一的 t，可以紧接词首的 s 之后，尽管 st 前不能再有一个词首辅音；或者，st 可以出现在词末位置，可 tr 不能。

同还不足以对上述音节划分作出解释。

此外，如贝尔观察到的那样（1970b，21），"辅音分布规律的普遍性，以及共时性过程对保持这些分布规律所发挥的作用，[①]有力地证明这些规律具有语音学基础，也可能最终具有生理学基础"。

所以，在此背景下，似乎有必要突破音韵学循环，并且弄清楚一种定义和界定音节的语音学进路，是否将为此现象提供更为满意的解释。希望特殊进路的采纳，不仅可以避免循环论证，还可以对很多语音特质作出说明，而仅凭以元音和辅音为依据的音韵学结构，无论如何都无法解释这些语音特质。

在任何情况下，清楚区分语音学与音韵学标准，对于音节划分都具有本质性；语音学标准必须进一步建立在一种有明确陈述的基础之上，而非建立在仅凭印象的判断之上——显然，这个原则对于处理"死"语言尤为重要。如果对标准的陈述不明确，就无法作出选择，在由不同进路提供的解决办法之间作出选择往往令人困惑，既有语音学的进路，也有音韵学的进路。有几个例子可以说明这一点。

哈拉（1961，129）记录了不止三种关于重叠辅音的音节划分的不同观点，英语中介于元音之间的单个辅音，提供了极为广泛的解释。奥康诺和特里姆（1953，121）表示，他们的标准可以对"耳熟能详的说法"作出说明："如果可能，一个音节就应当以一个辅音为开端。"豪根（1956，219）指出了一种"英语音节划

---

① 参见页11，52。

32 分的传统规则：介于元音之间的单个辅音，与前面的'短'元音构成一个音节，但不会与前面的'长'元音构成音节"；可是，这样一条原则，如其他人所指出的那样，若涉及短元音，就需要将参考重读的影响包括在内。① 由语音学与音韵学标准之冲突可能导致的这种两难，为夏普所强调（1960，132 ff.，关涉音位结构中的更多难题）：一种对 beetroot 的语音学上直觉划分，譬如 /bii.truut/，"尽管从语素上看令人遗憾，却不大可能动摇大多数学者的音韵学意识（conscience）"，尽管夏普对 bedroom 的直觉划分 /be.dru（u）m/ "面临遭拒之危险，因为重读音节以短元音结尾是不可能的"②。关于介于元音之间的单个辅音的观点冲突，已经被几位著作家解决了，他们假定，这些辅音在某些语言中，包括英语，既属于前面的音节，也属于后面的音节，从而被以各种方式描述为"属两音节辅音"（ambisyllabic，Eliason 1942，146）、"居间辅音"（interlude，Hockett 1955，52）、"音节间辅音"（intersyllabic，Higginbottom 1964，139）、"两立辅音"（ambivalent，Kohler 1966）：亦参 Sievers 1901，209；Sturtevant 1922，42。③

另一种更为抽象的解决难题的进路，是考察所有以一个辅音开头的音节，也就是说，具有CV(C)结构，这里的C=一个或多个辅

---

① 譬如 Sturtevant 1922，42；Trager & Bloch 1941，234；Vanvik 1961，40 f.；Hoard 1966，107；与此类似，关于威尔士方言（Welsh），参见 Roberts 1968，112。譬如贝尔指出（1970b，42），supplánt 与 súpplicate 的音节划分不同。

② 参见 Pulgram 1970，49。

③ 对作为这种不确定性之基础的另一种可能因素的讨论，见页 44。

音，而末尾的C可选；当然，这种分析根本在于承认第一个（音节开头）的C可以=#（零辅音）。①

简单的历史考察将表明，不仅在现代的讨论中，我们发现音节被当成基本语音单位，而且更被用于构成可称为"核心"和"边缘"的相位（phases），通常分别相应于元音和辅音。可是最早的描述区分了这两种具有分音段的听觉基础的范畴，对于希腊语而言，这个基础反映在名目 φωνήεντα 和 ἄφωνα 上，指其独立的可听见性质或不可听见性质：譬如柏拉图（*Crat.* 426C；*Phil.* 18B）、亚里士多德（*Poet.* 1456b）。这个标准也可以由同样分音段的发音要素来补充，尤其是没有或有说话器官的接触（προσβολή）：譬如亚里士多德（*Poet.* 1456b；*Hist. An.* 535a）。对于古代印度语音学家而言，后者是元音/辅音二分的主要标准，②譬如《黑夜柔吠陀》（Black Yajur-Veda）中的语言学论著：③"就元音而言，'发音位置'（**sthānam**）指**通音**（APPROXIMATION/ *upasaṃhāras*）造成的位置，而'发音器官'（articulator/*karaṇam*）指对通音发生作用的器官。对于其余的音而言，'发音位置'指接触（CONTACT/*sparśanam*）造成的位置，而'发音器官'指对接触发生作用的器官。"这种区分，与派克（Pike）以现代习惯用语所作的"元音"（vocoids）vs"辅音"（contoids）二分（1943，78）十分相近："一个元音是这

---

① 参见 Anderson 1969, 137 ff.；Zirin 1970, 62 f., 85 f.（前者表示，#作为"弱辅音等值于"［lenis equivalent］英语中的 /h/，后者表示，# = 拉丁语的 /h/）。
② A 1953, 81 f.
③《鹧鸪氏学派对支》（*Taittirīya-Prātiśākhya* ii. 31 ff.）。

样一个音，在其中空气从口腔中流经舌上方，并且在口腔中没有摩擦。一个辅音就是其他任何音。"

在希腊著作家那里，将听觉和发音标准结合起来，以说明一类音，它们"独立可听"，但发音带有某种程度的接触；给予此范畴的名目是 ἡμίφωνα（→拉丁语是 *semiuocales*），包括擦音 σ，"流音"λ、ρ 和鼻音 ν、μ；在晚期希腊语中，这一系列音由擦音 ζ[z] 得到扩展，在拉丁语中则进一步有了擦音 *f*。①

在晚期希腊语著作家中，如特拉克斯（11 f. U），"核心" vs "边缘"功能之标准，开始出现将 ἄφωνα 重新命名为 σύμφωνα（→拉丁语是 *consonantes*）之情形："它们叫'辅音'，因为，它们本身不发音（φωνή），而是与元音结合起来发音。"② "音节"（συλλαβή）在这些分类中并无明确使用，它与这些分类的相关性隐含在迪奥尼修斯的论述中（16 U）："一个音节，准确地说，就是辅音与元音的结合（σύλληψις）。"（参见《梨俱吠陀》[Ṛg-Veda] 中的语音学论著中的说法③："一个元音加上一个辅音，甚或一个元音本身，构成一个音节。"）

我们将注意到，希腊语的 ἡμίφωνα（以及拉丁语的 *semiuocales*），形成了一类"连续的"辅音，与现代语音学中一般所谓"半

---

① 譬如 Aristotle, *Poet.* 1456b; Dionysius Thrax, 11 f. U; Dionysius Hal., *De Comp.*, 49, 52 ff. UR; Donatus, iv, 367 K。在古冰岛语中，这个范畴（连同仿造的名目 "hálft hljóð"）已进步扩展到冰岛语擦音 ð, þ 和 v（譬如在《斯诺拉·埃达》（*Snorra Edda*, ed. Dahlerup & Jónsson, 65）的第二个语法附录中）。

② 参见 Priscian, ii, 7 K。

③《梨俱吠陀对支》（*Ṛk-Prātiśākhya* xviii. 32.）。

元音"少有共同之处：① 譬如琼斯（Jones 1962，47 § 183）："一个浊滑音，发音时说话器官启动时产生一个微弱发音的元音，其固有响度相对较小，进而直接变成另一个同样或更显著的音。英语中的例证是 j（如在 yard 中）和 w。"尽管这样的音没有出现在古典阿提卡方言中，它们具有拉丁语的规范特征，但事实上，从发音观点看，它们等同于元音 [i] 和 [u]，在拉丁语中也这样写，也就是写成 I，V（手写体 j，u）：所以有 IVS，VIS 等，并且在 VOLVIT 中音质模糊。

这个范畴的现代定义，或明或暗涉及对其音节功能而非其纯粹分段发音的考虑，也就是说，作为类似元音的音，相较于"更为显著的"央元音，则具有边缘性质。印度人并不真的承认如某个特殊的"过渡音"这样的范畴（antaḥsthās），根据其边缘音节功能当然没有疑问，但当特别专注于发音标准时，他们试图按照其接触程度来对其作出分类，声称它们甚至比擦音更狭窄，但几乎可以肯定这是错误的。②

依据音节功能的半元音范畴建构的现代进路，普利斯吉安在某种程度上早有预见（ii，13 K）："i 和 u，尽管只有一个音名和一个符号，却既是元音也是辅音，因为，就格律和音节发音而言，它们有不同的音和不同的力量，据我判断，不应认为它们具有同样的性质"（i et u, quamuis unum nomen et unam habent figuram tam

---

① 可是有例外，参见 Grammont 1946，77。
② A 1953，27 f.，由于梵语（譬如与某些现代斯拉夫语一样）也有"央音" r 和 l，"流音"辅音 r 和 l 同样被本语言的语法学家归为"过渡音"。

uocales quam consonantes, tamen, quia diuersum sonum et diuersam uim habent in metris et in pronuntiatione syllabarum, non sunt in eisdem meo iudicio elementis accipiendae）。但在拉丁语书写中，一般对其元音音质和辅音音质不加区分，直至十分晚近时期。① 在中世纪，这种区分具备了物质基础，倾向于将 v 和 j 特别作为位于词首时的变体；但确定采用其为辅音，则是拉米（Pierre la Ramée）的《语法注》（*Scholae Grammaticae*，1559）以后的事情。② 到了现代时期，如派克所论（1943，76），"音节的语境功能反映在语音字母中。以同样的规程描述，却在音位系统中用作不同音节，与非音节形成对照的音，被给予了不同的符号"（国际音标中的 j 和 w 就是明显的例子）。

音段标准 VS 语境标准

事实上，正是半元音引发了音段—发音标准与语境—音节标准之区分的全部问题，派克明确强调了这一点，一方面创造了从发音角度定义的"元音性"与"辅音性"的区别，另一方面创造了"元音"与"辅音"的区别，它们是"声音的范畴，并非由其本身的语音性质决定，而是根据其在特定的音节语境功能上的组织来决定"（1943，78），也就是说，作为"核心"VS"边缘"之区分。此外，亦如派克所承认的那样，前一分类是普遍的，而后一分类是可变通的，取决于特殊语言之特质。在此意义上，可以认为这种区分是

---

① 可是，关于"长音 *i*"的某种语法具有一种辅音音质，参见 Väänänen 1959，35。

② A1965，37 n. 2。

"音韵学上的",但根据是两个语音参数即口头发音与音节进程之间的关系,此关系在不同语言中的处理方式殊为不同。我们已然遇到的这种区分的例子,或是拉丁语中对接近"元音性"发音([i]和[u])的辅音式运用,与希腊语中的情形相反,或是对梵语中"辅音性"流音发音([r]和[l])的元音式运用,与希腊语和拉丁语中的情形相反。①

由上述已然可见,值得关注辅音/元音分类标准的二元性,甚至在语音学中也是如此;因为,混淆这些标准反过来有可能对任何理解音节的语音性质的企图造成困扰。派克对危险已有很好表述(1943,78 f.),"任何语音学上的二分所导致的困难,也没有辅音—元音划分所导致的多;在语音上,发音和声学标准如此完全与语境和结构功能以及音段划分难题交织在一起,以至于只有用严格的描述性秩序方可将它们分开……舍此,在此问题上引发的困难,必得一个体系才能理清"。尤其,根本在于认识到,最一般和直觉性的二分标准,是与音节功能相关的标准;所以,一项关于音节进程的描述,对于这种二分而言是一个前提条件,反之则不然。

尽管在某种给定的语言中,从音韵学观点来看,音节数量基于所运用的标准,会导致大为不同的陈述,但一般而言,对语音学上的音节数量的估算却少有变化。这一点通过一两个极端例证

---

① 在不同语言中,各种各样的"辅音性"发音,也可以像音节核那样发挥作用,包括鼻音、擦音甚至闭塞音(Bell 1970a;1970b,159 ff.);因为,它们中的闭塞音,甚至在英语中也显示 probably 这种类型的词中[b]的音节性质,其中间的元音受到抑制。

会变得非常清楚。对于某些语言来说，霍凯特（1955，57 f.）①承认"发作型的"（onset-type）音节之可能性，其中以辅音为开端是唯一具本质性的特征；这样的语言有贝拉库拉语（Bella Coola）（属英属哥伦比亚［British Columbia］），在这门语言中，在此基础上，像 sk'lxlxc 意为"我感冒了"这样一个词，在音韵学上的音节划分是 /s.k'l.xl.x.c/，也就是说，有五个音节。略有不同的情形，见于德拉维哥打语（Dravidian Kota，属尼尔吉里山区［Nilgiri Hills］），其中有一个词的词形是 anʒrčgčgvdk，意为"因为……会导致……害怕……"，可作类似的音节划分 /an.ʒ.r.č.g.č.g.v.d.k/，也就是说，有十个音节；但由于在这门语言中，每个词都至少包含一个音节具有独特的音峰性质（在这个词中是元音 /a/），可以选择将这个音节规定为包含一个音峰的音节，在此情况下的例证就成了单音节词。②类似的情形见于阿巴扎语（Abaza，属西北高加索地区［N.W. Caucasus］），③在这门语言中，按照所选择的音韵学标准，像 yg'yzdmlrəxd 意为"他们不可能让我把它还给她"，可以说成是有十一个音节，也可以说是有一个音节；尽管还有另一种分析，受这门语言中值得注意的元音分布影响，会完全消除音节（连同元音

---

① 参见 Bell，1970a，30。
② 事实上，这就是埃梅诺（Emeneau）的语言描述所指之情形（1944，16）。与大量存在的词尾辅音序列相对，埃梅诺注意到，词首并无辅音序列，除了在借用词中，在这种情况下，任何时候都易于发生变化：譬如，/kričt/ 意为"Christ"（亦作 /kiričt/），/pruup/ 意为"proof"（亦作 /purp/）。
③ A 1956，170 ff.

和辅音），使其成为一个基本的音韵学概念。① 但是，从语音学上看，哥打语的例证（如霍凯特所指出的那样），任何另一个完全辅音前的完全辅音，"都后接向另一个辅音的'松弛过渡'，产生了一个喑嚅不清的元音，一个送气发音，或诸如此类的音；从语音学而非从音韵学上看，可以认为这个是一个音峰音节（syllble peak）"。在阿巴扎语中，发生这种"松弛过渡"，受成序列的辅音数目和类型支配；② **从语音学上看**，所引例证发音是［jigiizdıml'rıtxd］，我发现（大多数讲英语的听者）解释为包含五个或六个音节，对应于五个元音音峰，分别由［i］，［ii］，［I］，［l̩］，［I］表示。但是，谁的解释也都倾向于受谁的母语中元音的分布特质影响；相应的变化也与不常见的辅音序列［txd］关联，未受过训练的人讲英语，倾向于将一个"喑嚅不清的元音"过渡插入某个点上，从而可以推知其存在，尽管客观上并未出现。类似的考察可以应用于更为熟悉的语言，譬如，未受过训练的英语听者，会将俄语 tkat' 意为"编织"或 rta 意为"嘴"（属格）解释为双音节词；或者，譬如英语的 skates /skeıts/，讲汉语的人将其解释为三音节词，而讲日语的人将其解释为四音节词。③ 这类解释往往反映在外语借用词形式中，譬如，日语 /arupensuttoku/（alpenstock）或豪萨语（Hausa）/

---

① 参见 Kuipers 1960，50 ff.，104 ff.，关于密切相关的卡巴尔德语（Kabardian）。
② A 1956，141 f.
③ 参见 Pike 1967，373，布洛赫（Bloch，1950，92 n. 14）甚至指出，"英语词 asks，发音中有一个长元音和释放分明的辅音，日本人会听成有五个音节"。

sukuru-direba/（screwdriver）。①

  解释上的这种变化，与其说最终基于不同理论标准的运用，不如说是基于母语说话习惯的干扰；因为，对某种特殊语言的"基调"（key）训练有素的耳朵，尤其是讲母语者的耳朵而言，音节计数至少倾向于一致。但是，在说话时的音节**数目**（甚或，对音节核的识别）上一致是一回事，确定音节的准确构成（它还涉及其分界和过渡点）完全是另一回事，无论对于说话者而言，还是对于听话者而言。实验证据似乎表明，"对音节结构的感知……主要基于动觉记忆（kinaesthetic memory）"（Fry 1964，218）——换句话说，说话者对其所听到的内容的解释，并非基于直接的听觉内容，而是将其回指到他作为说话者所完成的运动，以便产生既定的听觉效果。但是，譬如不同于辅音发音，涉及相对较小和表面上敏感的器官或器官区域（唇、舌尖、等等），可是，对音节过程的清晰感觉却具有其完整性，尽管音节过程发挥功能是作为主要的"肌动控制单位"（unit of motor control, Fry 1964，219；参见页 72），要达成详尽的动觉分析却不容易。对于这类深层过程而言，确实可以证明内省和其他任何进路一样有效，只要仅关注相对简单的判断，譬如涉及是／否、同／异这样的二元选择；但过程的内在建构问题很难用这种方法来回答。因此，音节的语音学性质的任何详尽理论，必须另寻其解释灵感。在竞争性的理论之间作出选择，当然要求一种可以接受的理论不至于违反直觉，但除此之外，选择将基于其有效性之范

---

① Firth 1948，149 f.

围,如按这样的标准判断具有应用之普遍性,或关涉其他现象时具有解释力量。

呼吸理论

在近百年中提出的关于音节的语音学理论,主要可以分为呼吸理论、发音理论和声学理论。其中最早提出的就是呼吸理论,按此将音节定义为"由一次呼吸冲动所产生的音组"。[①]但如这种粗糙方式所述,这个定义很容易受到反驳,甚至是非常基础的实验反驳,表明每个人都承认,两个或更多音节的发音,也可以在单独一次呼吸中说出;这个失败导致有些经验主义者,譬如思科瑞普车(Scripture)和潘康奇利－卡尔齐亚(Panconcelli-Calzia),[②]预告了音节观念的整体死亡。

声学理论

其他语音学家寻求以声学的"响度"(sonority,德语 Schallfülle)概念来解决问题,从而,最大的响度表示音节核,最小的响

[①] 参考,譬如 Vietor 1894, 296 ff.; Jesperson, 1913, 190。这种定义的先导,见于维克多利努斯(Marius Victorinus, vi, 26 K),"音节是元音或辅音字母的发音,从属于一个重音(参见 Hjelmslev)和持续的呼吸"(syllaba est coniunctio litterarum cum uocali uel uocalibus sub uno accentu [cf. Hjelmslev]et spiritu continuata);与此类似,普利斯吉安(Priscian, ii, 44 K):"字母构成的范围,由一个重音和一次呼吸延长形成。"(comprehensio litterarum consequens sub uno accentu et uno spiritu prolata.)有人怀疑这个定义有普通的希腊文献来源,但涉及重音和呼吸的内容不见特拉克斯(Dionysius Thrax)。

[②] 参见 Malmberg 1955, 81; Rosetti 1959, 12。

度表示音节边缘。① "响度"在此意义上是一个表示大量因素所导致的声学结果的复合术语，这些因素的形式极为广泛，包括发音（voicing，声门振动）、发音器官的开口/紧密程度、呼气力度、音高、（辅音）肌能、（元音）时长、（擦音）穿透。② 按照印象主义听觉术语，响度一般被认为是衡量声音之"可听见性"（audibility）的尺度；而且，由于在此尺度上变化，有最大可分辨的发音，也有最小之无声，主要作用被归于发音这个因素。③ 事实上，听觉影响的确倾向于与声学能量之等级完全适度地关联在一起，后者如今可以用电子方法准确度量。④ 这个理论的弱点在于，没有能力在低响度声音中建立任何有意义的秩序；一个特殊难题由擦音 [ʃ] 表现出来，按照听觉和声学标准，它不仅像其他擦音那样，比破裂音更"响"，也比任何鼻音更"响"；⑤ 所以，这个理论很难解释如英语的 Horsham [hɔːʃm̩] 或 station [steɪʃn̩] 这些词的发音，其中的 [ʃ] 构成一个音节的边缘，而 [m̩] 或 [n̩] 构成一个音节核。⑥ 最近，这一个特殊难题被哈拉（Hála 1961，75）避免了，他采用了一个更为严格的"响度"定义，也就是说，由于声门音缺乏阻尼（damping），从而排除了"穿透"因素，后者倾向于夸大擦音的地位。然而，此进路涉及否认擦音具有核音功能之可能性，这与存在

---

① 进一步讨论参见 Bell 1970b，31 ff.。
② Vietor 1894，296。
③ Sweet 1906，65；Jespersen 1913，190。
④ 参见 Heffner 1950，74。
⑤ 参见 Zirin 1970，20。
⑥ 关于其他批评，见 Lebrun 1966a。

诸如 pst![pṣt]这样的发音相抵触。①

有些语音学家承认呼气响音音节（both expiratory and sonorant syllables）之可能性（譬如 Sievers 1901，203），这表明，譬如，响音音节由双元音[ai]构成，可以分裂为两呼音节[a.i]，反过来（Sievers，209），诸如英语的 hammer [hæmə]这样的词，包含两个响音音节，却可以构成单一的呼气音节，在此情况下（225），所涉及的辅音以同等方式分属两个音节。

发音理论

另一有影响的难题进路是索绪尔的进路（de Saussure 1916/1960，51 ff.），仅以发音的开口标准为根据；从而，一个音节的构成，由一个音或开口提升的音列（构成一次"外破"[explosion]），后接一个音或开口降低的音列（构成一次"内破"[implosion]）。当然，这个理论照顾到了[pṣt]这样的音节，按索绪尔的标注法是 p̌sť，但另一方面，却无法解释希腊语 κτείνω 这类词的发音之情形（音节开头的开口度一样），也无法解释，譬如英语的 steps 的发音，词首开口收缩而词尾开口增大，也就是šťep̌s。索绪尔试图采用各种专设办法来处理这些情形（54 f.; cf. 59 ff.），但可信度较小。事实上，这种理论只满足于处理索绪尔本人（57）标志性的术语外破和内破"规范链"（normal chain），譬如在英语的 dřiňk 中。②

---

① Rosetti 1959，27.
② 参见富歇（Fouché）的"完全"（VS"不完全"）音节（1927，7）。

开口理论之下，如格拉蒙（Grammont）所指出的那样（1946，99），就是"常识：开口方能说话；开口说话，闭口则保持沉默"；为弥补其缺陷，格拉蒙引入了（100 ff.）"紧音性"（tension）概念，其规则是内含从一个音节向另一个音节的过渡，如果一个紧张度递减的音后接一个紧张度递增的音，①而非其他情形。所以，按照格拉蒙的符号，*un arbre creux*（一棵空心树）的发音显示为：

而英语的 steps 的发音则显示为 。但不幸的是，术语"紧音性"仍未有定义，除了它想要解释的那种现象是确定的；②譬如，*arbre* 中的第一和第二个 *r*，据说分别具有递减和递增的紧音性，仅仅因为其在音节中的位置。

肌动理论

在下文中将会看到，上述所有理论中的要素，③可以各种方式与音节过程联系在一起。但这并不意味着，将要遵循的描述模式仅仅是对所有其他要素的一种综合，譬如哈拉就倾向于如此认为（Hála 1961，尤其 101 f.）。与之相反，我们将采用一种统一的音节理论，它本来是由斯泰森提出的（Stetson 1945；1951）。这种理论

---

① 与此类似，参见 Sommerfelt 1931，158。
② 参见 Hála 1961，78 f.。
③ 对这些和其他理论的更完整的说明，参见 de Groot 1927；Hála 1961；Laziczius 1961/1966。

看来具有很高程度的"解释"效力,在乔姆斯基的意义上(1964,28),因为它能够让我们将其他理论彼此联系起来作出评估,并对其各自的不充分性作出说明。但我们选择这种理论的主要原因是,证明斯泰森的理论也具有更高程度的"描述"之有效性,就我们将要研究的现象而言,因为它"指定观察资料依据重要概括,这些概括表达了语言中潜在的规范性"。

如斯泰森发表的主要著作的书名所示(1951),他的音节过程模式基于"肌动"理论;也就是说,对音节过程的描述,按照生理学的运动进行,更为确切地说,按照胸部肋间肌的运动进行,所以,也以某种方式与呼吸有关。但以往研究音节的呼吸进路,按照斯泰森的术语,关注的是"腹部呼吸搏动"(abdominal breath pulse),受腹直肌(rectus abdominis)和膈肌(diaphragm muscles)相反活动影响,描述了"呼吸群"(breath-group)和"音步"而非音节之特质;尽管,"与单个音节相对的肋间肌的快速搏动被实验者完全忽略了"(1951,16)。内外肋间肌,在呼吸中的功能分别是提升和降低肋骨(在吸气和呼气中),彼此反向活动影响"胸肌",根据斯泰森,对音节作出规定:"一种轻微的(空气)压力,在呼吸群中一直保持着……而属于音节的胸肌搏动就起于此层面。"(3)这种胸肌运动,进一步可以描述为"冲击"(ballistic)类型的运动,与"控制"(controlled)或"紧音"(tense)类的运动相对。① 在后一种类型的运动中,"相对的肌肉群共同作用产生运动……运动方

---

① 亦参 Lehiste 1970,8。

向可以在运动开始后改变,这种运动相对较慢"(28);作为例证,斯泰森论及追踪仿造过程(the process of forgery by tracing),可以在放大情况下探知,通过"控制"运动方向上的细微变化,这与正常书写中更为快速的"冲击"运动相对。在说话时,"整个短语大范围的呼吸运动,是一种慢速的'控制'运动,在此运动中出现音节的快速搏动,如波浪上的涟漪"。

在一次冲击运动中,长引斯泰森的说法如下:

> 运动整体由一次搏动构成。不可能在此过程中改变运动。肌肉部位的确是从一个界限抛至另一界限,就像抛射物那样,顾名思义。一项对这种冲击运动中的肌肉活动的研究表明,运动始于正面肌肉群的突然收缩,旋即又放松。至少在一半的运动期间,也不会出现相反肌肉群的收缩,所以,运动的肌肉部分的快速移动不受束缚。在此过程末尾,运动通常受阻于负面肌肉群的收缩。这种运动是一种动量运动。

所以,对于斯泰森而言(33):

> 音节由肋间肌的冲击运动构成。其界限并非由于一个"最小响度"(point of minimal sonority),而是由于规定运动之为运动的条件。**就音节的独特性而言,声音是次要的;音节有可能不发音。相反,言语是得以听见的一组运动,而非由运动所导致的发音**(着重为阿伦所加)。

然而,斯泰森在其他地方强调说(1945,90),辅音和元音"并非穿在一根绳子上的珠子"。音节搏动一般导致声带振动,元音从而可以视为一种具本质性的伴随发音,①发音调节着所导致的声门音调;另一方面,辅音则是辅助和非本质性的运动,可是,当辅音出现时,也会对音节过程发挥作用。胸肌搏动的冲击运动,被描述为始于一种"释放"而终于一种"阻止";释放和阻止都仅受肋间肌影响,如在一个由单个元音构成的音节中(类型 V);但释放会受到同时出现的一个辅音冲击的辅助(类型 CV),而阻止只受一个辅音冲击影响(类型 VC),堵塞或限制空气从肺部流出;在 CVC 类型的音节中,两种辅音功能都发挥作用(Stetson, 7, 50)。

这种理论超过关于音节的"响度"或"开口"理论的优势,斯泰森本人有很好的论述(171 ff.)。但我们尤其要指出,这种理论并不依赖于对构成性的口头发音的识别和分类——这是"生成"理论而非"分类学"理论(参见 Stetson, 6);②如流行的语法模式将句法而非构词法作为核心来对待,斯泰森的理论给予音节以超过辅音和元音的优先性,辅音和元音要按其与胸肌搏动的冲击运动的关联作用来规定。音节划分就是划分胸肌搏动,将辅音分配给一个音节或另一音节,由其释放或阻止功能决定。辅音序列的功能发挥在于阻止+释放,但它们也可以结合起来作为复合阻止或释

---

① 本质上如此,是由于空气必须通过频腔,伴随着对信号的过滤,其确切性质随舌与唇的位置而变化:参见 Joos 1948, 49 ff.。
② 但如布朗所论(1972, 40;参见 1970, 5),"音节概念尚未引入发生音韵学力量,以开发其潜能,从而说明作为根据的要素的语音学分布":参见 Harms 1968, 116 ff.; Bell 1970b, 74, 82 n.7; Sampson 1970, 602。可是,在古德申斯基和波波维奇(Gudschinsky & Popovich)的序位学(tagmemic)研究中(1970), "音节被用作音位分布之组合,并且用作对某些变体的调节环境";亦参 Harrell 1962。

放发挥功能（参见 Stetson, 83 ff.）。然而，在［steps］类型的音节中，不存在理论难题，其中［st］和［ps］分别是复合释放和阻止，譬如，与 *piston* 或 *popsy* 不同，其中同样的辅音序列分属于不同音节。如 κτεί (νω) 这样的情形中的"难题"，仅在于下述事实：某些类型的辅音序列，更有可能服从于发挥复合功能，由于其发音相互关联（包括其"开口"），故此倾向于发挥这样的功能，要比其他辅音序列更为常见。①譬如，一个像英语的 *ply*［plai］或 *try*［trai］这样的音节就是"常规"音节，用索绪尔的话说，只是由于"流音（*l*, *r*）是如此具有一种开放的构造，它容许音节运动的搏动开启"（Stetson, 84）；②在英语的音节如 *spy*［spai］中，"擦音出现在准备强击（the beat stroke）过程中"（指口腔发音最开头的［p］）。在这方面，各种语言变化很大，③譬如，不同于希腊语，对于很多讲英语的人而言，*spy* 类型是"常规"，他们发现 *psi* 类型有困难，其中"附属音出现在反击（the back stroke）过程中"。另一方面，很多语言，或在语言的各历史阶段，*spy* 类型不规则，而音节结构要作相应调整：所以，古典拉丁语的 *sc*(*h*)*ola*, *spiritum*, 后来发现有 *iscola*, *espiritum* 这样的形式，有一个前置元音，第一个辅音则附属于它（因此，在西部罗曼语中，譬如西班牙语的 *escuela*, *espiritu*, 法语

---

① 关于破裂音 + 流音的统计学研究，参见 Bell 1971, 47。
② 在最近一项视听研究中，实验显示（Truby 1964, 104），在如英语的 play 这样一个词中，存在"生理学上舌前置以实现边音共振发音，在唇爆开可以听到词首破裂音相应之前……大概舌最极限的边音位置发音，差不多可以在任何音之前 50 秒（平均）听到"。
③ 参见 Zirin 1970, 22 f.。

的 école，esprit）；像英语的 school 这个词，当它借入现代印度语言时，有了 iskūl（有前置元音）或 sikūl（辅音序列为"中插"元音打断）：参见 Sharma 1971，64 ff.。

  类似的思考也适用于 κτεί (νω)、俄语的 tkat'，其中"强击如此密切结合，以至于它们彼此融合于阻止或释放音节的运动中"。音节，如埃斐克语（Efik）的 mkpa 意为"死亡"（death）或赞德语（Zande）的 mgba（ku）意为"扁斧"（adze），甚至离英语的言说习惯更远，却在大量非洲语言中司空见惯。① 支配词首辅音序列的规则也许相当复杂，在格鲁吉亚语（Georgian）中（Vogt 1958，29 ff.），一个破裂音可以后接一个发音时在口腔中更靠后的破裂音，只是在后者具有同样的声门特质（发浊音、送气发音或发喉塞音）的情况下；但也许会出现异质的辅音序列，如果发音的关联位置反转，譬如，在 t'bilisi 意为"第比利斯"（Tiflis）中（非浊音送气发音，后接浊破裂音，发音顺序进行）。按照斯泰森的理论，这种情形之"难题"被缩减为特殊语言的发音调节实践问题，② 对于定义或界定研究不具有普遍的理论意义。

  音节的边缘要素，不一定总是与一次胸肌搏动的开始或结束的边界有精确契合，这也许是音节边界不统一的一个特别常见的原因，尤其就听者方面而言。口腔和胸部运动的关联如此具有复杂性，以至于在"能力"水平上的一种明确界定，在实行过程中可能

---

 ① 参见 Westermann & Ward 1949，66 f.。进一步例证，参见 Bell 1970b，33 ff.。
 ② 参见 Huffman 1972。

或多或少会变得模糊，从而应更谨慎地谈论边缘要素与核心要素的相互"黏附"。① 但即使将此铭记在心，继续使用"划分"（division）、"边界"（boundary）等传统术语，应该说也没有危险。

斯泰森的理论之于我们的目的而言的优势，很快就会变得显而易见，将在合适的章节进一步详加讨论。他的理论的价值，已为大量著作家认识到了，包括德·格鲁特（de Groot 1932, esp. 98）、派克（参见下文）、雅克布森和哈勒（Jakobson & Halle 1968, 423）以及齐林（Zirin 1970, 17），特别在"韵律"关联方面。但他的理论也并非没有批评者，他们尤其对斯泰森的生理学实验抱有疑虑，大部分实验实施于 20 世纪 20 年代，还有大量实验可望根据现代技术进一步实施：所以，请特别参见 Ladefoged 1958；1967；Lieberman 1967, 26, 191 ff.。可是，甚至这样的批评也因为认识到斯泰森的工作的重要性而有所缓和（譬如 Ladefoged 1958, 3）；还有一个批评者弗雷（Fry 1964, 217），他承认"言语中的节奏和音节划分的本质其实就是运动"，他也承认后期研究的结果"的确显示，斯泰森至少是在正确的地方寻找音节活动的证据，也就是说，在言说肌肉的运动中"。弗雷的主要批评是，"用于言说的肌肉如此多，各种系统之间的相互作用如此复杂，以至于我们很难期待找到由单一肌肉甚或唯独由呼吸肌控制的音节划分"②。派克在一部早期著作中（1943, 53 f.），对斯泰森的理论详加批评，但并未发现与他自

---

① 尤参 Bell 1970b, 49 ff.。
② 此项特殊的批判有下述事实支持：显而易见，"完全正常的音节划分模式也出现在了某些病人的言说中，他们的呼吸肌根本上完全瘫痪而使用铁肺呼吸"（Lehiste 1970, 109）。

己的想法普遍不相容,他将音节规定为(116)"由肺作为启动者的单一运动,但只包括一个速度峰值(crest of speed)……从生理学上讲,音节也可以称为胸肌搏动";更晚近(1967,365 ff. nn.),派克转而为斯泰德森积极辩护,以反对拉迪福吉德(Ladefoged)的批评,并有所保留地采纳了斯泰德森的理论,这是出于他的"客位"(etic,vs"主位"[emic])之目的。

至少,用拉迪福吉德的话说(1958,2 f.),"斯泰森的工作,大部分可作为一种试图解释呼吸肌如何涉入言说的理论,而非一种说明观察到这些肌肉如何活动的理论":参见特瓦德尔(Twaddell 1953,451 ff.)。拉齐克其乌斯(Laziczius 1961/1966,224)也认为,"在更晚近的语音学文献中,在此方面没有其他哪部著作像斯泰森的那样具有启发性"。对于我们的目的而言,既然模式具有必要的描述上的适当性,我们就不必在其理论有效性之外别有坚持;①事实上,他的理论模式具有很大的解释力量。我们将继续涉及"胸肌搏动"等这样的概念,但也提出警告:这些术语的生理学定义,不一定就一字不差指它们的字面含义。②

---

① 参见弗罗姆金(Fromkin 1968,51):"任何这种模式……的目的,都是为了解释现象,只要它能让事情变得可以理解,就有其合理性。"
② 参见 A 1969,195。

4. 音长和音量
Length and Quantity

46   某些基本的韵律特征，现在可以根据关于音节过程的肌动理论来思考——音长、音量和重读（另章讨论）。

元音音长

有非常多的语言，包括拉丁语、希腊语和梵语，都对"长""短"元音作出了重要区分，如 *mālus* VS *mălus*，λίγω VS λέγω，梵语 *pūrāṇas* 意为"古老的"（ancient）VS *pūrăṇas* 意为"充满"（filling）。有时候人们认为，如术语所示，这种区分只是一种时长上的区分。但对如此作出区分的口语的语音学研究表明，尽管"长"元音的确倾向于比"短"元音时长更长，而且通常在类似语境中都是如此，实际时长的波动程度却相当大，也让人疑惑听者能否总是以此作为**唯一标准**来判断一个特定的元音所属之范畴。[①] 此外，感知到的"音长"

[①] 由语境决定的波动，倾向于有特殊音标（譬如在浊辅音 VS 清辅音前，参见 Chen 1970），尽管作为一种音位变体特征，其重要性不如自由波动（参见 Nooteboom 1971, 284 f.）。凯雷克（Kerek 1968, 40）引述冯纳吉（Fónagy）的考察：在匈牙利语中，"客观测量的短重读元音的时长，通常等于非重读长元音的时长"。参见 Trubetzkoy 1935/1968, 38; Fischer-Jørgensen 1941, 175。

维度与客观时长的关系,似乎并不简单,也尚未完全得到理解。①

音质要素

不同的"音长"往往与不同的**音质**(*quality*)有关。②譬如,在拉丁语中,ĭ、ŭ、ĕ、ŏ分别比ī、ū、ē、ō的发音开口更大;③在阿提卡方言中,ε所具有的音质很可能处在η[εε]与ει[ee]之间;④在梵语中,短元音ă,通常古代语音学家认为它是闭口(*saṃvṛta*)发音,与程度更大的开口(*vivṛta*)长元音ā形成对照,⑤这类音质区分,也保留在了现代印度-雅利安语中。的确,有时候很难说,甚或不可能说,某个特殊的元音就是某个特殊的短元音的关联长元音,反之亦然(参见 A 1959, 245 ff.)。在英语中,元音长度之区分,尤其明显与音质不同关联在一起;很多现代著作家,如库拉特(Kurath 1964, 18),认为"音长不是近代英语(MnE)元音系统的区分特征"⑥。这样的音质不同,在英语中有很长的历史,由原初有关联的成对短元音和长元音开始分开得以显明,为元音大推移(Great Vowel Shift)过程放大,此过程体现了从中古英语到现代英语的演化之特点;所以,譬如[æ]在 *man* VS [ei]在 *mane* 中,[e]在 *men* 中 VS [Ii]在 *mean* 中,[i]在 *bit* 中 VS [ai]在 *bite* 中。原

---

① Fry 1968, 386.
② 参见 Lehiste 1970, 30 ff.。
③ A 1965, 47 ff.
④ A 1968a, 84 ff.
⑤ A 1953, 57 f.
⑥ 譬如,参见 Gimson 1970, 94 ff.。

初关系在很多情况下仍然由历史上的正词法得以显明,并仍在语法化过程中发挥功能(profane/profanity, obscene/obscenity, divine/divinity),① 这两个要素说明了天生的直觉,就是将 bite 中的双元音[ai],譬如当成"长元音 i"的一个实例。

长短元音的这种不同音质,一般可分别归于发音的"紧"与"松"之对立,后者的特点可以用声道上的各种过程的衰减来描述;② 所以,如特恩卡(Trnka 1966, 21)论英语时说:"要感觉一个元音长,我们听起来它的发音必定紧,只靠音长不足以产生这样的效果。"紧张一般倾向于与时长有关,但也有例外。在现代冰岛语中,紧、松发音的元音③(前者包括双元音)有长有短;在重读音节中,时长短在后接一个以上辅音时就是正常现象,在其他情形时长则长。譬如,*vita* 意为"知道"(to know)中的松元音,与 *víta* 意为"责备"(to blame)中的紧元音,两者的时长相对都长;而 *kaldur* 意为"冷"(cold)中松元音,与 *kálfur* 意为"小牛"(calf)中的松元音,两者的时长相对都短。④ 在这种情况下,显而易见,

---

① 参见 Chomsky & Halle 1968, 50。
② 尤参 Jakobson & Halle 1964。对紧张概念的批评性考察,见 Lebrun 19。
③ 在冰岛语中是"宽"(broad)和"窄"(narrow)(原来是"重"和"轻")。紧元音由古冰岛语的长元音和双元音演变而来,而松元音从短元音演变而来。甚至当由单长元音演变而来时,紧元音(连同下文要指出的例外)在各种等级的双元音:参见 Haugen 1958, 66 ff.。
④ Einarsson 1945, 4 ff.,可是,有些紧元音具有一种趋势,就是当它是短元音时,会失去其双元音要素;反过来,对于松元音而言,当它是长元音时,会进而双元音化("上升"类型):参见 Einarsson 1945, 11; Steblin-Kamenskij 1960, 43 ff.。换句话说,双元音化普遍倾向于与音长而非与紧张度**本身**结合,尽管"下降"双元音只与紧张度结合。

是用某些标准来分类,如紧张度,以排除音长。

时间比例

有些关于音长的传统表述,甚至将长元音描述为具有两倍的短元音时长。在某些语言中,平均音质也许恰好接近此比例;[1] 但波动如此之大,以至于很难构成任何音韵学等式之基础;事实上,传统表述基于标准之混乱(在某些情况下,很可能混淆了音长和音量)。如可以看到,在晚期阶段,两个短元音(或两个"轻"音节)构成的序列,在某些语言和某些条件下,带有与单个长元音(一个"重"音节)相同的重音模式;从历史角度看,也有分读的两个短元音缩合为单个元音的情形。这种共时或历时性的等价之情形,也许为某种类型的格律变化提供了基础(参见页 255 及其以下)。但它们并不以任何方式意指长元音(或"重"音节)与短元音(或"轻"音节)的**时长**比例是 2:1。

这种传统的元音时长比例关系,似乎始于希腊音乐著作家(譬如阿里斯蒂德 [Aristides Quintilianus],《论音乐》[De Mus. 32, 41 f. W-I]),他们认为短元音的音质具有一个时间单位(χρόνος πρῶτος),长元音具有两个时间单位。但是,音乐上的惯例是一回事,通常的言说(相当于歌唱)是另一回事——"显然,音乐上的四分音符等值于两个八分音符……这种情形并不见于言说的实际发音"(Beare 1957, 38)。类似的学说见于古印度语音学论著,[2] 其中

---

[1] Lehiste 1970, 33 f.
[2] A 1953, 83 ff.

将短元音描述为音值具有一 *mātrā*（"度"[measure]），而一个长元音的音值具有两度。无论 *mātrā* 设计在音韵学上有任何用途，将其移置到语音时长领域，只可能导致混淆；在晚期某些论著中，甚至尝试将音值分配绝对化，与相对音值截然分开；譬如，1 个 *mātrā* 据说音长等值于冠蓝鸦（blue jay）的叫声，而 2 个 *mātrā* 的音长等值于乌鸦（crow）的叫声——就好像用厘秒来规定元音长度那样。但在更早期较好的印度论著中，并无这种绝对的规定之尝试。

在古典语言中，包括梵语，双元音大多数在音韵学和格律上等值于长元音；所以，关于后者的任何说法，都适用于前者。

非时间进路

有各种以非时长术语来规定音长区分的尝试。① 这种理论认为不同在于从元音到随后的音节边缘的渐进类型（譬如，采用的术语是"弱"VS"强"切分[cut-off]，或"松弛"[loose]VS"稳固"[firm]或"紧密"[close]过渡），对比在"容许完成全程的音节，与时长因后接音节以辅音开头而缩短的音节之间"（Trubetzkoy 1935/1968, 37）。② 费舍尔－约尔根森（Fischer-Jørgensen 1941, 180）批评这种理论的根据是，其所宣称的区分如此精确，以至于语音学家自己都不可能就他们所听到的，甚或就他们是否听到了什么达成共识，工具辅助也产生不了具有这种特征的证据。可是，对于当今的著作家

---

① 总结参见 Fischer-Jørgensen 1941。
② 参见 Jespersen 1913, 202 f.; Jakobson 1937a/1962, 257; Lepscky 1962, 236 ff.; Trnka 1966, 22。

而言，这种理论就其一般原则而言，比其他任何一种理论都更接近我们以后要采用的理论（页 62 及其以下），后者为解释元音音长提供了最有效的模型；对其某些缺陷的讨论，见页 197 注释 2。

辅音音长

音长区分也在辅音中发挥作用，在很多语言中具有语义功能，包括拉丁语和希腊语（譬如 agger VS ager，ὅππος VS ὅπος）。在某些语言中，"重叠"辅音的分布与单个辅音类似；譬如，它们会出现在词首和词尾还有词中：有些例证出自东北高加索地区（N.E. Causasus），如拉克语（Lakk）*ččan* 意为"脚"（foot）VS *čan* 意为"小"（little），阿瓦尔语（Avar）*icc* 意为"泉"（spring）VS *ic* 意为"蛾"（moth），塔巴萨兰语（Tabassaran）*qqör* 意为"野兔"（hare）VS *qör* 意为"乌鸦"（crow），*jiff* 意为"铜"（copper）VS *jif* 意为"雪"（snow，Trubetzkoy 1931）；出于柏柏尔语（Berber）的例证，见于米切尔的著作（Mitchell 1957, 193 ff.）。在这种情况下，可以归为恰当按照紧 VS 松发音来描述它们①——很像上文描述的冰岛语元音之情形；如米切尔所评论的那样（1957, 197），"可以称为相对音长的内容，往往可以包括在辅音重叠范例之中"，但是，"不可能逆程序，将音长视为范畴之标准"。②但在我们直接关注的语言中，

---

① Trubetzkoy 1926, 23 f.
② 亦参米切尔（Mitchell 1960, 375 n.2）关于阿拉伯语词末重叠辅音的论述，他认为其发音不一定更长，但紧张度更高，并且接触更为坚实。

"辅音重叠"只出现在词中,①在此位置上,就全部描述韵律之目的而言,它们完全堪比其他由两个辅音构成的序列(譬如,*medúlla* 的重音位置,与 *uenústa* 的重音位置,与 *mérŭla* 的重音位置相反)。因此,可以将它们仅作为 CC 之情形来看待,②而无须作特殊考虑。从历史角度来看,可以注意到,它们通常替代了原初不同的辅音序列,如拉丁语 *sella* < *sed-lā,希腊语 τέτταρες, τέσσερες < **kʷetw~*(比较梵语 *catvāras*),巴利语(Pkt)*kaṭṭaï* < 梵语 *kartati*。

音节音量

在尝试以肌动理论解释元音音长之区分前,我们可以对**音量**问题作初步思考。但首先可以注意到,英语在音质上的紧 VS 松区分,也与元音分布上的不同联系在一起,后者为英语与譬如德语和荷兰语所共有。这一点可以非常清楚地见于单音节完全词,其中松(短)元音从未出现在词末位置,总是后接至少一个辅音;尽管紧元音(长元音和双元音)也可以出现在词末还有辅音前。③ 所以,具有松元音的词有:*bid*, *bed*, *bad*, *pot*, *put*, 如此等等;而具有紧元音的词有:*pea*, *do*, *far*, *law*, *fur*, *pay*, *pie*, *toy*, *low*,

---

① 拉丁语的 *hŏcc* 限于词首元音之前的位置(A 1965, 75 f.),希腊语词首的 ρρ 等,限于词末元音之后的位置(A 1968a, 42 and p. 219)。
② 参见 Trubetzkoy 1931, 9 f.。
③ Kurath 1964, 17; Trnka 1966, 22.

cow，如此等等，还有，peat 等。① 因此，库拉特（Kurath）称英语的松元音"受控"（checked）而紧元音"自由"（free）。

ᾸC = V̄ (VS V̆)

从这些有限的材料中，浮现出了 V̆C 与 V̄ 类型具有某种等价性质的印象（后者既指紧[长]元音，也指双元音）；类似的等价现象也潜在于英语的大量语音学特质中。譬如在 dialéctal，duodénal，suicídal VS diágonal，litúrgical，conjéctural 等词中，重读位置显示，次末音节元音是重音，则[ekt]序列等值于[ɪin]或[aɪd]序列，但[ən]或[ɪk]或[Ur]不等值于与这些序列——换句话说，V̆CC 序列等值于 V̄C，但 V̆C 序列**不**等值于 V̄C。乔姆斯基和哈勒（Chomsky & Halle 1968, 29）将 V̆CC 和 V̄C 归类为"强辅音丛"（strong clusters），将 V̆C 归类为"弱辅音丛"（weak clusters）。

紧/松区分本身不能解释 V̄C 与 V̆CC 类型的序列之等价，乔姆斯基和哈勒将其混称为"强辅音丛"，仅以其音韵学上的表现为根据，而未解释它们**何以**等价。

英语与拉丁语之间在这些问题上的某些对比，无疑将受到关注。在拉丁语中，在单音节完全词中，长元音和双元音可以出现在词末位置，如 dā，quí，quae 等词，而短元音只出现在后接至少一个辅音时，如 dăt，quĭd，ĕst 等词。一个突出的例证由字母表中的

---

① 参见 Gimson 1970, 90 f.。亦请注意这种倾向：在模仿动物时，为没有长（紧）元音的形式增加一个辅音闭塞，譬如 wuff, yap（此外还有 moo，如此等等）：Hála 1961, 111。

字母名称所提供，"连续"辅音，（瓦罗以降）前面有元音，名称中有一个短元音（ĕf, ĕl, ĕn, ĕs 等），破裂辅音的名称，后接元音名称中却有一个长元音（bē, cē, dē 等）；与此类似，在元音的名称中，长元音被用作属音（generic）。① 在拉丁语中，与在英语中一样，词中的 V̄C 与相对于 V̆C 的 V̆CC 序列等价。这一点，首先见于重音定位——这就是，在次末音节是重音的位置，包含一个属于 V̄C（refēcit）或 V̆CC（refĕctus）序列的元音，但在次次末音节是重音时，次末音节包含一个属于 V̆C（refĭcit）序列的元音；其次见于格律音值，因为 refēcit 和 refĕctus，譬如，都可以作为一个六音步的结尾，refĭcit 却不可以。

从历史角度看，所有三类序列都以不同方式反映在拉丁语的词中元音的演变中，事关"弱化"（也就是闭塞）的出现或程度。V̄C 没有表现出弱化（譬如，refēcit, relātus 其古体从未改变），V̆CC 表现为部分弱化（弱化为中元音程度的 ĕ：譬如 *refăctus→refĕctus, retĕntus 保持不变），V̆C 表现为完全弱化（弱化为闭元音程度的 ĭ：譬如 *refăcit→refĭcit, *retĕneo→retĭneo）：进一步参见页 133 以下。但从描述角度看，不存在将 V̆CC 与 V̄C 区分开来的韵律根据。

也可以为希腊语建立类似的等价关系。其中，V̄C 与相对于 V̆C 的 V̆CC 在格律上也是等价的。这种等价关系，譬如也反映在形容词比较级和最高级的构词中：ὠμός（词干是 V̄C 类型）和 λεπτός（词干是 V̆CC 类型），都保留了主题短元音 o（ὠμότερος, λεπτότερος），

---

① 从诗歌中出现的例证可以清楚地看出这一点（譬如 Lucilius, Terentianus, Maurus）：Strzelecki 1948, 9; Kuryiowicz 1958, 381。

而 σοφός（词干是 V̄C 类型）则在比较级中拉长主题元音为 ω（σοφώτερος），显然是作了某种形式的节奏补偿。①

平行的情形也存在于梵语中，由母语论著中的论述可知。这一点亦有格律上的等价关系和对照关系可以证实，也由动力重音的定位可以证实，动力重音已取代了更早期（自由的）旋律重音。这种重音定位的影响，见于印度-雅利安语的演变过程：譬如（带有动力重音音标的）kámalam 意为"莲花"（lotus）→印地语的 kámal，aráṇyam 意为"沙漠"（desert）→巴利语的 aráṇṇa- →古吉拉特语（Gujarati）的 rān，páñcamaka- 意为"第五"（fifth）→古吉拉特语的 pǎ̃cmɔ，vyākhyǎ́nam 意为"解释"（explanation）→巴利语的 vakkhǎ́ṇa-→印地语的 bakhǎ́n。伊朗语中的演变，表明其中也有类似的情形。②我们已然看到，英语的重音特点基本堪比拉丁语，事实上，这并不局限于印欧语言领域。譬如在阿拉伯语中，重音定位见于各种类型的序列的等价关系和对比，在某种程度上和拉丁语很相似（甚至与印度-雅利安语更相似：参见页 156 及其以下）；在闪米特语中，总体上如米切尔所指出的那样（1957，191），"往往很容易……认识音节在音量上的等价性，音节结构的不同取决于音长要素涉及辅音还是元音"。

同样重要的是非常普遍的历史进程，经此一个辅音序列缩减为单一辅音，倾向于通过拉长一个在前的短元音来"补偿"，也就

---

① 参见 Galton 1962，281 f.；A 1962，50；1967a，147 n. 1；Zirin 1970，68 n. 10.

② Meillet 1900；Kuryłowicsz 1958，369 fr.

是说，V̆CC → V̄C。在拉丁语中，譬如 *ĭsdem→īdem，后者是宾格复数。*-ŏns→-ōs。在希腊语中，*ἐσμι（比较梵语的 asmi）→多利亚方言的 ἠμι 和阿提卡方言的 εἰμι，宾格复数 τονς（如在阿尔戈斯方言［Argive］中）→多利亚方言的 τως 和阿提卡方言的 τους 和莱斯博斯方言的 τοις（双辅音化了）。由印度-雅利安语例证已然可见，巴利语的 kaṭṭaï →印地语的 kāṭe，巴利语的 aráṇṇa- →古吉拉特语的 rān。[①] 从比较观点看，同样的变化也见于，譬如多利亚方言 σελά̄νᾱ= 莱斯博斯方言 σελάννᾱ（<*σελᾰσνᾱ）。对两类序列的描述性补充，也见于冰岛语（页 47；关于斯堪的纳维亚语言之总体，参见 Lehiste 1970, 42, 49）。

词中 V̄C 与 V̆CC 序列在古典语言中的等价关系，早已为人们所认识。也许事实上对它的论述要比我们迄今所作的还要广泛得多。V̄C 可以重述为 V̄C$_0$，这里的 C$_0$= 任何数目的辅音，包括零辅音（譬如拉丁语 diḗi, relā́tus, redā́ctus, redḗmptus）；V̆CC 可以重述为 V̆C$_2$，这里的 C$_2$= 至少两个辅音（譬如 refĕ́ctus, excĕ́rpsit, contĕ́mptrix）；V̆C 亦可重述为 V̆C$_{01}$，这里的 C$_{01}$= 不多于一个辅音（譬如 mĕ́dius, mĭ́nimus）。在格律和音韵上都等价的 V̄C$_0$ 与 V̆C$_2$, 都不同于 V̆C$_{01}$, 正是这一点引出了**音量**概念，以区分于元音音长。与音长一样，音量也具有一种二元特征，"高"级特征以 V̄C$_0$ 与 V̆C$_2$ 为代表，"低"级特征以 V̆C$_{01}$ 为代表。

---

① 亦参 Turner 1970；Sharma 1971，102 ff.。

重("长")VS 轻("短")

方便的做法是首先考察在此问题上的印度学说。两个等级被称为"重"(guru)和"轻"(laghu),一种典型的论述①归为重元音的是长元音,或任何后接辅音组合(saṃyogas)的元音,而归于轻元音的是不后接辅音组合的元音。值得注意,梵语这里在音量等级和元音音长等级之间作出了清晰的术语区分,如在西方传统中那样,元音音长的等级术语是"长"(ditrgha)和"短"(hrasva)。可是,某些混淆出现了,倾向于将术语"重"和"轻"应用于相关序列中的元音,还有序列之整体。②

希腊语法学家用一对术语(μακρός, βραχύς),既指元音音长也指音量。但两个概念,至少一开始有清晰区分。此外,不像印度语法学家,希腊语法学家清楚表明音量等级描述了音节之特点。所以,在特拉克斯那里(17 U),③一个"长"音节包含一个长元音或双元音,或包含一个短元音后接两个辅音;一个"短"音节包含一个短元音而无两个后接辅音。可是,模棱两可的术语难免将后世学者引向混乱。首先,一个"长"音节包含一个长元音(或双元音),相较于包含一个短元音,感觉是更为"自然"的长音节;这种观念用哲学术语来表达,就是 φύσει 意为"出于自然"VS θέσει 意为"出于约定"之间的对立(譬如 Dionysius Thrax 17 U)。④可是,θέσει

---

① 《鹧鸪氏学派对支》(*Taittirīya-Prātiśākhya* xxii. 14 f.)。
② A 1953,85 ff.
③ 参见 Zirin, 43 f.。
④ 参见 Zirin, 68 ff.。

亦可指"位置",故而可以理解为在此位置上,短元音位于两个(或更多)辅音前,处在 $\breve{V}C_2$ 类型的"长"音节序列中。这种解释反映在了拉丁语以 *positu* 或 *positione*(VS *natura*)翻译 θέσει 上,也从而有了我们自己的术语"出于位置"(by position)(VS "出于自然"[by nature])。与音量和音长的模糊术语结合起来,[1] 最终导致的观念是,不说"**长**"音节是"出于位置",而说这种音节中的元音**拉长**是"出于位置"——当然,并非如此:总而言之,如 λεκτός 中的 ε 仍然是短元音,就像在 λέγω 中那样,恰恰是包含这个 ε 的音节才是"长"音节。这种误解在昆体良那里已显而易见,[2] 在中世纪变得司空见惯;[3] 还持续到了文艺复兴,并令人十分惊奇地重现于索绪尔的著作中(1916/1960, 60),在某些现代教科书中很不幸仍然可以遇到。

希腊语和拉丁语关于音量的论述,一般不涉及所关注的音节结构,尽管如我们所见,它们的确讨论过音节划分问题。但这是罕见的例外。特拉克斯,在上文提及的音量研究中,将一个音节"出于位置是长音节"的语境之一,描述为"当其以单一辅音结尾时,和后接一个以辅音开头的音节时,譬如 ἔρ.γον"。[4] 同样的进路也见于赫费斯提翁(Hephaestion *Ench.*, 1 ff. C),举例为 ἄλ.λος。但迪奥尼修斯和赫费斯提翁的论述,揭示了由音节划分理论不充分而导致

---

[1] 除了用术语"音长"指音量,如今有时候也在元音音长意义上使用术语"音量"。

[2] Zirin, 51 f.

[3] Hiersche 1957.

[4] Fränkel 1960, 148 f.; Zirin, 44.

的难题。然而，由于希腊语的学说正确规定了 ἔρ.γον 和 ἄλ.λος 的音节划分，诸如 Ἕκτωρ, ξέξω 这样的词的音节划分是 Ἕ.κτωρ, ξ.ξω（根据起首出现的辅音序列是 κτ, ξ）；从而，音节划分中处理"位置"音量，必须加上一条规则（如迪奥尼修斯和赫费斯提翁所认为的那样）：一个音节是"长"音节，如果下一个音节以两个辅音开头。他们的音节划分学说的正词法基础和非语音学基础，也由下述一条附加规则之必要性揭示出来：譬如 ἅλς ἐπάγη，其中两个辅音后有一个分开的词，一个音节是"长"音节，如果它以两个辅音结尾。

停顿前的 V̆C

更令人惊奇的是，印度人在作音节划分时并不试图分析音量，因为，他们的音节划分规则具有更为合理的基础。可是，他们所论有一点值得注意，因为，这与后文的讨论具有相关性。如印度的学说所容许的那样，如果要采纳下述观点：若一个音节以短元音结尾，它就是轻音节，否则（也就是说，以长元音或一个辅音结尾）就是重音节；那么，我们可以认为：一个以 V̆C 结尾的词的末音节是轻音节，若后接一个词以元音开头（因为，按照音节划分学说，V̆C 中的辅音属于随后的元音），若后接一个词以辅音开头，则末音节是重音节（因为，两个辅音中第一个辅音被认为要与它前面的语音结合起来）；而事实情况正是如此。但我们也可以认为，**停顿**

前的一个音节可以归类为重音节,^① 譬如在一个句子末尾,因为,不再有这个辅音可以附属于其上的后接元音。^② 总体而言,印度的论著在此主题上完全模棱两可,但是《鹧鸪氏学派对支》(*Taittirīya-Prātiśākhya* xxii.14) 并未清楚地将这样的音节归入"重音节"。古代西方著作家并未特别论及此问题。哈利卡纳苏斯的迪奥尼修斯 (*De Comp.*, 75 ff. UR) 举四例指出,词末 ~V̆n (譬如,在 πᾶσιν 中) 可以是"长音节",但另一方面,赫费斯提翁 (*Ench.*, 14 C) 指出, ὕπνος 的末音节是"短音节"。就此,格律证据不易求得,因为,诗行在音韵学上倾向于作为一个句子,所以,对句子(以及从句)内部的词尾一般不如此看待;^③ 诗行末尾通常"无关乎"节奏之目的(参见页 296 及其以下),但看来确有某种证据显示,停顿前的

---

① 在语文学著作中,指此位置的一个常见的术语是"**在停顿处**"(*in pausa*)。这术语在拉丁语语法中并无权威性(甚至也找不到**停顿**[*pausa*]这个术语),在任何情况下都不恰当:人们会认为恰当的术语,例如,*ante*(*ad*)*pausam* [**在停顿前(先于停顿)**],或 *in fine* [**在词尾处**](如 Quintilian, ix.4.93)。术语"**在停顿处**"似乎出自缪勒(Max Müller)的《梨俱吠陀对支》(*R̥k-Prātiśākhya*)译本(1856, 394, cxix),用"在停顿处"(in der Pause) 翻译梵语的"*avasāne*"[**在末尾处**];拉丁语拼写形式"*in pausa*"(**在停顿处**)见于他的《梵语语法入门》(*Sanskrit Grammar for Beginners* 1866),由此传入了其他语法著作。梵语词汇中确有位置格(locative)*avasānam* 意为"停顿"(pause),但位置格在此有其常规的专门含义(缩略语法变体),意指"前"(before,正如夺格表示"后"[after])。这种常规在拉丁语中不流行,即"位置格"表达使用 in+ 夺格,波普(在其《订正梵语语法》[*Grammatica critica linguae Sanscritae* 1832]中)规范使用了更为恰当的术语 *ante pausam* [**在停顿前**]。进一步详情,参见 A 1962, 99 f.。

② 参见 Kent 1948; Frankel 1960, 148 f.; Irigoin 1967, 72 n.8; Zirin, 57 f.。

③ 参见 *Hermann 1923, 94; Fraenkel 1928, 344 f.; Safarewicz 1936, 96; Kuryłowicz 1966; 亦参页 113 及其以下。

~V̆C 具有"长音节"音质,在拉丁语和希腊语中皆如此。这一点将在详细研究个别语言的语境中再作更为适宜的讨论(页 130 以下,页 204 及其以下)。

时间比例

音量问题的最为传统的进路,尤其是进入出于"音质"(nature)和出于"位置"(position)的与"短"音节相对"长"音节之等价问题,要以时长为根据——如元音时长之情形。但这条进路会导致直接的难题。因为,如哈利卡纳苏斯的迪奥尼修斯所见(De Comp., 75 f. UR),ὁδός、Ῥόδος、τρόπος 和 στρόφος 的首音节,出于格律之目的都是"短"音节,而 σπλήν 和 ἤ 都是"长"音节,尽管"有些比一般长音节更长,有些比一般短音节更短"。迪奥尼修斯未澄清此问题,但在阿里斯蒂德那里(Aristides Quintilianus 41 f. W-I),我们发现了一种按照所涉及的音长来证实音节音量的企图。一个短元音,如我们已然所见,被给予了 1 个"时间单位"的音值(value),而一个长元音被给予了 2 个"时间单位"的音值;除此而外,一个辅音被认为有 ½ 时间单位的音值。[①] 从而,两类长音节的问题,可以表述为:V̄=2;V̆CC=1+½+½=2;∴ V̆CC=V̄。但只是一种特殊的解析,因为,它完全无视下述事实:按此学说,将有一系列音值,譬如从 ὁ=1 到 σπλήν=½+½+½+2+½=4;如此,就没有理由将特殊比例点上的"短"音节与"长"音节区分开来:的确,"短"

---

① 此一种学说也见于印度论著:A 1953,84。

音节序列,如 στρόφος（CCCV̆C=3）作为一个整体,要比"长"音节 ἥ（V̄=2）或 εἰς（V̆CC=2）更长。①

这种情形某种程度上已为后世著作家所阐明。考罗博思库斯（Choeroboscus）在其对赫费斯提翁《指南》（*Enchiridion*, 180 C）的评注中解释说,"节奏学家"（rhythmicians, 他们主要关注音乐蕴含［musical implications］）与在"格律学家和语法学家"完全不同的意义上使用术语 χρόνος πρῶτος［时间单位］。② 对于前者而言,他说,每一个音都有其时长上的音值,从而音节也会有各种音长;可是,后者却将任何"长"音节都作为 2 个时间单位来对待,而将任何"短"音节作为 1 个时间单位来对待;也就是说,他们将这种关系概念由元音音长转变成为音节音量。但这仍丝毫未解释,**何以**按照 C/V 结构,如此明显不同的音节会等值。朗吉努斯的尝试性解释（赫费斯提翁《指南》［*Enchiridion*, 87 C］）指出,格律学家本身的基础不是任何对音长的度量,而是功能（δύναμις）——他以此概念大概指音节的格律分布。但这实际上是一种循环解释,因为,我们仍必须解释,何以不同音节类型会有同样的格律功能。在维克多利努斯的类似讨论中（Marius Victorinus vi, 39 f. K: Zirin, 52）,朗吉努斯对时长和功能的区分,平行于"**间隔**"（*spatium*）和"**比例**"（*ratio*）的区分,但对后者的语音解释几乎没有任何启发性:"如我们说所有日耳曼人都长,尽管并非所有人都有一样的身高:我们如此说这些音节,是就长音节或短音节的类属而言,而非就

---

① 参见 A 1968a, 99 f.; Zirin, 47。
② 亦参 Goodell 1901, 6 f.。

其间隔而言。"（ut dicimus omnes Germanos longos esse, quamuis non sint omnes eiusdem staturae: sic dicimus etiam has syllabas in genere esse non in spatio longarum seu breuium syllabarum.）

印度格律学家也作出了由元音音长到音节音量的概念转换，但注疏并未进一步解释音节类型在格律上等值的原因，按其本身的规则，这些音节类型在时长上不同。如按照其中一条规则 *Vṛttamuktāvalitarala*（"格律的珍珠项链"[Pearl-necklace of Metre], Varma 1929, 89）讲，格律等值只是"出于传统"。

关于音量的音长理论的更进一步的困难，表现在某些类型的辅音序列，尤其是破裂音+流音类型（譬如希腊语中的破裂音+鼻音类型），在某些语言和方言中，并不"构成长音节"（making position）；也就是说，序列 V̆PL（这里的 P 和 L 分别 = 破裂音和流音）会产生一个"短"音节而非"长"音节，如格律所示，亦如拉丁语中的重音位置所示（*tónĭtrus* 的重音位置如 *mónĭtus* 而非 *honéstus*）。就英语而言，乔姆斯基和哈勒（1968, 82 f., 241）必须承认，为了符合与重读位置和元音之紧 vs 松相关的规则之目的，其"弱音丛"（weak cluster）范畴必须扩展，某些情况下将 V̆Cr 序列包括在内；所以，譬如 *cérebral* [~ɪbr~] 如 *pérsonal* [~ən~]，次次末音节重读，不像 *parétal* [~ent~]，次末音节重读；或 *putrefy* 如 *purify*，首音节中是长（紧）元音，与之相反，*justify* 首音节中是短（松）元音。更进一步的英语中的对比，由"喉音强化"（glottal reinforcement）过程提供，① 主要涉及破裂辅音，这是某些类型的英

---

① Higginbottom 1964.

语言说的一个常见特征。一个辅音，如果后接一个元音，通常不会强化，但若后接另一个辅音（或者，偶尔后接停顿：参见页 55），则会强化。可是，这条规则有一个例外，出现在破裂音＋流音（以及＋半元音）序列中；这种情况下，破裂音**仅**在前面的元音重读时才会强化，譬如在 *pétrol* [～ʔtr～] 或 *cýclist* [～ʔkl～] 中，或当语法边界介入破裂音和流音之间时，譬如在 *uproot* [～ʔpr～] 或 *at least* [～ʔtl～] 中，而非在 *acróss* [～kr～] 或 *replý* [～pl～] 中（与 *succéss* [～ʔks～] 形成对照）。

V̆PL 等值于 V̆C，几乎不可能归于 L 固有的任何时长特征，因为，相反的 LP 序列，在拉丁语和希腊语中通常不"构成长音节"①：也要注意，英语的 *immórtal* 的重读位置。进而言之，按照一种时长理论，某些应归于语法边界的变化，完全不合常规。所以，譬如在早期拉丁语诗歌中，词形内的 PL 通常不"构成长音节"，在一个词或语子（morph）边界落入其间时，它们通常才"构成长音节"，譬如在 *ab-ripi*, *ab lenone* 中（参见页 20，页 140）；与此类似，在阿里斯托芬尼斯（Aristophanes）那里，与通常的 κλ, κμ 等造成"阿提卡方言中的元音缩减"（Attic shortening）相反，在 ἐκ-λιπών, ἐκ μάχης 类型的形式中，"构成长音节"；在荷马史诗中，这种序列通常**的确**"构成长音节"，它们在音步的"弱音"一半中很少如此，如果它们前面是词语边界（参见页 210 及其以下，页 217 及其以下）。所以，这种序列**前**的语法边界，显然不会使其缩短，但这种序列之

---

① 参见 Zirin, 56。

间的语法边界则会使其拉长。不可否认，情况也许正是如此，但时长理论没为其何以只适用于这些序列提供解释。这再次提醒我们注意与英语中的喉音强化的相似之处，譬如，它们与 fork left 中的［k］一同出现，却不与 four clefts 一同出现（Higginbottom 1964，137）。

音量的时长进路，近来以各种装束得以复兴（譬如 Verrier in 1914，Sturtevant in 1922，Schmitt in 1934）。① 这种进路可以韦里耶（Verrier）的概念为代表，除了音节本身，还有一种"音量音节"（quantitative syllable），其度量是从一个元音的开头到下一个元音的开头；所以，如齐林所指出的那样，《埃涅阿斯纪》首行的"音量音节"可作如下划分：

arm.av.ir.umqu.ec.an. ōtr.oi.aequ.īpr.im.us.ab. ōr. īs.

但是，这种进路必定会导致的不规范性显而易见，为了解释对 PL 序列的处理，斯特蒂文特（Sturtevant 1922，47）不得不求助于"诗律法则"，后者"为希腊语和拉丁语发音和音组建立了某种相对的时间音值"——这种解释并不比印度论著的"传统"解释更好。因此，很难看出它如何才能维持，如戴尔（Dale 1964, 20 n.9），"希腊人的耳朵实际度量把握到的，当然不是'音节'，如我们局限于书面方式所认为的那样，而是……把握到时间从一个元音的开头运行到了另一个元音的开头"。这个按照"书面"（通常并不标注音节）来构

---

① 参考文献和进一步讨论，参见 Zirin，56。塔兰洛夫斯基（Taranovski 1963, 198 f.）提请注意，由一种时长理论，所谓"音乐小节理论"（musical bar theory），在斯拉夫语格律中所造成的混乱，这种理论源始于韦斯特法尔（Westphal）的理念，尤为塞尔文斯基（S. S. Šervinskij）所发展。

想音节的"我们"自己，恰恰是模糊的；此论述的肯定方面，没有任何论证支持，其可信度没有超出"理所当然"（of course）之限度。

雅克布森提出了一个音量标准，它本身就以音节结构为基础，也从而以元音"莫拉"概念为基础（对应印度的 *mātrā* 和希腊语的 χρόνος πρῶτος [时间单位]）："按照格律模式，如像希腊语和阿拉伯语，它们将'出于位置'的长音节和'出于音质'的长音节等而同之，最小的音节有一个辅音音位和一个莫拉的元音构成，与有余（第二个莫拉或一个闭合辅音）音节相对，就像更简单和更不显著的音节，与更复杂和更显著的（prominent）音节相对。"（1960，360）可是，这种进路也未解释，何以甚至单一的辅音"冗余"后接元音，也会造成音节"长度"，正如附加一个莫拉的元音，而任何数量的先于元音的辅音"冗余"（如在 στρό.φος 中），则不相干；进而言之，求助于"显著"（prominence）会导致循环论证，因为这正是我们要尝试解释的内容；而"复杂性"这个因素似乎是一个过于宽泛和模糊的标准。

然而，还有马鲁佐（Marouzeau）的理论（基于于莱 [Juret] 的理念），也以类似方式利用了音节结构（1954；1955：详尽讨论见 Zirin, 61 ff.）。譬如 V̆CCV̆ 序列，可以划分为 V̆C.CV̆；但在说明首音节 V̆C 的"音长"时，马鲁佐并未将音节本身的时长作为相关因素，因为他发现仪器测量会使这条标准失效。相反，他提出第一个辅音闭合与保持阶段，附加于第二个辅音的闭合与保持，造成一种"悬置"（suspension），其全部时长由听者分配给了首音节，而只有第二个辅音的开启分配给了第二个音节。从而，音节 V̆C 将被解释为"长"音节，而 CV̆ 将被解释为"短"音节，即使这并不符合实际时长。这是一种巧妙的设计，但除了其他任何理论缺陷（参见 Zirin，62 ff.），它过于依赖心理学上的感知因素，后者尚且无法度量，从而致使转换而非解决了难题。就此来看，它很容易受到汤姆逊以某些原先的时长进路为根据的嘲笑（1923，424）："两场演讲之间的宴会，怎么就使第一次演讲变长了呢？"

还需要注意的是，一个"长"音节等值于两个"短"音节，根据我们已有所涉及的朗吉努斯和考罗博思库斯评注中的说法，是格律学家（和语法学家）提出以反对节奏学家的假设，而后者并无这种独一无二的二元比例。其可能基础，将在后文作更为全面的讨论（页 255 及其以下），但有重要的一点可在此提出：有两类截然有别的格律等值，一类（有时候称为"缩合"[contraction]）其中"长"音节可选择以代替两个基本的"短"音节（譬如在长短短格六音步中）；而另一类（通常称为"分解"[resolution]）其中两个"短"音节可以选择以代替一个基本的"长"音节（譬如在希腊语的短长格三音步或拉丁语六音步[senarius]中）。进而言之，缩合一般不会因词的边界而受限制，但分解却或多或少因此而受严格限制；而且，缩合是音步的"弱"音部分的一个特质，而分解主要是音步的"强"音部分的一个特质。可是，梅耶（Meillet）模糊了焦点，他将两类等值都说成是"分解"，表明真正的分解（譬如在短长格中）只是一种"必要的特许"，由见于六音步的缩合延伸而来（1923，43 f.）。同样错误的是，梅耶将这些等值引以为诗歌中音量的纯粹时长性质的证据，因为证据直接为他自己所削弱，他承认"强"

音位置由两个"短"音节标示,比由一个"长"音节标示较不清晰。有必要区分两类等值,也为萨法里维奇(Safarewicz 1936, 73 ff.)、库吕洛维奇(Kuryłowicz 1948/1960, 207)、戴尔(Dale 1958, 102)、帕克(Parker 1968, 268)等人所强调。

在古印度语中,格律上一个重音节等值于两个轻音节,与西方的任何一种格律上的等值形式都截然不同。这种格律等值并不见于吠陀经,在古典梵语中也不常见,占优势的格律只有一种格律类型(*akṣaracchandas*),其中音量或多或少受到严格限制,库萨在古典语言中,的确也出现过"*mātrāchandas*"类型的格律,其中音节数量随诗行基于音量性质的 *mātrās* [度](重音节 =2 度,轻音节 =1 度)。但在这些格律中,几乎不可能说,一个重音节或两个轻音节是基本要素;因为,在有些格律中,没有公认的音步结构;在古雅利安语(Āryā),譬如(它被认为是一种"*gaṇacchandas*",即"音步诗歌"),某些 4 个 *mātrās* [度] 的音步,全部可能的替代形式有 ΣΣΣΣ, ΣΣ, ΣΣΣ, ΣΣΣ 和 ΣΣΣ。①

从现在起,为了避免在理论探讨中有可能混淆元音音长和音节音量,我们将采用印度语言的术语重和轻指音节,②与以长和短指元

---

① Keith 1928, 418.
② 如 A 1953, 85; 1964, 4f; Nagy 1970, 3 n.3; *Newman 1972, 3 and n.2。术语"强"和"弱",宫冈(Miyaoka 1971, 220)用来表示爱斯基摩语中精确可比的音量差异。在现代格律中,"重"和"轻"有时候也用来表示重读 VS 非重读音节,作为带有重音的诗作的基础:譬如 Stankiewicz 1960, 78; Lotz 1960, 140。

音相对,①甚至对梵语之外的语言也采用这些术语。为了符号标注之目的,传统的长音和短音上标（V̄, V̆）,将用来表示元音音长,②而长音下标和倒置的短音下标,将用来表示音节音量（Σ̱, Σ̡）,尽管为方便起见,标注时这些下标将只放在音节中的元音下面。③所以,如果我们要遵循页 55 上的建议,一个标示为 CV̡C 的音节类型,就是一个**重音节**中包含一个**短元音**;而拉丁语 *rĕcēntēs* 例示了音长与音量的三种可能组合。

一种肌动进路

在转向肌动理论,以对音长和音量难题作出可能解释时,我们会注意到,甚至梅耶寰于作为其论证基础的时长理论之内涵,导致他按照音节"长"或"短"来重新定义时长理论,根据说话者**感觉**音节是长是短,这种区分与其说事关一种外在的物理度量,不如说事关也以某种方式传达了听者的内在过程。实事求是地说,这更像是一种托词而非理论,没有任何迹象显示,这种对音节类型的"感觉"能够客观描述;但至少它找到了最有前景的探究领域。

元音音长作为肌动理论术语

我们应该记得,根据斯泰森的理论,音节搏动有可能被胸肌或

---

① 例如,豪斯曼（Housman）完全明了元音音长与音节音量的区分,却倾向于让读者混淆这个问题（如 1928）,采用 *nullā spes* 等写法。
② 除了在语音和音位音标中,其中使用双重音标。
③ 如 A 1966a, 111 n.2。

口头（辅音）发音的冲击所阻止；所以，音节类型~V 和 ~VC，都可以说是受到了阻止，一个是胸部阻止，另一个是口部阻止。

在序列类型 ~VCCV~ 中，常见第一个 C 阻止了第一个音节，而第二个 C 则释放了第二个音节。但如果两个辅音发音相同，也就是说，重叠发音，譬如[pp]，那么，若说话速度更快，发音的"排出"会导致阻止性的辅音脱落；阻止运动为紧随其后的释放所超越（Stetson 1951, 67 ff.）。占据优势的释放作用超越了阻止，也见于下述事实：如果序列类型 ~eat, eat, eat~ 或 ~at, at, at~ 加速，具有阻止性的辅音就倾向于转而发挥释放功能，造成 ~tea tea tea~，~ta ta ta~ 等发音（Stetson 40 f.）。当这种"性能"（singling）或"转换"发生时，就会发生音节变成胸阻音节（chest-arrested，在此以符号 $^+$ 表示），也就是说，~VC.CV~ 或 ~VC.V~ → ~V$^+$.CV~。斯泰森认为这必定会总是发生，但在这一点上，我们要引入一个修正性前提，此前提牵涉大量关联——也就是说，在这种情况下，音节阻止的效果会消失，结果我们获得的序列类型是 ~V^0.CV~（这里的 ^{0} 表示胸阻缺失）。按照冲击比喻，我们可以将此比作：A 抛出一个球，而 B 不是抓住它（从而将它抛给 C），而是将它踢给 C，其间未阻止它的飞行。

我们现在可以将此前提与更进一步的语境关联，斯泰森和其他人也注意到了此语境，就是与长短元音的对比关联起来。斯泰森（43）注意到，短元音的音质不能拉长，[①]因此，它基于发音之迅速。

[①] 参见 Trubetzkoy 1938, 158 f.; Fischer-Jørgensen 1941, 177。

他进一步指出（67），随着速度提升，元音音质倾向于发生变化，因为"所给予的接近声道的特定形状的时间越来越少"，他特别论及英语中有缩小为"中"（neutral）元音［ə］的倾向。① 这种发音的"不完全性"，通常认为是与其长、紧元音对立面对照的短、松元音的特质。所以，在雅克布森和哈勒（1964，100）看来，松发音涉及"声道由其中央位置变小"，尽管紧元音（如紧辅音）不仅"主要表现为耽于离开中部的位置上的时间间隔更长"，而且"显示出更大的声道变形"；② 还有，从声学观点看（Jakobson, Fant & Halle 1952，36 f.），不仅"紧元音较相应的松元音时长更长"，而且"在紧元音中，其共振峰（formants）偏离中间位置数量，要大于相应的松元音"。

所以，可以认为发音速度与元音音质不同有关，特别与描述紧 VS 松元音之特质的这种不同有关。③ 但如果谁接受了斯泰森的基本信条，另外认为音节是言语的首要肌动单位，似乎就有理由在音节过程中，而非在含糊的"加速器"（accelerator）控制中，寻找支配速度的因素；④ 这里提出的假设是，若在长、紧元音与短、松元音之间作出区分，两者的不同就在于胸阻存在 VS 胸阻不存在之不同。斯泰森本人实际上也暗示了这一点，在区分音节类型 ~V̄C 和

---

① 亦参 Lehiste 1970，140。
② A 1959，241。
③ 排除如现代冰岛语之情形（见页 47），在这门语言中，紧/松区分完全独立于时长。
④ 按照一种在语言学上有区别的功能，也就是说，与说话的全部速度相对，后者是另外一个"附属于语言学的"问题。

~V̆C 时：所以（104；cf. also 42），"如果音节主要受辅音阻止，元音就可以说是松元音。但如果音节部分受阻于胸肌，则元音可算作'紧'元音"；后者用等式表示，$V^+=$ 紧元音（V̄），当然也适用于音节类型 ~V̄，在此，斯泰森的一般理论假设是完全的胸阻。上文引入的对斯泰森理论的修正，使得将前述等式 $V^0=$ 松元音（V̆）扩展为音节类型 ~V̆ 以及 ~V̆C。换句话说，相对较慢的发音关联着长、紧元音，可以视为胸阻之后果，而相对较快的发音关联着短、松元音，可以视为口阻（oral arrest）或为下一个音节的释放作用所"超越"之结果（"撞击"[knocking-on] 影响）。① 从生理学上看，这似乎是一种合理的前提，着眼于胸阻涉及的机动性有大有小的肌肉组织，胸阻需要拉长元音，与此同时达到最高程度的缩合。从而时长仅仅成为元音"音长"的一个偶然特征，主要由音节过程所决定。

音节音量作为肌动理论术语

如果接受这一点，在区分 V̆ 和 V̄ 的语言中，用肌动理论术语说，不同将在于 V^0 与 V^+ 的区分。在这种情况下，音节以 V̆（V^0）结尾，**作为**不受阻（口或胸）音节，将既与音节以 V̄（V^+）结尾相对，也与音节以 V̆C（V^0C）相对，后两者均受阻（分别受胸阻和口阻）。而且，如果我们采纳古典语言中基本的传统音节划分规则，认为当两个辅音前后相继时，第一个辅音一般都从属于它前面的音节，而介于元音之间的单一辅音从属于它后面的音节，那么，结果

---

① 出现停顿前的 V̆，暗含 V^0 独立于这些条件，可以视为这个位置的特殊特质，伴随音节搏动而非阻止的松弛（"消逝"）。

就是：在这些语言中，**重音节就是受阻音节，而轻音节则是不受阻音节**。从而我们就能够解释"何以拉丁语诗歌中恰好有两类音节"（Zirin，64）；我们不必再承认（如齐林那样），"从纯粹的语音学观点看，这个数字太武断"，也未必"会比语音学涉及更多内容"。

库吕洛维奇（1948/1960，219）正确指出，元音音长，譬如拉丁语 ē 的音长，只是"长"音节的一个特殊情形，这个音节"未受阻止"（non-entravée），按照我们的术语，也就是说未受口阻；可是，我们不必同意库吕洛维奇的看法，认为这个音节只是以 ē 为中介，其音量等值于，譬如 ĕt，后者作为"长"音节与 ĕ 作为"短"音节相对；对于我们而言，V̄和V̆C 同等并且本质上都是重音节，**作为受阻音节**，也正是音节受阻要素解释了它们在音量上等值。① 也不必（如 Zirin，72 ff.）主张将长元音分析为 V̆C，这种分析对于闭合（下降）双元音是不可能的（参见下文），对于闭元音也是不可能的（也就是说，[ii]，[uu] =/ij/，/uw/），至于开元音，这种分析在语音学上不可置信。②

肌动定义总结

在此对我们关于肌动理论的音长和音量定义的提议作出总结是

---

① 可是，的确音量概念仅仅出于区分元音音长的语言（参见 *Newman 1972，4，26），因为，若非如此，则只会有"开"VS"闭"音节的对立。
② 同类思考，譬如，导致特拉格尔和布洛赫（Trager & Bloch 1941: cf. Bloch & Trager 1942，50 f.）将英语中的双元音和长元音作为 V̆后接 /j/，/w/ 或 /h/（譬如，[aa] =/ah/）来看待，理由是（234）"六个短元音音位以强重读出现，只在急剎音节（checked syllables）中，可长元音和双元音也出现在自由音节中"。

有用的：

长元音（V̄）就是受胸阻音节（~V⁺）中的元音，它们倾向于具有紧音质。

短元音（V̆）就是未受胸阻音节中的元音，也就是说，它们是受口阻音节（~V⁰C）中的元音，或其受阻为下一个音节的释放所超越（~V⁰）；它们倾向于具有松音质。①

重音节（Σ）就是受阻音节，要么受胸阻（~V⁺），要么受口阻（~V⁰C）。

轻音节（Σ）就是未受阻音节（~V⁰）。

所得出的某些结果是：短元音能够出现在轻音节或重音节中（~V⁰ 或 ~V⁰C），长元音只出现在重音节中（~V⁺）；而重音节能够包括长元音或短元音（~V⁺ 或 ~V⁰C），轻音节只包括短元音（~V⁰）。

关于某些类型的发音，有可能在胸阻和口阻之间存在某种波动。一种典型情形是闭合双元音的发音，譬如［ai］，［au］，其中，第二个发音要素，一方面充分开放（"具有元音性质" [vocoidal]），容许整体胸阻，但另一方面也充分闭合（"具有辅音性质" [contoidal]），容许口阻；那么，譬如在拉丁语的 *maior*（铭文 MAIIOR）的发音［maj.jor］或［mai.jor］之间的不同，仅基于音节受阻类型，② 也就是 V⁰C 或 V⁺。或者在这种情况下，可以设想一种同时发生的口阻和胸阻活动。

---

① 与元音之短相关的不同替代机制，有可能潜在涉及时长和音质上的不同；如此也许很好地解释了拉丁语中重（受阻）音节和轻（未受阻）音节中词中短元音的不同演变。参见页 51 以下，页 133 以下。

② 参见 A 1965, 39 n.i.

第一部分：理论背景概述

超特征化

也有可能存在"双重阻止"（double arrest），也就是说，胸阻和口阻前起后继（~V⁺C）。但在某些语言中，至少有消除这些情形的倾向，从冲击运动的观点来看，将其作为冗余。这样的音节"有超越特征"，亦如库吕洛维奇所论（1948/1960，220），辅音丛对音量毫无增加。一个拉丁语例证，见于 caussa, cāssus（西塞罗，维吉尔）向晚期的 causa, cāsus 的演变，涉及 ~V⁺C.CV~ → ~V⁺.CV~ 的缩减，① 减少了口阻。另一方面（按照"奥斯特豪夫法则"〔Osthoff's Law〕），在希腊语中，譬如有从 *γνωντες 向 γνόντες 的演变，涉及 ~V⁺C.CV~ → ~V⁰C.CV~ 的缩减，减少了胸阻。② 这种缩减的描述性影响，也见于英语中的"松元音规则"（laxing rule, Chom-sky & Halle 1968, 171 f., 241），按此规则，"元音在某些辅音丛前的位置上不是紧元音"：所以，譬如 descrı̆ption（VS descrı̄be），wı̆sdom（VS wı̄se），convĕntion（VS convene），lŏst（VS lose）。按照音节肌动理论，缩减有超越特征的音节尾的情形，可以视为避免与"冲击"运动相对的"控制"运动的举措（参见页41）。在音节 ~V⁺C 中，阻止冲击运动，倾向于在音节尾 C 前完成（以胸阻方式），而音节必须靠控制活动来继续，"在这种情形下，辅音出现在音节运动的后半段，却不是其构成部分。这样的辅音在歌唱中往往十分显著，歌唱中拉

---

① 参见 A 1965，36。
② 进一步参见 Lejeune 1955，188f. and p. 222。关于豪萨语中类似的缩减，符合"音节过载法则"（syllable-overload rules），参见 Klingenheben 1928，282 ff.；*Newman 1972，16 and n.13；关于阿拉伯语中的缩减，参见 Fleisch 1950，248 ff.。

长元音，将辅音悬了起来"（Stetson，58 f.）。①

尤为不同寻常的情形是，一种辅音性质的发音拉长，超越了胸阻的要求之限度；因此，希腊语有对"长双辅音"的缩减，在上古（根据奥斯特豪夫法则）和后世皆如此，譬如 *Ζηυς → Ζεύς，κλήϊς → κλείς；与此类似，古印度语 āi, āu → ai, au（A 1953, 62 ff.；1962, 31 ff.）。

再论停顿前的 V̆C

我们现在可以回到停顿前的位置上的 V^oC 序列问题。从表面上看，我们期待它构成一个口阻音节（参见页55）；但也要考虑到另外一种可能性。当然，辅音狭窄（consonantal stricture）迟早要释放，但这种释放也会推迟，或以脱离说话时的音节运动的方式受到影响；②在这种情况下，辅音实际上只发挥阻止功能，而所涉及的音节受到阻止。但狭窄的释放也会与音节运动的持续结合，形成对新的音节搏动的释放，这在语言学上无法描述其特质（但也许会产生一种无所指的低语或嗫嚅的元音发音，常见于法语，譬如 *petite*，*malade*，如此等等）。③在此语境中，可以想见，末尾的辅音会失去其阻止功能，从而使前面的音节不受阻。这种情形，也许会出现

---

① 在拉丁语中 *cāssus→cāsus*，等等，减少辅音会清除斯泰森所谓"不寻常"的情形（8），其中"控制流行的元音运动始……于发出一个擦音，终于融入一次冲击搏动"。

② 参见 Heffner 1950, 173 f.。

③ 参见 Sharma 1971, 68: "在旁遮普语（Panjabi）中，其破裂发音可以清楚地听见，尽管后接元音指数完全不确定，不足以构成一个新的音节；可以称其为一种初起音节"（参见页139以下）。

在区分单双末尾辅音的语言中,① 譬如,冰岛语的 man 意为"少女"（maid）VS mann 意为"男人"（man，宾格），前一个词中缺乏辅音阻止，进一步由元音拉长这一事实得以显明（参见页 47）。但另一方面，印度语音学家特别注意到梵语辅音的未释放音质，在另一个辅音前和在停顿前，他们使用的术语是 "abhinidhāna"；② 破裂音被特别描述为"受到阻止"（āsthāpita）和"模糊、微弱、失去了气息和浊音"。真正重要的是，在停顿前的位置上，浊音与送气音的区分实效了；发音"微弱"由所有这样的辅音都消失之结果进一步显现出来（譬如，梵语的 vidyut 意为"发光"［lighting］→巴利文的 vijju）。这个问题显然必须就每一门语言作个别研究。

再论音节划分

斯泰森的理论本身，尽管给出了一种特殊的元音和辅音序列，并未提供标准以预见，何处会出现阻止和释放点，因为，肌动原理的整体基础在于，发音使音节运动可以听见，却无法决定音节运动。在此问题上每一门语言都自有其法则，③ 但某些一般的具有基础性的原则仍可以觅得。古典语言的表现彼此相当一致，基本的传统规则整体而言，有理由作出这样的概括。首先，音节倾向于具有一种辅音释放以辅助胸部搏动，结果使得介于元音之间的单个辅

---

① 而非页 50 上论及的区分松/紧的语言中。
② A 1953, 71 f.; 1962, 97 f.
③ 参见 Zirin, 66; 关于印地语和旁遮普语的对比，参见 Sharma 1971, 137。

音，释放了随后的音节，而非阻止前面的音节；① 比如，可以注意到，英语中有维持和扩展"连接性的 r"倾向，当后接词始于一个元音时——譬如 *four days* = [fɔɔ deiz]，而 *four hours* = [fɔɔrauəz]，因此，这个音具有"侵入性质"（intrusively），譬如 *saw(r)ours* = [sɔɔ(r)auəz]；或者，可以插入一个声门塞音以造成辅音释放，如 [sɔɔʔauəz]。在法语中，有众所周知的"连通"（liaison）现象（*vingt ans* = [vẽtã]，等等），在口头言说中倾向于延长发音。在很多语言中，半元音"滑音"通常避免"元音分读"；在印地语中，譬如，一个辅音结尾的动词词干，诸如 *bhāg-* 意为"逃跑"（flee），有一个语法过去时（preterite）*bhāgā* 和一个虚拟语气 *bhāge*；但以元音结尾的动词词干，诸如 *khā-* 意为"吃"（eat），在语法过去时 *khāyā* 中会插入一个 *y*，在虚拟语气 *khāve* 中（可以选择）插入一个 *v* [v]。② 所以，"元音分读"也被视为涉及音节释放中的辅音强化缺失之情形，上文论及的各种机制则被视为发挥了提供这种强化之功

---

① Zirin, 63。在普尔格莱姆看来（Pulgram 1970, 47 ff., 66 ff., 75），这恰恰是"最大开口的音节构成"（maximal open syllabicity）和"最小音节尾和最大音节首"（minimal coda and maximal onset）之原理的一个方面。亦请注意雅克布森的类型学概括（Jakobson 1958/1963, 526），"有些语言缺乏音节起首是元音和/或末尾是辅音的音节，但没有哪种语言缺乏音节起首是辅音或末尾是元音的音节"（与此类似，参见 Jakobson & Halle 1956, 37; cf. Bell 1970b, 178; 1971, 44, 90, 101）。针对 *索梅尔（Sommer）拒斥这种普遍化（1970），参见达尔顿（Darden 1971）；亦参迪克逊（Dixon 1970）。CV 类型之优先，也遭到邦达可质疑（Bondarko 1969），理由是这种类型是"区分特征的最佳实现的最小单元"；而麦克内拉格和德克勒克（MacNeilage & DeClerk 1969, 1333）的质疑根据肌动控制。

② 参见 A 1962, 61。

能。①同样的潜在倾向可以解释辅音序列末尾的辅音，发挥的功能是释放了后续音节中的辅音。所以，最基本的音节划分模式是 ~V.CV~ 和 ~VC.CV~。

复杂因素

其次，有些辅音序列相较于其他辅音序列，更容易构成复合释放或阻止性质的组合，原因与其各自的发音有关。音节的冲击有单个释放性的辅音辅助，当后者造成声带从狭窄到开口的突然转换，也就是说，由 C 转为 V，②涉及气压增强，由胸部搏动导致，后接或多或少迅速地释放，靠一种"窒息"效果对击打具有加速作用。但这种转换也是有可能的，也因此容许和辅助音节的搏动有所推进，如果音节始于两个辅音，其中第二个辅音比第一个开口明显更大，如页 43 和页 57 论及的破裂音＋流音之情形；③因为，流音"结合了闭合与开口，要么采用间歇方式，要么禁止中介音方式，并开启一条边音通道"（Jakobson, Fant & Halle 1952, 20）。鼻音尽管像

---

① 参见页 32 所涉及的提议将所有音节视为均始于一个辅音，包括零辅音。进一步的例证，参见哈拉（1961, 104 ff.），通常元音分读有缩短倾向，在缺乏介于元音间的"滑音"等情况下，这一点也被哈拉视为同样的原则之表现；参见 Bell 1971, 96 f.，可是，此人指出，失去介于元音间的辅音，往往导致元音分读：但这样的缺失，很可能被归为口头发音过程与音节功能不直接相关。

② 参见特瓦德尔（Twaddell's reference 1953, 423），他指出停顿后（与停顿前相对）的音位变体具有"迅速增强"（rapid crescendo）之特质；亦参 Pulgram 1970, 81。

③ 在此关联中，相对开口观念，阿里斯蒂德已有预示（Aristides Quintilianus 43 W-I），他声明第一个要素"发音更厚重"（παχυφωνότερος），第二个要素"较为薄弱"（λεπτότερος）是"滑音和受阻"（ἐκθλίβεταί τε καὶ πιέζεται）的结果。

破裂音一样涉及口腔通道完全闭塞，却也靠降低软腭容许气流通过鼻腔。从声学观点来看，"鼻音和像 L 和 R 这样的音的波形图，展示出很多与元音波形图类似的性状"（Tarnóczy 1948，71）。而半元音发音基本与闭元音发音一样，显然也具有相对敞开的构造，譬如，相较于一个破裂音或擦音。

这种类型的发音的功能发挥是很多语言的特质。拉丁语、希腊语和英语，就此已有论涉，更进一步将专注于古典语言（页 137 及其以下，页 210 及其以下）。一项特别有趣的比较，将由冰岛语来展现，如已描述过的那样，在这门语言中，如果后接单个辅音，则重读元音相对较长，若后接多余一个辅音，则重读元音相对较短。现在，我们可以在下述意义上来对此作出解释：介于元音之间的单个辅音，会释放后接音节，而它前面的元音从而会拉长，这是胸阻导致的结果：也就是说，~V^0C.CV~ 或 ~V^+.CV~。但除此之外，元音在轻读塞音 +r 或半元音类型的辅音序列前也会拉长：譬如，在 *titra* 意为"颤抖"（to shiver）、*vökva* 意为"浇水"（to water）和 *Esja*（山名）词首的（重读）音节中。① 换句话说，从音节角度看，这样的序列等值于单个释放性质的辅音。类似的思考，尽管年代不同，却也适用于 *l* 和 *n*。从前重叠的清破裂音，在现代冰岛语中已然简化了，而失去阻止性质的辅音所获的补偿，就是所谓"前送气发音"（pre-aspiration）（也就是说，无声地延长前面的元音）：所以，譬如，*brattur* 意为"陡峭"（steep），从前读如 [brat.tYr] → 现代

---

① Einarsson 1945，4 f.；Haugen 1958，82 f.（冰岛语的 v，尽管严格说来并非闭元音，发音却很微弱）。

发音［brah. tYr］=［braa̯.tYr］；同样的现象也见于清破裂音 +l 或 n 这种序列之情形，譬如，epli 意为"苹果"（apple）=［ɛhplI］，vitni 意为"见证"（witness）=［vIhtnI］。① 元音的浊音要素之短小显示，早期的音节划分是［ɛp.lI］，如此等等，② 随之而来的用前送气发音来补偿的需要，反映了音节划分转变为［ɛh.plI］，也就是说，辅音序列构成了一种对后续音节的复合释放。③

关于瑞典语，西格德（Sigurd 1955）研究了各种辅音的"元音依附"（vowel-adherence）等级；譬如，l 较 k 依附等级较高。因为，音节可以 kl (V) 开始和以 (V) lk 结尾，反之则不可以；一种分布分析将流音、鼻音和半元音确立为依附等级最高。事实上，辅音逆序倾向于由倾向于构成复杂释放的辅音次序构成复杂阻止，④ 因为，一个相对开放的辅音发音，只是部分地阻止音节运动，从而容许后接更为狭窄的辅音完成阻止（而非构成一个"受到控制的"附属：见页 66）。

所以，索绪尔的"开口"概念（见页 39）的确与音节有关⑤——但这只是胸部搏动的一个次属因素，本身不会造成或确定音节。

---

① 参见 Einarsson 1945，16 ff.。

② 可是，就清破裂音 +r 或半元音之情形，元音音长和前送气发音的缺失显示，前音节划分已然变成了［tII.tra］等，在句号前当前送气发音起作用时。譬如在 brattra（brattur 属格复数）中，的确出现了前送气发音，因为，会有从［brat.tra］（短元音在辅音阻止前）向［brah.tra］（通过重叠辅音简化和补偿）的演变。

③ 关于冰岛语的其他音节划分学说，参见 Haugen 1958，84 f.。

④ 参比旁遮普语中的倾向 $C^x \partial C^y V \sim \rightarrow C^x C^y V \sim$ 和 $\sim V C^y \partial C^x \rightarrow \sim V C^y C^x$，这里的 C^y 开口比 C^x 开口程度更大（Sharma 1971，58 ff.，82）。

⑤ 参见拜耳（Bell 1970b, 23）："喉下言说机制和发音姿态组合（The sublaryngeal speech mechanism and the grouping af articulatory gestures），很可能都涉及了。"

可是，介于元音之间的辅音序列，譬如，PL 类型的辅音序列，不一定作为一种释放组合发挥作用；音节划分 ~VP.LV~，与 ~V.PLV~ 同样有可能，因为 P 能够完全阻止一个音节，而 L 能够完全释放一个音节；在这种序列的功能发挥方面（如已见到过的冰岛语之情形，还有后文要探讨的古典语言之情形），各种语言彼此不同，从一个时期到另一时期也不相同。进而言之，由于各种替代情形在语言学上都有可能，所以，毫不奇怪，甚至在既定的语言和时期之内，在与语法功能一致的一种和另一种处理方式之间也会有变化；尤其语子边界可以形成一个音节边界，所以，一个语子起首为 PL，会要求释放一个音节，与此同时，区分语子的同样的序列，会要求阻止一个音节而释放下一个音节。如果这样一个序列前面是一个短元音，这个元音所属的音节，将会分别是轻音节（~V⁰.CCV~）或重音节（~V⁰C.CV~），如页 58 所见。

当然，LP 这样的序列，在组合中发挥的功能与此类似，要么阻止前面的音节，要么阻止前面的音节并释放随后的音节（也就是说，~ VLP.V~ 或 ~ VL.PV~）。但由于前面的音节在两种情况下都会受到阻止（从而是重音节），这种功能差异在韵律上的相关性，要低于 PL 次序之情形（可参见页 68）。

如果按照音节阻止 VS 音节不阻止来规定音量，则释放性辅音显然与规定无关。进而言之，如果（如胸部搏动理论所认为的那样）每一个音节都有一次胸部释放，以辅音起首的音节的功能就是支持并且与此释放同时发生（"辅音运动融合了音节运动"：Stetson, 57 f.）——不同于以辅音结尾的音节独立发挥阻止作用；所以，释放性辅音对基本音节结构没有补充，而阻止性辅音则有补充。事实上，从时长观点来看，根据斯泰森（46），"释放性辅音从未对音节的音长有所补充，它实际上加速了音节的运动"。

这种音节理论，在古典语言所展示的现象上的更为特殊的运用，将在恰当的地方予以提及。但是，希望上文的讨论已足以表明，音节，至少按照肌动语音学术语定义的音节，很难被仅仅斥为一种"书面"的建构（参见页59）。相反，它至少提供了一个基础，以解释大量舍此将毫不相干的现象；而这样定义的音节，倾向于支持许多实验语音学家最近通过其他途径得出的结论；譬如里斯克、库珀和利伯曼（Lisker, Cooper & Liberman 1962, 98）："通常，将肌动指令编码成声道的形状和运动，是一种复杂的转换，这种转换无法计算，即使原则上也无法计算，如果不考虑音节长度次序的绵延的相互作用"；弗雷（Fry 1964, 219）："确有大量语境性质的证据，指向一种可能性：音节活动正如肌动控制单位"；弗罗姆金（Fromkin 1966, 196）："一种可能的结论是：最小的语言单位，与产生言语的肌动指令相应，它比音位更大，也许更符合音节次序。"（类似的观点，参见 Lenneberg 1967, 109, 115）；布默和莱沃尔（Boomer & Laver 1968, 9）："（一项口误研究）表明，音节结构和节奏，相较于正确的语言学构件，更加并且能够合理地视其为言说中神经控制程序的核心方面"；麦克内拉格和德克勒克（MacNeilage & DeClerk 1969, 1217）："结果表明，音节因素影响言说的'前运动'指令。"类似的观察结果也见于弗罗姆金（1968, 63），其中也表明（57），结果音位也许是"语言能力模型"（competence

73　mode）中的最小单位，音节却是最小的"语言表现"（performance）单位；在此关联中，莱西斯特（Lehiste 1970, 155）进一步评论说："一种语言能力模式有可能是一种静态的模式，一种语言表现模式必须是一种动力模式。"音节的这种"生成"作用，也构成了阿伯克龙比的论述基础（Abercrombie 1964a, 6）："节奏已然存在于气流之中，事实上，先于构成词语的元音和辅音叠加于其上。"

最后，应当指出，音节理论本身，并未对某些格律中一个重音节等值于两个轻音节作出说明。这些等值关系要另寻出处（见页 255 及其以下），但在这种等值关系中，有一类关于音节的肌动理论，将能够提供一种具本质性的基础因素（见页 169 及其以下，页 197 及其以下，页 318 及其以下）。

5. 重读
Stress

我们现在可以来考量某些调制（modulations），它们适用于音节搏动或可以听到的这些搏动的发散过程。① 为所关注的语言起见，我们将只考察其中最普通的调制，它们也是最基本意义上的调制，因为，很可能没有哪种语言未展示出这些调制（尽管它们的功能因语言而异），而且它们所利用的机制，在任何情况下都内在地涉及言说。我们采用无线电话学（radio telephony）术语，可以称这些调制为"振幅调制"（amplitude modulation）和"频率调制"（frequency modulation）。我们首先考量前一种类型的调制，因为，它与我们已经讨论过的肌动过程的关联更为密切。②

振幅调制表现在语言中，最常见的名称是"重读"（stress）。然而，已有广泛观察的情形是，③说话者或听者所谓重读，与声学上记录的振幅或听觉上感知到的响度，并无简单关联：特拉格尔所谓

---

① 参见 Stetson 1951, 36 f.。
② 关于可能的调制的广泛特征的讨论，参见克里斯塔尔（Crystal 1969, 126 ff.）。其中某些特征，尽管被克里斯塔尔（在英语语境中）当作"附属语言学"特征，却可以在各种语言中发挥语言学功能——譬如"紧喉音"（creak）、"气嗓音"（breathy voice, Abercrombie 1967, 101）。
③ 参见 Crystal 1969, 113 ff.; Lehiste 1970, 106 ff.。

（1941，133）"重读紧张度（intensity）表现为相对响度（loudness）"，想必是一种过于简单化的说法。最常见的情形是，重读还关涉其他因素，尤其是时长（duration）和音高（pitch）；而且，在某些情况下，这些标准从听者角度来看，也许可以证明是比响度的简单增强更有效的重读线索；除其他因素外，特殊发音的"固有振幅"易于影响响度模式，而且为了按照重读来解释这些模式，听者就必须作出适当的"校正"。① 所涉及的可能线索之复杂性，很多观察者都有评论：譬如吉姆森（Gimson 1956）、弗雷（Fry 1958）、索德伯格（Soderberg 1959，114）、范维克（Vanvik 1961）、库克（*Cook 1961，63）、王士元（Wang 1962）、莱西斯特（Lehiste 1970，125 ff.）。在此方面，堪比音乐中的"重音"，如库珀和梅耶所描述的那样（Cooper & Meyer 1960，7），"这是尚不确切明了的数个变量相互作用的一个结果"；可是，当前研究的目的不容许我们简单地将这个问题搁置一旁，仅作为"一个基本的公理性概念，可以将其理解为一种经验，但原因尚不确定"。

线索之多元性，往往导致一种观点，认为所谓"重读"甚至根本就无关乎振幅；还有其他的定义，最常见的是按照音高来定义；所以，譬如鲍林格（Bolinger 1958a，149）："通常所谓说话中的**重读**的主要线索是音高突出。"② 可是，这种观点的大多数支持者承认，

---

① Lehiste 1970，118 f.。彼特森和麦克金尼（Peterson & McKinney 1961，81）指出，在音质相同但音调下降的发音中，谐波频率通过共振峰中心频率时出现功率峰值——也就是说，音质（特别是元音音质）有助于确定功率输出。

② 参见 Wang 1967，93 n.2（citing J. D. McCawley）；Faure 1970，49 f.，82 ff.。

这并不仅仅是一个**高音**问题（*high* pitch），而毋宁是一个音高**变化**问题（*change* of pitch）；① 变化也不必然是**上升**（*upward*）；② 而祖根（Jongen 1969，322）指出在弗拉芒语（Flemish）中有一种情况，其中被解释为重读的音节，却是**先于**音高升起的那个音节。③ 齐尔蒙斯基（Žirmunskij 1966，90）曾评论说，"动力较强的音节通常是在旋律上较高的音节"，他进而出于谨慎添加了一个括号"（或更低，在某些语言中）"。④ 在对 1875 年的一篇著名的论文（= Lehmann 1967，161 f.）的一个极好的指点中，维纳（Verner）已经从瑞典语例证中证明了这种可能性：一个强重读出现在一个低音上，后接一个高音上的弱重读。⑤

重读／音高关系上的变化，也许会导致对外国语中的重音定位的误判；⑥ 譬如在印地语中，重读最为常见的情形是与下行音阶（a downward step of pitch）相关；在如 *vah jā rahā hai* 意为"他正在走"（he is going）这样一个句子中，重读和与之相关的低音高出现在了音节 *jā* 上，而高音出现在了弱音节 *hā* 上；⑦ 但讲英语的人倾向于将后者听成最显著的音节，而讲印地语的人倾向于重读它的程度比重读音节 *jā* 更强。

---

① 参见 Gimson 1956，147。
② 参见 Bolinger 1958a，149；1958b，175。
③ 关于波兰语之情形，亦参 Jassem 1959，263。
④ 参见 Chatman 1965，50。
⑤（关于施瓦本方言［Schwabian］）参见 Schmitt 1953，18；（关于斯洛文尼亚语［Slovene］）参见 Halle 1971，15；总体参见 Kalinka 1935，325，349；Nooteboom 1971，285 f.（其中有进一步参考文献）。
⑥ 参见 Fónagy 1958，54 f.。
⑦ Firth 1950，xxxvi.

76　　　音高所提供的重读的潜在线索的可变性本身显示，不能混淆这两种现象的必要性。① 在此关联中，施密特建议作出区分（Schmitt 1953，17），他将音高的特质描述为一种声学效果，而将重读的特质描述为一种肌动性（motor activity）。② 这种肌动性的声学和听觉效果，包括波幅（wave-amplitude）和响度；但如施密特所承认的那样，两者并非总是直接关联，而且如我们所见，还包括其他特征。斯泰森强烈否定音高在定义重读（无论其作为线索的潜质是什么）时具有优先性，他指出（95）在音乐中，"完全有可能在音乐表现中制造突然的音高变化，却不改变重音模式"；但在言说中，如果重音仅仅涉及偶然的音高变化，那没有什么好奇怪的，由于"重音的重击涉及胸压，并且易于改变音高，因为，喉部肌肉系统往往受到各种紧张度的影响，这些紧张度就在其他从属于言说的肌肉组织之中"。③

　　找到一种更为确定和较少变化的重读的声学关联因素，莱赫托（Lehto 1969）已作出尝试（继而有 Sovijärvi 1958），相关标准不是强度的总体最大值，而是音节的"拍相"（beat phase/ "Stossphase"）中的一种增强；但莱赫托承认，作为此项研究的起点，"堪称重读的唯一可能的标准"是"母语听者的观点"。

　　福纳吉（Fónagy, 1958）总结说，重读不能用声学术语来规定，而听者只是用各种线索作为基础，来判断说话者所使用的力量等

---

① 参见 Jones 1963，256 §912 and note。
② 参见 Faure 1970，57。
③ 更为特殊的考察，参见 Lehiste 1970，82，125，144。

级；在此关联中，我们可以回想上文施密特作出的区分，并提出一种可行的假说：尽管就音高而言，听觉和解释之间的关系，无论多么复杂，都是相对直接的关系，但对重读的解释主要采用了间接的"动觉"（kinaesthetic）术语，也就是说，听者自己可以按照运动作出解释，从而产生了感知效果。① 多数关于重读之本质的混乱观点，很可能起于下述事实：它被用来"既指言说的发音或肌动的一个方面，也指听者感知到的声音的一个特征"（Fry 1958, 126；亦参 *Cook 1961, 42 ff.）；作为感知到的声音，"它指诸感知维度的一个复合体"，但（129）"特别在听者接受其母语的情况下，很可能听者的动觉记忆在其对言说的感知中发挥了某种作用。如果确实如此，可能动觉记忆对重读判断的贡献特别有力，因为，所有类型的节奏都具有某种强有力的肌动部件"②。所以，这种情形就类似于费舍尔－约尔根森所描述的另一种语音特征（Fischer-Jørgensen 1967, 138 f.）："这些线索中没有哪一种是必要的，也没有单独哪一种是充分的。所以，我们面对的情形是，大量不稳定的声学线索，相应于单一的生理学差异和一种功能特征。"

循上引陈述方向可见，这里提出的内容是为重读设定了一种肌动定义，所依据的标准是声音的产生，而非声学或听觉效果。事

---

① 参见 Abercrombie 1964a, 7；Lieberman 1968, 162。可是，有些著作家会将这种关于感知的肌动理论更为普遍化，将语调（intonation）包括其中：尤参 Stevens 1968；Liberman, Cooper, Studdert-Kennedy, Harris & Shankweiler 1968；Lieberman, Sawashima, Harris & Gay 1970，及其参考文献；在此情况下，可以将重读与音高的解释之不同，描述为"或多或少"而非"非此即彼"（涉及肌动要件）。

② 亦参 Classe 1939, 12 ff.；Rigault 1962。

实上，这绝不是什么新进路，劳埃德的评论（Lloyd 1906）已然指出了这个方向，从而值得回顾：(85)"重读主要不是声学概念，而是肌肉概念"；(93)"响度是听者的感觉神经把握到的声音之一部分，重读则是说话者的肌动神经把握到的声音之一部分"；(94)"疑问其实在于，语言的所有学习者和教授者与生俱来共有的对重读的基本意识，是否并不像为此目的而人为的任何外在机械记录那样精确……没有哪种对语言的解说是完整的，任何解说都没有将说话者的肌动意识与听者的感知意识完整联系起来"。重读的这种"肌肉"方面，尤其被范维克给予有效性（Vanvik 1961），他作为标准［甚至（30）作为"终极标准"］，将伴随独立的和/或大量身体姿态包括在内。① 强重读，如琼斯已然指出的那样（Jones 1962, 245 §909 和注释），"通常伴随着一种手或头或其他身体部位的姿态"；琼斯也提请注意的事实是，这种重读无须直接的声学效果② ——"一个强重读，甚至可以出现在某种沉默中，譬如，在一个清破裂音阻塞时"，所引例证是英语的"Thank you"的一类发音方式，也就是 ['k̚kju]，其中有一个"音节 k 无破裂但要重读，尽管它没有发出声音；重读通常以身体姿态表现出来"；在此，后续音节的音高特质也发挥了作用。显性姿态（Overt gesture）主要是强调重音的一个特征，但无论有无姿态，可以说以其要求动觉解释的力量，重读特别容易引起听者与说话者的认同，故而自然适合于表现强调之功能。

---

① 亦参 Robinson 1971, 41。
② 参见 Jones 1954, 2 n.1。

可是，现在我们必须更为详尽地考量重读产生的困难机制。在讨论了以声学和听觉术语定义重读的种种困难之后，由于重叠其上的音段发音的影响，王士元总结指出（Wang 1962，72），"这些结果的复杂性……将为在别处，譬如在下声门的（subglottal）活动中，探问重读的决定性要素提供合适的动机"。或许，我们能更为具体。人们普遍认为，重读最相关的单位就是**音节**；因此，似乎合理的做法是在同样的肌动领域寻求其定义，如我们已有关于音节的主张，也就是说，在胸肌中寻求其定义。可是，胸部搏动本身不能规定重读，因为，音节表现出了不同程度的重读，而只有相对较少的音节具有强重读。所以，重读过程必须视为一种以音节的胸部搏动方式进行的**加强**。[①] 但或许尚无可能确切规定这种加强的性质："有些困难在于，输出记录很难解释，而插入针形电极（the insertion of needle electrodes）会产生令人棘手的大量与实验对象的不合"（Wang 1962，73）。最常见的主张是，重读加强受腹部肌肉影响；[②] 在斯泰森看来（3），腹部搏动生成了"音步"，后者由"一个单独的重读音节构成，或由集中于一个单独的重读音节的几个音节组成"。然而，对这些肌肉的功能的怀疑，勒布伦已有坦陈（Lebrun 1966b；c），而且很难认为问题已得到了解决。因此，我们将以不明确的术语将重读机制简单地称为"重读搏动"（stress pulse）。

一个重读音节，可以定义为一种由重读搏动（或许构成一次"腹部搏动"之顶点）加强了的胸部搏动。然后，我们可以进而考

[①] 参见 Stetson，95 f.；Fónagy 1958；Ladefoged 1967，46。
[②] 譬如斯泰森关于 *passim* 这个词的研究；Pike 1957。

量协调这些搏动的某些可能结果。

用斯泰森的话说（67），"重读影响了它落于其上的音节的诸因素，所有辅助性的运动都倾向于增大振幅"。如果我们考量音节的释放因素，这些影响在英语中容易观察到，譬如，释放一个重读音节的清破裂音的发音更强，伴随一种送气发音的增强；而当这样一个音节的释放无一个音位的辅音支持时，所强调的重读之下的倾向将以声门破裂提供这种支持。① 重读音节的元音核，通常收到更大的呼气力量，倾向于"提升发音的准确性"（Fant 1957，47）。最大强度点因语言而异，② 但最常见（并且合乎规范，譬如在英语中）的是渐弱类型，其间在音节中达到音峰相对较早。③

看来，对重读搏动的阻止，至少有音节本身的阻止机制辅助；因此，如果重读是单一音节的特质，音节将倾向于受阻。这种交互活动的后果已得到广泛证实。范维克（Vanvik 1961，40）观察到，"从生理学角度看，似乎需要一种斯泰森所谓阻止性辅音，在短元音之后出现在音节中"；特鲁别茨柯依（Trubetzkoy 1935/1968，3）指出，在某些日耳曼语言中（也包括英语），④ 词末重读开音节总是"长"音节；在方特（Fant 1957，43）看来，"倾向于拉长，这是最明显的特征，被视为重读的物理关联项"。⑤ 斯泰森本人（103 ff.）⑥

---

① 在起首位置尤为特殊。在中间位置，可以观察到一种声门或喉部的收缩。
② Pike 1957；Jones 1950，134，149 ff.
③ Jones 1950，150；Kurath 1964，151.
④ 参见 Kurath 1964，41；Trnka 1966，22。
⑤ 参见 Fry 1958，135；Lehiste 1970，36 ff.。
⑥ 参见 1945，57。

有大量相关评论：在一个重读音节中，"引入前面的辅音作辅助，为重击（heavy stroke）作准备，如果元音是'短'元音，则引入后续辅音以辅助阻止重击"；"重击遭遇后续释放性的辅音重击，从而转变为一个双辅音。因为，音节运动受阻于此干扰，……重读增强将不会使元音大大拉长"；但"如果所涉及的音节中有一个'长'元音（也就是说，一个能够拉长的元音），则重读的增强力量就会表现在胸部搏动的长度增加，元音也就以某种方式变得更长了"。

从历史角度看，可以见到这些原则在通常倾向于重读的音节中发挥作用，从而保持或推进了阻止，要么通过辅音重叠（给予一种口阻），或通过元音拉长或双元音化（关联胸阻）。所以，与罗曼语总体倾向于简化重叠辅音相反，意大利语的 vacca（保留了重叠辅音）、femmina（发展出重叠辅音），还有从句法构成角度看，譬如 la Città(d)del Vaticano［梵蒂冈城］。① 另有胸阻之情形，更为常见，譬如可见于将晚期拉丁语的 /dẹbẹrẹ/（＜古典拉丁语的 dēbēre）读如 [de'βee.rɛ]，拉长了重读的第二音节中的元音，与非重读的首音节形成对照，而后来的双元音化见于法语的 devoir；尽管，譬如在 /méttẹrẹ/（＜古典拉丁语的 míttere）中，有重叠辅音，也从而受到口阻，读如 ['met.tɛ.rɛ]，没有这种元音拉长或双元音化，结果在法语中有了 mettre [mɛtʀ]。类似的重读拉长元音，也见于英语，譬如在古英语的 nácod→中古英语的 náked（现代英语读如 ['neikɪd]），

---

① 这种"句法构成性辅音重叠"，也出现在非重读的连词和非重读前接词之后，譬如 a casa = /akkása/：参见 Hall 1964, 553；但在双音节词中，因局限于末尾重读词，重读必定是一种有效因素。亦请注意，辅音重叠也出现在破裂音＋流音前［譬如 va(p)presto］。

而这也是很多现代语言的典型特征，譬如意大利语、俄语、希腊语。

在有些语言中，一个重读音节选择胸阻还是口阻，也因方言而异（参见页 52）；挪威语中常被引述的情形中，在西部地区普遍选择胸阻，而在奥斯陆（Oslo）和东部地区普遍选择口阻（参见尼诺斯克语［Nynorsk］的 *koma*［~ɔɔm~］VS 波克马尔语［bokmål］*komme*［~ɔmm~］）。①

元音或辅音因重读而拉长，要与其固有音长清楚区分开来，固有音长与短音截然不同；如维茵里希所指出的那样（Weinrich 1958，182），在古典拉丁语的 téla［'tee.la］中，元音音长与音韵有关，但在晚期拉丁语的 /téla/［'tee.la］（→法语的 toile），音长只关涉语音，②正如在上文所涉及的三种现代语言中那样。

可是，有可能有一种更具"断音"（staccato）性质的说话方式，其中的重读受阻不涉及音节受阻，从而涉及一种较难评估的时长的增加。西班牙语似乎表现出一种此类情形，其中（譬如不像在意大利语中那样）③以元音结尾的重读音节，尽管一般比重读前的音节中的元音更长，却倾向于好像比以元音结尾的非重读末音节稍短；所以，托马斯（Tomás 1963，199 ff.）给予 *paso* 的元音音长是 10.8:10.8 cs.，而给予 *peseta* 的元音音长是 6.5:10:11.7 cs.，他评论说，

---

① Sommerfelt 1933，324；Broch 1935，hi；Martinet 1955，141 f.；Popperwell 1963，115.

② 参见 Ebeling 1968。

③ 参见 Hall 1971。

重读元音的时长类似于短元音的时长，譬如在德语中。①

　　语音学上拉长重读的元音，必定不可避免地倾向于使类似音质的短长元音在音韵上的对立中立化，②其中时长是一项识别标准；这种中立化将变得更为彻底，如我们已提出的那样，若胸阻是音韵学上的长元音和重读拉长的元音的一个特质；当元音的延长导致的音质变化，与相对应带有紧张发音的音韵学上的长元音完全相同时，③这两种分类就会完全混淆。在相同语境中的辅音重叠，必定具有使长（重叠）和短（单个）辅音之对立中立化之效果。

　　事实上，语言在音长和重读之间具有音韵学上的重要的和独立的区分，被认为是一种例外；④朱兰已然注意到（Juilland 1948, lv），在晚期拉丁语中，正是失去了音长区分，导致重读重音的独立性；⑤与之相反，在晚期希腊语中，独立的旋律重音变成了重读重音，伴随着音长区分的失去（A 1968a, 88 f.）。在发现两者同时存在的情形中，特鲁别茨柯依表示（Trubetzkoy 1935/1968, 37），它们要受到某种限制，按此短长语音的区分只见于辅音前，所存在的对比只是一种过渡，如页49所描述的那样。英语被引以为具有这种限制的例证，如已指出的那样，英语中不会出现词末重读的短元音，

---

① 亦参 Dalbor 1969, 244 f.。
② 参见 Spence 1965。
③ 参见拉丁语、希腊语和梵语中的元音缩合（V̆+V̆ → V̄）或补偿性元音拉长（V̆C → V̄）之结果（A 1959, 244 f.; 1962, 30）。
④ Jakobson 1926/1962, 624; 1931/1962, 135 f.; 19373/1962, 258; Trubetzkoy 1938, 160; Krámský 1966; Jakobson & Halle 1968, 425.
⑤ 文德里斯就早认识到了这一原则（Vendryes 1902, 63），他进一步指出，同样的基本观念是迪特里希论证的基础（Dietrich 1852）。

一般在元音分读中也不会出现词中重读的短元音，也就是说，后接另一个元音。① 一种可供选择的维护此规则的尝试，是认为英语的元音所具有的区分在于紧张度（tenseness）而非音长：雅克布森（Jakobson 1931/1962，135 n.66）就是这样认为的。另一种可以引证的解释是，很大程度上，英语的重读不具有音位性质，可以由音韵学和语法规则的结合来预测（参见页 17；譬如 Chomsky & Halle 1968；Halle & Keyser 1971）。然而，也许更具相关性的事实是，现代英语中的重音能够以下述方式发挥作用：它无须显著延长一个短元音（进一步讨论见页 194 及其以下）。

---

① 像 ruin, fluid, suet 这样的词的一种发音提供了一种例外，可是，这些词都是单音节（双元音）变体，或首音节不含长元音的双音节词（参见 Jones 1962, 234 § 869）。在任何情况下，这个位置上的长短元音都没有**区分**。

6. 音高
Pitch

在考量频率调制时，我们碰到的关于发音理论的难题较少。这种调制，主要受声带振动频率变化影响，引起声音传输的基础频率发生变化。但涉及言说的关键，与其说是这种从声学上度量的频率，不如说是听者对"音高"的相关感觉（sensations）；这些感觉还受到除频率之外的其他因素影响。[①]"所感知到的诸关联项，已然证明其极为复杂"（Jensen 1961，41），而且已发现包括如响度、时长和元音音质。[②]"实验语音学不能用来证明耳朵听到或没有听到什么"（Jensen 1958，189），对音高现象的系统描述，通常都有其感知基础，而非具有一种声学或生理学基础；它们是"对理想化模式的描述，这些模式由言说事件净化而来，而非譬如，出于能够直接由窄带光谱来度量之物"（Wang 1967，96）。但是，由于使用母语的听者本身的直觉表现如此"理想化"，按照理想化模式来描述并无不妥。进而言之，不像重读之情形，也没有直接令人信服的理由假定一种对所感知到的声音的肌动解释，即使所涉及的线索也许恰恰也同样复杂。简而言之，可以称为可行的（也许尽管过于简单化

[①] 参见 Crystal 1969，108 ff.。
[②] 亦参 Lehiste 1970，63 ff.。

的)① 假定是，重读的标准首先要在说话者身上寻找，但音高的标准首先要在听者身上寻找；很有可能要靠听觉反馈而非动觉反馈，这是说话者所达到了所期望的音高效果；听不见语调要比听不见重读所造成的困难更大，也许就是这种区分之症候。②

可以指出重读与音高的另一种对比。重读，如我们所见，作用于音节之整体，包括其中的辅音，而阻止性辅音在此过程中发挥的作用尤其特殊。所以，譬如在拉丁语中，re.fĕ́c.tus 这类词，重读方式与 re.fĕ́.cit 一样，音列 [ek] 为重读之目的等值于长元音 [ee]。可是，音高只能作用于能够承载具基础性的音高区分的要素，也就是说，在产生这些区分过程中，声带要振动——这主要意指元音："基础频率在辅音发音中倾向于中等音质，而在元音发音中有显著起伏。"（Fry 1968, 389）对此事实的观察已有很长的历史，至少在印度是如此；在其对《梨俱吠陀》（Ṛgveda）中的语音论述所作评注中，乌瓦塔（Uvaṭa）指出，"合格的音质关系，存在于音高与元音之间，而非（音高与）辅音之间"（Cardona 1968, 45）。③ 浊音而非元音（尤其当其从属于相对的开口发音时，如流音和鼻音：参见页 43, 69），也有能力参与音高振动；④ 派克（Pike 1948, 7）指出，"一个（音高）滑音可以结束于同一音节中的一个浊辅音上"，这一点已由印度论著《鹧鸪氏学派对支》（Vaidikābharaṇa）指出了（A

---

① 见页 76 注释 4。
② 参见 Cf. Stetson 1951, 95。
③ 与此类似，《月冠释规》（Paribhāṣenduśekhara, 79 f.）。
④ 参见 Wang 1967, 95。

1953，83）。① 可是，显然音高不可能对清辅音发挥作用，譬如对[k]。② 所以，在希腊语中，一个像 ἕκτος [hék.~] 这样的词，它所承载音高模式，譬如，不可能像 οἶκος [oî.~] 所承载的音高模式那样（进一步参见页 153）；所以，这些形式之间的关系，从调制观点看，说到底不同于拉丁语中的 *refectus* 与 *refécit* 之间的关系。③

就其语言学功能而言，音高现象是相对而非绝对的；音高现象易于根据其语境中的其他音高而大范围变化。在认为词语具有重要的音高模式的语言中，既定的音高模式因处境而异，"如果我们需要一个单一的词条（lexical entry），那就得面对选择之难题（Sharp 1954，168）——事实上，如夏普极为引人注目的表述：具有重要差异的模式，与其说体现于个别词汇本身之中，不如说体现在嵌入句子框架中的不同的"语调升降"（contonations）。

音高现象所发挥的功能因语言而异，在所谓"音调"（tonal）语言中，它们在词法上发挥的功能也有区分，利用了不同水平（level）和/或延展（contour）（参见页 92 和 Wang 1967）；它们可以发挥词的重音的"高昂"（culminative）功能；它们也可以表现更长的言说绵延的"语调"，尤其在句子中，语调通常与具有其他两种功能的音高模式相互作用：参见 Jensen 1961，32。

在当前的研究中，我们主要关切音高的重音功能。因为，我们关于"死"语言中的这些现象的知识，当然以其母语著作家的书写

---

① 关于非元音要素可以承载音高特征，在不同语言之间的程度变化，参见 Lehiste 1970，84。
② 参见 Borgstrøm 1938，261。
③ 参见 Zirin 1970，75，79。

标记和/或所记录的陈述为根据。这两种情况下，除了最明显的特征，语境变化的其他所有特征都可能被"规范化"，所以，呈现给我们的也许是一幅在语音学上过于简单化了的图景。结果，所引起的这种难题，绝大部分都关注对证据的解释，也关注可供选择的描述方式的恰当性，而不关注语音现象本身的任何复杂性。

7. 重音
Accent

拉丁语**重音**（*accentus*，见页 3），基于希腊语的 προσῳδία，按其早期的语言学用法，指词语的旋律（音高）特质；但运用于拉丁语，事实上指动力（重读）特质（见页 151 及其以下）；在通常的非专业用语中，"重音"往往几乎都用于指重读的同义词——尤其与强调有关。它也常在非专业意义上指一种特殊的（更常见于方言或"外国语"）发音方式。就像希腊语的 προσῳδία，重音也往往扩展为指重音**标号**（*marks*），即使它们与音高或重读毫无关系（譬如在法语中）。

按语言学专业用法，"重音"这个术语有一个明确的基本含义，就此少有分歧；但偶尔会有误解，关涉较为特定的功能。在这种专业意义上，重音最普遍的属性就是其**高昂**功能；它是音"峰"或"最高点"（climax），典型地出现在每个词上——尽管在有些语言中，重音可以表现复合词中单个语素之特质，[①]反过来，它也可以从属于短语或句子模式。在英语中，譬如像 *downstairs*，*home-made*，

86

---

① 参见 Martinet 1954，14。

fourteen 这样的词，两个音节上都有独立的重音；① 但是，譬如在 *fourteen shillings* 中，重音在首音节上，而在 just *fourteen* 中，重音在第二个音节上（Jones 1962, 253 f. §§ 931 ff.）。可是，首先，重音是词的一个特征，在词中它倾向于出现一次，并且在语法和意义上等同于一个词的成分中仅出现一次；这样的语境如此广泛，以至于重音位置可以作为"词"的地位的语音标准，尽管其语法标准模棱两可。我们已经遇到了一类形式，至少按照有些语法标准，可以归类为词，但从语音学观点看，包括从重音位置观点看，这类形式或多或少与其前后的词有密切关联；这样的形式有时候称为"附着成分"（clitics）（分为"非重读后接词"和"非重读前接词"：见页 23 及其以下）。

就其高昂功能而言，重音的目的有时候可以视为"注意力的集中"，旨在补偿"注意力的断断续续"这一事实（Bolton 1894, 155）；② 根据这些术语，可以说重音具有集合效果，以其本身作为注意力之焦点，它是具有单一语义功能的一系列音节——换句话说，重音将语义单位"个别化"了（所以，譬如参见 de Groot 1931, 126; Martinet, 14 f.; Trost 1964, 127）。

但重音的其他功能也常受关注。③ 如果在既定的语言中，重音通常出现在词的特殊位置点上（譬如词首，如在捷克语或冰岛语

---

① 双重重读也见于英语的几个非复合词中，尤其是专名，譬如 *Berlin*, *Chinese*, *sardine*（Jones 1962, 252 f. §§929 ff.）。
② 参见 Hendrickson 1899, 201。
③ 参见 Trubetzkoy 1935/1968, 34; Jakobson 1937/1962, 254 ff.; Martinet, 19 ff.。

或匈牙利语中；词尾，如在亚美尼亚语中；次末音节上，如在波兰语中），它就相应地具有**划界功能**（demarcative）。在所提及的情况下，重音的出现通常显示一个词以所讨论的音节开始或结尾，或以下一个音节结尾。在拉丁语中，尽管重音位置有规则，情况也相当复杂，而重音只具有部分划界功能（甚至只考虑两个音节以上的词）；重音出现在轻音节上，显示一个词的结尾在后接第二个音节上（譬如 fácilis）；重音出现在重音节上，则显示一个词的结尾在下一个音节上，如果这个音节也是重音节（譬如 compóno），但如果这个音节是轻音节，则显示一个词的结尾要么就在这个音节上，要么在下一个音节上（譬如 compóne, compónere）；而出现双音节和短音节，事实上使得重音的划界功能更少有效。①"有些语言十分强调词和语素的严格划界，其他语言则不认为这些方面有多么重要"（Trubetzkoy 1935/1968, 46）；总之，重音的划界功能似乎并不是非常重要。

在任何情况下，划界功能只有当重音的位置可以按常规确定时才有可能。另一方面，如果重音是"自由的"，从某种意义上说，其位置在音韵学上无法预见，另一项功能就会变成可能，这就是所谓**区分**（distinctive）功能。在西班牙语中，譬如，能够区分 término 意为"结尾"（end，名词）、termino /~i~/ 意为"我结束"（I end）和 terminó 意为"我结束了"（I ended）；在俄语中，区分pláču 意为"我哭泣"（I weep）和 plačú 意为"我偿还"（I pay）；

---

① 亦参 Pulgram 1970, 31 f. and n.13。

在英语中，区分 import（名词）和 impórt（动词）；在古典希腊语中，区分 ὄρος 意为"山"（mountain）和 ὀρός 意为"乳浆"（whey）；① 在现代希腊语中，在 πίνω /píno/ 意为"我喝"（I drink）和 πεινῶ / pinó/ 意为"我饿"（I'm hungry）之间，或在 γέρος 意为"老人"（old man）和 γερός 意为"健康的"（healthy）之间。可是，在很多情况下，这种自由要服从某些限制：譬如在希腊语中，重音限于词的后三个音节。

但是，重音的区分功能倾向于被夸大。如马蒂内提议（Martinet 13 f.），很难认为它是重音的首要功能，若必须扩大研究范围，尽可能找出几十对仅靠重音彼此区分的词语——其中大多数无论如何都不可能普遍出现在可以比较的文本处境中。马蒂内进而指出，从历史角度言之，不能把语义需求作为"自由"重音演变的基础。这种演变也许完全出乎偶然，譬如在古拉丁语中，它是元音失去音长区分的结果，所以，ΣΣ̄Σ 和 ΣΣ̄Σ 类型的模式②（譬如 réfĭcit, refēcit），其中不同的重音位置由不同的音长/音量所决定，演变成为 Σ́ΣΣ 和 ΣΣ́Σ（/réfeket/, /reféket/），其中不同的重音位置由语境条件所决定，也就是说，重音位置是自由的。③ 有人可能辩称，如此建立的重音区分，是某种方式的对失去了音长区分的补偿，但这种重音区分的有效性相比后一种音长区分微乎其微；至多可以说，建立了自由的重音，它就**可以**发挥出一种区分功能。

---

① 参见页 3 注释 2；更多例证见 Lupaş 1967, 17 f.。
② Σ̄, Σ 分别 = 包含短元音和长元音的音节。
③ **从语音学上讲**，有重音的元音具有较长的时长，但这是重音式重读的一种音位变体的**结果**，而非一种独立的、音韵学上的特征（见页 80）。

但甚至当其如此发挥功能时，重音特征的地位也完全不同于音段区分特征的地位，后者表现出了音位元音和辅音（the phonemic vowel and consonant）单位的特质。在诸如英语的 god 和 cod 这样一对词中，词首辅音由有无浊化特征来区分——可是，这也与词中其他位置的辅音有关，譬如 led, let 的词末辅音；特征可以出现不止一次，譬如在 god 中，或完全不出现，如在 cod 中；尽管，譬如在 ímport vs impórt 中，重音特征必须出现一次，并且只出现一次。如加尔德巧妙表明的那样（Garde 1968，8），就区分特征之情形，我们必须知道，对于每个相关音段，有还是没有此区分特征（"s'il est là ou s'il n'y est pas"），对于一种重音特征，有这种区分特征还是其他区分特征（"s'il est là ou s'il est ailleurs"）。用马蒂内的话说（16），重音不是"对立的"（oppositive），而是"相对的"（contrastive）。它的价值并非源于聚合（paradigm），也就是在音链中既定的点上发挥作用的相反的系统（譬如浊 vs 清，如在 god 和 cod 词首那样；鼻 vs 口，如在 mad 和 bad 词首那样），而是源于组合（syntagm），也就是相对于音链中其余的音（譬如，有重音的 ~mú~ 在 remunerative 中相对于无重音的部分 re~nerative）。换句话说，在 mad 和 bad 中，词首位置的鼻音性质与口腔音性质（非鼻音性质）对立；但在 ímport vs impórt 中，重音在前一个词的首音节上，并不与重音不在后一个词的首音节上对立；对立只出现在 import 区别于一个无重音的词 import，但没有这样一个词。

近年来也有人指出，在带有"自由"重音的语言中，重音的位置在很大程度上由词的语法（词法）结构所决定（参见页 17，以及 Kiparsky 1967a；Garde，108 ff.；Worth 1968；Nicholson 1970），所以，"自由"和"固定"重音位置的首要差异是，前者某些情况下有助于显明词法结构。譬如在希腊语中，词末重音体现了强不定过去时的变位规则（譬如 λιπών，与陈述语气 ἔλιπον 或现在分词 λείπων 相对）的特质，也体现了某些第三变格名词的属格和与格（ποδός, ποδί 与宾格 πόδα 相对）的特质；重音后退（retraction of accent）体现了某些名词的呼格特质，譬如 ἄδελφε 与 ἀδελφός；次末音节重音体现了完成时被动分词的特质，譬如 λελυμένος。在意大利语中（Garde，124ff.），尽管重音是"自由的"，但有一条普遍规则，就是给定一类"可以有重音的"语素，在一个词中，晚期的重音位置胜过了早期的重音位置，譬如 opera（重音在次次末音节上）、operoso（重音在次末音节上）、operosità（重音在末音节上）这些词。乔姆斯基和哈勒的主张我们已有引述，他们认为，在一个词的语法结构（包括其变形派生）给定的情形下，英语的"自由"重音原则上也可以预测。可是，尽管语素在这种情况下也可以具有"重音属性"（Garde，110 ff.），譬如希腊语完成时被动分词的 -μεν-，但**重音**在它出现于其中的**词**中葆有一种特权。

应当指出的是（如 Martinet，14），如所周知在很多语言中有"次重音"出现，这不会影响每个重音单位（通常是词）有且仅有一个重音。这种次"重音"不过是自动的语音特征，其形式和出现的位置通过参照"主要"重音来确定；譬如在匈牙利语中，主要重音通常出现在词的首音节上，"次重音"倾向于落在后续可供选择的音节上——所以，在一个有五个音节的词如 *boldogtalanság*[①] 意为"不幸"（misery）中，主要重读落在首音节上，次要重读落在次次末音节上和末音节上。[②] 在英语中，这个原则展现于乔姆斯基和哈勒（1968，78 f.）[③] 所谓"交替重读规则"（Alternating Stress Rule），譬如在 *baritone* [ˈbærɪˌtoun]、*organize* [ˈɔːgəˌnaɪz] 中。在印地语中，末音节是重音位置的词语有次重音，在某些条件下，前面一个音节前的音节上有次重音，譬如，*pareśān* 意为"苦恼的"（distressed）[ˌpəreeˈʃaan]（Mehrotra 1965，103）。在古典希腊语中，一种特殊的情形见于非重读后接词组合的附属重音，诸如 ἄνθρωπός͜ τις。这种现象出现在拉丁语中的或然性，将在下文讨论（页 188 及其以下；参见 A 1969，200 ff.）。

加尔德（53 ff.）将这些特征简单命名为真实重音的"回音"（echoes），并且正确地将其与这类次重音区别开来：譬如见于德语的 *Bürgermeister* [ˈb~ˌm~]、*Spielzeug* [ˈʃ~ˌts~] 的次重音，它们由语法而非音韵所决定。术语中的"次"，也不一定指这种"回音"在语音上就弱（见页 293 和 A 1966a，123）；其更为重要的含义是，它们可以由主重音来预见，也由主重音决定。举一个更具异国情调的例子，在（阿兹特克语系 [Uto-Aztecan] 的）加利福尼亚的图巴图拉巴尔语（Tübatulabal, Voegelin 1935，75）中，"一般来说，重音交替从主重音开始，后者在声学上并不比其他重读元音更突出，

[①] 扬音符号在匈牙利语中指元音音长而非重音位置。
[②] Sauvageot 1951，25 f.
[③] Halle & Keyser 1971，26 ff.

而只是作为描述节奏模式的一个方便的出发点";所以，在 [ˈïmbïŋ ˈwibaˈ ʔat] 这个词中（译为"我渴望在他的大腿上搓绳子"），主重读重音落在了末音节上，而"次"重读重音（尽管在语音上同样显著）由指向这个位置点的规则所决定。①

所以，到目前为止，我们讨论重音，却不试图详细说明其可能的语音实现的范围。否定性原则是由加尔德提出的（52）：重音不许利用也在语言中具有区分性的特征；反过来（51），制造负担的做法是，仅仅为了对比的最终目的为语言增加一个补充特征；所以（Pulgram 1969, 37），"总而言之，重音的产生出于对音所固有的一种音质的增加"。结果被如此利用了的特征，毫不奇怪，正是上文讨论过的两种"调制"，频率调制和振幅调制——两种最卓著的"韵律"特征；如马蒂内所评论的那样（16），重音冲击听者的注意力，因为，注意力会受到"不太柔和的"语音特征的影响。

我们已然注意到，有重读倾向的线索包括音高（还有时长）变化，但正如我们所坚持的那样，这并不能证明两类重音实际上是一回事的假设就是正确的，所涉及的过程的不同本质反映了不同类型的关于重音位置的规则（见页 83 以下，页 153）。因此，我们不会接受汤普森（Thomson 1923, 57 f.）作为一种关于重音的"综合—散列理论"（general-hash theory），其中音高、重读和时长不可分割地交错在一起；而且，要以一种有意义的方式解释卡贝尔的说法

---

① 在"次"重读重音也比主重读重音弱的情况下，也许不易于在音节上造成页 80 及其以下所讨论的结果；可是请注意，譬如拉丁语中的演变，*peregrinus* → It. *pellegrino*, *academia* → *accademia*，在所设想的次重读重音位置后的辅音要重叠。

（Kabell 1960，14）确有困难，关于拉丁语重音由重读或音高构成的竞争性描述，他认为真理很可能以某种方式居于两种观点之间。①

有人提到，重音本身就具有对比而对立性质。可是，有可能用于重音目的的特征容许变化，从而在有重音的音节内造成对立。这是音高最常见的情形。譬如在希腊语中，φῶς 意为"轻"（light）vs φώς 意为"男人"（man）或 οἶκοι 意为"房屋"（houses）vs οἴκοι 意为"在家"（at home），有重音的音节中的两种音高模式之间是对立关系，也就是降（由扬抑音符号表示）vs 升（由扬音符号表示）。这种对立与重读重音相关的情形较为罕见，但它们见于丹麦语和拉脱维亚语，由呼气"不中断"vs"中断"可以证实，后者受声门收缩影响（丹麦语的 *stød*）。②

在很多语言中，其他语言中用于重音目的的特征，也许会用于词的任何音节的对立、区分之目的，当然也从而不可能发挥重音功能。此外，重音功能主要关涉音高。在此语境中，不同水平或运动的音高通常称为"音调"（tones），如此利用"音调"的语言称为"音调语言"（tone languages）；③ 这种语言证明广泛存在，譬如在东南亚、西部和南部非洲和北美。④ 将重读特征用于这种功能极为罕见，但据派克和金德堡（Pike & Kindberg 1956）报告，秘鲁语言坎帕语（the Peruvian language Campa）中有这种用法。⑤

---

① 亦参 Galton 1962，291 ff.。
② Trubetzkoy 1935/1968，33 f.，40；1939/1969，175；Martinet，19.
③ 参见 Woo 1969，2 ff.。
④ Pike 1948, *passim*.
⑤ Garde，40 f.

所以，根据马蒂内（Martinet 22），就利用频率调制而言，有三类语言：

1. 有音调而无重音。

2. 有重音而无音调。

3. 有重音和音调（在有重音的音节中）。

可是，在第三类中，往往有可能消除音调对立——略微违背加尔德的普遍陈述（Garde 52）——凭借对现象的不同分析。如果对立存在于两种不同的音高延展中，承载对立的要素（通常是一个元音或双元音）也许有时候可以分析为包含两个**莫拉**；譬如在希腊语的 φῶς vs φώς 这种情形中，ω 可以这样来分析：在 ῶ 中，音高下降，重音（等同于**高音**）可以说是出现在第一个莫拉上，而在 ώ 中，音高升起，重音可以说是出现在第二个莫拉上。这里并不存在音高模式的**对立**，亦无"音调"模式的对立，而在音高重音的**位置**上有差异。① 有时候也有人认为，由此观点来看，语言天然分为"音节语言"和"莫拉语言"——但这种看法被马蒂内正确地否定了（51），他指出莫拉概念（不像元音或音节概念）与一种语音事实并无对应关系，而纯粹只是一种分析手段；有些语言，利用莫拉有助于清楚描述其音韵，而其他语言则非如此——莫拉就是全部。加尔德持有类似观点，他特别涉及语法标准（143 ff.）；譬如 βάς 与 βῆς 之间的差异，在语法上平行于 λιπών 与 λίπῃς，也就是分词 vs 虚拟语气之间的差异；因此，有充分的理由认为，重音差异在前一对词

---

① Cook 1972, 31, 对克劳语（Crow）音调的对比分析，参见 Hamp 1958, 321 f.。

中是位置差异，正如位置差异在后一对词中显而易见。事实上，在希腊语中存在着广泛的重音现象，用莫拉来描述它们要比用音节（或音节核）之整体来描述它们更为经济。①

关于重读重音，我们已然指出与"发音精度提升"有关，重读重音伴随着发音精度提升；而且有一种相关现象，雅克布森（Jakobson 1937/1962，259）作了评论，这就是在有重音的音节中出现了更为丰富的元音系统。②在一项印地语重音研究中，库吕洛维奇（Kuryłowicz 1968b）认为，重音在某些语言中也许是一种冗余，既然它无非就是音位结构的一个必然结果，它本身创造出一个"节奏中心"（rhythmic centre），所凭借的一个音节不同于其他音节，就其中发挥作用的对立系统而言。据库吕洛维奇，也许还有**否定性**"节奏中心"（rhythmic centres）（在其具有最小的对立系统的意义上）；如果这种否定性中心由末音节构成，词的末音节前的部分就变成了相对而言的肯定中心。这种情况被认为说明了印度—雅利安语言重读重音的位置，拉丁语亦可引为类比。但至少在拉丁语中，疑问似乎在于这种音位分布标准能否说明重音的位置；因为，事实上末音节中的元音对立系统，要比词中音节中更为丰富，而其中最丰富的系统在首音节中。雅克布森（1937a/1962，259）的确承认，在拉丁语（以及，譬如在大多数突厥语［Turkic languages］）中，可以有"两个高昂"（bi-culminative）形式，具有库吕洛维奇

---

① 亦参见页 236 及其以下，还有 Jakobson 1937a/1962，262 ff.；Kuryłowicz 1958，106 ff.；A 1966b，12 f.；1968a，Ⅲ ff.；Bell 1970b，66 ff.。

② 亦参 Lehiste 1970，140 ff.。

意义上的肯定性"节奏中心",在首音节和重读音节中——但甚至这种看法也会歪曲真实的情形。因为,在拉丁语中,上古词首重读重音的影响,彻底缩减为词中音节中短元音与双元音的对立(在轻音节中几近于无),尽管在语法功能上末音节较少受此缩减影响。①作为后期转变的一个结果,古典拉丁语的重音,受制于"次末音节规则"(参见页 155 及其以下),进而落在了音位丰富程度**最小**的词中音节上。因此,似乎的确没有理由主张重音系统与音位系统有任何普遍关联。加尔德的观察更为小心(Garde 51):尽管音位特征(譬如元音音质),通过在非重音音节中中立化,可以构成重音的否定性关联项,也只有韵律特征可以肯定方式体现重音之特质。但甚至连这样的否定性关联,如拉丁语所表明的情形,也完全被重音转变的历史过程颠覆了,决定重音转变的完全是其他往往是模糊的因素。音位区分是否中立化,也许的确由重音位置所决定(如上古拉丁语的演变或"中"元音在英语中的分布清楚表明的那样),但反之则极为可疑。

两种调制的重音功能和区别功能,并未耗尽其在语言中的应用。如在有重读重音的语言中,词语也会有一种独立的音高模式,如在某些蒙古方言(Mongol dialects)中,据波利瓦诺夫(Polivanov 1936, 80)。反过来,在一种有音高重音或音调区分的语言中,词语也会有一种独立的重读模式:在班图语(Bantu)中就是如此(Schmitt 1953, 21; Doke 1954, 43 f.; Bell 1970b, 64);②

---

① 参见页 51 以下,页 133; Vendryes 1902, 299 f.; Enríquez 1968。
② 关于(西非)班巴拉语(Bambara),参见 Woo 1969, 34 ff.。

在新墨西哥的陶斯语（Taos）中（Trager 1941，143）；在墨西哥的阿姆兹高语（Amuzgo）、南特克语（Chinantec）和萨波特克语（Zapotec）中（Pickett 1951；Robbins 1961；Merrifield 1963；Bauernschmidt 1965）；在尼泊尔的古伦语（Gurung, of Nepal）中（Pike 1970，157）；还有在汉语普通话（Mandarin Chinese）中（Woo 1969，14 ff.）。事实上，近期研究通过回答倾向于将尼采（Nietzsche）提出的修辞问题中立化（Halporn 1967，240）："但是，一门语言哪里能够保持一种区别于重音的**声音紧张度**（*intensio vocis*），能够保持一种不同于所标注的强调的音调提升？"

可是，尤为常见的情形是，无论语言有音高重音还是重读重音，无论语言是否有音调区分，说话的更长的绵延（尤其是句子）都具有其自身的典型音高模式———一般称为"语调"①。在有些语言中，语调音高的延展可以有不同功能，譬如在英语中，下降的末端模式是陈述句和"wh-"问句的特质，上升模式是"yes-or-no"问句的特质。在有些语言中，延展也许总是采用大致同一的方向（尽管在形式范围和细节上可能有功能变化）；所以，譬如挪威语具有上升模式（Popperwell 1963，177 f.），阿巴扎语具有下降模式（A 1956，131 ff.）。与此类似，句子也许会倾向于特殊类型的重读模式，后者也许会影响构成性词语的重读模式（参见页 86）。反过来，音高和/或重读的句子模式之细节，倾向于由单词的模式所决定；譬如在英语中，按照陈述句的规范模式，"重读音节构成一个下降的

---

① 尤参 Lehiste 1970，95 ff.。

音符序列，第一个重读音节的音高水平相当高，最后一个重读音节则具有下降的语调"（Jones 1962，282 §1022）。

此外，重读常常与音高特征结合，可以用于句子中的特殊词语的强调对比（关于英语中的情形，参见 Jones 1962，298 ff. §§1049 ff.）；音高的结合、重读、时长和各种音质特征，可以用于强调强度和强调态度含义之表达（参见 Jones 1962，309 ff. §§1060 ff.；Lehiste 1970，151；尤参 Crystal 1969，*passim*）。

在本书的研究中，我将主要关注单词的韵律特质，但有必要时时考虑由韵律句式所决定的变化，变化就根植于这些韵律句式中。

8. 节奏
Rhythm

"节奏"这个词有多种多样的含义，前文已有论及（见页 xii）；德·格鲁特（de Groot 1968, 541）评论说，节奏"常用于指物理世界中任何种类的重复（repetition）或周期性（periodicity），也指审美经验中任何种类的一致，而且一般指实践上与经验相关的尚无法清楚定义的任何事物"。广义言之，这个词常用于指可听的现象以外的现象；在定义希腊语的 ρυθμός［节奏］时，譬如阿里斯蒂德（Aristides Quintilianus 31 W-I）用其指可见的表现（visible manifestations）（譬如舞蹈）、可听的表现（譬如音乐）和可触摸的表现（譬如脉搏）。①

按其最初的用法，如本维尼斯特（Benveniste 1951）辩称，ρυθμός 这个术语的含义不过就是"形式"（form），通常等同于 σχῆμα［形式］，尽管也具有一种典型的特殊运用。因为，σχῆμα 一般指一种固定不变的形式，ρυθμός 的常见处境，指向由在既定时刻动态变化的中介呈现出的模式。但在柏拉图那里，这个术语的含义

---

① 盖伦（Galen）也引述赫罗佩洛斯（Herophilus），比较脉搏的舒张（VS 收缩）与音乐中的"升"（arsis, VS "降"［thesis］，见页 100），作为感知到的运动的要素，击中与之适合的感觉（ix, 464 Kühn）。

经历了重要的发展，用于指运动本身的形式，尤其指这种形式有规律的秩序——譬如在舞蹈中——其和谐堪比乐音有秩序的组合（譬如 Phil. 17D；Symp. 187B；Laws ii 665A）；它就是一种 κινήσεως τάξις，"一种运动的秩序"，密切关联尺度（μέτρον）①和数（ἀριθμός）的理念（参见 Castillo 1968，287）②——因此，拉丁语的 numerus［数］的用法也等同于 ῥυθμός。③

在现代术语"节奏"（rhythm）的定义中，一般和具体指向语言时，肌动因素都被不断强调：譬如 Goodell 1901，91f.；de Groot 1930，227；最近有 Fry 1958，129；1964，217；Abercrombie 1964a，7（"所有节奏，很可能，最终都是身体运动的节奏"）。但模式化的运动，在很多非语言处境中，都或多或少与严格的时间的规律性联系在一起——譬如无生命和有生命的自然中的节奏，人的生理节奏，诸如脉搏、呼吸、行走，还有音乐和舞蹈艺术中的节奏。结果，节奏这个术语开始用于运动或运动开始或顶点之间的间隔模式，或用于运动的时长模式，而不用于运动本身的质性模式；并且以歌曲为中介，节奏的这种量性概念，常从音乐领域转移到诗的语言技艺，也从而转移到了语言本身的领域，直至最终时长有时候已经被当作节奏定义的首要参数。所以，在昆体良看来

---

① 亦参亚里士多德《问题集》（Aristotle，Prob. 882b）："每一种节奏都以限定的运动来度量。"（πᾶς ῥυθμός ὡρισμένῃ μετρεῖται κινήσει.）

② 譬如，柏拉图《斐勒布》（Plato，Phil. 17D）；亚里士多德《修辞学》（Aristotle，Rhet. 1408b）："说话的形式的数就是节奏。"（ὁ δὲ τοῦ σχήματος τῆς λέξεως ἀριθμὸς ῥυθμός ἐστιν.）

③ 进一步说明，参见 Schroeder 1918；Sturtevant 1923；Waltz 1948。

（Quintilian ix. 4. 46），"数（= ῥυθμοί[节奏]）由时长构成"（numeri [= ῥυθμοί] spatio temporum constant），并且尤其不同于 metre[格律]，后者还基于"秩序"（ordo）——"也因此，可以认为，一个关涉量，另一个关涉质"（ideoque alterum esse quantitatis uidetur, alterum qualitatis）；因为，与 metre[格律]不同，据昆体良（Quintilian ix. 4. 48），节奏甚至区分不了长短短格（dactyl）与短长长格（anapaest），"因为，所度量的只是时间，所以，从升起到降下的时长是一样的"（tempus enim solum metitur, ut a sublatione ad positionem[①] idem spatii sit）。

近年来，对以时间来定义语言和诗作中的节奏的不当之处的批评越来越多，就像对以时间来定义音节音量和元音音长那样（见页 46 及其以下，页 56 及其以下）；所以，譬如德·格鲁特（de Groot 1968, 542 ff.）："按照某一学派，'节奏'的定义是持续间隔的等时性[②]……这个定义不适用于我们已知的任何语言的任何类型的诗歌"；克里斯塔尔（Crystal 1969, 29）："现在清楚了，时间论点站不住脚……没有提出客观度量以支持时间理论，当时间理论提出的时候，而当实际度量的时候，很容易证明符合存在的时间长度的度量变化巨大……"；查特曼（Chatman 1965, 42 f.）有类似说法，而亨德里克森已然指出（Hendrickson 1899, 209 n.2）："没有节奏运动的塑造力量，纯粹的量性节奏在语言中是无法维持的。"

---

① 这两个术语分别是对希腊语的 ἄρσις 和 θέσις 的翻译。（指拉丁语的 sublatio 和 positio 分别对译希腊语的 ἄρσις 和 θέσις。——译注）

② 关于英语的此类观点，参见 Faure 1970, 70 ff.。

值得注意的是，甚至有些以假定节奏的时间基础为出发点的人，也常常会发现，这种不恰当性引入了其他某些因素。在古代，阿里斯蒂德（Aristides Quintilianus 31 W-I）将节奏定义为一种"按照某种安排组合起来的时间单位的结构"（σύστημα ἐκ χρόνων κατά τινα τάξιν συγκειμένων）；但他进而承认，也正是乐音本身之相似性造成了音乐的"无表情"（expressionless/ἀνέμφατος），并导致注意力涣散；因此，必须加上某些"插曲"（incidents/πάθη），以显明作曲的"能力"（δύναμις），并以有秩序的方式刺激注意力（τεταγμένως κινοῦντα τὴν διάνοιαν）。在现代，与此类似，庞德（Ezra Pound 1951, 198 f.）尽管将诗的节奏定义为"一种切入时间的形式，一种由空间决定的图样（design）"，但他进而承认，音节不仅有不同时长，还有不同"重量"（weights），而这些因素共同构成了"诗人切割其图样的媒介"。在其对希腊格律的研究中，梅耶主张"一种节奏完全基于长短音节的前起后继"（Meillet 1923, 11），但他被迫承认（26），"语言活动，不是靠客观持续的时间，而是靠说话主体对长短音节对立的感觉"（见页 26）——但甚至这样也未能解释，如一个长长格（spondee）如何能有节奏，因为，只有"短"音节才（23）"能产生出清晰的弱拍"（capables de fournir des temps faibles nets）。戴尔尽管采用了一种激进的时长—音量态度来对待希腊诗歌的节奏（譬如 1968, 4 f.），却也被迫承认，长长格中的"长音节"之一，"必须可以与相邻的长音节区分开来，否则节奏之明晰就会受损"（1964, 16）；她也承认（1958, 102），长短短格和短短长格表现为短长格音步的变体，必须与它们表现为长短格音步的变体区分开来，因为，混淆它们会"模糊其在性质和节奏效果上完全不同"。① 但是对于这样的难题，戴尔的提议极难充分解决未作规定的"特殊时值"（special time values，1964，16）；而韦斯特（West 1970）甚至建议，为了理解希腊语的格律，我们需要区分**七种**不同的音节音量。的确，"有些语音特征也许具有二元性，其他语音特征则具有三元性，如此等等"，而"有些语音特征（譬如重读）也许要多达五六种音质"（Postal 1968，59 n.6）；但如鲍斯塔尔（Postal 60 f.）在批评和推进由雅克布森首先提出的原理时所指出的那样，有可能一种系统化的音韵学表现，只涉及二元音质；② 而且，事实上，我们希望，下文对韦斯特提出的很多难题的解决，要承认大量二元对比，而非单一的多重音质等级。在明确承认关于诗歌节奏的时间学说具有不足之处的古典学者中，值得一提的有赫尔曼（Hermann 1818，5 f.）、维拉莫维茨（Wilamowitz 1924，ii，270）和弗兰克尔（Fraenkel 1928，6 ff.）；用赫尔曼的话说，"在节奏方面，必定有绝对的理由，将某种应当表达的力包括在内，这种力开启了另一时间序列"（caussa absoluta in numeris vi quadam exprimenda contineatur necesse est，quae seriem aliquam temporum incipiat）。

---

① 亦参 Hendrickson 1899，208 f.（引述了拉丁语法学家）；Sturtevant 1923，327；Irigoin 1959，70；Pohlsander 1964，161.。用汤普森的话说（Thomson 1926，3，5 n.），"说一次有一种音量永远就是一种音量，并不准确……如果–⏑⏑ 既非指–⏑⏑，也非指–⏑–，也非指–⏑⏑，那它在讲话中听上去就没有任何意义；而–⏑⏑肯定不是一种长短短格"。进一步见页 328 以下。

② 参见哈利迪（Halliday 1963，9 n. 1）关于重读的观点：如果问及，说话者也许会说，他可以区分**所谓**四种等级的重读，但对它们的分析却是另外一种结果；而这个问题如此构造，等于排除了这种答案"。

承认非时间因素对于节奏的产生必不可少，本身并未排除对等时性（isochrony）的信念；譬如也许可以认为，节奏的产生要靠这些因素以有规律的时间间隔重现（如此认为的，譬如有 Abercrombie 1964a, 5 ff.; 1964b, 216 ff.），尽管上文引述的某些批评指向这种改进了的时间理论（temporalism），也指向关于节奏的纯粹时长理论，后者基于重现要素本身的音长。甚至一种关于音长和音量的肌动理论，也能够与这种信念和解；我们希望，事实上将要提供的对所处理的各种难题的解释，将使时间上的考量变得多余。

对节奏上的"插曲"（incidents）而言，自然要研究重读和音高的基本韵律特征，而重读和音高发挥的重音功能，从属于高昂（culmination）和"注意力的集中"。因为，在让重读发挥作用上，这两方面之间总体一致；所以，譬如 Classe 1939, 12 ; Stetson 1945, 71 ; Abercrombie 1964a, 6 ; Fry 1968, 368 ; Crystal 1969, 29 ; Robinson 1971, 38 ; 还有已提及的赫尔曼（Hermann 1818, 6），特别涉及古典诗歌的节奏（"可是，这种力由以表达出来的方式，不可能不以从属于某一时间的更强音符来定位：我们称其为**扬音**"［Id autem, quo exprimitur ea vis, non potest non in fortiore notatione alicuius unius temporis positum esse: idque *ictum* vocamus］）。有些著作家明确否认音高关涉节奏模式：如此认为的有 Meillet 1900, 271 ; Thomson 1923, 26 ; Stetson 1945, 71 ; 至于这种论点（譬如 Goodell 1901, 158 ; Kabell 1960, 2, 212）：在某种类型的音乐中，尤其是管风琴（pip-organ）音乐中，强调（stress，如果排除机械膨

胀的影响）是不可能的，① 同时节奏仍然可以感知到；汤姆逊的回答是，用这种或那种方法，事实上在听者那里引起了对强调（stress）的**感知**；但甚至在这种情况下，按照斯泰森的观察（Stetson 1951, 95），音乐的重音的达成，也不是靠**旋律**操控。

或明或暗将重音作为节奏的基础，这是潜在地将节奏设想为运动，将可听到的语言现象的产生过程中的重读，设想为卓著的肌动活动；② 在齐尔蒙斯基看来（Žirmunskij 1966, 89），"对节奏的感知，密切关联着肌动印象（尽管是以言说为中介收到的），胜于关联纯粹的声音感觉"；有人提出（页 76, 83），动觉与直接的听觉感知之间的区分，也许体现了重读与音高调制之间的差异。在页 98 上已涉及的段落中，阿里斯蒂德将"响亮"（ψόφος）与"静默"（ἠρεμία）引以为节奏的相关"插曲"；如通常关于古代音乐和格律的讨论，可以听见的因素关联着与之相伴随的手或脚的可见运动，这种可听见的因素就是升（ἄρσις）和降（θέσις）。经过转换，这些词语通常也被用于音乐或格律现象本身；到了现代，人们试图从这些术语中看出某些对希腊语和拉丁语诗歌的语言学表现而言的肌动含义（特别是关于重读的含义）。但毫不奇怪，关于此基础的讨论并未得出结论，尤其因为，将这些术语应用于在古代经历了相互逆转的特殊的音乐或格律要素，以及由此产生的意义混淆，仍普遍存在。③ 这个问题将在下文的讨论中基于完全不同的根据作出论证。

---

① 亦参 Roussel 1954, 30。
② 参见 Fry 1958, 129。
③ 参见 Hendrickson 1899, 206 ff.; Beare 1957, 58 ff.; A 1966a, 117; 尤其是 Dale 1968, 210 ff.。

重读，也至少被有些学者等同于其他"量性"诗歌形式的节奏基础。就古典阿拉伯语而言，争论颇多；但除其他因素外，基于所容许的"中性"音节的数目，威尔（Weil 1960, 675 f.）得出结论："音量不可能单独对节奏具有决定性作用。因此，我们还要靠——不仅按其规范能力，而且按其塑造能力——重读。"就匈牙利语而言，甚至像霍瓦特（Horváth）这样的"量性"解释者也承认（Kerek 1968, 46），如果长长格出现在短长格诗歌中，那"只有重读连续出现才对短长格节奏有意义"。

然而，人们可以承认重读对于创造可听模式具有支配作用，但为这个（或其他任何）因素，挪用如此用法广泛而又多变的"节奏"这一名称，也会造成混乱。"何谓节奏？"这个问题，只是太容易变成一场关于一个词的用法的争论；对于我们的问题而言，这的确不是一个必须回答的问题；这个术语已然发挥了其作为概括性术语的作用，暗示了研究的普遍领域，看来对于详尽讨论后续特征过程而言，更为安全的做法是完全避开这个术语，直截了当地使用"模式"术语，必要时加上诸如"动态的""旋律的""数量的"等限定词。

最简单的可听序列的形式是无差别的搏动的形式，譬如一种节拍（metronome）的形式，[①] 其中仅有 + 和 - 的交替，信号存在和不

---

① 参见 Sachs 1953, 16。

存在的交替；① 但由于这样的交替在任何情况下都对序列（与连续[continuum]相对）的存在必不可少，很难称之为一种模式，除非受其他构成性因素影响而变化。② 与此类似，在语言中，最简单的序列仅仅由连续的音节构成，涉及一系列胸阻，或换句话说，核心要素（主要是元音）与边缘（释放和阻止）要素的交替。③ 不过，这种序列的模式化要求一种构成因素，譬如可以由语法、停顿或重读的发生来提供。一种基于音节的更为复杂的模式化形式，会利用不同类型的音节或音节成分的潜能，譬如紧 VS 松核音，或重 VS 轻音节（用肌动理论术语说，阻止 VS 非阻止）。构成因素的组合也是可以设想的——譬如音高与音节核类型的组合，④ 重读与音节类型的组合。一种基于时长变化的可听见的模式化，为莫尔斯电码（Morse Code）所使用；但正如已显明的那样，似乎并无确定证据证实这种模式化，作为自然语言的一种功能特征。

最后，术语"节奏"和"模式"，不一定非得局限于对相关因素的**有规律的**表现——但至少一种潜在的规律性，想必是艺术表现手法的典型特质；阿里斯托克塞诺思（Aristoxenus）对此已有认识，

---

① 参见西塞罗（Cicero, *De orat.* iii. 186）："分离，和相等或常常各不相同的间隔中的节拍，形成节奏；在水滴下落中，因其由间隔分离，我们能注意到这种节奏。"（distinctio et aequalium aut saepe uariorum interuallorum percussio numerum conficit; quem in cadentibus guttis, quod interuallis distinguuntur, notare possumus.）

② 在此，我们排除对听者将模式加诸其他无定形序列的考量；这是一种众人皆知的感知现象，在心理学家看来，这是一种主观活动，通常被当成"节奏"的规定性特征，尽管它也会有客观刺激因素。

③ 参见 Park 1968, 108。

④ 参见 Jakobson 1960, 360 f.。

他将 ρυθμός 这个名称保留给了**协调**节奏模式（eurhythmic pattern），但承认节奏基质，也就是 ρυθμιζόμενον，容许以各种方式来塑造（*El. Rhyth.* ii.8 = ii，78 f. W）。① 譬如在像现代希腊语这样的语言中（具有"自由"重音），规范言说的重读模式，在重读的音节数目高度可变的意义上，本质上"无规律性"可言。但在使用重读作为其模式化因素（"有重音的"诗行）的任何诗歌形式中，其方式必须具有一种规范性基础，譬如倾向于出现在可替代的音节上，或诗行中出现这么多次，或符合其他某种规范系统；如艾略特在批评"自由诗体"（vers libre）时所评论的那样（Eliot 1917，519），"自由，只有当它出现在一种人为限制的背景下时，才是真正的自由"。规范 vs 无规律性的问题，在下一章中将再次出现。

---

① 参见 Westphal 1883，12。

9. 格律
Metre

    这里不打算对如此广泛和有争议的主题提供全面考察，而是要给出一个最低限度的总体理论背景，后文提到的特定语言的特点将涉及此背景。如上文所述（页 12 及其以下），格律现象不能忽视，因为，尤其对于"死"语言，诗与普通语言之间的关系，可以为其韵律模式提供线索；而就诗歌形式是一种语言形式而言，尽管功能特殊，也有权得到切实思考。然而，与普遍原理相对的特殊诗歌形式的细节，甚至在已有特殊审查的语言中，只在其关涉语言本身时，才会得到探究。此外，我们将主要关注与抒情诗（lyric）相对的"口传"（spoken）诗歌，因为，在抒情诗中（至少在希腊语抒情诗中），语言学考察倾向于从属于音乐考察；如西塞罗所论（*Or.* 183），"演说被认为以某些方式摆脱了悠长的吟唱，有些诗人使其达到了极致，希腊人称他们为 λυρικοί [抒情诗人]，你剥离了他们的歌唱，剩下的差不多就是言说了"（a modis quibusdam cantu remoto soluta esse uideatur oratio maximeque id in optimo quoque eorum poetarum qui λυρικοί a Graecis nominantur, quos cum cantu spoliaueris, nuda paene remanet oratio ）。

程式化

虽然诗体语言总体上可视为日常语言的一种程式化,人们也普遍同意,诗歌尤其涉及韵律模式的程式化。有时候人们也提议,这种程式化所容许的特征,在语言中只与语义相关;看来这是雅克布森(Jakobson 1933, 135)和斯坦科维奇(1960, 78)的意思(参见页 12)。可是,这种观点遭到德·格鲁特(Groot 1968, 537)的明确反驳和查特曼的总体反驳(Chatman 1965, 30:"任何一种格律理论的尝试,都不得不思考语言中关联 [relevance] 格律的所有特征")。这的确在很大程度上基于对"关联"的定义,而语义关联似乎的确并非格律的可用特征的必要标准。

"程式化"指对某些特征的人为规范,这些特征在日常语言中以较不规范的模式出现;但这种规范性本身有可能导致对艺术的一种单调解构(a monotony destructive of art)。[1] 作为推论,譬如,哈勒和凯泽(Halle & Keyser 1966, 190;1971, 165 ff.)反对关于英语"五音步短长格"(iambic pentameter)的传统"短长格音步"理论,因为,它仅仅将打油诗确立为规范,从而意味着某些"大量存在于最好的诗人们的诗作中的诗行,在格律上都是反常的"[2]。但事实上,包含一定程度的可控的多样性,恰恰是大多数诗歌形式的典型特质:"正是固定和流动之间的这种对比,这种未觉察的对单调

---

[1] Leech 1969, 122.
[2] Park 1968, 108 ff.; Halle 1970, 70, 31 f., Robinson 1971, 31 f., 52 ff.

的回避，才是诗歌的生命。"（Eliot 1917，518）这种结果可以多种方式达成，但在讨论这些方式之前，对几个层面作出某些基本区分是有用的，我们接下来将会涉及这些层面。

诗体层面

首先，我们所谓诗歌**形式**（form of the verse），在最一般意义上，可以将其规定为，譬如"十四行诗"（sonnet）、"萨福体诗"（Sapphic）、"挽歌对句"（elegiac couplet），如此等等。这仅仅是一个标签，用霍兰德的话说（Hollander 1959，294），"用于建立言说的文学语境，引导读者给予其某种关注"。

由此一般意义的诗歌形式观之，我们可以对个别实例的更为特殊的**结构**（structure）作出区分，无论是某种体裁的一首特殊诗歌，还是一首诗中的某一行诗。① 这种结构代表对由一般形式所提供的替代项的特殊选择。

形式和结构完全是抽象的，也可以说是构成了**格律**（METRE）的领域。就此方面而言，它们应与**创作**（composition）区分开来，后者是结构的实施，依赖于其在语言上的实现。② 这种区分，对应于雅克布森的"诗歌设计"（verse design）VS"诗歌实例"（verse instance，1960，364），或对应于哈勒的"格律"VS"绘制"（mapping）

---

① 参见 Žirmunskij 1966，86 f.。
② 参见 Halle & Keyser，xvi，140。

或"现实化"(actualization, 1970, 64)。① 更普遍言之,可以说在创作层面上,诗行变成了诗,或艺术性叠加于技巧之上。

最后,重要的是,创作必须与**表演**(*performance*)分开,后者要看特定的人,甚至要看特定时机。分开这两个层面,为很多著作家所秉持。雅克布森(前引书)将"诗歌实例"与"传达实例"(delivery instance)区分开来;对于查特曼而言(1960, 150),这个问题属于"诗"(poem)vs"解释"(interpretation);对于斯坦科维奇而言(74 f.),属于"类型"(type)vs"符号"(token);用德·格鲁特的话说(1968, 548),"朗诵一首诗是一种个体性的短暂的实现行为";对于哈勒和凯泽而言(1971, 171 f.),"对应规则不是指导诗朗诵。相反,它们是抽象的诗歌构造原理,其对所朗诵的诗歌的声音的影响是间接的"。②

一般而言的表演的潜在多样性,其他著作家也注意到了,譬如利奇(Leech 1969, 122);如今人们普遍认为,由**作者**(*author*)表演并不一定具有权威性;斯坦科维奇(75)批评了西沃斯(Sievers)关于"作者兼读者"(Autorenleser)身份的观点,认为"这种进路的短处在于,将构成可复制的不变结构的诗,与具体表演中其在声学上的实现等而同之";③ 在其《四个四重奏》(*Four Quartets*)

---

① 对此区分(芬兰语中的)的价值的一个特别有趣的说明,参见 Kiparsky 1968。

② 进一步参见 Hrushovski 1960, 178 f.; Taranovski 1963, 198 f.; Wellek & Warren 1966, 142 ff.; Beaver 1968, 319。

③ 参见 Chatman 1960, 165 f.。

录音封套上，① 艾略特本人写道："录制一首由作者朗读的诗，并不比录制由作曲家来指挥的交响曲更具有权威性。"

也有人指出，创作和表演属于两个截然不同的研究领域，前者属于作诗（versification），后者属于朗诵（declamation）：如此认为的有 Porter 1951，21 f.；Stankiewicz，75。

这些层面的四重区分的经典例证，我们可作为**形式**的是希腊悲剧对话的三音步短长格（iambic trimeter）；可作为其**结构**之一的是首音节是"自由"（anceps）重音节的变体（ΣΣΣΣ‖ΣΣΣΣ‖ΣΣΣΣ）；可作为**创作**的是欧里庇得斯《奥瑞斯特斯》（Orestes）行 279（ἐκ κυμάτων γὰρ αὖθις αὖ γαλήν᾽ ὁρῶ ［一场暴风雨后我又见宁静］）；可作为**表演**的是西格罗库斯（Hegelochus）对阿里斯托芬（《蛙》［Ran. 303 f.］）制造的著名场景的演绎。

规则与变体

我们已论及诗体模式的多元化可以多种方式达成。首先，形式本身可以容许特定诗歌或诗行中范围宽广程度不同的可供选择的结构，作为其构造的规范特征；无论形式有何种意义，都必定总是有某种普遍的排列原理作为各种结构之基础——譬如在希腊语或拉丁语的六音步长短短格（dactylic hexameter）中，出现的六个音步，每个音步的首个成分都是重音节，除了在末音步中，第二个成分都

---

① H.M.V. CLP 1115.

有2莫拉（Σ 或 ΣΣ），① 至少有一个音步属于一个音顿体系。

出现在一行诗中的某些变体的数目也会有限制，譬如在欧里庇得斯晚期之前的剧作中，短长格中的"分解"一般每行不超过一次。② 通常可以发现，在一行诗末尾，容许有变体的情形，比在其他位置更受限制；甚至在相对多变的吠陀经诗歌中，可以注意到，"在所有格律中，诗节后半部分的节奏，比前半部分限制更为严格"（Arnold 1905，9）；③ 在古典阿拉伯语诗歌中，在半行和整行末尾，变体"必须有规律地出现，总是具有同样的形式"（Weil 1960，669）；在芬兰史诗《卡勒瓦拉》(Kalevala) 中，韵律/重音保持一致的基本规则所适用的严格程度，"从第一音步进至第四音步"（末音步）"由零上升到百分之百"：Kiparsky 1968，138；贝利（Bailey 1968，17）关于俄语诗歌的讨论与此类似（参见页154上讨论拉丁语的情形）。希腊语的很多例证中，值得一提悲剧的短短长格系统，其中长长格变体普遍存在，但末行诗的最后一个完整音步，总是一个一成不变的纯短短长格。④ 在更为广泛的语境中，在诗行结尾处也会有规则化的倾向——譬如在英语中，"恢复规范，也就是最有可能因此也是最稳定的重读安排"（Smith 1968，160）。反过来，一行诗的开头，通常对"特许"（license）最为宽容。⑤ 在英语五音步

---

① 涉及**音节**的术语"莫拉"在格律中的用法，必须与其适用于**元音**的音韵学用法区分开来。
② Zieliński 1925，142；Descroix 1931，110，128。
③ 参见 Kuryłowicz 1970，426 f.；Nagy 1970b，14。
④ 关于拉丁语之情形，参见 Wilkinson 1940，31，41 ff.；1963，121。
⑤ Fraenkel 1928，269 n.

短长格中，第一音步中重读"逆转"如此常见，以至于连传统格律学（metrics）也认可其为形式的一种有严格目的的变体，但一般被排除于第二和第五音步之外。①

另一类多元化，出于在创作层面上所实行的选择，将语言模式叠加于抽象的格律结构之上。接受了诗歌形式和结构在语言中有其起源，当然就意味着语言的某些一般特质已然在这些层面上得到了说明："对自然的标记和观察产生了技艺"（notatio naturae et animadversio peperit artem）（Cicero, Or. 183: cf. Wilkinson 1963, 95）；引用斯坦科维奇的话说（74），"诗作，不像雕塑和绘画，不是可触摸的、具体的事物。它们依赖于其实施，基于阅读或口述"。譬如，诗歌的结构特征，诸如"音量"或"重读"，只有在语言上实现方才有意义；而"行"的概念本身指（按传统的诗歌形式），它通常受到某种语法边界的限制。但很明显，大量语言上的实行都无法如此作出说明，提供了创作而非结构层面的变化之可能性。变化当然直接并且不可避免地由下述事实所规定：每一行诗都有不同的词法、语法和语音学界别或织体。可是，这种多样性只是下述事实的一个结果：诗歌的质料是语言，而非某种有限可变的媒介；因此，就其本身而言，并非出于人为之后果。但这些特征中，某些为了表达之目会受到故意操纵，因此，在结构框架内会产生特殊类型多样性；谐音（assonance）或头韵（alliteration）的运用堪为例证，或从

---

① 参见 Jespersen 1900/1933, 250 ff.; Shewring 1933, 49; Wimsatt & Beardsley 1959, 598; Gross 1964, 31。一种新解释，参见 Halle & Keyser, 174f.; 亦参 Beaver 1971。

句和句子边界的不同布置（不同的语调和/或重读模式具有音韵学含义）。

但在这一点上，我们在区分结构与创作方面遇到了某种不确定性。在一门语言中也许是创作问题，到了另一门语言中就成了结构问题。在现代英语诗歌中，譬如，头韵就是前一种类型的问题，诗人为达成其目的可以使用，但在古英语和其他形式的古日耳曼语诗歌中，它具有一种强制性的结构特征；① 而且，尽管在英语诗歌中，重读是结构的一个基本要素，但从理论上讲，对于一种诗歌形式而言，既然它本身以其他某种特征，诸如音节类型或音高为基础，故而也有可能在创作层面上改变诗行的重读模式。在以音量度量的诗歌中（in quantitative verse），音节类型在结构上是确定的，虽然在纯粹以音节度量的诗歌中（in purely syllabic verse），音节类型并无不同，只有它们的数目与结构有关；而音节类型的变化，可以用于创作风格之目的。② 与此类似，一种诗歌形式，可以任由诗人变化其内部语法界限的分布，而另一种诗歌形式可（以肯定方式）指定，这样的界限通常落在诗行的特殊位置上（"音顿"[caesurae]或"音分"[diaereses]），和/或（以否定方式）它们不应该出现在某些点上（"桥接"[bridges]或"共轭"[zeugmata]）。③ "波尔森法则"是后一类要求的著名例证（见页304）。

当谈及结构要求和规范时，并不必然指它们全部或其中一些要

---

① 参见 Lehmann 1956, 3 ff., 23 ff., 72 f.; Halle & Keyser, 147 ff.。
② Park 1968, 109.
③ Maas 1966, 33.

成为法规,也在格律论著或传统学说中已有规定;格律"规则"在第一例中是描述性的,是由诗人的创作实践中抽象出来的,只是随后才有了肯定或否定性的描述形式。

在结构和创作之间的特征分配,如我们所见,必须针对每一门语言来分别确定;同时必须认识到,如头韵的使用,既定特征的地位,在同一门语言中,各个时期都会变化。但只要一个特征在结构层面上关系重大,问题就仍然在于,此特征是否需要完全在这个层面上来确定。如果譬如,在以重音度量的英语诗歌中,出现了五音步短长格通常包括一个"短长格"的第二音步,或在以音量度量的希腊六音步史诗中,一个词以长长格结尾,就不宜用在第五音步的末尾,而如果事实上我们在一位如此认可的诗人那里遇到了"规则"的一个例外情形,我们应当相应地修正我们认为"容许的"结构,还是应当说这是一个偶然或个体性的创作癖好,严格说来,它"不合格律"或"违背常规"?很可能人们一般会同意,结构层面本身应当关注的所有这种变体,可以容许其有一种显著的普遍化,而不应当关注罕见的变化,尤其当变异的出现有明显的非结构层面的原因时。

在此基础上,譬如我们将在传统英语格律的框架内,将英语短长格中第二音步的倒置视为偶然的偏离,这种情形在莎士比亚(Shakespeare)那里只出现了34次,与之相对,颠倒第一音步超过了3000例;所以,人们会在结构层面将这种倒置排除于可选择的陈述形式之外。希腊语例证,与此类似,甚至更为明显,它在全部荷马文献中(如果真如此)也只出现了一次(见页286)。有时

候,这种偏离可以归于特殊的语境,包括渴望特定的效果或需要纳入难以控制的语言材料(尤其是专名,它们无法用格律上更服帖的近义词来代替)。作为英语中前一种情形之例证,凯泽(Keyser 1969,390 f.)认为,在济慈(Keats)的"多少诗人把光阴镀成了黄金"(How many bards gild the lapses of time)中有一个"格律双关"(metrical pun),其中"诗人有意出韵,从格律上让这行诗的意义变得夸张"(Halle & Keyser,171);① 关于后一种情形,可举埃斯库罗斯《七雄攻忒拜》(Aeschylus, *Sept.* 488,547)第一音步中长短音互换(倒置)为例,以容纳 Ἱππομέδοντος 和 Παρθενοπαῖος 两个人名(ΣΣ|ΣΣ‖Σ)。

另一类"偏离",与其说关涉案例在统计学或类型学上的不显著性,不如说关涉下述事实:所涉及的变异,为个别著作家所独有,或特别频繁见于个别著作家。在这种情况下,要么承认一种特殊的"个人用语"形式或诗歌结构,要么将其作为创作上的偏离对待。可是,在某些情况下,这种偏离也会预示后来对这种创新的普遍接受,从而变成规范的结构变体。

一种常见的创新类型,在于对迄今为止只是作为创作倾向的情形的规范化,直至其变成结构规范;② 譬如,适用于卡利马霍斯(Callimachus)诗作的"奈克法则"(Naeke's Law)就是如此,这种法则实则是将荷马的倾向规范化,从而避免在第四音步音分处以长长格词语结尾(见页286);或对萨福体的贺拉斯式的(Horatian)

---

① 关于希腊语之情形,见页311。
② 参见 Stankiewicz,80。

处理,这是将第四重音节和第五音节后的音顿规范化了——这是一种创新,最终证明对形式之整体具有出乎意料的影响(见页 347 及其以下)。

最后,还有表演层面的变化,这种变化如此显而易见,以至于几乎无须置评。[①] 但在此层面上,我们脱离了诗律之领域;"对一首诗的主观解释,不能作为考量其客观属性的尺度"(Stankiewicz, 74)。

张力

在诗歌变化(poetic variation)语境中,往往会碰到涉及所谓"张力"这个因素。但是,这个术语的使用方式多样,涉及不同层面或层面之间的关系。通常的用法涉及一种形式内部所容许的各种结构之间的关系。一般而言,据信有一种"最优的"或"理想的"结构,后者设定了"一种期待的悸动"(a pulsation of expectation)(Barkas 1934, 9);当其他某种结构选项选定后,据说在"不变"与变体之间,在理想与现实之间,有一种张力。[②] 理想结构的概念,可基于一种特殊类型的诗行的统计频率;或基于一种关于理想结构的习得的传统知识。[③] 但这些条件都不具有本质性,理想的诗行只会在罕见情况下才出现在创作中——或完全无法设想;它也许只是那种直觉的结构,包含着结构要素最合乎规律的重现,譬如"短

---

① 参见,譬如 Chatman 1960, 150。
② 参见 Thompson 1961, 170; Wilkinson 1963, 95。
③ 参见 Epstein & Hawkes 1959, 56; Hrushovski 1960, 178 f.。

长格"诗行完全由短长格（iambi）构成。在使用诸如"最优的"或"理想的"这样的术语时，不一定要表达任何关于其合意性质的价值判断；理想诗行甚至完全不可取（参见页 104 以及 Park 1968，108 ff.；Robinson 1971，55）。

可是，如果张力变得过于普遍而无所不在，潜在的"不变"结构就会变得模糊，而"变化就不复为变化，就失去了规划"（Stutterheim 1961，232）。① 一种对出现张力的特殊限制已然受到关注，这就是倾向于在诗行末尾使理想结构与现实结构变得和谐。从一种观点看，可以视之为"层递"（climax）的一个方面（参见页 177 及其以下），从另一种观点看，又可以视之为提供了一种合乎规律的分界信号模式，按此将诗划分为诗行。②

一种类似的张力，也可以用于"偏离"（deviation）之情形，其中在创作上的偏离与结构层面上的理想变体或其他某种变体之间存在冲突。

诗歌的张力，有时候可以用类似的音乐术语，将其描述为一种"对位法"（counterpoint）或"切分音"（syncopation）。③ 关于后者，威尔逊（Wilson 1929，65）④ 注意到，"给予旋律一种切分音效果，必须有某种伴音来强调与其相反的节奏"，可是（67）"诗作，作为一种'一部曲式'的音乐，不可能切分；它无法标记节拍"。

---

① 参见哈勒和凯泽（Halle & Keyser，143）："诗行，其中全部并且只使用最复杂的相应规则——就会超出读者的模式感知能力之极限。"
② Park 1968，113.
③ 参见 Fowler 1966；Malof 1970，17，132 f.。
④ 参见 Beare 1957，24。

在其更为有限的意义上,"切分音"也许是一种不恰当的关于诗作的比喻,因为,张力并不存在于**当前**(in praesentia)两种共存的模式之间,而是存在于**当前**(in praesentia)的模式与另一种**不在当前**(in absentia)的模式之间——存在于现实与理想的模式之间,或变体与规范之间。然而,甚至在音乐中,这个术语事实上也有扩展含义,后者可以使其适用于诗作:"规则感可以通过成系列的大量合乎规范的措施来建立,结果造成听者的心灵持续有规律地跳动或集聚,并感觉到叠加于其上的新的跳动或集聚前者的扰乱,事实也许就是如此。"(Scholes 1970,1002)

"对位法"意象的含义殊为不同,它引入了"张力"的一种可能来源,对此我们尚未思考过的;因为,对位法并非指完全相同的特征之间的冲突,如音乐的切分音中重音之间的冲突,而是指不同旋律模式的艺术结合。当运用于诗歌时,可以构想一种形式,其中的模式由某种特殊的韵律特征 x 所决定,以至于有另一种特征 y,其在语言中的分布部分与 x 的分布相一致。在这种情况下,可以说之间存在张力的 x 与 y 两个因素,在创作上未能一致,从而加强了这种节奏模式;而两种特征模式之间的这样一种"对位法",按理可以由诗人操纵以达成艺术目的。施密特(Schmitt 1953,37)以此术语指古代以音量来度量的诗歌,而艾略特(Eliot 1942,12)表示,"对于维吉尔时代有教养的听众而言,诗作所具有的一部分乐趣,来自其中两种格律设计具有一种对位关系"。在拉丁语中,所涉及的两种特征是音节阻止(重音量)和重音定位;后者在语言学上的发生,与前者有关联,但这样一来两者之间只有部分一致;这

112 里艾略特特别放在心上的是拉丁语六音步诗——这个主题将在后文作更为全面的讨论（页335及其以下）。

我们尚未讨论表演层面的张力问题，雅克布森（Jakobson 1960，366）强调，张力的存在"因不同的演员和读者而有各自不同的实施"。但读者必须以某种方式处理造成张力的要素。譬如在面对偏离或背离理想表演之情形，他要么按其通常的说话方式来朗读作品（有时候称为"散文式"读法），要么以规范为方向对其作出调整（"合乎格律的"读法），要么可以某种方式在两个极端之间达成妥协："对于特定的任何一行诗，这两种读法彼此调整，不可能有终点；每个读者都必须尽其所能以自己的方式处理这种张力。"（Thompson 1961，170）①

就"对位法"而言，张力并不必然涉及冲突，因为，所涉及相关特征各不相同，所以，也有可能共存；因此，一种"散文式"读法，也可以是一种"合乎格律的"读法，反之亦然。但可以设想一种合乎格律的读法，其中特征 y 与特征 x 相一致（或与以某种模式出现的特征 x 相一致），否则特征 y 就会受到压制；譬如重音音峰在词语中未出现在其规范位置上，也许会按格律结构决定的规则间隔重复出现。这种"合律"（scanning）方式的表演，也许会受某种情形鼓舞，譬如在部分诗行中一致自然而然出现（也就是说，甚至按"散文式"读法），和/或在其中，y 相较于作为格律结构之基础的 x，在动觉上是一种更有力的节奏塑造特征。这种情形，如我

---

① 参见 Leech 1969，122。

们将要看到的那样（页337及其以下），并不完全是一种假设。

但必须再次强调，诗作的张力（及其协调或和谐的对立面），寓于**诗歌**的各个层面，也寓于其相互关系之中，而不管具体表演如何；所以，有一种属于无意识的智慧的要素，存在于法郎士（Anatole France）《约卡斯特和饥饿的猫》（Focaste）中滑稽模仿的教授的言辞中：①"先生们，请注意索福克勒斯诗歌中的和谐。我们不知道它们是如何发音的，我们的发音全错了；可是多么和谐呀！"

行与小句；音顿与跨行

本章开头曾提及普通诗歌的语言学基础，现在我们来继续考察诗歌单位与语言结构之间可能具有的更为特殊的关系。与这种思考相关的主要的诗歌单位就是"诗行"（有时候也称为"诗句"[verse]）。就荷马的六音步诗行，基尔克（Kirk 1962，60；cf. 1966，106）指出，它"或多或少倾向于意义自足（self-contained in meaning）；它的结尾通常与主要或次要停顿相一致，这就是句子或从句的结尾，或至少是一个谓词与主语分离之处"；关于最早期的拉丁语诗歌，尤其是农神颂诗（the Saturnian），利奥（ap. Prescott 1907）注意到，"诗句和句子是一回事"，而且甚至在"艺术诗歌"（Kunstpoesie）中（尤其涉及普劳图斯[Plautus]），"句子中在思想上密切关联的词语没有用诗句分开，除非这种分离有特殊考虑"；

---

① 参见诺伯格（Norberg）的引述（1965，496）。

甚至在句子不完整的地方，诗行也通常被视为一种"理想的"或"格律上遵循规范的"句子。① 在吠陀诗歌中，类似的考量适用于"音步"（pāda），② 后者展现了语言学上的从句或句子的各种特质。譬如古印度语言中动词不定式上有重音，如果由它开启一个句子，但在其他情况下一般并非如此——除非它开启一个音步（pāda）；同样，呼格上有重音（在其首音节上），只当其处在一个句子或一个音步（pāda）开头时。③ 库吕洛维奇（Kuryłowicz 1966；1970）也对比了诗行**内在**的聚合力——通过将有"内在"音联的复合特征扩展到了词语的"外在的"音联——与诗行**之间**缺乏这种聚合力（譬如元音分读和"关联"［synaphea］的常规缺乏）。④ 反过来，布罗泽克（Brożek 1949，118 f.）已然表明，在希腊悲剧（而非喜剧）中，在跨行时明显避免了元音分读，也就是说，前起后继的诗行在语法上有聚合力，从而排除了诗行之间的停顿之可能性。诗行的统一性也为弗兰克尔所强调（Fraenkel 1928，344 f.），特别涉及元音省略和当说话者转换时"短长格短读"的人为性质。⑤ 事实上，在合乎格律的诗行与语句之间有显著的平行关系：恰恰是承认"跨行"是一件值得描述的事情，预设了它与规范的对比；而在希腊悲剧中，譬如跨行的出现，被认为一般都具有刻意为之的诗学动机（如此认

---

① 参见 Drexler 1967，20。
② ＝构成诗节（stanza）的诗行；这个词的意思是"脚"（foot），但有"四分之一"（quarter）的意思（比喻源于四足动物），因为主要的吠陀诗节都有四行。关于西方的格律中的"音步"（foot），见页 122。
③ 参见 Kuryłowicz 1948/1960，207 n.13。
④ 参见 Schein 1967，9。
⑤ 参见页 149，180，227，以及 Safarewicz 1936，96。

为的有 Brożek 1949，102 ff.）。①

如果说理想的诗行是句子的合乎格律的等价物，那么就会诱人寻找较低层面的语法结构单位，譬如，从句或词组的合乎格律的平行物。人们不会期望证明这种平行物的证据会像诗行那样清楚，因为，所讨论的语法单位不具有作为一种独立表达（在它的末尾有潜在的延长停顿的语音含义）的句子的明确地位。可是，在很多诗歌形式中，诗行或多或少都有清晰地划分为两个或多个**子句**（cola）的倾向，它们之间的划分通常称为**音顿**（caesurae/τομαί），或当其与一个音步末尾相符合时，称为**音分**（diaereses）。②当然，术语源于对古典诗歌的描述，下文我们将主要将这些形式的术语记在心上。

对音节要素的划分，基本上就是从句或短语层面的语法界限，并且倾向于出现在诗行中不同程度严格受限的位置上；但绝非所有诗行都表现出了这种意义上的音顿（尽管有些著作家愿意将此术语局限于此类情形：譬如 Shipley 1938，151 ff.）。如德雷克斯勒所指出的那样（Drexler 1967，20 ff.），语法类型和音顿的强度方面的变化相当大，譬如在从句和短语之间；如从一个名词与一个表语形容词之间的音顿出发，因为，它们表示主语和表语之间的语法界限，可以进而承认一个名词与一个定语形容词之间的音顿，也就是可以接受较低层面的语法成分之间的音顿；从这种"破格"，到承认只有词语界限才符合音顿之要求，这一步并不遥远。甚至在

---

① 关于荷马史诗中的跨行，特别参见 Kirk 1966，105 ff.。
② 有时候专指一行诗划分为相等的两半（参见 Drexler 1967，22）。

有些情况下,"附着成分"(clitics,或"同位语"更为普遍)之间的界限和整个词,也被承认可以发挥这种功能,① 譬如索福克勒斯(Sophocles, *El.* 921, 见页 26)。可是一般而言,如此极端的扩展要避免,② 小句仍然"在规范上和本质上都是一个意义单位"(Porter 1951, 22)。

115 　　虽然并非所有诗行都表现出音节要素与主要语法单位相符合,但大多数词语划分往往出现在较高的语法界限最常见的位置上。譬如在荷马史诗中,第三音步上有一个词尾的情形几乎达到 99%(在卡利马霍斯那里是 100%),相较于诗行中的其他位置,这里恰恰是较高的语法界限更经常出现的位置。③ 关于维吉尔,希普利(Shipley 1938, 151 ff.)发现的证据,证明了不完整诗行中的音节要素的语义基础,而非纯粹的格律基础,其中 58 行中只有 1 行在意义上不完整;与此类似,对于奥索尼乌斯(Ausonius')《婚礼组曲》(*Cento Nuptialis*)而言,第一部分在语法上的统一性也合乎规律地齐整。

　　小句本身(或其划界音顿)是一种格律特征,以语法为基础,④ 也体现在创作中;人们常常认为,任何关于语音含义的问题,都是对表演的关注。⑤ 可是,查特曼(Chatman 1960, 165 f.)对将术语

---

① 关于 γάρ 在这方面的地位,参见页 26;关于一般的单音节之情形,参见 O'Neill 1939, 265 f.。
② 参见 Koster 1953, 17 f., 57; Maas 1966, 86。
③ De Saussure 1899; Porter 1951, 22 f.; Fränkel 1960, 127 f.
④ 参见 Denniston 1936; Drexler 1967, 20。
⑤ 譬如 de Groot 1935, 118。

"音顿"(还有"跨行")仅作为表演的一个特征持保留态度,① 所以"也许更恰当的说法是,一行诗'暗示'或'示意'而非'具有'音顿和跨行"。另一方面,斯特蒂文特(Sturtevant 1924a)出发的前提是,每一种格律特征都必须对表演有语音暗示,他表明事实上没有这种语音关联项可以感知,从而使音顿成为了"音韵学的幽灵"(philological ghost)。尽管斯特蒂文特的前提有疑问,但语音暗示问题确实值得思考。

那些认为有些表演与格律音顿相关的人,通常会谨慎声明他们所指不一定就是"停顿"(pause,如此认为的有 Chatman, loc. cit; Fränkel 1960, 149 ff.);其他著作家试图表明,停顿**不能**暗示。因为如果停顿能暗示,音顿前的音节就应当受制于同样的原则,如其适用于行末那样;这样一来,如博林所言(Bolling says 1913, 160),"没有理由反对一行诗有这样的格律,如 *Πάτροκλον κλαίωμεν. ┆ τὸ γὰρ γέρας ἐστὶ θανόντων",因为音节 ~μεν 受制于"不论"(indifference)音量,后者适用于行末(见页 296 及其以下);但事实上,紧密的音联特征,在行中隐含于语法界限上,而不会出现在正常言辞中(关于诗行的"聚合力"例证,上文已有涉及);为了避免这样的诗行,"诗人让自己服从比声音的天然本质所要

---

① 对于查特曼而言,音顿 = "出现了行**内**末尾音联"(the occurrence of terminal junctures intralinearly),而跨行 = "缺乏行**间**末尾音联"(the absence of interlinear terminal junctures)。

求的限制还要严格的限制"①。梅耶也提出了同样的观点（Meillet 1923，10）；德雷克斯勒谈及"子句关联"（synaphea of cola）；弗兰克尔指出（1960，149），在荷马史诗中，在句法中断之处，譬如，可以发现轻音量的末尾长元音或双元音位于元音开头的词前面（~V̄+V~；参见页224），重音量的末尾长元音或双元音位于元音开头的词前面（~Ṽ+CC~）——正如目前关联的词语之情形；与此类似，还有元音省略之情形。

用普尔格莱姆的术语讲（参见 Pulgram 1970，31，86），可以说诗行被当成了一种单一的"进程"（cursus），而非一个分离的进程的序列，就像同样的言说包含在正常言说中。苏比朗对此原则提出一项特别有趣的说明（Soubiran 1966b）② 与希腊语和拉丁语六音步诗中的"牧歌体音分"（bucolic diaeresis，在长短短格 IV）。当此与主要的语法界限（"标点"）相一致时，苏比朗指出，在荷马和维吉尔那里，譬如明显偏爱 ~ṼC+V~ 类型的词语关联方式，与 ~Ṽ+CV~ 相对的。这可以解释为避免语法结构隐含的潜在停顿出现的位置；因为，为了保证在前一类型的关联中的音分前的词末音节有轻音量，必须设想出一种闭音联（close juncture），从而没有停顿出

---

① 但是，如果重音传统正确，重音（作为一项与诗歌结构无关的特征），**当然**要遵循常规：譬如《伊利亚特》（*Il.* i 237）：φύλλά τε καὶ φλοιόν· νῦν αὖτέ μιν υἷες Ἀχαιῶν［叶子和树皮，现在亚该亚人的儿子们］，在这行诗中，前面有音顿的音节通过关联成为重音节，但其重音遵循前面有停顿的规则（上面是扬音而非抑音）。

② 亦参 Hellegouarc'h 1969。

现在词末辅音与后接词首元音之间。①进而言之,虽然长长格的音步四带有音分在拉丁语中不可避免(参见页336),在"标点"前强烈偏好使用长短短格(Soubiran 1966b,23);在这里也许很重要的一点是,在音分之前的末音节是重音节,无论它是以 $\bar{V}$、$\bar{V}C$、$\breve{V}$ CC,还是以 $\breve{V}C$(+CV~)结尾,所以,不会规定要与后续词语构成闭音联(close juncture)。不管作为这种倾向之基础的确切原因是什么,它们无疑都反映了诗行中的人为聚合,结果如苏比朗看到的那样(1966b,48),在格律与句法之间具有一种对抗关系。

但是,这与诗行中的特殊位置有关,而其他著作家已然看到了语音含义的残余之证据,更具体地说是停顿,至少在某些音顿中。譬如,肯特(1948)讨论了维吉尔史诗中的54个例证,其中~$\breve{V}C$在以元音开头的词语前,在格律上算重音节(譬如 *Aen.* ii

---

① 苏比朗也发现了一种类似的、尽管不够明确的聚合原理,适用于长格 V 前,诗行在此以一个四音节词结尾,在希腊诗人、维吉尔和晚期拉丁语诗人那里都是如此,大概是由于(末尾词语的)"音量和不确定的节奏"(sa masse et son rythme indécis),以及下述事实:若非如此,"这个又长又重的词可能会让人感觉像是某种异物"(1969a, 329)。苏比朗也按此规则对聚合作出考察(1969b, 147):"如果拉丁语六音步诗中一个句子以音步二或三结束,就必须以 CV 类型的元音省略或连诵与后续音步关联。"(Si une proposition s'achève avec les pieds II ou III de l'hexamètre latin, elle doit être reliée à la suivante par une élision ou une liaison de type CV.)

在维吉尔以降的拉丁语诗歌中,还有一种强烈的倾向(尤以卢坎[Lucan]为代表):牧歌式音分前的词是一个二短音步(pyrrhic, $\Sigma\Sigma$),而非长短短格或一个以长短短格结尾的更长的词语;这也许可在下述意义上来理解:它更进一步弱化了任何一种"弱化下降"(dying fall)效果,在此位置上排除了以重音来强化音步四的模式如$\underline{\Sigma\Sigma\Sigma}$;譬如在《埃涅阿斯纪》(*Aen.* vi 432)中,重音模式是~*úrnam móuet, ille siléntum*,音步四是~*nam móue*~,相对于次优模式~*árgui*(*t. Heu*~),见《埃涅阿斯纪》(*Aen.* iv 13)。

563：et direpta domŭs et parui casus Iuli），并且得出结论：这是由于一个停顿，所以，辅音阻止了前面的音节，从而将其变成了重音节（见页 55 以下，页 67 以下），而非释放了随后的音节，使前面的音节保持为轻音节——"诗人以作为结尾的词语使辅音得以保持"（307）。① 这些例证，如肯特所表明的那样，倾向于出现在依照句法的音顿位置上，或连词之前，就此方面而言，又遵循了与元音分读同样的分布模式（与通常的元音省略之情形相反），譬如《埃涅阿斯纪》（Aen. i 16）：posthabita coluisse Samo: hic illius arma。就《伊利亚特》中的元音分读而言，梅特（Mette 1956）提出了类似的观点，他辩称"元音分读给出了关于古代 τομαί [音顿] 的主要证据"。② 这种观点，也可以由对比得到支持，德维特（Drewitt 1908）特别以荷马叙事诗的六音步为例，指出"超长"（overlong）音节中主要在音步中间的（hemimeral/mid-foot）音顿最常见（见页66），与他所谓"吻合音长"（dovetailed length）之罕见形成对比，后者就是当一个词以短元音结尾，其重音量基于后接词开头存在一个辅音序列（~V̆+ CC ~）；因为（102），"若重音量基于一个开短元音则不稳定"。

对于古典诗歌而言，也有可能阐明一些关于音顿**位置**的普遍原则，从而也有可能阐明音节要素的相对音长，就主要的口头格律而言（短长格三音步和长短短格六音步）：

---

① 参见 Zirin 1970，57。
② 参见 Dale 1957，33。

(ⅰ)将诗行划分为等分音长要避免。

(ⅱ)当诗行包含两个音节要素时,第二个倾向于比第一个长。

(ⅲ)当诗行包含三个音节要素时,第二个倾向于比第一个长,而第三个倾向于比第二个长。①

(ⅰ)所指避免等分音长,通常被认为反映了一种要求,不要造成不成熟的节奏(行末)模式之面貌。②可是,这条原则也适用于二分法以外的其他方法;所以,在希腊语六音步中,"赫尔曼之桥"(Hermann's Bridge,或"第四长短格法则"),按此要避免音步 IVb_1 处是一个词的界限,这条法则可以认为排除了末音步先行(anticipation,设想为一个"缺少一个音节的"ΣΣ)。③

关于(ⅱ),导致偏好"第五个半音步之后"(penthemimeral)音顿(也就是说,六音步中,在音步 IIIa 位置上,一个占优势的变体是在音步 $IIIb_1$ 位置上),造成诗行的音步比例为 2½ : 3½,④譬如,《伊利亚特》(*Il*. i 88):οὔ τις ἐμεῦ ζῶντος ┊ καὶ ἐπὶ χθονὶ δερκομένοιο。在希腊悲剧中,第五个半音步之后的音顿,按德克瓦的说法(Descroix 1931, 256),所涉及的"理想的音节分布(la répartition idéale des syllabes)是 5+7"⑤,占所有例证的4/5;在埃斯库罗斯《乞援人》(*Supplices*)中,有346处,与之相对有86处第七个半音步之后的

---

① 关于四音节要素诗行,见 Kirk 1966, 73 ff.。
② 参见页 116 注释 3 和 Park 1968, 114。
③ 参见页 303 和 A 1966a, 139 n.i。
④ 如果将六音步末音步算作全音步;否则诗行音步比例就是 2½ : 3¼。关于 $IIIb_1$ 位置上的变体,比例是 2¾ : 3¼ 或 2。
⑤ 参见 Schein 1967, 23。

音顿（hephthemimeral，在音步 IVa 位置上），① 德克瓦认为（267）后者只是"变异系数"（coefficient de variété），设计出来是为了打破一种类型之单调。② 类似的思考也适用于六音步。在荷马史诗中，音步 III 的位置上有音顿占据优势，我们已经指出了，而且看来瓦罗对此早有考察（O'Neill 1942, 160）。弗兰克尔（Fränkel 1960, 105）进一步补充指出，语法上的强烈破格，出现在一行的前半部分是情形，通常是出现在后半部分中两倍。在吠陀经中，虽然较短诗行中（由五或八个音节构成）无须有一个音顿，但在由 11 和 12 个音节构成的诗行中，第四或第五音节后也会有一个音顿。

关于（iii），所倾向的比例是 1½∶2∶2½ 个音步，譬如欧里庇得斯《希波吕托斯》（Eur. Hipp., 621）：ἢ χρυσὸν ⁝ ἢ σίδηρον ⁝ ἢ χαλκοῦ βάρος；恩尼乌斯《编年史》（Ennius, Ann.[?]）：*Marsa manus*, ⁝ *Peligna cohors*, ⁝ *Vestina uirurn uis*。在荷马史诗中，波特（Porter 1951, 45）发现，三合（tripartite）诗行中，有 84% 的音节要素分别是 6∶8∶10 莫拉，也就是说，与三音步的音步数比例相同。人们普遍同意，这些倾向的美学目的是"层递"（cli-

---

① 第五个半音步之后音顿的比例，在埃斯库罗斯的每一部剧作中 76%—85% 不等，在索福克勒斯剧作中 74%—83% 不等（Schein 1967, 34, 63, and Tables X—XI）。

② 短长格三音步中的第五个半音步之后音顿，可以认为对应于长短格四音步中中间的音分（参见页 314）；如果短长格诗行的确源出于长短格（通过失去起首的韵步），那么，当然偏好音顿的位置就不同时具有重要性。因为，它就只是一种历史的残余而已；但就此应参见 Descroix 1931, 303 f.。

德克瓦也辩称（160 f.），音节数，而不只是格律音步及其细分，也具有相关性；因为，如果诗行前半部分的音节数靠"分解"而延长了，第四个半音步之后有音顿的情形就会避免。

max）；① 与此相关（并且往往支持这一点），是由赫特观察到的倾向（Hirt 1927，126）：一个形容词搭配一系列名词的最后一个（尤其是专名）；譬如《伊利亚特》（Il. iv 52）：Ἄργός τε Σπάρτη τε καὶ εὐρυάγυια Μυκήνη。与此类似，在梵语中，譬如（在《摩诃婆罗多》[Mahābhārata] 中的插曲"那罗传"[Nala]）Damayantīṃ Damaṃ Dāntaṃ Damanañ-ca suvarcasam 意为"D., D., D., 以及光辉灿烂的 D."。

可是，层递现象，并不局限于诗歌，被认为正是印欧语句的一般文体倾向的一种体现，通常称为"要素递增法则"（law of increasing members/Das Gesetz der wachsenden Glieder），根据贝哈吉尔的命名（Behaghel 1909，139）。② 这种倾向其实已见于古代，③ 所以，德摩特利欧（Demetrius De Eloc. i. 18）说："在复合句中，句末的小句更长"，而西塞罗在《论演说家》（De Orat. iii. 186）中说："或者，后面的句子应该与前面的句子一样长，最后的句子应该与第一个句子一样长，或者，甚至更好和更合意的做法是，（后面的句子和最后的句子）应该更长"（aut paria esse debent posteriora superioribus, extrema primis, aut, quod etiam melius et iucundius, longiora）。贝哈吉尔表示，这只是一条属于雅言的原则，因为，在普劳图斯那里少

---

① De Groot 1935，106；Porter 1951，45；Fränkel 1960，106；Wilkinson 1963，97。
② 参见 Lindholm 1931，25；Wilkinson 1963，97，175 ff.，可是，不只印欧语言如此；关于芬兰史诗《卡勒瓦拉》（Kalevala），参见 Sadeniemi 1951，27 ff.；Kiparsky 1968，138。
③ 参见 Hofmann-Szantyr 1965，722 f.。

有证据，譬如相较于维吉尔。最近，威尔金森（Wilkinson，1963，176）援引"Friends, Romans, countrymen"为例；但在更具散文特点的文本处境中，可以注意"Ladies and gentlemen"（与"men and women"相对），威尔金森的法语例证是"Dubo...Dubon...Dubonnet"。

类似情形也见于波你尼梵语语法规则（Pāṇini 11.ii.34），在并列（copulative/*dvandva*）复合词中，音节较少的要素在先，譬如，*plakṣa-nyagrodhau* 意为"笔管榕和印度榕"（ficus infectoria and ficus indica）。评注进而谈到，当音节数相等时，它们的音量决定次序：所以譬如，*kuśa-kāśam* 意为"大绳禾草和甜根子草"（poa cynosuroides and saccharum spontaneum）。可是，这些规则会为语义考量所推翻，如"更尊贵者"在先，譬如，*mātā-pitar(au)* 意为"母亲和父亲"（mother and father），或长幼兄弟的名字，譬如，*Yudhiṣṭhirārjunau* 意为"坚战和阿周那"（Yudhishthira and Arjuna），或种姓名称，"要按其等级来排列"，如 *brāhmaṇa-kṣatriya-viṭ-śūdrāḥ*〔婆罗门—刹帝利—吠舍—首陀罗〕，而无论其长短。当然，其他语言中也有类似例外情形，威尔金森指出（1963，177），在拉丁语中，"较为重要的事物和人在先"，譬如 Aeneas Anchisiades et fidus Achates（Aen. viii 521）。最后，诗行等分音节要素，也许体现了一种特殊诗歌类型之特点；譬如雅克布森（1952，56 f.）指出，在"原始斯拉夫语（Common Slavic）诗律的宣叙形式中……对称尺度用于诉歌，非对称尺度用于史诗"；纳吉（1970b，33）认为这是对诉歌体五音步在中段音分的一种解释。

我们已然讨论过，诗行有在某种语法界限上结束的强烈倾向，通常是像句子的界限这样的强语法界限；而波特（Porter 1951, 22 f.）尝试性地称其为一种特殊类型的音顿。譬如在希腊语六音步诗歌中，如马斯所论（Maas 1966, 87），"有一种避免在行末有后置词的倾向，可能是因为它们罕见于句末"。可是，如行内音顿之情形，有时候会出现"跨行"（也就是说，行末词语与下一行首词语之间或多或少有密切语法关联），譬如索福克勒斯《俄狄浦斯在科罗诺斯》(Soph., *O.C.* 498 f.)：~ μίαν ||| ψυχήν ~，或《安提戈涅》(*Ant.* 524 f.)：~ φιλεῖ ||| κείνους ~；涉及非 ss 重读前接词或"后置词"+完整词语的情形更为罕见，如《安提戈涅》(*Ant.* 27 f.)：~τὸ μὴ ||| τάφῳ καλύψαι~（甚至《安提戈涅》[*Ant.* 409 f.]：~τὸν ||| νέκυν~)，这些情形如古人所见，只在索福克勒斯的戏剧中相对常见。① 甚至后置词不常见于一行诗开头，② 当然格外罕见的是贺拉斯《讽喻诗》(Horace, *Serm.* I.ix 51 f.) 类型的音顿之情形：~ *est locus uni-* ||| *cuique suus* ~；尤其是赫费斯提翁（Hephaestion, Π. ἀποθέσεως μέτρων, 15 C）所引述的类型，譬如西莫尼德斯（Simonides)：~ ἡνίκ᾽ Ἀριστο- ||| γείτων Ἵππαρχον κτεῖνε ~，或尼科马库斯（Nicomachus)：~ Ἀπολλό- ||| δωρος~（参见 Choeroboscus, 144 C）。因为，如赫费斯提翁所见，"每一行诗（通常）以一个完整的词结束，所以，这类情形当受谴责"，只有下述事实才能证明其有理：若非如此，人名会不合律；只是为了喜剧效果才推广这

---

① 参见 Maas 1966, 85；Schein 1967, 75。
② Descroix 1931, 286 ff.；Maas 1966, 86；Schein 1967, 6。

种做法，譬如欧波利斯（Eupolis）：~ οὐ γὰρ ἀλλὰ προ- ||| βούλευμα βαστάζουσι ~。

一种特殊形式的跨行涉及元音省略，譬如索福克勒斯《俄狄浦斯在科罗诺斯》（Soph., O.T. 322 f.）：~ τί ταῦτ' ||| ἄλλως ἐλέγχεις;~，[①] 古人特称其为 εἶδος Σοφόκλειον[索福克勒斯形式]（譬如，Choeroboscus, 144 C）。这种形式本来罕见于希腊语，[②] 也罕见于拉丁语，主要为维吉尔所使用，譬如《埃涅阿斯纪》（Aen. vi 602 f.）：~ cadentique ||| imminet ~。[③] 但在希腊语诗歌中，元音省略似乎普遍在与音顿的关系中发挥着特殊作用；譬如有提议说，"二分三音步"（bisected trimeters）较为容易接受，如果元音省略出现在音分处，譬如埃斯库罗斯《七雄攻忒拜》（Aesch., Sept. 252）：οὐκ ἐς φθόρον σιγῶσ' ἀνασχήσῃ τάδε; 事实上波尔森（Porson 1802, Praef. xxv）称其为"拟顿"（quasi-caesura，参见页 311）。在此，元音省略的重要性受到古德尔质疑（Goodell 1906, 161）；但奥尼尔已然指出（O'Neill 1939, 278），"由于元音省略将原来的次末音节变成了末音节，并不会获得真正的末音节所具有的格律意义"；他发现，元音省略罕见于短长格中第五个半音步之后有音顿之情形（亦如 Descroix 1931, 266 ff.），从而确证了赫尔曼法则"元音省略不会抑制音顿"（elisio non officit caesurae），[④] 尽管它会出现在半数以上的行

[①] 在洛伦佐图书馆抄本中（Laurentianus），元音省略之前的辅音，在所有情况下都置于后续一行诗开头：参见 Körte 1912。
[②] Maas 1966, 87.
[③] 参见 Raven 1965, 27, 93。
[④] Rossi 1968, 233.

中音分之情形；类似的统计也适用于荷马，元音省略在所偏爱的第三音步上音顿之情形极为罕见。从否定观点看，这些事实可由下述设想来解释：在日常言说中，元音省略主要是密切关联的词语的一个特征（参见下一页第一个注释中提到的手稿校勘），所以，元音省略出现在表演中有潜在停顿的地方（如在音顿处）是不合适的，反过来通常要通过排除停顿之可能性（如在行中音分处）来缓和不可取的出格。也许更为肯定的说法是，无论在表演中是否实施（参见 Rossi 1968），非省音形式至少在心理上就在当前，也从而倾向于给予一个词的界限之印象以一个更进一步的音节，所以，行中音分处的元音省略会暗示第四个半音步之后有一个音顿（譬如在上述例证中，音步 III 中的 σιγῶσ' 暗示音步 III—IV a σιγῶσα）；① 反过来，音顿处的元音省略也暗示词的界限在别处，从而弱化了音顿。可是，这些说法必定仍然是猜测，元音省略的语音学含义，将联系特定的语言详加研究。

音步

最后，我们必须思考西方格律传统中所谓"音步"这个单位。似乎这个术语源出于"其最简单的行进形式中的人类脚步运动"（Dale 1968，211），也就是其行进中的升降（参见 Aristotle，*Prob*,

---

① 关于"拟第五个半音步之音顿"（quasi-penthemimeral），参见索福克勒斯《埃阿斯》（Soph., *Aj.* 969）：τί δῆτα τοῦδ'ἐπεγγελῷεν ἂν κάτα;（Rossi 1968, 233），这里的 τοῦδ' 暗示了 IIb—IIIa τοῦδε。

v 885b：πᾶσα πορεία ἐξ ἄρσεως καὶ θέσεως συντελεῖται [各种由升降形成的行进方式]）；它可以应用到语言或音乐领域中最小的二元对比循环；事实上，格律（或音乐）的"音步"的两个相位，在古代就获得了其名称 ἄρσις [升] 和 θέσις [降]，这一组术语也适合与"打拍子"（beating time）操练联系起来；用维克多利努斯的话说（vi, 43 K），"音步就是确定形式的音节，我们以其来认识格律整体的类型，它由升降构成"（pes est certus modus syllabarum, quo cognoscimus totius metri speciem, compositus ex sublatione et positione）。① 这种"交替"（alternation）原则对于显明韵律模式非常关键，因为，舍此就只有无形式的延续；② 到了现代，查特曼（Chatman 1960, 160 n.9）将音步的功能规定为"解释点和零的序列规范和变化"（to explain the sequential norm and variations of points and zeroes）。③ 因此，在此意义上的音步不可能由单一要素构成——阿里斯托克塞诺思（Aristoxenus）已然指出了这一点，他注意到单一莫拉不会涉及音分（διαίρεσις）为部分，而无此种分离（也就是分为 ἄρσις [升] 和 θέσις [降]），则不可能有音步 ④（*El. Rhyth.*, 81 W）；⑤ 在将此原则应用于希腊音乐时，阿里斯托克塞诺思进而指出（84

---

① 参见 Diomedes, i, 474 K。
② 参见页 101 以下；Maas 1966, 32。这一点，伯格似乎并不认可（*Burger 1957 15 f.），他否认在"高拍"（temps forts）与"低拍"（temps faibles）之间存在任何对比。
③ 亦参 de Groot 1930, 227。
④ 事实上，阿里斯托克塞诺思广义地将 πούς 用作一种"尺度"（measure），而非格律意义上的音步；后者对应于阿里斯托克塞诺思的 ποὺς ἀσύνθετος （参见 Westphal 1883, 20, 28；Dale 1968, 212）。
⑤ 参见 75 W 和 *Williams 1911, 36。

W），① 在"连续节奏"（continuous rhythm）中，也就是说，在一种特殊模式的重复中，甚至一个 2 莫拉序列也不能作为尺度，因为，拍子结合过于紧密（τὸ γὰρ δίσημον μέγεθος παντελῶς ἄν ἔχοι πυκνὴν τὴν ποδικὴν σημασίαν）。作为可以容许的尺度之例证，所给出的是 3 莫拉短长格（比例 1∶2）和 4 莫拉长短短格（比例 2∶2）。韦斯特法尔（Westphal 1883，37）指出，在现代音乐中，几乎没有任何例证证明双倍小节中拍子不可区分，譬如，2/8 拍子中不带有十六分音符。就诗作而言，除了仅仅短暂的"聚集"（crowding），很可能还有其他原因导致不会出现二短音步作为重复性或"周期性"格律的要素——这些原因与在这样一种音步内实现所需要的交替之可能性（在拉丁语和希腊语中）有关：的确，甚至长短短格可以采纳，不是基于其音长更长，而是因为 2 莫拉要素中的一个与另一个的构成不同。这些要点将在后文详加考察，但在此我们可以像页 98 上所表明的那样指出，长长格若视为纯粹的音量模式，就其本身而言很难称其为"音步"，因为，在两个这样的重音节之间没有对照，从而也没有交替；如波尔桑德所言（Pohlsander 1964，161），"长长格并不真正存在（也就是说，没有长长格这种格律单位 [metron]），而必须总是视其为其他某个格律单位的缩合形式"。在此关联中，我们也可以指出，霍普金斯（G. M. Hopkins）将诗歌定义为"全部或部分地重复同样的声音外形（figure）的言说"；在引用此定义时，雅克布森（1960，358 f.）进而指出，"这种外形总是至少利用了受

---

① 参见 Westphal 1883，35 f.。

音位序列的不同特征影响的显著程度的相对高低之间的一种（或多于一种）二元对照"。雅克布森的观点完全符合我们已阐明的原则，但霍普金斯本人的"弹跳节奏"（sprung rhythm）很难作为其例证；因为，如霍普金斯的解释，一个弹跳节奏的音步"只有一次重读，只落在一个音节上，如果只有一个音节，或者，如果有更多音节……重读就落在首音节上"。承认有一个音节的音步的结果是，用怀特霍尔（Whitehall）的话说："并列的重读自由出现，无过渡的非重读音节"①（也就是无交替，按英语诗歌的模式构成特征的术语而言）；如福塞尔（Fussell）所解释的那样："诗人若以弹跳节奏作诗，长长格几乎就好像一个基础音步而非替代音步"②；而福塞尔对霍普金斯革新的尝试评价是，它"也许较少从属于英语诗律的历史，而从属于英国的个人怪癖的历史"③。

音步所具有的地位，与我们所关注的格律结构的其他单位，与诗行和小句，极为不同。后两者，如我们所见，在语言本身中有密切程度不一的语法关联项，其界限通常符合创作层次上的语言界限。音步的情形，则完全不同；它是一种结构单位，④而非创作或表

---

① Fussell 1965, 71.
② 亦参 Gross 1964, 28。
③ 然而，怪癖的改变也许应限于**现代**英语诗律处境（例如，与盎格鲁-撒克逊诗律相对）；有可能承认这种诗歌有一种模式化的基础，如果谁接受了关于音步的时间理论，譬如阿伯克龙比（Abercrombie，参见页 99），对于他而言，"如在拉丁语诗歌中那样，一首英语诗歌中的所有音步，都具有同等音长或音量"（1964a, 10）；但我们已然站在"时间派"（temporalism）的批评者一边，认为这么做并无充分证据，并将其他因素作为音步模式的标准。
④ 参见 Chatman 1960, 160 n. 9。

演或鉴赏单位——西塞罗说得好（*Or.* 173）："民众的确既不理解音步，也不了解什么节奏"（nec uero multitudo pedes nouit nec ullos numeros tenet），而昆体良说（Quintilian ix.4.114）："的确不应将音步当成普遍的音段……因为，诗歌的创生先于诗歌遵循的规则。"（neque uero tam sunt intuendi pedes quam uniuersa comprensio...ante enim carmen ortum est quam obseruatio carminis.）我们谈论音步，是在格律形式和结构的处境中，对此似乎固无反对意见；这一点早就为人们所承认，譬如柏拉图和阿里斯托芬（"格律单位"［metron］之情形亦如此）；① 但在这一点上，也许应该警告指出，诗人对其诗作中抽象的格律的分析意识是一个广泛可变的因素，这尤其适用于那些亦非创作单位的格律单位。

然而，在音步和语言单位之间可能有某些不太直接的关联。譬如，如果将同样的语音特征用作语言中词语重音的指数，也用作格律交替的位置要素，那么，音步将在下述意义上与词相符合：两者都包含一个"有重音的"要素和一个或更多无重音的要素，音步其实是某种"符合格律的词"（metrical word），② 但它们的界限无须一致。如果它们的关系更为间接，譬如格律和语言上的"重音"，两者都仅由同样的因素所决定，它们的位置就不必一致。这样一来，

---

① 希罗多德已然证实了这一点（Schein 1967, 15）。这个术语，一般适用于更高的交替单位，而不适用于音步，涉及不止一个位置术语（参见 Maas 1966, 38 f.）；最常见的格律单位（metron）是短长格"三音步"（‖$\underset{\smile}{\Sigma}\Sigma$｜$\Sigma\Sigma$‖），它提供的交替介于可变化的奇数音步（也就是说，具有"自由"［anceps］的$\underset{\smile}{\Sigma}$）与不可变化的短长格偶数音步之间。

② Kuryłowicz 1966.

格律的结构由语言上的重音本身不会显而易见，而且，为了口头分析之目的，如在教学中那样，音步的拟词（quasi-word）地位在这种情况下可以在表演中实现——也就是说，每个音步可以作为一个"词"来发音，具有发音上"有重音的"位置要素，而不管词语重音的位置，产生了一种对页 112 上设想的类型的"格律式"读法。这一点将联系拉丁语六音步，作出更为全面的讨论（页 340 及其以下）。

Ⅱ

第二部分
拉丁语的韵律结构

10. 音节结构：音量与音长
Syllable structure : Quantity and Length

音节表现为受阻和未受阻音节，前者要么受胸阻，要么受口阻：譬如，dō(CV⁺)，dăt(CV⁰C)，-ně(CV⁰)。

~VCV~ 和 ~V̆CCV~（概论）

关于除停顿位置前后的辅音的阻止和释放功能，传统上基本的音节划分①原则指：两个元音之间的单一辅音释放随后的音节，元音之间的两个辅音中的第一个辅音阻止前面的音节，而其中第二个辅音释放随后的音节。②所以，音节模式，譬如 făcĭlĕ 的音节划分是 CV⁰.CV⁰.CV⁰，dēpōnō 的音节划分是 CV⁺.CV⁺.CV⁺，cŏntĭngĭt 的音节划分是 CV⁰C.CV⁰C.CV⁰C。如果受阻音节与"重音量"一致，而未受阻音节与"轻音量"一致，传统的音节划分有格律和重音证据支持，也有传统的音量规则支持。所以，譬如，cŏpŏră (CV⁰C.CV⁰.CV⁰) 以其次次末音节上的重音显示，第二个音节是轻音节，

---

①排除了页 29 上所讨论的情形。亦参页 137 及其以下关于某些辅音序列的讨论。

②请注意,元音之间的 z 通常表示双重的[zz],所以,包括阻止+释放(A 1965, 46)。

由以其开启一个六音步显示，第一个音节是重音节，由传统的音量法则可知，一个短元音后接两个或多个辅音产生一个重音节，在其他情况下产生一个轻音节。音节划分规则的应用也会跨越词语界限；① 所以，在（六音步结尾）~ *scīrĕt dărĕ iŭssŭs (h)ăbēnās* 中，音节模式是 $CCV^+.CV^0C.CV^0.CV^0.CV^0C.CV^0.CV^0.CV^+.CV^+C$，等同于音量模式 ΣΣΣΣΣΣΣΣ。

介于元音之间的单个辅音与随后音节的配置关系，与口头加强释放的一般倾向相一致；我们也可以认为，正如音节模式，譬如 *bŏna* 的音节模式，（依据格律证据）可以证明是 *bŏ.na*，所以，*fāma* 的音节模式是 *fā.ma*。

停顿前的 ~ V̆C 的音量

关于停顿前的 ~V^0C，我们已然在梵语中看到，其音质作为一种受阻音节是确定的；高迪奥（Gauthiot 1913, ch. v）视其为印欧语言的一种一般特质。在拉丁语中，词末辅音的无释放性质，由各种方言和在不同时期失去词末的 *s* 和 *t* 得以表明；但我们在此问题上的关注点在于其所导致的音节音量，因为，如果停顿前的 ~V^0C 受阻，我们会期待将这样的音节算作重音节。

从格律上讲，一行诗的末音节通常"不论"（indifferent）音量，从而不会提供音量标记；在诗行中，句法界限通常在音韵上被以讨

---

① 一般当包含 VCV 序列时，关于其他序列，参见页 139 及其以下。

论过的人为"聚合"模糊了。然而，有现象显示，在拉丁语中，停顿前的 ~ V̆C（~V⁰C）其实等于是重音节。如肯特所表明的那样，如果诗行中音顿处的重音量，诸如《埃涅阿斯纪》(Aen. ii 563，见页 117）或《农事诗》(Eel. x 69：omnia uincit amŏr；et nos cedamus amori），都是由于停顿，那么，这就是重音量性质的一个标志，所以受阻性质属于停顿前的 ~V⁰C。也有出自诉歌体五音步（the elegiac pentameter）的暗示性证据，其中行末的音量似乎并不完全"不论"。学者们常常指出，末音节极少以一个不后接辅音的短元音结束（譬如，Raven 1965，108；Drexler 1967，109）。在提布鲁斯（Tibullus）和普罗佩提乌斯（Propertius）那里，这样的音节出现在这个位置上，大约有 4% 的诗行如此；在奥维德（Ovid）那里，如果排除 ego, mihi, tibi, sibi 这些词（其中与格末元音也可以是长元音），这样的诗行数目减少到只有 1%（Platnauer 1951，64）；譬如在《岁时记》(Fasti) 中，在近 2500 行诗中只有 23 例（Martin 1953，141）。另一方面，~V⁰C 类型的音节（譬如 erĭt），与 ~V⁺(C) 类型的音节（譬如 meō, deōs），同样可以接受，也因此可以认为它们同样是重音节。

还有重音证据。我们已然看到（页 51），在拉丁语中（如在英语中那样），没有以短元音结尾的完整的单音节词语。因为，在非重读后接成分中出现了这样的词尾（-quĕ，-uĕ，-nĕ），这种独特性大概是由于下述事实：独立的完整的词语要求有重音，在单音节词中，重音不可避免地落在了末音节上。由此可以得出，一个以 V⁰ 结尾的独立的单音节，不能够承载重音（进一步参见页 178）；但另一方面，以 V^0C 结尾的完整的单音节词，可以自由出现（譬如 *dăt*, *quĭd*），正如以 $V^+(C)$ 结尾的那些词（譬如 *dā*, *quōs*），想必也可以有重音。与此同时，既然拉丁语重音由音量决定，$\sim V^0C$ 必定（不像 $\sim V^0$）堪比 $\sim V^+(C)$，从而也等于是重音量。

昆体良（Quintilian ix.4.107）引以为长短长音量模式的一个例证是 *Quis non turpe dīcĕrĕt?* 中的最后一个词，但将末音节视为 "长音节前的短音节" (breuis pro longa) 之情形，也就是说，只有靠不论原则才具有重音量，从而意味着它天然就是轻音量。但昆体良关于这类问题的观点，不可避免受制于关于"位置长音节"的传统学说，这种学说未对音节划分作出说明，由更明显的非末音节证据引导，表明它是一种普遍规则：一个短元音必须后接两个或多个辅音，如果这个音节要算作重音节。① 因此，昆体良的说法，几乎不能引为证据来反对停顿前的 $\sim V^0C$ 是重音量。戴尔（Dale 1964，20 n.9）也看到，在塞涅卡《俄狄浦斯僭主》(*Oed.* 449—465) 中，有证据表明 $\sim V^0C$ 等值于 $\sim V^0$，在此文本中，一系列完整的长短短格，要么都以 $\sim V^0$ 结尾，要么都以 V^0C 结束，而从不以 $V^+(C)$ 结束；② 但在此的确仍然完全有可能，我们的人为调整的基础是传统规则。

---

① 大概只因为如此，关于以 V^0CC 结尾的停顿前的音节的音量从未有怀疑，譬如在 *prodĕst*, *delēnt*, *indĕx* 中。
② 行 457 中的 *leo*，大概 =*lĕŏ*。

元音音长

胸阻，如通常的术语所暗示的那样，在拉丁语中与核音（nucleus）的紧张和相对音长有关，也就是说，与传统上所谓"长元音"有关，并且在所有位置上都总是等同于重音量（根据重音、格律和传统上关于音量的说法）。这种音节的元音与其他类型的音节的元音形成对照，无论受阻或未受阻；因为在以 V^0C（口阻）或 V^0（未受阻）结尾的音节中，缺乏胸阻与核音的松弛和相对短小有关，也就是说，与传统上的"短"元音有关。这种紧张反过来又导致长元音占据更大范围、更"具离心特点"的发音周界（perimeter，参见页 63；A 1959，241 ff.；1965，47 ff.）。短长元音系统之间的关系，可以图表示意如下：①

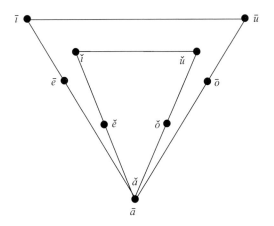

---

① 参见赖希斯特（1970，31）为捷克语制定的发音图表。

可以看到，图表中短元音 ĭ 和长元音 ē 之间的距离，相较于长元音 ī 和短元音 ĕ 之间的距离更近；元音 o 和元音 u 之情形与此类似。ĭ 和 ē 的相似性由其出现的形式表现出来，甚至在共和国时期的铭文中，以 E 表示短元音 ĭ 和以 I 表示长元音 ē（譬如以 TREBIBOS, MENUS, MINSIS 表示 trĭbibus, mĭnus, mēnsis）。ĭ 的相对开口发音，也由其常常译为希腊语的 ε 可以见得（Λεπεδος, κομετιον, Δομετιος, Τεβεριος = Lepĭdus, comĭtium, Domĭtius, Tĭberius），反过来也以拉丁语的 I 来对译希腊语的 ε（譬如，PHILUMINA = Φιλουμένη）。短元音 ŭ 和长元音 ō 的相似性，也有例证：COLOM-NAS, SOB, OCTUBRIS, PUNERE 表示 colŭmnas, sŭb, octōbris, pōnere；ŭ 的相对开口发音，也由用 u 来转译希腊语的 o 可以见得（purpura, gummi = πορφύρα, κόμμι）。

长短元音 i 的音质之间有可以听见的区分，朗古斯（Velius Longus）在纪元后 2 世纪就注意到了这一点（vii, 49 K）；在同一世纪，短元音 ĭ 和长元音 ē 之间特殊的相似性，也记录在归于毛鲁斯（Terentianus Maurus）的一项叙述中（Pomperius, v, 102 K）："任何时候，我们都希望显明，e 是长元音，它的发音接近字母 i。"（Quotienscumque e longum uolumus proferri, uicina sit ad i litteram.）短元音 ĕ 的相对开口发音，亦由（在 4—5 世纪）塞维乌斯的一项叙述得以显明（Servius iv, 421 K）：其音质类似于 ae 的音质，它已然演变为一个单元音 [εε]，介于 ē [ee] 和 ā 之间。长后元音的紧张度更大，通常也与更大程度的圆唇发音有关，毛鲁斯特别指出了这一点（vi, 329 K），对长短元音 o 作了对比。

在晚期拉丁语中，元音音长/紧张度最终不再作为一种音韵学上的区别特征而发挥作用（见页 80），而且重要的是，从前的长元音 ē 和 ō，后来与从前的短元音 ĭ 和 ŭ 合并，分别形成了罗曼语中常见的 /ẹ/ 和 /ọ/，区别于罗曼语的 /i/ 和 /u/（源于从前的 ī 和 ū）和罗曼语的 /ę/ 和 /ǫ/（源于从前的 ĕ 和 ŏ）。①

当语音上的差异，譬如和拉丁语的短长元音 i 之间的差异一样大时，或许有人会提出无论以任何方式将其视为"同一"元音的有效性。这么做的原因往往很复杂（A 1959, 243, 245 ff.），一门语言与另一门语言的情形各不相同。可是，在古典拉丁语中，可以说长元音 ī 是长元音系统中闭合度最大和最靠前的元音，而短元音 ĭ 是短元音系统中闭合度最大和最靠前的元音；其他成对的元音之情形与此类似。② 语法上的替换也具有相关性，譬如在确立 lĕgo 中的 ĕ 与 lēgi 中的 ē 的关系时。历史因素也许进一步促进了其认同，譬如事实上 ĕ+ĕ 缩合形成了 ē（如 nĕ+hĕmo → nēmo），或补偿性延长 ĭ 形成了 ī（如 *ĭs-dem → īdem）。就讲母语者对这种关系的直觉，以及就建立正词法规范而言，综合考虑音韵和语法很可能具有决定性意义。

就短（松）元音而言，并无可以描述的理由来区分其在未受阻音节中（~V⁰）和在受阻音节中（~V⁰C）的音质，譬如 re.tĭ.ne.o 和 re.sĭs.to 中的元音 ĭ。但历史上这两种情形的演变不同（参见页 51

---

① 在塞维乌斯作出上引陈述的时代，这种情形有可能已然普遍见于口语之中了。

② 参见 A 1962, 30。

以下）。在未受阻的中间音节中，短元音受上古强重读词首的影响而发生了剧烈变化。基本上，所有短元音都缩减为单一等级的开口度——变成了闭元音，① 其中后元音或前元音的音质区分由其语境所决定。在某些唇音语境中，结果是一种后圆唇音质［U］，譬如在 *occŭpo*<*~ *căp* ~ 中；在其他语境中，则是一种更具央音和/或非圆唇音质的结果，起初等同于 *ŭ*，后来等同于 *ĭ*，譬如在 *aucupium* 中，后来变成了 *aucipium*（所谓"中介元音"［intermediate vowel］：A 1965, 56 ff.）。但是，在大多数语境中，结果是一个前元音音质［I］，而无论其来源：所以，譬如在 *abĭgo*<*~ *ăg* ~，*collĭgo*<*~ *lĕg* ~，*capĭtis*<*căpŭt* ~，*nouĭtas*<*nouŏ* ~ 中，也有原初的 *ĭ* 得以保持的情形，譬如 *pestĭlens*。其他语境的影响，譬如见于 *pepĕri*<*păr* ~，r 导致开口度更大的发音：在 *filiŏlus* 中，*ŏ* 是由于结合了前面的 *i* 与后面的"暗音" *l*［l］（A 1965, 33 f.）。在有些词语中，元音完全失去了（"词中省略"［syncope］），如在 *dexter* 中（密切关联 δεξῐτερός），*pergo*<*~*rĕg*~；在其他词语中，音质似乎由词首音节所决定（"元音和谐"），如在 *alăcer*，*celĕber* 中；而最常见的语法类比恢复或保持着原初形式，如在 *impătiens*（按照 *pătiens*）；但请注意 *insĭpiens*<*~*săp*~ 中规范的语音演变。

这样的演变显示，所讨论的元音发音特别弱或松弛；可是，弱化较不显著，如果音节受阻于一个辅音的发音。譬如原初的 *ă* 只接近 *ĕ*，而原初的 *ĕ* 得以保持，如在 *perfĕctus* < *~*făc* ~，

---

① 参见现代希腊语北方方言中的演变，不重读的 /e/, /o/ → /i/, /u/，而原初的 /i/, /u/ 完全失去了：Thumb 1912, 8f.; Newton 1972, 182 ff.。

第二部分：拉丁语的韵律结构

attĕntus < *~ *tĕn* ~，密切关联 *perfĭcio* 和 *attĭneo*；后元音仍然是后元音，如在古拉丁语中 *eŏntis*（参见 ἰόντος），后来 →*eŭntis*。这表明，一个受阻音节中未受阻位置上的短元音，其发音比在未受阻音节中更为精确。长元音，也就是说，带有胸阻的元音，不受制于任何类型的变化；所以，*relātus* 保持着其 *ā*。可是，双元音的第一要素，遵循与受阻音节中的短元音同样的演变模式；所以，*inclaudo→*incloudo→*inclūdo*；*incaido→*inceido*（SC de Bacch.）→*incīdo*。①

复合性停顿的释放和阻止

拉丁语音节的口腔（辅音）释放和阻止，要么是单一的，要么是复合的。在孤立的词语，诸如 *dăt* 中，释放和阻止都是单一的，而在 *stănt* 这样的词语中，释放和阻止又都是复合的。在原生的拉丁语词汇中，在停顿后出现复合性释放的音节类型有 s + 破裂音或 /w/（譬如 *sto*, *spes*, *suadeo*），破裂音或 f + 流音（譬如 *tremo*, *fremo*, *plus*, *fluo*, *breuis*, *glisco*），还有 s + 破裂音 + 流音（譬如 *stringo*, *splendens*）类型的三联辅音的（triconsonantal）复合性

---

① 这似乎顺带表明，在弱化时期，双元音的第二个要素具有一种辅音功能，也就是说，形成口阻而非伴随胸阻。二合元音 *ae* 后接一个元音，如在 *Cnaeus* 中，第二个要素要么表示一个元音发音后接一个半元音发音［~ai.ju~］或一个重叠半元音［~aj.ju~］，如像 *maior* 这样的词语之情形（见页66）。这同样适用于拉丁语中包含 u- 双元音的希腊语词汇，譬如 *Agaue*=［a.gau.wee］或［a.gaw.wee］（参见页207和 Hoenigswald 1949b；A 1965，42）。

释放。停顿前的复合性阻止，如人们所期待的那样，通常展示出音节要素的反向次序（见页 71）；所以，譬如流音（或鼻音）+ 破裂音或 s，如在 *fert*, *uult*, *pars*, *tunc*, *dant* 中；破裂音 + s，如在 *caelebs*, *nox* 中；还有流音 + 破裂音 + s，如在 *falx*, *stirps* 中；但亦可见到 s + 破裂音的次序，如在 *post* 中。

~V̆CC(C)V~（不停顿的音列）

当见到介于元音之间的辅音音列的情形，既不出现在停顿开头，也不出现在停顿末尾，人们可以认为（又与传统规则保持一致），它们构成释放 + 阻止；所以，譬如 *factus*, *amnis*, 可以分析为 *făc.tus*, *ăm.nis*。*făct.us* 等这样的分析，在任何情况下可能性都较小，因为它会造成一种复合型阻止（而且这种类型在拉丁语中不见于末音节），代价是对释放的口头强化；排除 *fă.ctus*，既有音节开头不会出现 *ct* 之理由，还有更具有决定性的理由是，可以证实首音节具有重音量。也可以将重叠辅音包括在这样的辅音音列之内，所以，譬如 *mĭtto* = *mĭt.to*，首音节从而也具有重音量。

在涉及三辅音音列的地方，中间的辅音开口，通常小于两侧的辅音之一，或比两侧的辅音都小：譬如 *sculptus*, *spectrum*, *antrum*, *fulcrum*。第一个辅音和第二个辅音（C^1C^2）之间的开口差异，通常大于或小于第二个辅音和第三个辅音（C^2C^3）之间的开口差异。如果前者大于后者，可以认为音列 C^1C^2 形成一个复合型阻止的趋势，要大于 C^2C^3 形成一个复合型释放的趋势；反之亦然。因此，可以期待的音节模式类型是 sculp.tus，spec.trum，an.trum。这与拉丁语的词首音列类型一致，也与传统学说和铭文惯例一致（Kent 1932, 63 and 64 n.6）。它也与下述观察完全一致：只在能够证实的语境下（也就是在短元音之后），破裂音 + 流音音列，而且只有此音列，内在地发挥着复合型释放功能（见下文）。由于最后这个原因，大概也可以将 sartrix 的音节（其中 C^1C^2 和 C^2C^3 之间的开口差异相同）区分为 sar.trix，而非 sart.rix；反过来，sextus 或 extra 这样的形式，音节可以划分为 sex.tus，ex.tra，而非 sec.stus，ec.stra，因为只在能够证实的语境下（见下文），音列 st(r) 内在地**没有**发挥释放功能。

当停顿开头或末尾未经证实的音列按语法界限来划分时，音节划分，更不用说 ăb-duco，něc，tibi 类型的音节划分，使它前面的音节有了重音量。

~V̆CC(C)V~（停顿前的音列）

然后，我们必须考量辅音音列之间的元音的音节功能，这些辅音音列也**见于**停顿开头或末尾。后一种情况下，展示出特殊的难题，因为譬如一个 mŭltus 类型的词，几乎不容许除 mŭl.tus 或 mŭlt.us 之外的其他音节划分，两种情况都导致首音节具有重音量；其中 mŭl.tus 更有可能为第二个音节提供一种口头释放；mŭ.ltus 这种音节划分，造成首音节是轻音节，就起首的音组而言是不规则的，而事实上在这样的词中，首音节总是重音节。同样的理由适用于 nexus

这样的词，显示的音节划分是 něc.sus；在三联辅音音列的情况下，如在 cărpsit 中，关于上文讨论的相对开口有补充标准，按此所有迹象都支持 carp.sit 这种音节划分。

~V̆CC(C)V~（停顿后的音列）

当我们转向也见于停顿开头的音列时，有必要区分：

（a）它们的"非音联式"（non-junctural）表现，也就是说，辅音音列连同前面的元音，不包含语法界限；

（b）它们的"音联式"（junctural）表现，也就是说，这里的确出现了语法界限：

(a) "非音联式"表现

这种表现，当前面的元音是短元音时，能够证实其音节功能，以音量为标准（如格律或重音位置所显示的那样）。

（1）s + 破裂音。在这种音列的情况下，音量合乎规律地都是重音量，所以一个 pěstis 这样的词，音节可以划分为 pěs.tis，辅音音列构成阻止 + 释放，①这符合铭文惯例，尽管与古代学说相冲突（见页 29）。在三联辅音音列的情况下，如在 ăstra 中，重音量有可能显示为 ăs.tra 或 ăst.ra；但相对开口的原则会显示为是前者（亦参下文）。

---

① pěst.is 的可能性被忽略，因涉及第二个音节未强化释放（见上文）。

（2）**破裂音**（和 *f*）+ **流音**。一种特殊情形展现为音列破裂音 + 流音。就早期拉丁语诗歌和重音定位的证据而言，非常清楚的是，一个音节包含一个短元音，后接这样一个音列，它合乎规律地都是**轻**音量。因此，这些音列会对后接音节发挥复合型释放功能：所以，*tenĕ.brae*, *pă.tris*, *pŏ.plus*；并且进一步支持了上文将 *ăstra* 的音节划分为 *ăs.tra* 的做法。可是，要说这种功能也适用于 *f* + 流音音组（譬如在 *uăfri*, *ciniflones* 中），如波斯特盖特（Postgate 1923, 7）和瑞文（Raven 1965, 25）所提议的那样，却并非事实。[①] 这种错误学说可以追溯到拉丁语语法学家（A 1965, 90 n），他们将拉丁语的 *f* 与希腊语的 φ 等而同之，后者在古典希腊语中是一个破裂音 [ph]，而非如晚期希腊语那样是一个擦音。非音联音列 f + 流音，只发挥阻止 + 释放功能，总是导致前面的音节是重音节；这个音列与破裂音 + 流音音列之间的差异，也许与下述事实有关：f 和一个流音之间的开头上的差异，弱于一个破裂音和一个流音之间的差异，从而，前一个音列较少能够提供从狭窄到开口的突然过渡，这种过渡刻画了对后接音节的冲击式释放。按照索绪尔的尺度，例如（1916/1960, 44 ff.），音列破裂音 + 流音表示开口从零增大到 3。音列破裂音 + 鼻音只在希腊语词汇中形成复合型释放，这是仿照希腊语惯例（见页 210 及其以下）；所以，在贺拉斯的《颂歌》（*Carm.* iv. iii 20）中，*cy̆.cnus* 造成轻音量（按照索绪尔的尺度，这种音列可表示开口从零增大到 2）。

---

① 亦参 Hoenigswald 1949a, 274。

已证实早期拉丁对音列破裂音+流音的处理显然是一种创新，取代了还要更早的、上古的处理方式，按照这种处理方式，这种音列的功能与其他序列一样是阻止+释放，而非复合型释放。譬如，intĕgra 的中间音节中的元音表明，在元音弱化时，也就是 intĕg.ra 音节必定受到阻止，因为，它具有的音质，譬如与 infĕc.ta 一样，而与 infĭ.cit 不同。在普劳图斯《缆绳》(Rud. 1208)中出现了短语 porci săcres，格律要求 săcres 的首音节是重音节，也就是 săc.res；廷帕纳罗（Timpanaro 1965，1084 ff.）表示，作为一种"圣仪和古体表达"（espressione sacrale e arcaica），这也许是此类音列的史前音节模式之残余。

在晚期阶段，也是受希腊语惯例影响，为格律之故而容许采纳下述选择：将包含一个后接破裂音+流音的短元音的音节，当成具有重音量，也就是说，认为这种音列含阻止+释放功能。所以，在维吉尔《埃涅阿斯纪》中（Aen. ii 663），可以发现 pătris 和 pătrem 在同一行诗中前后相随，似乎分别指 pă.tris，păt.rem。有人提出，本来这种惯例只适用于希腊语词汇和其他格律上难以处理的拉丁语词汇（Skutsch 1964，91 ff.）；但在恩尼乌斯那里，譬如已然可以见到 nĭgrum，首音节是重音节。[①] 无须认为，这种为诗歌创作而采取的处理方式也一定会反映在表演中；但这里出现了有意思的一点。在 uolŭcres, perăgro, latĕbras, manĭplis 这类词语中，重音位置基于如何对待音列破裂音+流音，通常是 uo.lŭ.cres，如此

---

① 参见 Timpanaro 1965，1075 ff.。

等等，次末音节是轻音节，要求重音在次次末音节上。但 uo.lŭc. res 这种对待方式，次末音节是重音节，甚至在六音步诗行末尾也会采用，在此位置上通常要寻求语言重音和格律强音位置保持一致；所以在此类情形中，诗人似乎设想出了这种类型的表演：给予次末音节以重音，也就是 uo.lŭc.res。事实上，昆体良似乎也接受这一点（Quintilian i.5.28）："这证明，格律要求也会改变重音，如在 pecudes pictaeque uolucres [牛群和多彩的鸟儿] 中；因为，我重读 uolucres 的中间音节"（euenit ut metri quoque condicio mutet accentum : pecudes pictaeque uolucres ; nam uolucres media acuta legam）；但语法学家更为普遍的观点是，创作上的许可并不会反映在表演中；所以，譬如塞维乌斯（关于《埃涅阿斯纪》[Aen. i 384]：~ Libyae deserta peragro [我游荡于利比亚荒漠]）："per 上有重音……因为，每当与哑音和流音相关，就会对格律发挥作用，而不会对重音发挥作用。"（per habet accentum...muta enim et liquida quotiens ponuntur, metrum iuuant, non accentum.）①

就此方面，最后可以谈谈 qu 组合，通常它不容许将前面带有短元音的音节当作重音节，而且很有可能表示一个单一的唇—腭辅音 [k^w]（A 1965, 16 ff.）。可是偶有例外，譬如在卢克莱修《物性论》中（Lucretius i 349），līquidus 的首音节是重音节，也许所表示

---

① Schoell 1876, 113 ff.；A 1965, 90。在晚期拉丁语中，如罗曼语的演变所表明的那样，譬如有从 ténebrae 到 tenébrae 的重音转变。但这并不意味着，音节划分就是 te.neb.rae，因为罗曼语证据也显示其为一个**开音节**，也就是说，没有口阻。关于讨论和文献，见 Leumann 1928, 182；Timpanaro 1965, 1088 ff.。

的发音是［lik.wi~］。

(b)"音联式"表现

(1) *s* + 破裂音（和 /w/）。当一个语子界限落在两个辅音之间时，譬如，在 *dis-tineo* 中，音节界限也落在此处，也就是说，*dĭs.tineo*，从而前面的音节始终是重音量。同样的音节划分适用于（至少在短元音后）当语子界限落在辅音音列前时，如在 *re-spiro*=*rĕs.piro* 中，尽管这并非也是一个词的界限。在后一种情况下，音节界限在早期拉丁语中似乎与词语界限一致，造成前面的音节是轻音节，如果其中的元音是短元音。

可是，晚期诗人面临一种两难（Hoenigswald 1949a）。因为就其希腊语模范而言，音列 *s* + 破裂音通常发挥阻止 + 释放功能，从而保证了前面的音节是重音节，即使在词语界限之后。例外几乎都要归于非如此则无法处理词语格律，如在六音步 Σκάμανδρος, σκέπαρνον 中。希腊语与拉丁语之间的这种音联习惯上的冲突，导致古典拉丁语诗人完全避免使用这样的音列：一个词末短元音加上一个词首 *s* + 破裂音，[①] 除了在词语无法处理的情况下（如在希腊语模范中那样），所以，譬如卡图鲁斯（Catullus, lxiv 357）的（六音

[①] 甚至在希腊语中，在这些情况下的语音界限和词语界限之间的冲突，似乎也导致对其在诗行中出现有某种限制：参见页 216。

步词尾）undă, Scamandrī。① 有时候会仿照正规的希腊语惯例，如卡图鲁斯（Catullus, lxiv 186）的 nullă spes，包含的音节划分是 ~ ăs. p ~；② 有时候，原生拉丁语的处理方式得以维持，如在维吉尔（Aen. xi 309）的 ~ poniţĕ. spes ~ 中（可是，这里的音节划分 ~ ĕ. sp ~ 有主要的语法界限辅助）。③ 这种情形的一个显著特征是，没有一个诗人自由地容许自己同时接受希腊语和拉丁语的处理方式。④

重要的是，这样的音列在格律的"自由位置"（Σ 或 Σ 均可的位置）上不可避免，如在斐德鲁斯（Phaedrus）和塞涅卡（Seneca）的短长格三音步中；因为在此位置上，两种音节处理方式从格律观点来看同样可以接受。词首音组 su /sw/ 也没有造成任何难题，由于希腊语中没有出现这个音组，因此，没有为拉丁语的规范处理方式提供与之相对的模式，拉丁语的规范处理方式合乎规律地造成一种复合型音节释放，使前面以短元音结尾的词的末音节不受阻止，从而使这个音节成为轻音节：所以，譬如奥维德（Ovid, Met. ix 692）silentiă suadet。

---

① 与此类似，有避免词末短元音之后出现词首 z 的情形，大概因为，按照希腊语模范，当 ζ = [zd]（A 1968a, 53ff.）时，通常都认为其发挥阻止+释放功能；在拉丁语中，词首 z = 单音[z]（A 1965, 45f.），却仍然遵循希腊语模范，在维吉尔那里，违背避免上述做法的情形只出现在无法处理的（nemorosă）Zacynthus 时（Aen. iii 270），如在荷马《奥德修纪》（Od. i 246）中那样：ὑλήεντι Ζακύνθῳ。一种情形，如郁文纳尔（Juvenal, v 45）的 ponerĕ zelotypo，大概反映了单音[z]的实际拉丁语发音。
② 这在"刻意模仿希腊语诗行"时最常见（Raven 1963, 24）。
③ 豪斯曼（Housman 1928）指出贺拉斯有很多这样的情形：譬如《讽喻诗》（Serm. I. ii 30）infornicĕ stantem，甚至（I. v 35）praemiă scribae。
④ 进一步讨论，见 Collinge 1970, 197 ff.。

（2）**破裂音 + 流音**。这种音列的音节划分，受语法界限强烈影响，一般而言，在词语中不区分词语界限和语子界限。如果语法界限落在两个辅音之间，这种音列就会合乎规律地发挥阻止 + 释放功能，甚至在早期拉丁语诗歌中，也导致前面的音节总具有重音量：所以，譬如 *ăb-ripi* = *ăb.ripi*，*ăb lenone* = *ăb.lenone*。但如果语法界限落在辅音音列前，这种音列发挥的功能就是复合型释放，使前面的短元音不受阻止。甚至在古典拉丁语诗歌中，对这种音列的一种音节划分（譬如 *rĕ-trahit* = *rĕt.rahit*），相对罕见（Hoenigswald 1949a，273 n.15）；[①] 尤其罕见的是，如果涉及一个词语界限，如卡图鲁斯（Catullus, xxix 4）*ultimă Britannia*，以及如瑞文所见（Raven 1965, 25），"通常可视其为一种有意为之的'希腊风格'"[②]。一种与此差异的对比，上文已引述过出自英语的例证（页 20 以下）。

（3）*f* + **流音**。尽管没有理由认为，在非音联语境中，这种音列还有除阻止 + 释放以外的对待方式，但其在语子—界限上的性状类似于破裂音 + 流音之情形；[③] 唯一出现的情形所涉及的此类界限都在这种音列前。在一个词中，譬如在 *rĕ-freno*、*rĕ-fluit* 中，这种音列更多被当成一种复合型释放，使得前面的音节成为一个未受阻的短元音，也从而具有轻音量；[④] 在词语界限上，这是普遍处理方式：

[①] 看来，更为常见的情形是当流音是 l 时，譬如在维吉尔那里，有 3 例 VS 无流音是 r 之情形；在卢克莱修那里，有 8 例 VS 2 例流音是 r 之情形。
[②] 参见 Collinge 1970，200。
[③] 参见 Collinge 1970，193 n.2。
[④] 在维吉尔那里总是如此，但在卢克莱修那里，重音量比轻音量更为常见（8 例 VS 5 例）。

罕见的例外是恩尼乌斯（Ennius, Ann. 577）的 *populeă fruns*,[1] 卡图鲁斯（Catullus, iv 18）的 *impotentiă freta*，内含 ~ ăf.r ~。

当拉丁语语法学家声称轻音量可以出现在 *f* + 流音前时，他们一成不变地引用的例证，其实总是一个词的界限先于此音列之情形（参考文献见 A 1965, 90 n.）；而比得（Bede）尽管提出了此规则（vii, 230 K），却承认这种例证在建立普遍原则上是无效的。

超特征化

这种现象（页 66 上有描述）在拉丁语中不常见，尽管我们看到，有某种减少其发生的倾向。这种情况的数量，在希腊语中也一样，因元音缩合而增加，譬如在 *cōn.tio*, *nūn.tius*[2] < *couentio, *nouentios 中；但因元音缩短而减少，常见于晚期拉丁语（见 A 1965, 75 n.2）；史前有一种减少这种情形的倾向，譬如也见于这种演变：*amāntem, *uidēndos→*amăntem*, *uidĕndus*。

有时候误称为"隐藏音量"之情形，其实指超特征化音节中的元音音长，譬如在 *nōs.co*, *scrīp.si*, *āc.tus*, *mīl.le* 中，此处音量都是重音量，而无论元音音长如何，从而其本身也无法为元音音长提供证据，后者可由其他证据获知（A 1965, 65 ff.）。

---

[1] 参见 Skutsch 1964, 93；Timpanaro 1965, 1080。
[2] 辅音音列的音节划分，据信与在短元音之后的情形一样。

11. 词语音联（~V + V~）
Word juncture (~V+V~)

142　　上文关于音节结构的讨论，已提到涉及辅音和辅音音列的某些音联类型的韵律含义。另一种类型的词语音联，尤其关涉音节和音量模式，在其中一个词按其基本的位于停顿前的形式，词末是一个元音或双元音，① 与一个后接的以一个元音或双元音开头的词并列。

由于词末的 m 大多数情况下很有可能表示一种对前面的元音的鼻音化（A 1965, 30 f.; Soubiran 1966, 47 ff.），为此元音 +m 组合在词末也可以归类为一个元音。②

我们已经指出，胸部波动的释放有口头发音辅助之倾向，并且看到了某些用于达成此目的的方法，从而避免了音联中的"元音分读"。在有些语言中，有一种特殊的避免长元音加上其他元音

---

① 事实上，双元音中只涉及 ~ae，在六音步诗歌中，这是最常见的主格复数词尾，与格/属格单数在这类音联中相对罕见。怀雅特（Wyatt 1966, 669）表示，这在希腊语中所反映的情形，关涉主格复数 ~αι vs ~α/η 的"史诗元音缩减"（epic correption）（参见页 224 和 A 1968a, 91, 94）。

② 看来，原初的辅音音质，譬如保存在恩尼乌斯《编年史》（Ennius, Ann. 243）：*dam quidem unus homo*；贺拉斯《讽刺诗》（Horace, Serm. I. ii 28）：*cocto num adest*（A 1965, 81 n.3）。

的音列，或者换句话说，避免胸阻后接无口头强化的胸部释放；在这种情况下，第一个元音要缩短（"元音前的元音要缩短"[vocalis ante vocalem corripitur]）。这是梵语连音（Sandhi）的典型特征，譬如，由此 rājā + iva → rājeva 这个过程要求一种干预规则，从而使词首元音前的词末元音 ā→ă，因为，若非如此，结果就是 *rājaiva（A 1962, 37）。这个描述性规则大概反映了一种历史演变，而且事实上，在词末是闭元音的实例中，这种情形仍然大部分保存在吠陀经中，如 patnī+acchā → patnĭ acchā（A 1962, 35 f.）。① 在这种实例中留存的元音分读，尤其可以容许，直至闭元音 [i] 或 [u] 为一个半元音口头加强对下一个音节的释放提供发音态势——所以，譬如 patnĭyacchā（或者，换句话说，激发一个半元音滑音，以有效清除元音分读）。或者，这一过程可以视为由闭长元音的第二个莫拉（在其他语境中伴有胸阻），向下一音节中的口头释放功能的转换；这种转换可以对比所谓"缩短"元音前的双元音，由此 /~ ai+V ~/ → /~ a.j V ~/，如此等等，如常见于荷马之情形（譬如 καὶ ἀναίτιον，首音节是轻音节）。关于希腊语的进一步讨论，见页 224；关于梵语的进一步讨论，见 A 1962, 37 ff.。

在古典拉丁语诗歌中，元音分读主要属于模范希腊语的一个特点（参见 Raven 1965, 28）。但在早期拉丁语诗歌中，元音分读通常出现在音顿和音分（caesurae and diaereses）处，也就是说，此处

---

① 这一点在古代已有充分观察，所以，在《波你尼经》（Pāṇini, vi. i. 127）中，萨卡利亚（Śākalya）说，"iko'savarne hrasvaśca"，也就是说，"闭元音后接一个不相似的元音（保留）和一个短元音（代替一个长元音）"。

通常有停顿（pause）之可能性：参见页 117 和德雷克斯勒（Drexler 1967，18，48 f.）；缩短长元音，可见于某些语境下的单音节词（所谓"韵律式元音分读"），譬如在普劳图斯《商人》（Plautus，Merc. 744）中：nam quĭ amat quod amat sĭ habet id habet pro cibo；这种类型的例证，偶尔也见于古典拉丁语，譬如《埃涅阿斯纪》（Aen. vi 507）：tĕ，amice，nequiui。①

到目前为止提到的调整元音分读的方法，都保留了其在个别的潜在形式中的音节数。但在拉丁语诗歌中，更远为常见的是暗含的对元音分读的清除，通过将音联中的两个音节减少为一个，通常名之为"元音省略"，尽管大多数情况下语法学家称其为"元音关联"（synalife/συναλοιφή）。语法学家的说法，似乎是按照简单清除第一个词的词末元音或双元音（Sturtevant & Kent 1915，141 ff.）。当元音是短元音时，这种过程可以在希腊语中找到对应（参见页 226 以下），也可以比较法语或意大利语定冠词的处理方式。此外，这也有拉丁语本身在格律方面的考虑支持。因为，在由西多（Siedow 1911）② 勘定的大约 53000 六音步诗行语料中（从恩尼乌斯到奥维德），词末短元音省略见于词首轻音节前（格律也要求是轻音节）的情形，在全部 9871 例短元音省略中占 3797 例。如果这样省略掉的元音在言说时通常不予清除，而是以某种方式与后接词首元音缩合，那是不可思议的事情；因为，这样的缩合会被

---

① 可是，也有人辩称（Soubiran，373 ff.），在所有这些情况下，都毋宁是两个元音缩合成为某种长音素的问题，造成一个重音节而非两个轻音节，从而没有造成元音分读。

② 参见 Brunner 1956；A 1965，79 ff.。

期待导致一个重音节（在《埃涅阿斯纪》[Aen. ix 580] 中，譬如 spiramenta animae，所要求的音量模式的产生，仅以 ~t'ănĭmae，而非 ~ta_animae = ~ tānĭmae ）。

可是，苏比朗（Soubiran, nevertheless 151 ff.）想将清除过程限制在词末的 ĕ，而且主要限于非重读后接词（ -que, -ne, -ue)，这些词比其他任何类型的词都更省音，而且这些词偶然有无词末元音的成对词（比较 ac, nec ; tanton ; neu); 苏比朗也接受将此过程扩展到其他某些"语法词汇"，它们在早期拉丁语诗歌中的形式没有词末元音（nemp(e), und(e), ill(e), ist(e) ; proin(de), dein(de) : 参见 Drexler 1967, 58 ff.)。在其他情况下（亦如在除词末元音之外的情况下），苏比朗赞同词末元音"部分发音"（ 55 ff., 648），这样一来"在格律上算零发音，但仍然可以听见，两个相接触的元音由一个脉冲发出"。当然，我们必须小心区分创作和表演；并非不可设想的情形是，在音联中的两个元音构成 s 的音列中，第一个元音可以作为清除了的元音来对待，即使在表演中两个元音都要完整发音。可是，我们也必须记住这个原理：格律特征基于日常语言的特征；格律上靠省音来清除，几乎不可能完全成立，如果它并不反映某种语言现实。人们很有可能辩称，这只是对创作上许可苏比朗所承认的情形的扩展；但这种扩展也过于广泛了。在词末短元音后接一个**轻音节中**的词首元音的情况下，似乎最不可能的情形是苏比朗上述折中观点；因为，如果两个元音的发音"靠一次脉冲"有什么含义，这种含义就是某种双元音——而一个双元音（或一个长元音）涉及重音量。苏比朗的观点，追溯到一个多世纪前的阿伦斯（Ahrens）和赫尔曼（Hermann），① 其实与布里奇斯（Bridges）关于英语诗歌的看法并无多大出入，也就是说，省略后的元音"可以在滑音中听见，尽管就韵律而言不成音节"②。我们将会看到，这种解释完全能够适用于某种类型的拉丁语音联，却几乎不能适用于要求轻音量的那些情形。因此，可以认为音列 $\breve{V}_x + \breve{V}_y$ 中的省音意指 → $\breve{V}_y$；在此情况下，有可能更为常见的含义是 $\breve{V}_x + V_y \rightarrow V_y$（也就是说，甚至在那些情况下，第二个音节受胸阻或口阻，也从而是重音节）。

诗歌中长鼻化元音和双元音的省音，并不比短元音的省音少多少（语料中为 6800 例比 9871 例），但前者出现的位置更受限制。它们出现在轻音节前只有 905 例，其中仅 84 例出现在长短短格 b_2 的位置，与此相对在此位置上短元音省音有 1455 例。③ 出现在位置 b_1 前的情形，有一半涉及从属于韵律形式的连词或常见的副词（尤其是 ergo, quare, quando, certe, longe, immo, porro, contra）；在此位置上，更大规模的类型是那些以 ī 结尾的词。只有小部分涉及除 ī 或 ū 以外的曲折变化词尾（在任何情况下，它们中大都紧密结合，或者是惯用法组合，如 aequō animo，其中第一个词的曲折变化词尾并不重要）。

由此得出的最有可能的结论似乎是，简单清除音联中的词末

---

① Rossi 1968, 233.
② Chatman 1960, 163.
③ 在重音节前，省略长元音等情形，在短元音前并不在长元音前更少见——这的确（与有些课本上的教条相反）更为常见（在维吉尔那里的比例是大约 3∶1）：参见 Sturtevant & Kent 1915, 153 f.。

长元（鼻化）元音和双元音，在言说中并**不**合乎常规，而且通常只见于其不承载太多语义负担之处。在此情况下，很可能这样的音联会合乎规范地导致某种长元音或双元音，总是涉及重音量（而无论词首音节本来的音量如何），从而要将其从要求轻音量的格律位置上排除出去。这种音联过程在此又将会是一种缩合，尽管人们只能猜测，在各种情况下所导致的音联会有怎样的音质。有些线索可以由内部音联缩合的结果提供，譬如 *dē-ăgo* → *dēgo*, *co(m)-ăgo* → *cōgo*, *prō-ĕmo* → *prōmo*, *mā(u)ŏlo* → *mālo*, *co(m)-ĭtus* → *coetus*, *prae-ĭtor* → *praetor*。① 例外情况是当格律示意清除词末长元音或鼻化元音，② 这有"僵化的"组合证据支持，诸如 *animaduerto* < *animum* + *aduerto*, *magnŏpere* < *magnō* + *opere*, *cauaedium* < *cauum* + *aedium* (*Varro*, *L.L.* v.161), CVRAGO < *curam* + *ago* （参见 Sturtevant & Kent 1915, 129 ff., 141 ）。

事实上，词末长**闭**元音，在要求轻音量的格律位置前，要比其他元音更易于省略，这似乎显示，它们通常并**不**与后接词首元音缩合；而最有可能的结论是，它们会缩减为半元音 [j]、[w]（"元音缩减" [synizesis]），也从而不会影响后接音节的音量；所以，譬如卡图鲁斯（Catullus, lxxxv i) 的 *odī* + *ĕt* (amo) → [oodje~]；卢基

---

① 可是，在**词语**连接处，诗歌中没有证据证明 V + $\bar{V}$ ~ → $\bar{V}$ ~ 类型的内涵（后者可以取代第二个词的基本音量模式，就除末音节以外的其他音节）：参见页 146 注释 1。

② 这种情形在重音节之后的频率更高（也就是说，在位置 b_1 前，与 b_2 相对），也许与常见合乎韵律的与短长格相对的副词等此类的频率更高有关；或许也与更常见的勉强将 $\Sigma\Sigma$ 缩减为 Σ 有关。

里乌斯（Lucilius, 1095）的 *ritū+ŏculisque* → [riitwo~]。可是，这样的过程，通过将元音反转为具有辅音功能，想必会影响前面的轻音节的音量，将本来的元音前的辅音的功能由释放转换为阻止，也就是说，~ $V^0.CV+V$ ~ → ~ $V^0C.CV$。这种影响见于维吉尔《埃涅阿斯纪》(*Aen.* v 432) 中的词内元音缩减；*gĕnua* = [genwa]（xii 905），或 *ăhiete* = [abje~]（ii 16），首音节是重音节。① 而且，事实上，这种类型的音联后接一个轻音节（譬如 Horace, *Serm.* 1. i 59：*tantŭlī + ĕget*) 格外罕见；譬如在《埃涅阿斯纪》中，词末的 *ĭ* 在 b_1 前省略了（在此后接一个重音素）有 25 例（比较词末是 *ā* 有 4 例，词末是 *ō* 有 5 例），但在 b_2 前的情形（它在此后接一个轻音节，也就是 b_1) 则完全没有：参见 Soubiran 311。这倾向于支持元音缩减假设，当然不会影响前面的**重音节**的音量——在其中省略长闭元音的这种语境十分常见。

因此，出自诗歌惯例（至少在六音步中）的结论似乎是，拉丁语中处理元音音联的普遍方式如下：

(i) 词末是短元音：**失去**（"尾音省略"[apocope]）。

(ii) 词末是除 *ī, ū* 之外的长元音（包括双元音)：**元音缩合**（但在某些为语法/语义所决定的情况下：**失去**）。

(iii) 词末是 *ī, ū*："元音缩减"。

---

① 可是，似乎并没有格律上要求重音量的情形，后者是在从次末音节中，通过外在（词语）联结处的元音缩减而产生的（参见页145注释2）。短元音 *ĭ* 发音开口比相应的长元音更大，只有在它出现在词末时，发音开口尤其大（参见 Kent 1932, 103）；它在轻音节后见于元音省略（譬如 *ubi*+V~），并且显示会失去而非发生元音缩减。

对 ī, ū 的特殊处理方式，在梵语中有类似情形；对于词末开元音而言，缩合在梵语中是规范做法（没有尾音省略），但对于词末闭元音后接一个不同类的元音而言，结果是元音缩减，譬如 mṛdu + asti → mṛdvasti（A 1962, 35）。

对上引统计数字的进一步分类，显示出鼻化元音与非鼻化长元音和双元音的普遍可比较性。① 因为，尽管在轻音节前省略短元音合计有 3797 例，在此位置上省略鼻化元音的情形合计只有 498 例，堪比长元音和双元音的情形（407 例）。可是，出现词末 m 的情形，一般（考虑全部语境）要比出现词末非鼻化长元音或双元音的次数低得多；尽管如此，在长短短格的 b_2 位置前省略词末鼻化元音的情形，要三倍于省略非鼻化长元音和双元音的次数（64 对 20）。所以，由此观点来看，词末鼻化元音似乎占据着长短元音之间的位置。

西多统计的数字是上文结论的基础，列表重述如下：

	Σ'Σ̱	Σ'Σ	Σ'Σ̱	Totals
~V̆	2,342	1,455	6,074	9,871
~V̄	387	20	2,574	2,981
~Vm	434	64	3,321	3,819

此外，苏比朗指出（244 f.），在维吉尔那里，鼻化元音的省略，按照其出现的全部比例，要两倍于其他长元音**或短元音**（排除非重读后接词）；而且，它们倾向于出现在行末的情形要高于平均值（也就是说，在"不论"音量的位置上，而且在此没有"音节要

---

① 参见印度（譬如《鹧鸪氏学派对支》：A 1953, 42）对包含鼻化元音的音节的归类是，格律上等同于那些包含长元音的音节。

素关联"[synaphea])。所以，在肯定不能将其归类为短元音的同时，似乎有一种倾向是，更频繁地而非随机地，将其放在其音长不确定的位置上；关于进一步的讨论，参见 Soubiran, 207 ff.。①

送气音 h 在词首时，通常无法避免元音省略，或许因未将其视为一个辅音，而视为对后接辅音的气息调整（参见 A 1965, 43；关于希腊语，见本书页 229）。可是，在早期和古典拉丁语诗歌中，据观察元音分读在 h ~ 前要比在不送气元音前更为常见；在古典拉丁语诗歌中，指示词（deictic）hic（用作代词和形容词）的形式，反倒倾向于不放在词末长（或鼻化）元音或双元音后——也就是说，在此语境中通常会要求缩合。由此能够得出结论，如苏比朗所认为的那样（97 ff.），词首 h 在细致有教养的言说中，倾向于保持为一个辅音，其发音在指示词形式中尤为清晰，尽管它在口语中倾向于被抹去。而 h ~ 前的元音省略，暗示其语音上缺乏送气，而非只具有一种非辅音（"韵律"）功能（参见页 11）。当这种元音省略出现在诗歌中时，它可能反映了口语化的倾向，并且 / 或者反映了创作中对下述情形的扩展：当两个词密切关联，并且当 h 因而倾向于被抹去，与其处在词中两个元音之间的情形一样（A 1965, 43 f.；cf. 1968a, 52 f.）。

如果 h 可以发挥辅音功能，当其后接 ~ V̆C 时，可以期待造成

---

① 芬克表示(1969, 450f.)，词末 m 缩减为了某种（？鼻音化的）唇擦音，其狭窄倾向于被释放；这种假设没有得到支持，却让人回忆起了梵语的 m 在某些方言中的演变：见 A 1953, 40 ff.；1962, 81 f.；亦参阿帕布拉姆萨语（Apabhraṃśa）的 kavala<kamala，如此等等（Hemacandra, iv 397）：现代哈拉蒂语（Hāṛautī）中有 [kəwəl]。

重音量；而且，事实上在音顿处将 ~V̆C 作为重音节，在 h~ 前（按照其出现的全部比例）要比在词首元音前更为常见；譬如在维吉尔那里，有 14 例 *terga fatigamŭs hasta*（*Aen.* ix 610）类型，而有 40 例 *et direpta domŭs et~* 类型，尽管总体而言，在拉丁语中词首有 h 比词首无送气元音少 10 倍。但在大多数情况下，h~ 当然并不以这种方式"构成位置长音节"；对这一点的解释，大概与说明古典拉丁语诗歌中 h~ 前的元音省略的因素相同；此外，可能在任何情况下，h~ 都倾向于与前面辅音构成复合型释放（非常像音列破裂音+流音之情形），造成一个单一的送气辅音。①

一种特例表现为"词首元音省略"（prodelision）或"词首省音"（aphaeresis），这种情形在词末元音后接系动词 *est*（或 *es*）时才会发生。出自语法学家、铭文和手稿传统的证据显示，在这种情况下，词首的 ĕ 在音联中被清除了；② 所以，譬如在《埃涅阿斯纪》（*Aen.* xi 23）：*sub imost*（美第奇图书馆抄本 [cod. Mediceus]）；《拉丁语铭文集成》（C.I.L. xii, 882）：*Raptusque a fatis conditus hoc tumulost*，这里的 ~que + a，涉及常规的元音省略，却写成了完整形式，而 *tumulo*+*est* 写成了词首元音省略形式。这同样也适用于鼻音化元音：譬如卢克莱修（Lucretius, ii 94）：*probatumst*；有时候书写不带 ~m，譬如维吉尔《农事诗》（Vergil, *Geo.* iii 148）：*Romanust*（Fulvianus；~*umst* Romanus）；《拉丁语铭文集成》（C.I.L.

---

① 在任何情况下，都会有一个居间的语法界限，但 h 发音开口过大，也许会导致推翻此语法界限。

② Soubiran, 162 ff.

x，5371）：molestust。① 同样的现象也见于早期拉丁语诗歌，和铭文中词末 s 与 est 的联结处，譬如普劳图斯《商人》（Plautus，Merc. 833）：*Interemptust*，*interfectust*，*alienatust*. *occidi*;《拉丁语铭文集成》（C.I.L. 1，199，17）：*uocitatust*（166 B.C.）。这无疑与早期拉丁语中词末 s 的"弱"音质有关，就此还有其他证据（A 1965，36；Drexler 1967，61 f.），尽管或许也是由两个舌齿音（sibilants）接近所激发，也就是说，~ *us* + *est* → ~*us* + *st* → ~*ust*（参见 Soubiran 163 n.2 and refs.）。

我们已然看到，在音顿和音分处（当然也是在行末）有元音省略的例外情形，其中潜在的停顿避免了元音分读的条件。与之相反，诗歌中出现在大多数语法界限上的元音省略，尤其在换了发言者的地方，必定具有人为性②——其中有一种顾及诗行的内在聚合：譬如泰伦斯《安德罗斯女子》（*And.* 298）PAM. *Accepi*：*acceptam seruabo*. MYS. *Ita spero quidem*（Soubiran，478）；感叹词中的元音省略与此类似（如 *hem*：Rossi 1968，237）。

在正常的言说中，其实有特殊的音联过程，涉及将两个音节减少为一个，当音列中出现词末和词首元音这样的形式时：除其他人以外，西塞罗和昆体良的陈述完全证实了这一点。③ 由昆体良的

---

① 苏比朗（149）也表示有可能这种处理方式扩展到了其他"语法"词汇（譬如，介词，连词）——这可以解决词语连接中的难题，诸如《埃涅阿斯纪》（*Aen.* i 90）：*Intonuere pŏlī et crebris* ~，其中 ~*ī* 的元音缩减会导致前面的音节成为不合格律的重音节（见上文）；亦参 Soubiran 521，527 f.；Shipley 1924，145 ff.。

② 参见 Sturtevant & Kent 1915，132。

③ A 1965，78；Soubiran，68 ff.；Drexler 1967，15 ff.

陈述（ix. 4. 33 ff.）可见，在书面散文中，相较于在诗歌中，这样的音联不常使用，甚至在短语也是如此（nonnumquam hiulca etiam decent faciuntque ampliora quaedam, ut "pulchra oratione acta"［有时候元音分读是正确的，也可以造成某种更辉煌的场面，如"*pulchra oratione acta*"（发表美丽的演说）]）；但当这样的音联真的出现时，以诗歌中的倾向为证据，有可能它们也会遵循上文提出的普遍原则；在此情况下，这些原则在诗歌中也有例外，譬如完全清除词末长元音，除了在已提到的类型和语境中；可以认为这些例外只在创作时才许可。

在诗歌**表演**时处理元音省略，不可避免要以所采用的表演模式为根据（见页 340 及其以下）。如果使用"散文式"读法，严格的格律模式，尤其在六音步中，无论如何都会被扰乱，偶然缺乏与格律所要求的元音省略相应的音联，只会轻微影响这种扰乱之程度。另一方面，如果采用一种"合律"的读法，在所有情况下都必定会明确实施元音省略，包括在格律必要时清除词末长元音；语法学家萨凯多斯（Sacerdos vi, 448 K）清除表明了这一点："因此，在词中省略和元音融合存在的情形是，词中省略由诗人自己所使用，以 nantes 代替 nantates；元音融合却由我们造成，或作为读者，或作为勘正韵脚者，诗人使用了大量词语。我们将'mene incepto'勘正为'menincepto'；诗人的用法是'monstrum horrendum'，我们将其勘正为'monstrhor'。"（inter syncopen ergo et synalifam hoc est, quod syncope ab ipsis ponitur poetis, nantes pro natantes；synalifa autem a nobis uel pronuntiantibus uel pedes scandentibus fit，cum a poeta plenum uerbum ponatur.*"mene incepto"* nos scandimus *"menincepto"*；*"monstrhor"* nos percutimus，cum poeta posuerit *"monstrum horrendum"*.）可是，几乎不可能获得支持的是，在对其语音上的可行性无任何证明的情况下，持有某种"折中"处理元音省略的想法：将有无元音省略以某种方式结合在某种发音中，这种发音立即可以听到，与此同时又不会对韵律产生任何音韵学意义上的影响。

12. 重音
Accent

（a）分类学

拉丁语的上古重音是一种的重读重音，落在词的首音节上，对此几乎没有异议。其影响已见于上古有重音的音节失去或"弱化"元音，这一过程在其他某些语言中（譬如英语）是强重读的一个典型结果。可是，关于取代上古拉丁语重音的古典拉丁语重音的性质却有争议——也就是说，古典拉丁语重音由重读还是由音高体现，是由"振幅"调制还是由"频率"调整来体现。后一种主张，主要由法国学者提出，表面上似乎有很多古代文献中的陈述支持，譬如瓦罗（塞尔吉乌斯引述 [Sergius, iv, 525 ff. K]）："以音高来分辨重音，词的一个部分，要么低沉，要么高扬。"（Ab altitudine discernit accentus, cum pars uerbi aut in graue deprimitur aut sublimatur in acutum.）但是很清楚，拉丁语的术语就译自希腊语（accentus=προσῳδία, acutum=ὀξύ, graue=βαρύ）；尤有进者，在语法学家的解释中，希腊语重音定位系统的整体细节，被全盘接受并应用于拉丁语。除了西塞罗（Schoell 1876, 33 f.），希腊语的 περισπώμενον [末音节是扬抑音] 一直被当作 (circum)flexum [扬抑音符号]（Schoell,

79 ff.），瓦罗（Varro, iv, 528 ff. K）甚至将有疑难的"中"（middle）重音（μέση, media : cf. p. 253）包括在内。希腊语选择扬音 vs 扬抑音的规则，也被应用于拉丁语；所以，譬如庞培（Pompeius v, 126 K）将 *árma* vs *Mûsa* 辨析为 ἄρμα vs Μοῦσα，再譬如普利斯吉安（Priscian ii, 7 K）将 *hámīs* vs *hâmus* 辨析为 κώμοις vs κῶμος。不可思议的是，拉丁语会演变出一种旋律重音定位系统，其在次要细节上与希腊语如此一致，我们只能认为，这是由于语法学家将希腊语的系统照单全收，用于描述拉丁语。① 因此，拉丁语的有关说法与应用于希腊语的说法极为相似，这是一个尴尬的难题，而非对拉丁语有一种旋律重音这种看法的一项支持。

事实上，并非所有语法学家都遵循希腊语模式。塞维乌斯（Servius iv, 426 K）言之凿凿，"重音所在音节**发音更高**"（Accentus in ea syllaba est quae plus sonat），这由涉及一种"**奋力发音**"（*nisum uocis*）而加强（亦参 Pompeius, v, 127K）。这样的描述固然出现较晚（约纪元后 400 年以降），却很有可能追溯到更早期的文献（Sommer 1914, 27）。

罗曼语中的演变，通过其失去无重音的元音（譬如 *ciuitátem* → 意大利语 *città*），表明重读是晚期拉丁语的重音特征；譬如在普罗布斯（Probus 4 c. A.D.）那里我们已然见到，"*oculus*, non *oclus*[*oculus*, 而非 *oclus*]"（比较意大利语 *occhio*）；重要的还有西多尼乌斯（5 c. A.D., *Ep.* VII. xii 3）对 *accentus* 这个术语的运用："以最

---

① Lepscky 1962, 204.

高重音欢呼"（cum plausuum maximo accentu），后者必定指振幅。上古的动力（重读）重音，似乎不大可能先为一种旋律重音所取代，旋即又为一种动力重音所取代（Pulgram 1954, 225; Drexler 1967, 14）。缺乏失去元音的情形，作为历史上拉丁语重音的一个结果，有时候被引以为反对那一时期存在重读重音的论据；但是，(i) 重音并不必然和总是具有此结果，(ii) 这种影响也许基于重读的力度，① 而且 (iii) 此种影响发挥作用需要时间（譬如在日耳曼语中，据估计末音节的损失率，经过500年只有约一莫拉）。无论如何，的确可以观察到这种影响，甚至涉及古典拉丁语重音，譬如在 *disciplīna*（密切关联 *discipulus*）中；此外，保守标准拼写的做法，也会完全掩盖中音省略之情形，或导致我们将其归属于某一更晚时期；很可能有很多 caldus（<*calidus*）类型的"通俗"形式，就像英语 *police* 读如 [pliis]，只是没有记录下来（Pulgram 1954, 223）。

在历史时期当中，"弱化"的另一方面，暗示有一种动力重音而非旋律重音，这就是所谓"短长格的缩短"过程，下文将详细讨论这一点（页179及其以下）；亦参普尔格莱姆（Pulgram 1954, 221）。

还有强有力的内在理由，在总体理论背景中已然指出过，认为拉丁语重音在类型上向来不同于古希腊语重音，几乎普遍认为后者具有一种旋律重音。因为，在希腊语中，重音的位置和变化仅基

---

① 克雷科（Kerek 1968, 123 nn.14, 15）注意到，尽管重读条件在匈牙利语中似乎数世纪以来从未改变，却单单缺乏重读渐弱现象，他表示有一种"似乎合理的解释"是，相较于英语或德语，匈牙利语的重读本来就弱。

于那些能承载音高变化的音节成分，也就是说，主要基于元音和双元音。所以，譬如 αὖλαξ 的次末音节是扬抑音，如 τοῦτο，而非次末音节是扬音，如 αὕτη，尽管事实上 αὖλαξ 的末音节是重音节；都涉及末音节中的元音（α）是短音；① 同样，δίσκος 的次次末音节是扬音，如 ξίφος，而非次末音节的扬抑音，如 ῥῖγος 或 οἶκος，尽管 δίσκος 首音节是重音节，因为，其中的元音（ι）是短音，而 δίσκος 中的 σ 不能承载音高变化。另一方面，在拉丁语中，只有音节音量具有相关性；无论音节的音重（heaviness of the syllable）由长元音或双元音所致，也就是由胸阻所致，还是由辅音（口头）阻止所致，均无不同；这一点也毫不相干：譬如在 re.léc.tus 中，c [k]，不像长元音 ē 在 re.fēc.cit 中会延长，无法承载音高变化。这与希腊语重音系统的反差不可能更大了，说话语气强只有助于重读（这是音节的整体特征），而无助于音高（这只是音节某些要素的特征）。

有人进而声称（Trubetzkoy 1939/1969，182），作为一种普遍的类型学规则，基于对大量活语言的观察：旋律重音定位与动力重音定位之区分，关系着其音韵学基于莫拉的语言与其音韵学基于音节的语言之区分；虽然马蒂内对此持有保留意见（见页 92），希腊语落入前一类语言，而如将要表明的那样，拉丁语则未落入此类语言。因此，至少按照分析分类学，拉丁语将被归类为通常认为有动力重音定位而非旋律重音定位的语言。

最后，还有属于诗歌创作的证据。在早期拉丁语（山水）诗歌

---

① 参见 Tronskij 1962, 48（已有观察见于 Choeroboscus, *Schol. in Theod.*, i, 384 f. H）。

中，甚至按照一种谨慎的解释，"对重音的重视……似乎已然确立"（Harsh 1949，108）。更为特殊的是，"早期剧作家极力避免强音（ictus）与重音冲突，尤其是普劳图斯"（Pulgram 1954，233）；当然，要诗人总是在有重音的音节与音步的特殊要素之间达成一致，那是不可能的，普尔格莱姆（233 n. 3）引述里彻尔（Ritschl）的观察，认为这种一致的出现只是"尽其可能而已"（quoad eius fieri posset）。① 如果孤立地对待每一个词，则甚至在早期拉丁语诗歌中，在格律与重音模式之间确有广泛分歧。但是，若考虑到很有可能出现在特殊的句法组群和次要重音定位中的重音转换，两者之间的一致有可能更大；譬如像 ad scrbendum adpulit（Terence, And. I）这样一个词组，为主要和次要重音定位之目的，完全可以视其为一个词——也就是说，ad scríbend(um) ádpulit，譬如就像 indíligéntia；而介词短语的句法重音定位，已然讨论过了（页 25）。这些模式的直接证据不多，② 但详细假设已由弗兰克尔（1928）和德拉克斯（1933）提出过了，它们都会导致模式的紧密一致。这些主张中有很多的确遭到拒斥（譬如见 Kalinka 1935, 347 ff.; Vandvik 2937; Lepscky 1962, 211 f.; Soubiran 1971），它们的理由的确被夸大了，弗兰克尔后来放弃他关于此主题写下的很多主张；③ 但总体原则可能依然有效。

在古典拉丁语诗歌中，由于更为密切地基于希腊语模式，情况

---

① 亦参本特利（Bentley）的"只要条件容许"（quoad licuit）。
② 参见 Sturtevant 1923, 55。
③ 参见 **Williams 1970, 427。

有所不同。在六音步中，在诗行前半部分中不一致比一致更常见。这可以视为有意为之的艺术效果，或如弗兰克尔（1928，331）所言，只是出于疏忽，部分由诗体语言与日常语言分离所致。但不可否认，在诗行的后半部分中，确有出现一致的倾向（而且可以看到成功的增加），作为一种"渴望诗歌的基础应当清晰显现在行末"（Wilkinson 1963，121）的表现。在古典希腊语诗歌中，找不到这种一致，其中的旋律重音普遍被认为与格律模式无关（见页 261）。因此，拉丁语重音在类型上必定不同。而且具体而言更有可能，重读的振幅调制，如格律模式那样，与音节音量有关，它而非音高的频率调制与此类模式相关，后者与音节音量没有这种关系。[①] 因此，人们倾向于同意恩科的观点（Enk 1953，94），"重视强音与重音一致，只有当重音具有重读要素时方能得到理解"。

（b）适用范围

古典拉丁语重音是一种固定重音，其在词中的位置由音韵学常规所决定，语法结构与后者罕有关联。其位置规则拉丁语著作家有明确表述，尽管这些规则由于试图整合区分而毫无必要地复杂化了，其实这些区分与其希腊语模式有关，而与拉丁语无关。所以，譬如昆体良指出（i. 5. 30）：

在每个词中，扬音限于三个音节之范围，无论它们是一个词

[①] 参见 *Skutsch 1913，188；Fraenkel 1928，350；Harsh 1949，108。

的末音节还是唯一的音节，具体而言是其中的次末音节或次次末音节。此外，这三个音节中间的音节，如果它是长音节，要么是扬音，要么是扬抑音；但如果同一个位置上是短音节，则它就发抑音，从而将扬音置于它前面的音节上，也就是次次末音节上。

用更为现代的术语讲，这条规则可以表述为（Kent 1932，66）"一个长次末音节上有重音，如在 *pepércī*, *inimícus* 中；但如果次末音节是短音节，则次次末音节上有重音，如在 *exístimō*, *cōnficiunt*, *ténebrae* 中"，再加上"双音节词的重音必定在次末音节上，如在 *tégō*, *tóga* 中"。

在 2+ 音节的词语中，重音的位置从而由（次末音节的）音节音量所决定；非常相似的规则，见于其他某些动力式重音的语言中。英语中有部分相似情形已指出过了（页 51），[①] 尽管在英语中语法上的考虑更具有相关性。乔姆斯基和哈勒（70）为英语**动词**设定了如下基本近似的规则（no. 19）：

将主要重读分配给了：

（i）次末音节中的元音，如果所考量的音串中的最后一个元音非紧音（non-tense），并且后接不超过单独一个辅音；

（ii）所考量的音串中的最后一个元音，如果这个元音是紧音（tense），或如果它后接多于一个辅音。

——或按照规则 20 的公式符号图示如下：

[①] 关于 17 世纪以降著作家们承认这种相似性的情形，见 Chomsky & Halle 1968，59 n.3。

$$V \to [1\ stress] / \left\{ \begin{array}{c} \underline{} C_0 \begin{bmatrix} -\text{tense} \\ V \end{bmatrix} C_0^1 \\ \left[\underline{} \begin{array}{c} +\text{tense} \\ C_2 \end{array} \right] C_0 \end{array} \right\}$$

156　他们注意到了（n.15）"与拉丁语中重读分布的本质同一性（19）和支配拉丁语中重读分布的规则"。如此表述的动词重音规则，将重音置于末音节或次末音节上（譬如在 astóinish，detérmine；maintaín，decíde；collápse，convínce 中）；但作者指出，同样的基本规则也适用于**名词**，差别在于末音节包含一个非紧（松）元音在确定重音时忽略不计（37 n.26，44 ff.，72）；[①] 所以，譬如 cínema，aspáragus，ásterisk；aróma，horízon；verdánda，appéndix。[②] 如此一来，英语的基本常规就非常接近拉丁语之常规，[③] 但也有例外：如果末音

---

① 可是，哈勒和凯泽（Halle & Keyser 1971，76 ff.）试图将动词（和形容词）与名词一样纳入同一规则。

② 譬如，关于 eclipse，参见 Chomsky & Halle，45 f.；Halle & Keyser 1971，81，其他例外，乔姆斯基和哈勒有各种解释，譬如在 módesty 中，末音节中的 y 被当作一个滑音而非元音（39 ff.；cf. Halle & Keyser，32 ff.，40 and n.）。

③ 可是，必须小心不要过分简化英语的规则；譬如尔金森在提到与拉丁语的比较时（1963，90 f.）评论说，"Récondite......肯定是一种语法错误，或许纯属'猜测'"；但如乔姆斯基和哈勒表明（153 ff.），这只是大量此类情形之一，譬如此类情形包括 éxorcize，mérchandise，fráternize，ággrandize，íllustrate，Býzantine，对其已提出了各种解释。在某些此类情形中，形式也许因说话者或方言（比较变体 recóndite，aggrándize，Byzántine）或时期（譬如直至 19 世纪，都是 illústrate）而不同。渴望拉丁语与英语在此方面有过分直接的关联，使得 16 世纪和 17 世纪的格律理论家，对 carpenter，Trumpington 次末音节上没有重音的事实感到十分不安（参见 Park 1968，85；Attridge 1972，145 ff.；and p. 273）；乔姆斯基和哈勒（85 f.）认为 cárpenter 词尾的潜在表示法是 -entr（比较与之相关的 carpentry）。

节包含一个紧元音（或双元音）并后接一个辅音，重读就会落在末音节上，譬如在 *machine*, *domain*, *brocáde*, *cheroót* 中（Chomsky & Halle, 45, 77 f.）。①

一种不怎么复杂的对比由阿拉伯语所提供。如果认为这门语言的重轻音节的规定与拉丁语一样，也就是说，分别受阻（胸阻或口阻）和不受阻，那么，对于"古典"阿拉伯语而言，② 就像对于拉丁语而言，重音一般都落在次末音节上，如果后者是重音节，而如果次末音节是轻音节，则重音落在次次末音节上。但在有 3+ 音节的词语中，如果次末音节和次次末音节都是轻音节，重音很有可能逆行超过次次末音节，落在一个重音节上（或者，做不到的话，落在词首音节上，而无论其音量如何）。这些规则在现代口语中有调整，但仍然由音量区分所决定。③ 如今，重音一般都落在次末音节上，无论其重或轻：所以，古典形式 ΣΣ́Σ → 现代形式 ΣΣ́Σ（而古典形式 ΣΣ́Σ 得以保留）；但如果次次末音节和次末音节都是轻音节，则重音落在次次末音节上（所以，Σ́ΣΣ），除非次次末音节前的音节也是轻音节，在此情况下重音落在次末音节上：所以，ΣΣ́ΣΣ，而

---

① 譬如关于 *Néptune*，参见 Chomsky & Halle, 45 f.。在不后接辅音的地方，譬如在 *window*, *ménu* 中，末音节倾向于在考虑此规则时忽略不计；如乔姆斯基和哈勒所指出的那样（39, 45），此类情形中的紧元音与相应的松元音并不对立。

② 或因对古典阿拉伯语的重读有疑问，可以采用所谓"通俗"阿拉伯语（参见 Ferguson 1956, 386），或"所有方言共有的历史阶段"或"前方言阶段"（Birkeland 1954, 9）。

③ 下述关于口语的说法，更具体指开罗（Cairo）变体：亦参 Lecerf 1969, 170 ff.。

非 $\Sigma\Sigma\acute{\Sigma}\Sigma$。① 有一个特征，按此阿拉伯语，包括古代和现代阿拉伯语，显著不同于拉丁语，也使人回想起上文提及的英语的一项特质。如果末音节"超重"（overweight），如有胸+口阻（~ V^+C=~ $\bar{V}C$）② 或双重口阻（~ V^0CC=~ $\breve{V}CC$），重音就落在了**末音节**上。对阿拉伯语音韵学的讨论，事实上倾向于使用"短""中等""长"这些术语，对应于我们所谓"轻""重""超重"。③

在古印度语中，重音本来是一种自由旋律重音，与古典希腊语重音具有同样的印欧语言传承。但这种重音后来失去了，在中世纪和现代印度语言的演变显示，它为一种完全不同的固定动力重音所取代。这种情形在梵语中已然存在，由某些规定于商昙那（Śāntanava）的《丕特经》（Phiṭsūtra）中的重音定位所表明，这与吠陀经不一致，而且，按照这样一种规则，（ii.19）"一个多音节词中的重音节（上有重音），若后接一个或两个轻音节"④。新重音规则总体与拉丁语重音规则相似，重音落在次末音节上，如果它是重音节，如果它是轻音节，则重音落在次次末音节上。但是，正如在古典阿拉伯语中那样，在3+音节词语中，如果次末音节和次次末音节都是轻音节，重音就后退到次次末音节前（$\acute{\Sigma}\Sigma\Sigma\Sigma$）。同样的模式

---

① 参见 Gairdner 1925, 71 ff.; Firth 1948, 138 f.; Birkeland 1954, 9; Ferguson 1956, 386; Mitchell 1956, 110 f.; 1960, 370 ff.; Harrell 1961, 15; Abdo 1969, 82。但如米彻尔所指出的那样（Mitchell 1960, 376），纯粹的音量音韵学规则，受制于音量因素（譬如元音音质）和语法考量的调整。

② 参见我们所谓"超特征化"音节。

③ 或如米彻尔（1960, 372）谈论非末音节时使用的术语是"短"和"非短"，谈论末音节时使用的术语是"长"和"非长"。

④ 参见 Jakobi 1899, 567 f.。

很大程度上适用于现代语言。譬如在印地语中，*tarāvaṭ*, *nirañjan*，重读次末音节（ΣΣ́Σ），但 sumati 重读次次末音节（Σ́ΣΣ）；在 *kámalinī* 中，重读后退到了次次末音节前。可是，也有与按比例与类似的情形，如通常所说的那样，重末音节源于古印度语的次末重音节，承载着重音，所以，譬如印度语的 *camár* < 梵语的 *carmakā́ras*。这可以认为只是历史的残余，没有描述价值（正如拉丁语的 *illī́c* < *illī́ce*：参见 A 1965, 87）；但如果所讨论的音节不是"超重"音节，重读就会后退：所以，譬如梵语的 *vilámbas* < 印地语的 *bilam*。这个原则也导致在新近借自有类似音节模式的波斯语的词语中维持了末音节重读，所以，譬如 *dīvā́n*, *pasánd*，甚至也会导致重读转移，如在 *agást* = 英语的 *Aúgust* 中①（在英语名词中，如我们所见，词末重读规则只适用于 ~V̄C）。

所以，尽管现代印度语言的规则有其历史来源，却已演变为一种完全有效的共时性原则。非常相似的考量事实上也适用于阿拉伯语。阿卜多（Abdo 1969, 70 ff.）将停顿前的形式，如 *kitā́b* 意为"书"，当成（描述性地）源于语境形式 *kitā́bun*（运用了常规的次末音节法则），省略词尾未改变重音的位置。但在古典阿拉伯语中词尾为 ~V̂ʔ（长元音＋喉塞音）的词语，在现代方言中在停顿前的位置上失去了塞音；然后元音缩短，而重音后退到了次次末音节上（Birkeland 1954, 10 f; Abdo 1969, 76）；所以，譬如 *ṣaḥrā́ʔ* 意为"沙漠" → *ṣáḥra*。因此，现代方言中继续采用的词末重音形式，诸如

---

① 关于这些演变，参见 Jakobi 1913, 320; Turner 1921, 343 f.; Master 1925, 83 f.; Jaina 1936, 319 ff.; Mehrotra 1965, 101 ff.; Sharma 1971, 146 f.。

kitáb，不只是历史遗迹，而具有关系着次末音节通行结构的描述（共时）音韵学基础。

英语、阿拉伯语和印度语言系统，除了与拉丁语系统总体类似，其词末重音定位的特征，也许对某些拉丁语的现象具有启发性，还有待讨论。

拉丁语重音规则，如上文所述，适用于"完全"(full)词，与非重读前接词或非重读后接词形成对照，如已提到的那样，后者与其所附属的完全词一道构成重音单位（譬如 Caesár-ne 的重音如 lantérna，ád forum 的重音如 árborem）；换句话说，后者通常涉及"语法"重音定位。可是，还有几点不确定之处，涉及非重读后接词（最常见的是 -que）。根据语法学家（A 1965, 87 f.），重音在这种情形中转移到了完全词的末音节上去了；所以，譬如瓦罗（卡佩拉引文 [Martianus Capella, iii 272]）："……后续小品词，特殊的做法是将重音放在它们附着其上的词的末音节部分。"（ ... particulas coniunctas, quarum hoc proprium est acuere partes extremas uocum quibus adiunguntur.）譬如这条规则意指 Mūsáque, līmĭnáque，其中词语结合部分的重音位置，不同于同类音节模式的单个词语（譬如 mŭnĕra, dīmĭdĭus）。但总体而言，语法学家实际引用的例证属于 uirúmque 类型，重音位置与属于此类音节模式（譬如 relínquo）的单个词语相同。有人建议（而且似乎可能性很大），将此规则扩展到更早期的情形，只是语法学家复制希腊语模范的另一个例证，因为，在希腊语中，譬如有 Μοῦσά τε, χρήματά τε（Tucker 1965, 461; Liénard 1969, 556）；诗歌证据强烈反对这种普遍规则。因为，在六音步诗行的收束（cadence）处，格律与重音模式的一致是规范，通常可以发现 suspéctaque dóna 这样的情形（正譬如 notíssima fáma）。① 就 līminaque 类型之情形，看似有理的建议是，重音保留在与独立的完全词同样的位置上，也就是 līminaque；瓦格纳（Wagener 1904）为此新增了关于非重读后接词上（līminıaqué´）有一个次重音的更进一步的假设，以解释诸如 liminaque laurusque dei~ 这样的诗律。② 这种主要重音定位，也由如 ~Satúrniaqu(e) árua 这样的终结模式所表明（Williams 1950；Soubiran 1966a，464 ff.）。

可是，在后一类组合中，非重读后接词省略了；这往往暗示，在下述情况下，元音省略一般能够产生引起重音后退的效果：其中的词语（或词语 + 非重读后接词），失去了其词末元音，否则会出现重音异常。所以，在普劳图斯的《赶驴》(Plautus, As. 394) 中，ad tonsor(em)ire dixit 的重音定位是 tonsór，就会出现反常，从而也建议重音后退到前面的音节上。此建议首先由赫尔曼提出（但或许本特利[Bentley]也有这样的示意，他对泰伦斯《安德罗斯女子》[And. 298] 作了这样的标注 ad scríbendum áppulít），③ 为大部分 19 和 20 世纪的学者所接受（包括弗兰克尔，譬如 1928，14，268 f.），但整体而言似乎没有说服力，尤其如苏比朗所证明的那样（459 ff.）。譬如 illíc(e) 中的尾音省略，**不会导致** illic 这样的重音定位；④ 元音省略在很多情况下很可能并**非**指失去词末元音，而是与后接词首

---
① 参见 Kent 1932, 68; Liénard 1969, 554。
② 不过，这里也涉及希腊语的影响：参见 Collinge 1970, 200, 以及 219 ff.。
③ 1726, ii; 参见 Soubiran, 457 f.。
④ 参见 Schoell 1876, 60, 140 ff.。

聚合（见页 145 及其以下）；在早期拉丁语诗歌中，支配"分解"（resolution）的一般规则要求，在一行诗，如普劳图斯的《赶驴》（Plautus, *As*. 76）*et id ego percŭpĭ (o) obsequi gnato meo* 中，首音节音列 *cŭpĭ* 在一个词中不应当是词尾（按照"短长长格分离法则"［law of the split anapaest］：见页 167 以下）①——所以，*percupi(o)* 在格律上不可与 *percupit* 比拟。

支持重音后退的论证，基于假定在早期拉丁语（山水）诗歌中，重音与格律模式紧密吻合，其本身至少很有可能，但是，很可惜对于重音后退学说而言，如果**所有**元音省略的相关情形得到考虑，而非有选择地引述，这种后退**不**支持重音与格律模式一致的情形，要两倍于支持其一致的情形（Soubiran, 475）。事实上，很多这种情形中的元音省略似乎导致了重音的变化，它们也许真的就属于**句法**重音定位之情形（如 *ad scríbendum ádpulit*：参见页 154），为格律之目的重音定位可以扩展到关联度较低的词组（参见 Fraenkel 1928, 352）。如德雷克斯勒所指出的那样（Drexler 1967, 17 n.17），普劳图斯《斯提库斯》（Plautus, *Stich*. 143）所暗示的重音定位是 *cónsili(a) éloquar*，但《赶驴》（*As*. 115）中暗示的重音定位是 *consíli(a) exórdiar*。

回到六音步，收束类型是 *Saturniaqu(e) arua*，重要的是，若不涉及非重读后接词，譬如《埃涅阿斯纪》（*Aen*. iii 581）*intremer(e) omnem*，这样的模式在更有教养的诗艺中极为罕见（这是维吉尔那

---

① 参见 Lindsay 1922, 92, 94; Rossi 1968, 238。

里的唯一例证，在斯塔提乌斯［Statius］那里有一例，而譬如在奥维德、提布鲁斯、普罗佩提乌斯、卢坎［Lucan］那里则无此例）。①因此，似乎一种 Satúrniaqu(e)，líminaqu(e) 这样的重音定位是常规，或至少可以容许，对于非重读后接词的组合而言；而且，由于在 intremer(e) 这种类型中不可接受，结果在没有理由避免其出现在六音步收束处；事实上，在此位置上避免出现这种形式，指示它们的规范重音定位是 intrémer(e)。

苏比朗（466 f.）也建议，类似的非重读后接词的重音定位，在 totasque 类型中可以容许，也就是说，tótasque（除了更为规范的 totásque）；就此证据见于"过律"（hypermetric）诗行，如《农事诗》（Geo. iii 377 ~totasqu(e)||| aduoluere~），这在维吉尔那里有很好的证明（21 例）；不涉及非重读后接词的例证较为罕见（umor(em)，Latinor(um)，horrid(a)，sulpur(a)，后两例在任何情况下都无关乎所讨论的主题）。

因此，结论似乎就是，完全词+非重读后接词的重音定位，一般都按单个词语来对待；替代发音至少要可以设想和在格律上可以接受，其中的非重读后接词或多或少要分别对待，从而不影响完全词的独立发音。②

---

① Soubiran 1959；1966a，460 f.
② 参见页 25 及其以下，还有苏比朗（466 n. 1）对缩略语 S.P.Q.R. 的引用（S.P.Q.R. 是 Senatus Populusque Romanus［罗马元老院与罗马人民］的缩略语——译注）。事实上，塔克（Tucker 1965）辩称，"规范的"重音定位是相对较晚的演变，而"独立的"重音定位普遍见于普劳图斯和泰伦斯，可引"短长格短读"égŏn(e) patri, ită(e)st, uidĕ(s)n(e) 作为证据。

规则重构

拉丁语重音位置的传统规则构型，暗含一种明显不合规则的情况，也就是轻次次末音节在相同条件下可以作为重音节而带有重音，也就是说，如果后接一个轻音节时（ΣΣ́Σ 作为 Σ́ΣΣ），尽管次末音节是轻音节，不像重音节，不可以有重音，除了在双音节词中（ΣΣ́Σ，而不是 Σ́ΣΣ）。可以说，这种情况下的任何不合规则，仅在于一个轻音节的重音定位之事实（参见 A 1965，86），因为，如我们所见（页 79 及其以下），重读音节的一般倾向于受阻；而这样的重音定位，只是一种权宜之计（pis aller），以应对词语中可以有重音的部分匮乏任何重音节，从而例外于基本系统。但一种按照其出现的频率而言可行的重音定位模式，几乎不可能认为是任何方式的"例外"情形，而且要求对其本身作出描述和解释。①

一项著名的将位置法则简单化和合理化的尝试出自雅克布森（1937a/1962，259；1937b/1962，270；参见 Trubetzkoy 1939/1969，174；Bell 1970b，68），他利用了莫拉概念，但用法并不涉及元音音长（见页 92），而涉及音节音量，一个轻音节算作 1 莫拉，而一个重音节算作 2 莫拉。雅克布森的规则构型是（在 2+ 音节词语中），重音落于其上的音节，包含第二个莫拉，用特鲁别茨柯依的话说，重音落在了这个莫拉上。如果我们以 ° 来标示某个莫拉，这些构型将对所有相关模式作出说明，也就是说，(a) ΣΣ̊Σ，(b) Σ̊ΣΣ，

---

① 下述讨论由以发展出来的初步研究，在 A 1969 中已有呈现。

(c) $\overset{\text{´}}{\Sigma}\Sigma\Sigma$, 这的确提供了一种齐整的表达形式；但或许它更多的是一种象征性的手法，而不具有音韵学上的有效性？对在拉丁语中[①]设置**音节**莫拉的唯一辩护，就是对重音位置作出解释；相应的莫拉是其第一个要素（在模式 a 中）的重音节，在音韵学上仍然等同于相应的莫拉是其第二个要素（在模式 b 中）的重音节：[②] 没有根据可以将 *látius* 中的 *lā* 与 *relátus* 中的 *lā* 区别开来，只是两者都要重读。如果我们的目的是作出音韵学描述，而这些描述至少能够反映讲母语者的直觉过程，则似乎极不可能有下述情形：含有对相同音节的不同分析的概念，能构成重音规则之基础，如果它在音韵学上别无关联。如乔姆斯基和哈勒所指出的那样（1965，122），在雅克布森最近的音韵学理论（关注"区分特征"）中，隐含对某种"自然性"（naturalness）假定，从某种意义上说，"规则将应用于各级音段，后者一般而言能够很容易简单明了地按照特征构成来规定"。但由此观点看来，基于莫拉的拉丁语重音定位分析，也很难满足要求。在分析包含 2 莫拉的长元音中（譬如在希腊语中），莫拉与语音学上同质的要素相应；同样的情形也适用于双元音，就两要素都具有元音性质而言；但同质标准不能应用于下述类型的 VS 音列：如在 *re.fĕc.tus* 的第二个音节或 *pŏs.ci.mus* 的第一个音节中，因为，第一个莫拉包含在每一个元音中，而第二个莫拉属于一个阻塞音（obstruent）。

为分析拉丁语重音确立了音节莫拉概念之后，雅克布森进而将

[①] 当然，我们指的是语言本身，在此阶段尚未考虑格律问题。
[②] 参见 Zirin 1970，77。

其等同于一个内在于拉丁语本身当中基本原理，按此一个重音节在格律上等同于两个轻音节，而未诉诸受到希腊语影响之假设（见页 255 及其以下）。然而，且不论此概念所固有的可疑性，它并非在任何情况下都能确切说明拉丁语在此方面所具有的格律特点；我们还是希望，另一种对重音现象的分析，将证明其对于格律问题具有更大的解释力。

重音音阵

首先，我们可以设想，一个重音"音阵"，要么包含一个重音节，要么包含两个轻音节，从语音学上看，其中的重读属于（事实上最常见的）"渐弱"（diminuendo）类型（见页 79），也就是说，在接近音阵开头就达到了音峰。在重音音阵包含一个重音节的情况下，譬如，这将意指 relā́tus=[re. ˈlǎa.tus]，阻止重读搏动与音节胸阻的协调发生在元音的后半部分；或者 refḗctus=[re. ˈfěk.tus]，这里阻止重读与音节口阻的协调靠辅音［k］。从"自然性"观点来看，按照莫拉分析与这种语音学假设不相容，这是就占优势的莫拉有时候与紧张度最小点相一致，譬如，sǽcŭla =[ˈsǎi.ku.la]，但用莫拉分析就是 /sǎí.kǔ.la/。① 可以注意到，沃格林（Voegelin）在其对图巴图拉巴尔语（Tubatulabal）重读的描述中使用了莫拉（1935，

---

① 齐林（Zirin 1970）采用了一种进路，与上文多有契合（将ΣΣ或Σ视为"有重音的音组"，规定为"有重音的音节，而任何音节都落入了其与末音节之间"）；但他却将莫拉概念保留给了Σ̇ΣΣ模式，这是（78）"为了保持规则简单，次次末音节必须视为由⌣⌣构成，譬如 quaátenus"。

75 f.），使用的规则是"从主要重读开始倒数，每第二个莫拉都尽可能重读"，但他不得不承认，"这并非总是可能，因为，重读落在了有重音的元音的开头，所以，另有一个重读会落在第三个莫拉上，当长元音（2莫拉）——短元音（1莫拉）音串后接一个重读元音"。

所提出的一个重音节和两个轻音节的重音等值，很容易被视为（正如人们希望的那样，但这是错误的看法）仅仅是希腊和拉丁诗歌的学生所熟知的一种现象（术语"莫拉"的使用通常也与此有关）——这种现象如此熟知，以至于有时候竟理所当然地视其为普遍真理；如昆体良所言（ix.4.47），"因为，一个〈长〉音节等于〈两个〉短音节……长音节有两拍，短音节有一拍，连孩子也知道这一点"（una enim syllaba〈longa〉par est〈duabus〉breuibus... longam esse duorum temporum, breuem unius, etiam pueri sciunt）；① 最近，索恩沙茵（Sonnenschein 1925, 119）指出，"两个短元音替代一个长音节，根植于人的节奏感"。

除了诗歌，人们已然发现，"拉丁语中有一种朝向二元节奏的趋势，其中短音节倾向于成对出现"（Zirin 1970, 77；尤参 Safarewicz 1936, 73 ff.）。一个著名的例证，由第四变位动词的二分为那些词干以短元音 ĭ 结尾（在 r 前变成了 ĕ）的词和那些有长元音 ī 的词；所以，一方面，譬如 căpĕre, făcĕre，另一方面，譬如 audīre, dormīre, ăpĕrīre, sĕpĕlīre。显然在词干元音音长与词根音量模式之间有一种关系；大多数情况下，当词根是单个轻音节时，词干元音是短元音，但如果词根有一个重音节或两个轻音节，则

---

① 参见 Drexler 1967, 12 n.

词干元音是长元音。① 作为对 căpĕ(re) (ΣΣ̣) 与 ăpĕrī(re) (ΣΣ̣Σ) 类型的这门语言学区分的一种解释，显然不能接受肯特的建议（Kent 1946, 99）：长元音为后者所必要，而非为前者所必要，"以避免三个短元音前起后继，这会对格律造成困难"。一种更为可信的解释是，ăpĕ(rīre) (ΣΣ̣) 等值于 au(dīre) (Σ̣)，而不等值于 că(pere) (Σ̣)，而且，一个轻音节，如在 căpere 中，倾向于出现在与后接音节的组合中，从而要求词干元音是短元音。类似的情形也见于第二变位动词现在完成时词尾 -ŭi，当词根有单个轻音节时，它一成不变总是如此（譬如 monŭi, dĕcŭit），但在其他情况下都不合规范，大多数现在完成时以 -si 结尾（譬如 auxi, mulsi）。②

然而，可以注意，譬如 impĕdīre, fulgŭrīre，也有长词干元音，尽管事实上词干元音前的词根所属音节是轻音节（如在 căpĕre 中），而且前面没有另一个轻音节（如在 ăpĕrīre 中）。因此，有一种可能性：căpĕre 等词语的音节模式，并不仅仅由于词干元音前紧接的根音节是轻音节，而是由于在一些常见形式中是轻音节，**而且有重音**，③ 譬如 căpis, căpit, căpio——这与其他任何类型的动词的情形都不同（譬如 áudis, ắpĕris, ímpĕdis）。④ 结果，这并非真的就是

---

① 参见 Niedermann 1908；例外见 Graur 1939。
② 参见 Burger 1928, 22 ff.；Safarewicz 1936, 76。
③ 也就是说，在双音节形式和三音节形式中，其中第二个元音要分读，所以是短元音，而无论其本来的音长。
④ 有人辩称，在 căpĕre 类型的某些情形中，短词干元音从印欧语言中的传承而来（参见 Buck 1948, 272）；但这个问题颇有争议，而且似乎在任何情况下，这种类型在拉丁语中已然扩展，与纯粹的拉丁语音韵学特质相一致（注意偶有残余，如卢克莱修［i 71］中的 cupíret，其中与 cŭpĭs 的类似并未扩展）。

ΣΣ 的二元"聚集"之情形，而是ΣΣ́ 之情形；也就是说，它有一个重音基础，而非仅有一个音量基础。①

有重音的轻音节与后接轻音节的类似聚集，也见于从古典阿拉伯语到口语的重音转变。因为，尽管Σ́ΣΣ → ΣΣ́Σ，Σ́ΣΣ 仍然保持不变；而Σ́ΣΣΣ → ΣΣ́ΣΣ，Σ́ΣΣΣ → ΣΣ́ΣΣ。② 如果将除"超重"末音节之外的音节当作轻音节（参见页 157 注释 4），这个音节可以解释为显示了下述情形：与ΣΣ́ 不同，Σ́Σ 序列是一个单位，就像Σ́（语音是 [Σ̣́]），要么保留其上的重音，要么失去重音，重读音峰不能从此序列单位的一个要素转换到另一要素，也就是说，由 [Σ́Σ] 变成 [ΣΣ́]，最多从 [Σ̣́] 变成 [Σ̣́]。③

事实上疑问在于，能够在拉丁语中确立一种简单的 ΣΣ 的二元制，还是 ΣΣ 与 Σ 的等值关系，而无须一种重音基础。有人倾向于相信这样一种简单的二元制，无疑出于如此熟悉的 ΣΣ 与 Σ **在格律**

---

① ăpĕ(rīs) 与等在某些方面（dīs）等值，尽管不可否认，事实上无关乎这个特殊难题；因为，如果我们所见，长词干元音也出现在了 impĕ(dīs) 类型中，其中并不涉及这类等值。

② 所以，按米彻尔的构想（Mitchell 1960，374），前面的词语界限所具有的功能描述，与前面的重音节一样。

③ 这个原则也适用于旧有重音还会进一步后退的词语；所以，（基于米彻尔关于古典形式的埃及语 [Egyptian] 发音的例证 [1960]）：

Σ́ΣΣΣΣ→ΣΣ́ΣΣΣ，而ΣΣΣΣ́Σ→ΣΣΣΣΣ́；
Σ́ΣΣΣΣΣ→ΣΣ́ΣΣΣΣ，而ΣΣΣΣΣ́Σ→ΣΣΣΣΣΣ́；

这些明显矛盾的转变规则，很容易能通过将Σ́和Σ́Σ作为重音单位来解释，认为重读的推进只可能**按单位步骤**来进行，所以：

Σ́ΣΣΣΣ→ΣΣ́ΣΣΣ→ΣΣΣΣ́Σ；
Σ́ΣΣΣΣ→ΣΣΣΣ́Σ（而且不可能进一步转变）；
Σ́ΣΣΣΣΣ→ΣΣ́ΣΣΣΣ→ΣΣΣΣ́ΣΣ；
Σ́ΣΣΣΣΣ→ΣΣΣΣ́ΣΣ（而且不可能进一步转变）。

上等值；这尤其是长短短格诗歌所具有的一个特点，与重音无确切关系。譬如在 *ărmă uĭrŭmquĕ cănō* 中，两个 ΣΣ 序列包括（i）一个重音后的音节＋一个重音前的音节，（ii）一个重音后的音节＋一个有重音的音节。此外，如所周知，在拉丁语六音步诗中，有一种不断增强的、在收束处达成格律与重音模式相符合的演变倾向，譬如在 *prímus ăb ōris* 中。如这种符合所表明的那样，格律模式是一种"下降"模式，含义是音步的"强"部（在收束处为语言重音所加强）是起首部分；而且它总是一个重音节；所以，ΣΣ 与 Σ 的等值只是音步"弱"部的一个特质。事实上，维吉尔《农事诗》(*Geo.* iii 84）的收束类型~ *et tremĭt ărtus* 中，ΣΣ 序列由重音一个单位（trémĭ(t)）来表示，这种类型在教谕诗中逐渐被避免，苏比朗（Soubiran 1959，45 ff.）认为这通常服务于特殊表达之目的，尤其"造成一种突兀之效果"，亦如 *intrémer(e) ómnem* 中类似的重音定位（省略）之情形（参见页 160）。重要的是也要记住，在六音步诗中，基本的音步形式是 ΣΣΣ（如 V 通常所要求的那样）而非 ΣΣ（其本身不构成模式，参见页 98）；因此，Σ 是 ΣΣ 的替代形式，反之则不然；换句话说，它属于缩合而非分解之情形。

但我们一直在研究密切基于希腊语模式的古典模式。在恩尼乌斯的早期六音步诗中，的确非常少见（在 I 中）在强音位置上以 ΣΣ 替代 Σ 之情形（譬如 *Ann.* 490 : *capitibu(s) nutantis* ~)；① 在此例

---

① 或许还有《白鹭》（*Ciris* 434）*coralio fragili et lăcrĭmoso electro* ［易碎的珊瑚和哭泣的琥珀］（Maas 1957）。(《白鹭》这首只有 541 行的小诗，传统上归于维吉尔名下。——译注)

中我们的确见到了分解之情形（一个重音节分解为两个轻音节），在短长格和长短格的山水诗歌中，正如在希腊语中这种分解很常见。

支配分解的条件要比支配缩合的条件严格得多，在希腊语中（见页 316 及其以下）和在拉丁语中皆如此。在普劳图斯和泰伦斯那里，分解既可以用在任何音步的强部，也可以用在其弱部，末音步除外。与在六音步中不同，有一种（尽管其确切范围有争议）通行与格律模式相符合的重音模式倾向，① 也就是说，重音与音步的"强"不相符合。② 这一因素很可能解释了拉丁语短长格和长短格中对长长格音步的规范宽容，甚至在短长格的第二音步（和长短格的首音步）中也容许，但在希腊语中不容许；因为，"**非常重要的是，长长格在此位置上极少涉及原短音节要素上的词语重音**"（也就是在弱部位置上；Raven 1965，37）。

所以，ΣΣ́ 而非 Σ́Σ 模式在短长格中是常规；换句话说，无模式的重音节音量延续，在格律上是由创作中的重音定位给定的形式。这种重音/格律相符合的倾向，显示出一种特别重要的与分解有关的面向。因为，在强音位置上，当以 ΣΣ 替代 Σ 时，"有一种词语重音与第一个音节相符合的强烈倾向……而且重音**不会**落在紧接第一个音节的前后位置上——也就是说，x͡⌢ 是规范，x͡⌢ 和 x͡⌢ 要

---

① 要排除首音步（参见 Drexler 1965）。
② 在此可以规定，音步的那部分可以不由单个轻音节构成，也就是说，首格为长短格，尾格为短长格。

避免"(Raven 1965, 45)。① 似乎肯定, 注意特点也必定有一个语言而非纯粹格律上的基础, 因为, 它与诗行的音量格律模式无关, 而与创作中的韵律模式有关(尤参 Drexler 1965, 21; 1967, 45)。换句话说, 由于不分解的强音位置通常与重音相符合, $\acute{\Sigma}$(语音是 $[\acute{\Sigma}]$)合乎规律地由 $\acute{\Sigma}\Sigma$ 所代替, 这种构型进一步突显出重音上的等值性质。②

以 $\Sigma\Sigma$ 替代**弱音**位置, 不是希腊语悲剧诗的一项特质; 但在希腊语喜剧中, 短短长格可以代替除末音步以外的任何短长格音步(参见页 330 及其以下); 在早期拉丁语山水诗中, 这种替代甚至可以出现在与分解式强音位置的组合中, 从而产生一个四短音步(proceleusmatic foot, $\Sigma\Sigma\Sigma\Sigma$)。这种扩展在某种意义上可视为一种"许可", 但对其出现的条件限制, 在此至少部分反映一种重音基础的某些特征。在普劳图斯和泰伦斯那里, 这条"规则"已然得到遵循(回顾赫尔曼、里彻尔和拉赫曼): 短长格和长短格中的分解式弱音位置, 不应部分或全部由一个较长的词语的末尾构成; 所以, 一个分解式短长格音步, 通常并不按如下方式构成: ~$\Sigma|\Sigma\Sigma$, $\Sigma|$~ 或 ~$\Sigma|\Sigma$, $\Sigma\Sigma|$~; 这条规则通常被称为"短长长格分离法则"(尽管也适用于四短音步序列, 也具有分解式第二要素)。确有例外, 但相

---

① 拉丁语六音步(senarius)末尾容许 ~ *dicere uolui femur* 类型, 不一定与此规则相冲突; ~*re uo*~, 在此不一定一个分解式强音位置; ~*re*, 尽管其具有轻音量, 也可以单独填充这个位置, 显然在此行诗中是容许的(譬如, 参见 ~*fingere fallaciam*): Exon 1906, 34; Fraenkel 1928, 262 ff.; Drexler 1965, 58 ff.; 1967, 37。

② 参见 Cole 1969, 22 ff., on the Saturnian。

对不常见，并且最常见于行首。① 因为，避免这种情形不见于短短长格（其中的 ΣΣ 基本处在弱音位置上），显然存在着某种活动因素，而非纯粹的音量式格律结构；也可能涉及重音因素（参见 Exon 1906，31）。因为，这条规则的效果是排除了分解：其中 ΣΣ 序列的第一个音节可以在重音之后，由于词尾重音模式可以是 ~ΣΣΣ 或 ~ΣΣ；我们已然看到（页 160），这条规则不适用于词尾有两个轻音节加一个元音省略之情形，因为，这种情形中的重音将落在两个仍为轻音节的第一个音节上，譬如 ~percúpi(o) obsequi~。某些更为常见的例外，譬如 ~intér eos~ 类型，也许只是表面现象，可以句法重音定位来解释（intér eos）。② 事实上，在很多情况下，弱音位置的 ΣΣ 分解，如其在强音位置上的分解那样，重音模式是 ΣΣ́；如果分解包含一个二段音步词语，或一个短短长格（词尾）词语（或句法组）就会出现这种情形；而在其他某些情况下，当 ΣΣ 位于重音前时，譬如在 regiónibus 中，有可能第一个音节上承载着**次要重读**（见页 188 及其以下）。

由于一个由单个重音节充占弱音位置，没有表现出具有重音的倾向（其实恰恰相反，因为，这种倾向与明显偏向重音与强音位置一致相违背），所以，分解式弱音位置上的重音特点，几乎不可能归于任何刻意达成重音与音步这部分相符合之企图。更有可能的情形是，只是靠其重音的统一，两个轻音节才被认为恰当地替代了一个重音节；而且，当这种替代从强音位置出发延伸时（未分解的

---

① Maurenbrecher 1899, 25 ff.; Drexler 1965; 1967, 41 f.
② 其他例外见 Drexler 1967, 41。

重音节也倾向于具有重音），仍然可以感觉到它们的连贯性具有重音基础，这就排除了这种替代，它在此不可能构成重音单位，也就是说，它处在重音后的位置上。很多情况下，要求重音统一于弱音位置上，必然与重音/格律在强音位置上相符合的倾向冲突；譬如，一种格律模式 ΣΣΣ 体现于短长格中是 ~|*faciat*|(*bene*)(Plautus, *As.* 945)，尽管满足"短长长格分离法则"，却显然未能达成重音/格律之符合，因为，常规重音定位是 *fáciat*。但在这里，或如在很多此类情况下，词组的句法重音很可能是 *faciát bene*,① 也就是说，与《布匿人》(*Poen.* 1216) ~*benẹ fẹceris* 有同样的模式。在此情况下（撇开次要重读之可能性），可以得出结论：要求聚合两个轻音节于弱音位置上，能够通过其**潜在的**重音统一来满足（也就是说，在其他句法语境中）。

虽然上文对拉丁语术语"短长长格分离法则"提出了一种可能解释，但与此同时应该记住，类似的法则也适用于希腊语喜剧的短长格三音步。希腊语格律，如拉丁语格律，容许短长长格有偶数和奇数音步，但又不像拉丁语，不容许长短短格有偶数音步。因此，在偶数音步的弱音位置上，希腊语的两个轻音节极不可能代替一个重音节——所以，这条规则所具有的基础与上文所表明的拉丁语之情形完全不同；其严格遵循规则的希腊语模式，尤其米南德(Menander, Lindsay 1922, 88；Maas 1966, 69)，或许有助于解释拉丁语中例外情形之罕见，正如还有某些情况下的重音解释是有

---

① 参见 Fraenkel 1928，48。

疑问的。但长短格的等值分解（长短短格分解为长短格或长长格），在希腊语几乎未知（见页 330），所以，将这条拉丁语规则用于此格律几无可能获得解释。

总之，似乎显而易见，在早期拉丁语山水诗，正如按照这门语言本身，所谓等值并非就是 $\underset{\sim\sim}{\Sigma}=\Sigma$，而主要是 $\underset{\sim\sim}{\Sigma}=\acute{\Sigma}$；这是一种重音现象，而非只是一个音量问题，如在希腊语六音步诗中，或就其所源出的拉丁语形式而言。

当以语音学术语来解释这种等值时，就提出了普遍原则的一个要点。因为，对重读搏动的阻止，通常都与对音节搏动的阻止协调一致。就有重音的单音节音阵 $\acute{\Sigma}$（= $[\acute{\Sigma}]$）而言，这没有任何问题；但就首音节音阵 $\underset{\sim\sim}{\acute{\Sigma}}\Sigma$ 而言，情况就不同了。因为，如果在单音节中重读受阻，最典型的情形是与此音节的阻止联系在一起；但是，在如 ăgere 这个词中的口阻会导致 [ˈag.ge.re]，从而使辅音的短长区分中性化，而这种区分在拉丁语中关涉音韵（参见 ăggere）；与此类似，胸阻延长了元音，譬如会使 uéneris 与 uéneris 的区分中性化。诗歌证据显示，这种延长元音之情形没有发生。还有"断音"（staccato）重读之可能性（页 80 以下），伴有快速和独立的阻止，不涉及显著的元音延长；但如果这是拉丁语中合乎规律的情形，尚不清楚为何 Σ 的重音作用不像 $\acute{\Sigma}$，譬如为何次末轻音节不可以有重音，或为何轻单音节不可以出现。因此，这就引导我们去检验一个假设：$\acute{\Sigma}$ 确未受阻，从而与我们基于是否出现阻止所作出的重音节 vs 轻音节二分相符合；按此，如果我们排除"断音"模式，就必须展望在有重音的轻音节后出现重读受阻之可能性：因为（在有 2+

音节的词语中），$\acute{\Sigma}$ 只出现在 $\acute{\Sigma}\Sigma$ 而非 $\acute{\Sigma}\Sigma$ 语境中，① 尤其关联后接**轻音节**。

双音节重读

然后，在语音学层面，我们必须考查作用于双音节重音音阵的**双音节重读搏动**的观念；如果我们要以抑音符号标示重读阻止，那么，单音节音阵就指 [$\grave{\Sigma}$]，双音节音阵指 [$\grave{\Sigma}\Sigma$]。这种不合常规的示意方式，要求更为深入的讨论。②

一个重读轻音节某种程度上"不完整"这一观念，已然见于索南夏因对如 cáue 这种形式的解释，这种形式在早期拉丁语诗歌中充占分解式强音位置（1911，10）："当听者或读者……面对单音节 ca- 时，他不可能在此停驻，而是为其耳朵的要求所迫（期待一个长音节），在下一音节中将其作为升音节之一部分。"最近，库吕洛维奇（Kuryłowicz 1948/1960, 206 f.；1949/1960, 294 ff.；1958, 328 f.）客观指出了拉丁语中单一轻音节的不可有重音性质，这与缺乏轻单音节词语有关，并以此作为对早期拉丁语诗歌中 $\grave{\Sigma}\Sigma$ 可替代 $\grave{\Sigma}$ 的解释。库吕洛维奇也提醒注意存在于某些类型的古日耳曼语诗歌中的一个类似现象，与类似的语言条件有关，并且表明

---

① 关于双音节词，见页 185 以下。
② 参见弗兰克尔的线索（1928，269 n. 4），他为进一步探讨 $\grave{\Sigma}\Sigma$ 类型的标示在语音学上的不足。最接近此观念的情形，其优选名称是"二短音步重音"（pyrrhic accent），见于菲茨休（FitzHugh 1923），在一堆别无意义的混乱主题中（参见 Kalinka 1935, 312，也见于这位著作家的著作："偶有多产的种子散落于荒芜杂草之中"）。

（1948/1960，207），一个承载"强音"的音节与后接音节这种不可分解的统一，是从口头语言的重音定位转移而来的一个特质；如我们所指出的那样，他进一步强调，以此为根据的 $\Sigma\Sigma=\Sigma$ 在格律上等值，完全不同于古典拉丁语诗歌中 $\Sigma\Sigma=\Sigma$ 这种等值，后者采自希腊语，而且只适用于弱音位置。因此，库吕洛维奇将 *páter* 类型的词语视为"音节复合"词，结构上介于单音节词与首音节是重音节的双音节词之间。

关于重读的语音学（与音韵学相对）文献，没有人们所期待的那种规模。但至少有某些出自活语言的迹象显示，对于拉丁语而言，双音节重读搏动模型在语音学上并非不切实际。我们可以西弗斯（Sievers 1901，209）为起点，他声称注意到，德语和英语双音节词，首音节上有短元音，后接单个辅音（譬如 *fasse*，*hammer*），它们是"呼气单音节"词，却包含两个"响音"（sonorant）音节，也就是说，它们构成（225）"带有贯通呼气的响音音节组"（Schallsilbengruppen mit durchlaufender Exspiration）；而且在此类情形中，音节界限落在元音之间的辅音上，所以后者分属于两个音节。① 西弗斯也论及讲其他某些语言（譬如意大利语、俄语、希腊语）的人，难以复制这种发音模式，而且与其母语习惯相符合，通常将重音界限置于元音之间的辅音前；尽管大多数情况下，这种划分在英语和德语中，只出现在"弱"音节后接"强"音节或者相反时（譬如 *appéar*，*befínden*；*seáling*，*Séele*）。可以注意到，所涉及的非日耳曼语言，元音音长无显著区分，所以可以自由延长重读音

---

① 亦参 Eliason 1942，146。

节中的元音，从而造成胸阻（参见页 79 以下）。

最近，纽曼（Newman 1946, 183 f.）对比了 veto(ed) vs echo(ed)（[vii~] vs [e~]）类型的词语，按照第二个音节中"完全重读中间音"（full middle stress）vs"响音弱重读"（sonorous weak stress），并且注意到伴随的元音间的辅音的送气 vs 不送气的区分。① 杜兰德（Durand 1955, 233）指出，在 Bobby 这样的词语中，起始音 [b] 上腹压升高，然后落在这个词的全部其余部分上，他还得出结论，可以将这个词视为由单个音节构成，即使这与普遍接受的观点相左。而在针对讲英语的受试者言说中的气流实验中，德雷珀、拉迪福吉德和维特瑞治（Draper, Ladefoged & Whitteridge 1960, 1842）观察到重读音节后的持续活动，其效果是"通过胸腔弹回阻止空气排出"。

在捷克语中，布洛赫注意到（Broch 1911, 295 ff.），"重读波"（sress-wave）通常会扩展进后续音节（或其部分），当这些词语起始是 (C)V̆CV~ 时，也就是说，首音节是轻音节；这与 (C)V̆CV~ 和 (C)V̆CCV~ 类型形成对照，也就是说，首音节是重音节，重读完结于此音节中。就此情形，布洛赫评论说（297），将重读局限于一个轻音节的做法显然有困难。齐鲁姆斯基（Chilumský 1935, 99）也提到捷克语，以之例证音节与"节奏、呼吸组合"（rhythmic, respiratory groups）之区分，后者据信由布吕克首次测得（Brücke 1871）。文德里斯由对德语和捷克语中有关现象的研究得出结论："紧张位置在长音节；音长引起紧张，而紧张产生音长；作为特殊条

---

① 关于其他类型辅音的紧张度的区分，参见 Hoard 1971。

件之结果，当紧张被引向一个短音节而无法使其延长时，它自然会谋求保持自己的权限，通过使后续音节的全部或部分附属于自己。"（1902，132）

在芬兰语中，索维亚威（Sovijärvi 1958，364）注意到，当（重读的）首音节是"短音节"时，一个较弱的"拍相"（见页76）也出现在了第二个音节上，尽管这种情况一般不会发生，如果首音节是"长音节"。可与此比较的是波尔对荷兰语说话节奏的分析（Boer 1918），他指出，尽管一个"长"重读音节可以后接另一个重读音节，而一个"短"重读音节后就不会出现这种情况；所以，虽然 ΣΣ 序列可以构成两个"言说节拍"（Σ́Σ́），Σ̆Σ 却只可以构成一个言说节拍（Σ́Σ）。

在各种语言中援引例证，以说明重读过程向重读轻音节后续音节扩展，通常后续音节主要是某种意义上的"弱"音节；就捷克语，齐鲁姆斯基注意到，在 nevím 类型的双音节词中，①意为"我不知道"，其中第二个音节在书面语中有一个长元音，口语中则通常缩短它（1928，xi of résumé）。这种共同出现的模式，以重读轻音节后接"弱"音节，也见于英语的描述音韵学的某些方面。譬如有"松元音化"规则，如乔姆斯基和哈勒所言（50 ff.：规则79）：V → [—紧] /—CV̆CV（亦参180：规则19b），也就是说，重读元音变成了松元音，如果在下一音节中后接一个非重读的元音（也是松元音）——否则重读元音就不会变成松元音：所以，譬如 profănity, serĕnity, derĭvătive（密切关联 profane, serene, derive）。乔姆斯

---

① 扬音标号在捷克语正词法中表示音长而非重读（在首音节）。

基和哈勒也提及 *presentation* 的前两个音节的可选择的（美式）发音（参见页 18 注释）：(a) 重读松元音 /e/+ 弱化元音 /ə/，(b) 重读紧元音 /ii/+ 非弱化元音 /e/；他们将在（b）中松元音化规则实效，作为"大普遍规则"之一部分（161 n. 123）。他们进而指出，双元音化见于末尾是闭元音的双音节词的首音节，如 *měnu*、*vălue*、*tǐssue*、*něphew*（195），还有 *pǐty*、*cǐty*（245 n. 6）；松元音化在双音节词中并非"常规"，而且乔姆斯基和哈勒提议处理这种情形的办法是，将词目处理为 /ue/，/eε/（随后"e 元音省略"），从而将这些词转变为三音节词，松元音化规则就可以应用于其上。① 可是，从语音学观点来看，值得注意（至少按我自己的发音），此类情形中的词末元音通常都是松元音（也就是说，['menju] 等：再如 [kən'-tinju]），在一个例外中，乔姆斯基和哈勒注意到，*Hebrew*，② 其中第一个元音是紧元音，第二个元音按我的发音也是紧元音，也就是说 ['hiibruu]。③ 在 *ávenue*、*révenue*、*résidue* 这样的词语中，词末元音前不是重读的 V̆C，我的发音（有琼斯支持 [1967]）一般带有紧元音 [uu]。④

另一同源问题，乔姆斯基和哈勒偶然提及，与 *climax* 这类词的词末元音的不弱化有关（譬如不弱化为 /ə/），"由于前面的音节中有紧元音"（146 n. 100）；他们指出，存在（在美式英语中）变

---

① 亦参 Halle & Keyser，79 f.。
② 亦参页 195 注释（关于 *guru*）。
③ 琼斯（Jones 1967, s.vv.）指出，有些例词末尾是 [u(:)]，也就是说，任意音长，但 Hebrew 词末只能是 [u:]。
④ 也请注意名词 *áttribute* 带有 ~[u:t]，密切关联的动词 *attribute* 带有（可选的）~[ut]。

体，诸如 /ǽrəb/ VS /éiræb/，就 *Arab* 而言，也就是说，双元音＋弱化元音 VS 紧元音＋完全元音，① 他们引述了菲德尔霍尔兹（J. L. Fidelholtz），认为是他指出了"这个小规律"②。菲德尔霍尔兹在这一点上作了相应的扩展，并提出了一个宽泛的规则：在双音节词中，第二个音节中的松元音不会弱化，如果第一个音节（用乔姆斯基和哈勒的术语：见页 51）是一个"强音族"（strong cluster）——用我们的术语说，就是"重"音节：所以，譬如 *matrix*，*syntax*，*wombat*，*incest*；但如果第一个音节是一个"弱音族"（weak cluster），也就是轻音节，第二个音节中的松元音会弱化：所以，譬如 *cherub*，*method*，*nomad*（/nɔ́mad/；也请比较可替代的 /nóumæd/，不带有弱化）。③ 他还指出，在末音节上有紧元音④ 的词语中，重读转换到了第一个音节上，如果这是一个重音节（所以，譬如 *céntaur*，*túrmoil*，*réptile*），但如果它不是重音节，就不会转换（所以，譬如 *divíne*，*marín*，*cigár*：相对的［美式］变体是 /sii̇́gaar/）。

---

① 参见 Kenyon & Knott 1944，s.v.。
② 参见 Halle & Keyser, 71 f.；亦参菲德尔霍尔兹在 1970 年 LSA 年会上发表的论文《为什么 *Arab* 与 *scarab* 和 *Ahab* 合韵，而与 *dare grab* 或 *may rub* 不合韵》（"Why *Arab* may rhyme with *scarab* and *Ahab*, but not *dare grab* or *may rub*"）；他在 MIT 完成的未刊论文《英语元音弱化》（"English vowel reduction"），哈勒和凯泽（Halle & Keyser, 184）有引用。
③ 例外涉及，譬如以单个非阻塞辅音结尾的词语，其中语音减弱是普遍现象（*nasal*，*urban*，*nectar* 等）；与此类似，最常见的是末音节中的 u=[ə]（譬如 *Venus*，*eunuch*，*bismuth*）。
关于 *nomad*，琼斯（Jones 1967 ed. Gimson）令人称奇地给出的发音是 [ˈnəuməd] 和 [ˈnɔmæd]，早期版本（如 9th, 1948），给出了（在我看来）上述更为规范的替代形式。
④ +C（见页 156）。

上引这类例证，可与阿伯克龙比（Abercrombie 1964b，218 f.）所描述的直觉联系在一起："人们会感到有些不正常，如果一个音节重读却又是短音节，后接一个非重读的长音节……我的印象是，如今有些类型的英语，其中未见有 A 类型（也就是说，'音步'是♩♩）。"后文我们将回到英语中的这种倾向。

所以，英语的描述音韵学表明，重读轻音节与后接音节中的弱元音之间有一种特殊的关联，当重读音节是重音节时，则无此关联。一般而言，描述规则与声音变化的历史规则平行，早期语法学家自然已经探讨过这些规则，包括英语和德语语音学家（尽管我们将集中于前者）。联系现代英语中的法语借用词，如斯威特（Sweet）讨论了缩短长元音的情形（或保持重读短元音，使其免于拉长），当其后接单个辅音和一个弱元音时（1891，297）：譬如 method，cavern（密切关联 cave），pleasure（密切关联 please）；而且他更普遍的观察是（299），"强（也就是重读）短元音＋发短音的辅音组合，在英语中只出现在弱元音前"：所以，譬如在 *filling*，*lesser*，*many*，*cupboard* 中，而第二个音节中有"成音节辅音"（syllabic consonant），如在 *cattle*，*written*，*trouble* 中。在晚期中古英语中（Sweet 1891，257），短元音位于单个辅音前，后接另一个元音，这个短元音通常要拉长，譬如在 *nāme*，*mēte* 中（＜早期中世纪拉丁语 ă，ĕ），但在晚期和早期中世纪拉丁语中，短元音在单个辅音前，后接 i 或 e＋流音/鼻音，则要保持，譬如在 *măni*，*pĕni*，*bŏdi*，*cŏper*，*ădel*，*sĕven* 中。这种"回向缩短"（back-shortening），如斯威特所称呼的那样，他认为音长转移到了末尾元音或成音节辅音（syllabic consonant）上了；对这种可疑的解释，他试图以下述观察来支持：在"拖腔"发音，如 pity 这样的词语（参见 Sweet 1891，300；Luick 1897，440；Sonnenschein 1925，136 n.），拉长发音被投向词末（斯威特发成·pitii）。可是，这种现象同样完全能够通过将"拖腔"作为重读组合的一种延伸来得到解释，在其为重音节时，单音节音阵可以应用于那个音节末尾（譬如在 party → ['paaa.ti] 这样的词语中），但在其为首音节音阵时，可以应用于其最后一个音节末尾。对斯威特假设的回顾，见于伊莱亚森（Eliason 1939）和伊莱亚森与戴维斯（Eliason & Davis 1939）所提出的解释，他们解释了第一个元音未能拉长的情形，譬如 body，heaven，dinner，baron，并且实际上缩短了，譬如在 sorry，devil，linen，other 中。这种情形被认为在末音节上有一个次要重读；但这并无明确证据，虽然超过最小重读的发音出现在了末音节上，譬如在 climax，peacock 中，第一个元音不缩短，而且必须承认（Eliason，79），"历史证据似乎以某种方式与实验数据不一致，因为，在类型中元音未能拉长"[①]。

也有人认为，在这些情况下元音拉长失效，说到底是由曲折变化范式所致，按此范式三音节形式（按照规则都是短元音）会与双音节形式交替进行（也就是说，*bāron : bărones → băron : bărones；参见 Eliason & Davis 1939，51 ff.；Chomsky & Halle，253）。人们不必否认对这种类比模式的支持，但似乎它们并非所讨论的现象的必要条件。元音不拉长确实不合乎规则（譬如 bācon 密切关

---

① 亦参 Bliss 1953，36 ff.。

联 *mŭtton*），变化的条件也尚不明确，但它似乎的确反映了在所有时期的英语中不断出现的一种倾向，既有原生形式，也有借用形式。在盎格鲁－撒克逊语中，中性复数词尾 ~*u*，在重音节后会掉落（譬如 *hūs* 意为 houses, *folc* 意为 nations），但如果它前面的音节是轻音节，词尾 ~*u* 就会保留（譬如 *scĭpu* 意为 ships）；在阳性单数 *sŭnu* 意为 son，阳性单数 *cǎru* 意为 care（与 hand 密切关联，如此等等）中，与此类似；~*u* < ~*w*，譬如残留在 *sīnu* 意为 sinew 中了，在 *mæd* 意为 meadow 中却失去了（参比复数 *mædwa*，Sweet 1891, 302 ff.; Abercrombie 1964b, 218 f.）这显示，词末短元音残留是由于其与前面的轻音节在重音上紧密统一，这不适用于前面的音节是重音节之情形。① 诚然，对于像 *bācon* 这样的词形，这毫无反常之处；但究其特质而言，我们已然注意到，长元音对于重音的表现形式并不具有根本意义，当其后接一个词末弱音节时。

在处理类似的现象时，鲁依克（Luick 1898, 350）认为，像 *body* 这样的词，其重读短元音要"贯通"呼气（参见页 171），这与按照单音节来重读的首音节形成对照（鲁依克［Luick, 440］分别将此类情形区分为具有"扬音"VS"扬抑音"）。他也以类似方式处理缩短发音，譬如在 *crĭminal*, *sĕverity* 中（VS *crime*, *severe*）——"尽管它们听觉上去有两个音节，按呼气只形成一个音节"。鲁依克（1898, 352）依西弗斯（参见 Sievers 1901, 225），

---

① 这属于西日耳曼语（West Germanic）更为普遍的、重读重音节后的短闭元音词中省略倾向之一部分；进一步参见 Boer 1918; Kuryłowicz 1949/1960, 296。

提出在此类情形中我们会"强烈削去重音"（stark geschnittene Akzent），也就是说，辅音的发音会对其产生干扰，当元音静止于音节峰顶时；他还进一步指出，在三音节词语，还倾向于词中省略第二个短元音，譬如在 butler 中，bodkin< 中世纪英语 boteler, bodekin，通过关闭音节，使第一个音节成为重音节，以单音节方式重读。

所以，有清楚迹象——语音学和音韵学上的，描述性和历史性的——显示，双音节重读音阵的观念，并非不合乎自然；在此类情形中，第一个音节是轻音节（不受阻）；而且偏向于第二个音节在某种意义上是"弱"音节。所以，在拉丁语中，两个轻音节作为可替代的重读音阵的假设，也与见于其他语言的倾向一致。一种偏向第二个音节的可能的语音学动机，可见之于避免"超特征化"之倾向（已然主张单个重音节）。在双音节音阵中，重读音峰落在了其首音节的短（松）元音上，这是音阵之核音；而第二个音节中的元音发挥的功能是作为（胸）阻之伴随。如果这个元音是短元音，第一个音节中的短元音与第二个音节中的短元音组合，等值于单音节音阵（其后半部分伴随胸阻）中的一个长元音。因此，第二个音节中的长元音（或双元音），会产生与一个"超长"元音或双元音等值的音——这是反常现象，导致元音拉长超过胸阻要求之程度。① 以一个或更多辅音关闭第二个音节，也会有"超特征化"影

---

① 请注意音联中两个元音的"缩合"（譬如在梵语中：A 1962, 30），这不会导致一个超过 2 莫拉的元音，尽管非缩合形式整体有 3 或 4 莫拉（譬如 rājā + āsīt→rājāsīt）：参见（关于卢干达语［Luganda］）*Tucker 1962, 150。

响（参见页 66，141）；可是，我们不必期待，反对这种影响的倾向（涉及胸阻后的辅音），会与反对拉长元音超过胸阻的倾向一样强烈。事实上，见于 ~V+C 类型的超特征化单音节的历史性缩减，远不具有普遍性，通常尤其适用于"响音"（sonant）类型的辅音（流音或鼻音），譬如在希腊语 *γνων.τες → γνόν.τες 中，在拉丁语 *amān.tem→amăn.tem 中。对于古典拉丁语重音定位而言，胸阻和口阻音节（~V⁺ 和 ~V⁰C= ~V̄ 和 ~V̆C）的确都被排除于作为双音节音阵的第二要素之外；但我们也会在某种类型的拉丁语中遇到证据，证明两种类型的处理方式确有不同（页 182 及其以下）。

如果对拉丁语提出的假设获得采纳，也就是说，如果重音音阵是单音节式的 [$\hat{\Sigma}$] 或双音节式的 [$\hat{\Sigma}\Sigma$]，就可以考虑重构古典拉丁语重音的定位规则。对于 2+ 音节的词语而言，如今可以将其表述为一种单一的进行规则：**重音占据词语的词末音阵，不包括末音节。**

这条规则所产生的词末音节序列，包括下述重读与音量关系模式（且只有这些模式）：

(a) Σ$\hat{\Sigma}$Σ

(b) $\hat{\Sigma}$ΣΣ

(c) $\acute{\Sigma}$ΣΣ

譬如 Σ$\acute{\Sigma}$Σ 类型的模式，被此规则之一部分预先排除了，此规则部分从音阵中排除了末音节的。所产生的模式与文献完全一致，对末音节的排除也与文献完全一致。

对于单音节词而言，这条规则可通过为第二个从句附加限定条件而使其能够适用：**在超过音阵音长的词语中**。从而会产生$\hat{\Sigma}$模式，因为，一个单音节不可能超过音阵音长。但不会产生Σ类型的重音定位，因为，这样音阵就不完整；而且，如我们所见（页51，131），这也与文献相一致，因为，拉丁语中没有出现过这种独立的单音节词。譬如，与希腊语的 σῦ, προ 关系密切，拉丁语有 *tū*, *prō*。① 非重读后接词包含一个轻音节，当然是容许的，因为，按照定义它们就没有重音，② 可以构成一个更长的有重音复合词的末音节，譬如 *uirum-que* = [wi. rû͡m. kʷe]。或许，在此也具有重要意义的是，见于"失去曲折变化的"非重读后接词组合的第一个要素中的元音缩短，诸如 *quŏque*, *sĭquidem*；这能够解释为显示了此类形式在（描述性的）语义上的不可分割性，与 *quō-que*, *sī quidem* 形成对照；换句话说，元音缩短可以确保第一个要素上本身不可能有重音，从而不能构成一个独立的意义形式。③

如果我们将此规则应用于双音节词，将会产生 [Σ̇Σ]，并借助限定条件，产生 [Σ̇Σ̆]（由于 ΣΣ 不超过音阵音长）。但这未能产生一种重音模式 ΣΣ̇，因为，后者超过了音阵音长，也因此排除了末音节。这就预先排除了一种重音定位 [ΣΣ̇]；而一种重音定位 [Σ̇Σ] 或 [Σ̇Σ̆] 会与所容许的音阵的规定相冲突。显而易见，这种缺失与文献冲突，因为，通常会出现诸如 *ámō*, *sĕ̇něx* 这样的形式；④ 而

---

① Kuryłowicz 1948/1960，206；1949/1960，296。参见下述观察："无语调的"丹麦语方言中，首音节的尾音省略导致一个"动力扬抑音"——但只当这个词包含一个"长响音"时（Ringgaard 1963）。

② 关于毛利语（Maori）中的密切类比，参见 Holmer 1966, 164 f.。

③ 关于进一步的讨论，参见 Sommer 1913, 129；Vollmer 1917b；Drexler 1967, 55 ff.。

④ *ămăt* 类型的形式也可引述于此，尽管它们可以符合规则，当后接词一个以元音开头的词时，因为，这样一来第二个音节就会是轻音节。

传统规则是所有双音节词的重音都在首音节上，所以，譬如昆体良（Quintilian i.5.31）："每一个词都一定有一个重音，但绝不会有另一个重音，也不会落在末音节上，因此，在双音节词中重音在前一个音节上"（Est autem in omni uoce utique acuta, sed numquam plus una nec umquam ultima, ideoque in disyllabis prior）。这个传统有古典诗歌惯例支持，以至于在六音步的收束处，~ĕō magis acrem（Lucr., i 69）这类结尾，譬如与 ~ speciēs ratioque（Lucr., ii 61; vi 41）或 ~ sōlī mihi Pallas（Vergil, Aen. x 442）一样罕见——这至少表明，一个短长格词语的末音节，在这样的语境中没有重音。①

因此，必须为这类双音节词规定一种特殊情形。但在进一步思考这类词语的古典语境之前，考察早期拉丁语中处理这些词语的方式会有启发意义，将表明拟议的规则实际上也适用于这些词语。

短长格短读

拉丁语继承了大量 ΣΣ 模式的双音节形式。但有迹象显示，就重音系统而言，在各个历史时期的演进过程中，它们在某种程度上不合常规。证明这一点的证据在于所谓"短长格短读"的历史进程，以及诗歌创作中的同类现象"按短音节发音"（brevis brevians）。作用是弱化了第二个音节，按照我们暂定的规则，也从而造成一种规范的双音节音阵。所以，更早期的 ĕgō, cĭtō, mŏdō, 缩减为 ĕgŏ, cĭtŏ, mŏdŏ, 而 *běnē, mălē, dŭō 缩减为 běnĕ, mălĕ,

---

① 可是，请参见页 186 及其以下。

duǒ[①]——尽管譬如 ambō, longē（首音节是重音节）仍未受影响，因为重音模式 [Σ̂Σ] 绝非不合规则。在普劳图斯和泰伦斯那里，有证据显示这一过程的扩展要比表现于古典拉丁语诗歌中的情形远为广泛；对于像 ămā, pŭtā 这样的词语（引用其古典形式），可见其在音步中占据同样的分解位置，如具有 ΣΣ 结构的词语那样，也就是说，似为 ămă, pŭtă——尽管譬如 laudā, mandā（首音节是重音节）不容许将词末元音算作短元音；实际上像 sīmŭlā, ăbĕrō 这样的词语也不容许（长音节前有两个轻音节），其重音模式是 [Σ̂ΣΣ]。

此过程更为广泛的表现，一度被认为是一种纯粹的格律现象，而且这种观点仍可偶然遇到（所以，Beare 1957，尤其 167）。但一段时间以来，人们普遍承认，此过程与其他格律惯例一样，必定有某种语言上的基础；所以，很多人已有明言，譬如 Jachmann 1916，63；Sturtevant 1919，237；Lindsay 1922，49 ff.；Skutsch 1934，92 f.；Safarewicz 1936，91；Drexler 1967，49 f.；1969a, 35；Soubiran 1971，409；此假说也已隐含于其他大多数著作家的讨论当中了。比尔（Beare）批评了莱德劳所表达的观点（Laidlaw 1938，16）："在日常言说中，罗马人发现，要在同一个词语中完全表现出一个长（无重音）音节紧接于一个短（有重音）音节之后有困难"，由于（1957，163 n. 1）"很可能我们会发现 mălē 这个发音

[①] 阴性单数和中性复数中（magna 等）的短元音 ~ă，譬如与吠陀梵语的 ~ā 相对，也被普遍认为由于这种缩短发音，始于短长格词语（*bŏnā→bŏnă），然后再扩展到其他类型。

确有困难。① 莱德劳、林德赛和其他很多英国学者似乎认为，拉丁语的发音就像英语。"但我们已然看到，所讨论的过程，尽管的确是英语所具有的特质，但事实上适用范围要更为广泛，而且能够给出一个可靠的语音学解释；索梅尔在 1913 年（Sommer 128）已然引述图尔奈森（Thurneysen）以解释拉丁语的这种发音现象，使用的术语是"呼气音节"（expiratory syllable）。

可是，这并未排除下述可能性：就像其他某种特征（譬如元音省略），此过程的范围，在诗歌中某种程度上超越了其语言上的齐整性（linguistic justification）。譬如在两个音节之间，说话人发生了变化，就一定会出现这种情况；②因为，这意味着，由一个说话者发起的重读搏动，为另一个说话者所阻止！在有分解的**弱**音位置上涉及"按短音节发音"（brevis brevians）形式的诗歌中出现这种情况，也可以视为扩展超出了语言常规；但这无非就是通常的二短音节模式，它们等值于此模式。

雅赫曼提出（Jachmann 1916, 63 ff.），缩短发音过程主要是口语的一个特质，这也可以解释，为什么恩尼乌斯像晚期六音步著作家那样，将它排除于其诗作之外，作为"一种与其高雅格调不相符的俗语"③。沃尔默（Vollmer 1917a, 136）强调了句法在此过程中的作用，并且将晚期诗歌中未出此情形，作为诗作与日常言说普遍

---

① 费林（Fehling 1967, 180）评论说，诸如 pālūs 这样的拉丁语词语，要正确发出第二个音节中的元音长度，对讲德语的人有困难，因为"德语没有词首有重音的单一'短长格'词语"。

② 这种情况的出现遭到的反驳，参见 Lindsay 1922, 57 ff.; Fraenkel 1928, 345; Safarewicz 1936, 96。

③ 关于罕见的例外，参见 Vollmer 1917a; Lindsay 1922, 42; Drexler 1967, 50。

分离的一个方面，音量的确定在单个词语之中，而非在词组之中。①这种句法的影响，在词首元音前以 V̆C 结尾的单音节词语中极为普遍。② 德雷克斯勒（Drexler 1969a, 28, 36; 1969b, 356）③ 也认为句法十分关键，以至于短长格词语要"缩短发音"，一般仅在其与后接内容密切关联时才会发生。曼查克（Mańczak 1968）更进一步提出的观点是，最经常受到影响的词语是那些以最高频率出现的词语；普劳图斯有 3578 例，其中 88%（3138 例）仅由 24 个不同的词语提供；而且，根据其音节结构，会受此过程影响的词语中，只有 32% 实际上受到了影响（524 例中的 167 例）；在其他词例中，可以注意到，位置格 domi 中的缩短发音常见，相较于 domus 的其他短长格形式（参见 Drexler 1969a, 73 ff.）。所以，如曼查克所观察到的那样，缩短发音与具有绝对规则性的"声音法则"类型包括比拟；他还指出，在罗曼语演变中高频词中出现了类似"不规则的"缩减。④因此，我们可以将"短长格短读"当成一种倾向而非规则。⑤

如关于早期拉丁语诗歌的普遍说法那样，缩短发音过程不仅适用于**前接**轻音节承载重音之情形，也适用于**后接**音节上有重音的情形——譬如 ămīcitiam, uĕrēbā́mini（其中原本是长元音，由 ămī́cus, uĕrébar 等得以显明）。设想出单一的可以解释两类缩短发音的语音学基础是困难的——德雷克斯勒的说法（1969b, 347），重音"延

---

① 参见 Fraenkel 1928, 331, 346 f.。
② 还有一种省略元音的双音节词，譬如 tib(i)ĕueniat。参见 Sommer 1913, 128; Safarewicz 1936, 83。
③ 参见 Soubiran 1971, 409。
④ 关于其他语言，亦参 A 1958, 127 f. n.70 and refs。
⑤ 参见 Soubiran 1971, 409："在普劳图斯那里，存在的严格规则要少于倾向。"

伸它的阴影",直至它前接或后接的第三个音节难以建构语音学解释之程度;还必须承认,有很多难题尚待解决。但正如原初的二短音节模式那样(譬如在 rĕgĭónibus 中:参见页 168),在很多重音前的例证中,由两个音节构成的语言单位,可能由次重读音峰出现在第一个音节上得到解释(所以,[ămìkítiā],[wĕrèbáàminii])。在某些此类情况下,元音缩短发音在语言中变成了普遍现象,譬如在 pătĕfácio, călĕfácio①(原本是 ē,参见普劳图斯《小布匿人》[Ps. 21] contābēfacit);②但在大多数情况下,长元音在古典拉丁语中得以恢复(或保留),通过类比具有不同重音定位的相关形式(ămī cítia 类比 ămĭcus,等等)。

"短长格短读"过程,不是上古时期有词首重读的一个特征,因为,像 ămīcus, ăuārus 这样的形式,在第二个音节中保留了长元音;这个过程在像 bene, modo 这样的形式中的作用,极不可能早于纪元前 200 年;因为,这些词语源于 *duĕnēd, mŏdōd,等等。——但词末的 ~d,在短元音后得以保留(rectēd, marīd, sententiād,等等),其在长元音后失去之情形,至这一时期前后并未出现(参比古拉丁语 id,等等);如果缩短发音过程出现更早,我们就可以期待有 *bĕnĭd, mŏdŭd,等等。③卡林卡(Kalinka 1935, 390)提议,此过程总体而言发挥影响没有超过一个世纪,从纪元前 3 世纪中叶到纪元前 2 世纪中叶。

---

① 关于靠词中省略进一步缩减,譬如在 calfacio, olfacio 中,在两个轻音节的位置上产生了一个重音节。
② 亦参 Lindsay 1922, 39, 47。
③ Kent 1932, 107 n.5; Kuryłowicz 1958, 383 f.

第二部分：拉丁语的韵律结构

甚至在其发挥影响的时期，缩短发音过程，如所表明的那样，似乎并未适用于与社会各阶层；似乎并非在任何地方都是常规，除了在某些极为常见的词语类型。在很多情况下，语法类比很可能抑制了其作用发挥（也就是说，造成 ămā 依照 laudā, bŏnō 依照 magnō），在古典拉丁语中普遍如此。① 句法重音定位也很可能阻止其影响，与引发其影响一样常见（譬如 in fŏrō 不会缩短发音为 fŏrŏ）。拍子（Tempo），受格律或语境支配，似乎也已然是一种决定性要素，缩短发音是更为迅速发音的特质（Soubiran 1971, 409, 411）。

还有一个重要特征属于此过程，我们到目前为止尚未作出说明。在早期拉丁语诗歌中，规范的短长格等值于二短音节（ΣΣ）形式，并不局限于以一个元音结尾的词形（譬如 ămā），其中第二个音节的原初音量是由于胸阻所致。常见的情形还有第二个音节由于口阻而是重音节的情形，譬如在 ădĕst, sĕnĕx 中。在更长的词语中，二短音节之等值适用于主要重读前（次要重读可以发挥作用），这更常见于此类型中的第二个音节，譬如在 uŏlŭptătes,② iŭuĕntŭte, gŭbĕrnābunt 中；③ 这样的第二个音节占据主导地位，亦见于由一单

---

① 后来的"词末缩短发音"，譬如见于，完全是另一个问题（即使这是由原初的短长格词语如传来的 uŏlō）；这种情况始于奥古斯都时期（Augustan times），到约纪元后 4 世纪，卡里西乌斯（Charisius i, 16 K）和维克多利努斯（Marius Victorinus vi, 28 K）将其规定为动词常规，单音节词除外。

② 句法重音当然可以说明此等值，譬如在 uŏlŭptắsmea 中（与 mea uŏlŭptas 相反，参见 Beare 1957, 162 f.）。有几种情况，如 Phĭlĭppi, fĕnĕstrae, săgitta，被认为显示了上古词首重音的残余（参见 Drexler 1969a, 214 ff., 240）。

③ 参见 Drexler 1969a, 214。

音节词构成第一个轻音节的情形，譬如在 sĕd ŭxŏrem, ŭt ŏccĕpi 中。

183 这种等值也常见于下述情形：一个单音节词的末音节，由于后接词词首是一个辅音而受口阻，譬如在（强音位置）ŭtĕr uostrŏrum 中，在（弱音位置）dĕdĭt dŏnō 中。①

可是，在第二个音节具有"超特征"性质时，这种等值似乎也有一种不起作用的倾向。所以，这种等值罕见于以 ~ns 或 ~x 结尾的词语，譬如 ămāns, fĕrōx（Drexler 1969a，115 ff.；Soubiran 1971，410），也就是说，其中既有一个辅音序列，也有一个长元音；与此类似，fŏrās, fŏrīs, fŏrēs 在词首元音前比在词首辅音前更常表现为等值于二短音节（Drexler 1969a，79，150）。所以，诸如泰伦斯的 ex Graecis BONIS Latinas fecit non bonas（Eun. pr. 8）这样的情形，都是某种例外。②

这种等值更为常见的情形是，两个元音分读，或只是被半元音 /w/ 分开时（譬如 nouo），这可以表明，等值在干扰最小的情况下尤其恰切（关于希腊语，参比 323 以下）；但在很多此类情况下有元音缩减或元音缩合之可能性，实际作用如一个重单音节，使得解释变得不确定（Drexler 1969a，106，172 ff.，240 ff.）。

司库什（Skutsch 1934，92 f.）注意到，如果由短长格短读导致第二个音节是轻音节，与原本就是轻音节并无不同，那么，就不会违背诗行的音量基础：也就是说，一个缩短发音的 ămā，实际上就是一个二短音节的 ămā。这肯定适用于涉及元音缩短发音之情形；

---

① 完整列举和参考文献，见 Brenot 1923。
② 参见 Lindsay 1922，48 f.。

但条件确实不同于第二个音节是"位置"重音节之情形,也就是说,要受到口阻,在有些情况下,诗行的音量模式想必会由音节界限的转换保留下来,如 ĕgĕ.stātis 或 uŏlŭ.ptātes:但这极不可能适用于诸如 gŭbĕrnābunt 或 ădĕst(benignitas)之情形。①事实上,诗体"按短音节发音"的作用,扩展超出了语言的"短长格短读"之范围;而涉及口阻音节的情形占多数,使得其不可能仅仅是由胸阻(长元音)扩展而获得许可之情形。另一方面,这样的音节极不可能变成轻音节,除非失去其口阻,也就是说,失去其闭合辅音——这显然不会发生;② 譬如不会缩减 gubernabunt 中的辅音序列 ~rn~。因此,首音节词的重音定位,就早期拉丁语诗歌惯例所反映之情形,似乎不一定要求第二个音节是轻音节,而只要求必须包含一个短(松)元音,无论原本如此,还是由于"短长格短读"而如此。

有人会辩称,若如此,就应当期待如 uŏlŭptas 这样的词语,其规范的重音定位是 uŏlŭptas,而非 uŏlŭptas,因为 [wólùp] 能够构成一个有重音的音阵。但事实并非如此。甚至连一个受口阻的音节(不要求元音缩短发音)作为一个双音节音阵的第二要素发挥作用之可能性,也许直至历史上的重音固定下来都根本不会出现:而且,即使重音定位 uŏlŭptas,具有双音节音阵,曾存在过(在规范的词首重读时期之后),也完全有可能早就转变为 uŏlŭptas,后者具有单音节音阵 [lup̂],符合次末音节是重音节的所有其他词语类型的模式(譬如 ăuā́rus, dēlḗctat)。

---

① Lindsay 1922,45;Pighi 1950;Drexler 1967,51 n.53。
② 参见 Kuryłowicz 1949/1960,295。

就口阻音节仍未受阻而言，甚至当构成一个双音节重读音阵的第二要素时，早期拉丁语纯粹的音量基础，事实上也必然被违背了。但正如后文将要表明的那样，由于古典拉丁语诗歌的这种基础是一种人为的产物，而非源于原生的音韵学特质，如果早期山水诗更贴近口语，有时候宽容重音模式超过宽容音量模式，就没有什么好奇怪的。在拉丁语六音步诗如（Plautus, *Men.* 16）*tant(um) ad| narran|d(um) argū|ment(um) adest| benig|nitas* 中，*ădĕst* [ΣΣ] 这个词的重音统一，使由其来充当一个分解要素可以接受，尽管如此一来 IV 的音量模式是长短长韵步（ΣΣΣ）。

若如格律证据所表明的那样，口阻音节作为一个双音节词的重读音阵的第二要素发挥作用，要比胸阻音节更容易（大概因为后者要求附加元音缩短过程，也就是说，失去阻止），就必须接受此语境中的两类重音节在重音上有区分。可是，这并未削弱前面关于其作为单音节音阵之等值性质的论证；英语有类似的区分，也已然指出过了，有证据证明，其包含弱元音（不考虑后接辅音）与包含强元音的音节之间有差异，就其能构成一个重音音阵的第二要素而言。我们也可以回忆，在拉丁语本身当中，两类重音节具有不同"强度"，如其元音音核在上古的不同演变所显示的那样（页 134）。①

因此，可以总结指出，就某一时期而言，也就某些显示的言说而言，在拉丁语中，一个双音节的重音音阵并非只能由两个轻音节构成，也能够由一个轻音节后接一个口阻音节构成；可是，甚至对

---

① 似乎双元音发挥的功能如 V̆C（参见页 134 注释），也要服从"按短音节发音"，譬如在 *nŏuae* 中，还有 *Clŭtaeméstra* 中重音前（Liv. Andr.）。

于这种言说形式而言，一个轻音节后接一个胸阻音节，也不能构成一个音阵；而且，为了顺应一种倾向以支持这种音阵，至少在普通词语中，第二音节也有必要失去其阻止。事实上，只有在后一种情况下，谈论短长格短读才绝对正确。①

断音重读

我们已经提出过下述观点：在其他形式的拉丁语言说中，没有将缩短发音过程的作用普遍化的任何证据；这必定意味着，$ām\bar{a}$ 类型的词语，第二个音节受到胸阻，并未采用双音节词的重音定位。那么，它们是如何定位重音的呢？合乎逻辑的结论似乎是，尽管第一个音节是轻音节（不受阻），却承载着一种单音节词式的重读，这就是上文所谓"断音"类型之情形（页 80 以下）。这实际上意味着，在有些形式的拉丁语中，这种断音类型的重音定位常见于短长格词语，但在其他形式的语言中，在倾向于避免这种类型的重音定位；这让人想起了阿伯克龙比（Abercrombie）的关于英语的观察（页 174），我们稍后将再次回到此主题。所以，有些讲话者会有 [ámà] 这样的发音，其他讲话者（或许属于更高社会阶层）会有 [âmaa] 这样的发音。在所有受口阻的第二个音节，譬如在

---

① 当然，这种缩短发音的确涉及失去音长区分；也表明一种音长极为重要的语言，通常不会为重读之故而抹去这种区分。但这里涉及的情形，只适用于一种受到限制的词语模式；就词语内部而言（譬如 $ām\bar{\imath}citia$），此现象相对不常见，而且在词末位置，也罕有语义学上的重要性（参见 A1960；1962，17ff.）。

sěněx 中，后一阶层的发音是 [sêneks]，等等，还是像前一阶层那样发音是 [séneks]，仍然是一个开放的问题。可是，重音系统的普遍基础，如我们当前的构建，显示所有讲话者都将始终将其读如断音词语，譬如将 ăgě 读如 [ágè]，如此等等。

最终，随着在通俗拉丁语中元音音长失去区分，胸阻伴随元音时长的扩展，成为重音式重读的一个组成部分，而且所有双音节音阵结果都缩合为单音节音阵，譬如古典拉丁语的 ăgě [ágè] → áge [âage]。

词尾重读

关于古典拉丁语还要考虑一种更进一步的可能性。据观察（Drexler 1967, 93 ff.），在长短格六音步的音顿处，短长格词语尤其倾向于后接一个句法界限，譬如 canō 在 arma uirumque cano, Troiae qui primus ab oris 中，尽管其他类型的词语通常也或多或少与后接内容有密切关联，譬如 fātō 在 Italiam fato profugus 中，或 nĭtĭdō 在 sub nitido mirata die 中。关于第五个半音步之音顿，佩莱（Perret 1966, 121）指出，尽管荷马将其 13% 的短长格词语放在此位置上，而卡利马霍斯只将 4% 的短长格词语放在此位置上，维吉尔则将不少于 42% 的短长格词语放在此位置上。德雷克斯勒发现类似倾向也适用于五音步中间的音顿。由此可以得出结论，不同处理方式反映了不同的句法重音定位——也就是说，短长格词语倾向于在停顿前使用词末重音定位。①

在拉丁语六音步或五音步内部，这看起来并不是一个合理的结论，因为，重读与强音位置一致，在诗行前面的部分中远非普遍。但还有要素涉及五音步**末尾**，在此位置上有可能非常重要。如所周知，在拉丁语诉歌体五音步中，有一种不断增强的倾向是末尾使用一个双音节词，在奥维德那里计数几乎达到100%；② 普遍认为，这必定有其特殊目的——最有可能是达成格律与重音模式相一致；③ 几无可能将其斥之为仅仅是"一个超级优雅的艺术大师技巧上的过度统一"，如阿克塞尔森所言（Axelson 1958，135）。如威尔金森所示（G. A. Wilkinson 1948, 74 f.），要说这种做法意在**避免**在音步末尾的一致，似乎也极不可能。但可以肯定，结果确保了在结尾的其余部分，重音与强音位置的一致——所以，譬如 cármine| dóctus a|met 与（有三音节结尾的）ómne gé|nus pere|at 形成对照。但末尾双音节本身的难题仍然存在，它似乎并不比其他任何类型的词语更服从于一致，譬如，这导致塞奇威克（Sedgwick 1924，336）指出，"所有拉丁语诗歌中，五音步诗最肆无忌惮地违反了在关键位置说出重音的做法"④ 此困难通过在此位置上越来越多地使用非强调的

---

① 可是，德雷克斯勒小心指出（1967，114），这只算一种倾向，而非一种规则。事实上，没有迹象显示六音步的收束处有这种倾向（见页178），这可以由下述事实来说明：在此位置上要求突破句法的情形极少发生；一般而言，在 Va 位置上的音顿限制了在诗行的后续部分中重音/格律相一致的可能性。

② 普罗佩提乌斯（Propertius）表现为由卷 i 中的 63.2% 增长至卷 iv 中的 98.3%（Sturtevant 1924b; cf. also Veremans 1969, 761 ff.）。

③ 譬如 Sturtevant 1924b; Wilkinson 1963, 123 ff.; Drexler 1967, 108 ff.。

④ 亦参 Beare 1957, 174, 192。

"句中非重读后接词"和代词（譬如 *erat, tibi*）来有所减轻，比例由提布鲁斯（Tibullus）那里的 2.5% 增长到了奥维德那里的 25%（Wilkinson 1940, 39）；因为，如果它们没有重音，就至少不会产生**违反**格律的效应。但或许更为重要的是，事实上末音节通常是重音节（见页 130），也就是说，这个词是真正的短长格而非有二短音节，也因此音量在此位置上并非"不论"（indifferent）。当然，五音步末尾，联句（couplet）末尾，通常都后接一个有力的对句法的突破。如德雷克斯勒特别指出的那样（Drexler 1967, 110 ff.），这可以视为与已论及的音步内的倾向有关联；而且更为重要的是（由于重音在结尾的一致是一种广泛现象）引起了这种可能性：ΣΣ 模式的双音节，在这种语境中倾向于末尾重读，也就是 [ΣΣ̆]；就此而言，在诗行的这个位置上，显然 ΣΣ 类型更可取，后者如果一定要有重音，那就只能违反格律，也就是说，使用 [Σ́Σ]。①

如果上述解释正确，就以拉丁语中停顿前的短长格词语，为已然指出过的英语、阿拉伯语和现代印度语中，以"超重"音节结尾的单词的重音定位在词末，提供了一种对比。

还有一个值得一提的倾向，属于奥维德式的五音步，以一个押韵的修饰词和名词来结束两个构成部分，譬如 *flammaque in arguto*

---

① 五音步的情形表明，在短长格和（不完全）长短格诗中，要考虑行末短长格。在更长的词语中，末尾两个音节上不会有重音，所以，至少不会有冲突；而且在很多情况下，短长格（或二短格）词语在此密切关联前面的词语，从而倾向于因句法重音定位而失去其重读（譬如 *in foro, animúm meum, quantum potest*）。可是，弗兰克尔（Fraenkel 1928, 21 f.）认为这一点"不证自明"：没有人会在此位置上寻求一致。
"本特利-卢克斯法则"（Bentley-Luchs law, 参见 Drexler 1967, 36），即使与此问题有关联，关联也不明显。

saepe reperta foro。这种对一个曲折变化的重复，以密切关联的词语倒装，本身倾向于赋予其某种重要性。[1] 此外，押韵（rhyme）是有重音的诗歌的一个典型特征，譬如在日耳曼语中；[2] 用塞奇威克的话说（1924，335），"正是重读的重现，而非诗行强音的重现，造成了押韵"。至少，如兰兹所言（Lanz 1931，235），"尽管它们不会真被重读——源出于押韵元音的乐趣，已足以引人关注，从而产生它们被重读的印象"。此特征也更进一步标示着越来越觉得有必要确保五音步末音节的重要性，为此而选择纯粹的短长格词语是一种重要手段。

次要重读

在上古拉丁语中缺乏"短长格短读"，由持续使用长元音得以表明，譬如在 *āuārus* 中，尽管上古要重读词首轻音节；因此，这种词具有单一音节"断音"重读，也就是读如 [âwaa~]（参见 Kuryłowicz 1968c，193）。但无理由认为，双音节重音定位就不适用于具有词首二短音节的词语，譬如 *făcĭlis* [fáki~]。这种思考也许有助于解释众所周知的、由早期拉丁语诗歌所显示的重音定位的特殊性。因为，在早期拉丁语诗歌中，*făcĭlĭus* 类型的词语，最常见的情形是起首两个音节占据一个分解的强音位置——所显示的重音定位是 *fcĭlĭus* [fáki~]（与后来的古典拉丁语 *făcĭlĭus* [~kíli~]

---

[1] 关于史诗体词序构型的可能起源，见 Conrad 1965。
[2] 请注意这个术语的含义在英语中的专门化：*rhyme/rime* < 古法语 *rime/rhythmus*（参见 Park 1968，6 f.；Attridge 1972，88 ff.）。

相反）。①

人们通常认为，历史上的重音源于一种次要作用（譬如 Kent 1932，66），次要重读的功能是限定词语无重音部分的范围。譬如或有 *détĕrios* [děetĕrios]，*rélătos* [rêlâatos]，*dĕdicătio* [děedikăâatioo]，*régiŏnes* [régiŏonees] 类型的上古重音模式，词首是主要重读，次要重读在历史重音的位置。在首音节词中，还有在次末音节是轻音节的三音节词中，历史重音与上古重音一致：譬如 *fĕci*，*fĕcerat*，*fácio*；有人或许认为，在这类词语中，有关联的重音后的词语部分，规模不足以要求有任何次要重读。

但就此类情形而言，也可以期望将同样的原则词首是三短音节的四音节词，如 *făcĭlĭos* [fákilios]，由此观点看来可与 *fécĕrat* [féekerat] 比较，因为，重音后的部分具有同样的结构（~ΣΣ）。而偶然情况下，如果有人要将一个次要重读强加于古典拉丁语重音的位置，也就是 [fakĭlios]，其音峰就会与上古的主要重读的收束冲突。因此，我们期望上古无次要重读，而历史重音定位是 [fákilius]，事实上早期拉丁语诗歌必定包含这种重音定位。

这种解释亦可用于此类诗歌的另一种特殊性，对于 ΣΣΣΣΣ 模式的五音节词语而言，诗歌有一种强烈的倾向是包含 ΣΣΣΣΣ 模式的重音定位，譬如 *adsĭmĭlĭter* [atsímìliter]，但对于 ΣΣΣΣΣ 模式的词语而言，合乎规律的重音定位是 ΣΣΣΣΣ，譬如 *mălĕfĭcĭum* [malefíkiŭ]，古典拉丁语就是如此。因为，前者的上古重音定位可

---

① 参见 A 1960，200 ff.。关于早期拉丁语中的例外，还有后来的演变，参见 Theirfelder 1928。

以是 [âtsĭmĭlĭter]（弱化上古重音→[atsímĭlĭter]）；但在后一类型中，在同样的位置上强加一个上古次要重音（两个音节都有主要重音 [málèfikiõ]），会导致与主要重读冲突。这样的词语堪比四音节词如 dētĕrĭus，上古发音是 [dḗetĕrĭos]，从而可以期待 mălĕĭcĭum 的上古重读模式为 [málèfĭkiõ]（→历史重读模式为 [malefíkiŭ]）。斯特蒂文特（Sturtevant 1919, 243）指出，很多后一种类型的词语，复合成分中有一个三音节的第二要素，因此可以具有独立重音；但这个假设并不必然如此，也未获得支持：如果这个假设有效，也可以期望早期拉丁语诗歌显示的重音定位如 ĭnŏ́pĭa，但事实并非如此（尽管其复合状态受到强调，类比出自 ŏpes 未弱化的 ŏ 得以保留）；在任何情况下，所有这类词语的复合成分中都就不会有明显的第二要素（譬如 dŏmĭcĭ́lĭum；参见 Ahlberg 1900, i, 27 ff.）。

在 facilius, adsimiliter 类型的词语中，古典拉丁语的重音转换，或可视为对反常现象的消除：只有这种形式的词语，重读音峰在倒数第四音节上。①

---

① 从而使页 177 上的规则建构成为可能。可是，如今有人可能会引入一种修正，使得此规则的应用更为广泛。有人提议，双音节音阵，不仅可以由 ΣΣ 构成，也可以由 ΣΣ̆ 构成，也就是说，轻音节＋由短元音构成的重音节（＝口阻）：sĕnĕx 可读如 [sénèks]，譬如，uoluptátes 可以一个 [wŏ́lùp~] 类型的次要重读；英语中的某些类似情形也给予这种可能性以支持（见页 173 ff., 191 ff.）。在这一点上，我们已然（页 184）对下述事实作出了历史性解释：一个像 uoluptas 这样的词，仍然要重读次末音节。通过重新规定，此描述规则能够用于说明 ΣΣ̆ 类型的发音方式，而无须对双音节音阵作出不同规定：针对更长词语的主要重读（即如 ΣΣ），和针对双音节词语和次要重读（会进一步要求 ΣΣ̆）：音阵总是可以规定为 ΣΣ。譬如在 uoluptas 中，其中潜在的音阵是双音节式的 [wolup~] 和单音节式的 [~lup~]，规则的进一步构建，正确保证了重音会落在后者而非前者上。

早期拉丁语诗歌证据，如我们所见，也显示历史时期的更长拉丁语词汇中，可能存在一种发音模式，由次要重读和主要重音构成。① 这种重读的一般原则，似乎是主要重音前的词语部分要作为一个词来对待，目的是次要重读②（除非这个词由单一音节构成）；③ 所以，譬如 rĕgĭŏnĭbus [rȇgiôonibus], sŭspĭcăbar [sȗspikâabar], mĭsĕrĭcŏrdĭa [mȋsèrikordia], ūnōsĭssĭma [wȋȋnoosîssima], mălĕfĭcĭum [mȃlèfikium]，（以及具有古典式重音的 ădsĭmĭlĭter [âtsimíliter]）。这种次要重读也影响了古典拉丁语六音步诗，在音节尾提供了重音/格律的符合，当（例外情况下）包含一个多音节词，如 Lāŏdămīa [lȃaodamîa] 或 abscondantur [âpskondaûtur]。④ 极少有例外（譬如 ΣΣ́ΣΣ̀Σ 模式的词语），这种次要重读，将落在词首音节上，也就是说，上古重音的位置，也会普遍支持林德赛所阐明的原则（Lindsay 1894, 409）："从旧到新的重音定位转变，事实上无非就是次要重音对主要重音显著地位的篡夺。"有一点不同是，至少在以早期拉丁语诗歌为代表的语言中，假定的上古"断音"重读，会转变为双音

---

① 参见 Fraenkel 1928, 352; Tucker 1965, 454。
② 参见由阿卜多（Abdo 1969, 73 ff.）为阿拉伯语的次要（和第三）重读提出的十分类似的规则。
③ 偶尔也会质疑：在上古拉丁语中，是否主要和次要重读都会存留，当音峰落在紧接其后的音节上时，譬如在 relātos [rêlâatos], dēlectat [dêelȇktat], dēterios [dêetérios] 中；这样的形式可能已经为更普遍的将词首重读作为主要重音的消亡建立了模式。
④ 参见 Linard 1969, 559。可是埃克森建议（1906, 32; 1907），曲折形式如 consuluisti 有一个次要重读，与这个词较短的曲折形式的主要重音在同一个音节上，也就是说，consúluisti 按照 consúluit；为支持这种语法影响，他引述的事实是，维吉尔在如 spē uŏlŭērunt 类型的音列中（其中的重读大概是 uŏluérunt），在音节尾完全避免了这种形式。

节重读（譬如 uoluptates [wôluptâatees] → [wŏlùptáatees]），偶尔会导致事实上的"短长格短读"，譬如在 amicitia[âmiikítìa] → [ă̂mìkítìa] 中。①

附记 A：英语中的短长格短读与断音重读

前章为拉丁语提出了一种双音节音阵 [Σ̂Σ̀]（或 Σ̂Σ̂）② 和一种单音节音阵 [Σ̂]；但同时也认识到，至少对于某些讲话者而言，"断音"模式 [Σ̂(Σ)] 也会出现，这种可能性也被假定为上古拉丁语词首重读之情形。关于双音节模式，已引述了大量得到证实的类比。但仍需要寻求生动的类比，以支持此种断音模式（和与非断音单音节模式 [Σ̂]）之共同存在。此项对类比的寻求，引向对英语的某些特征的语音学重审，确乎可以证实这样一种可能性。

在通常对音节结构和重读的感知中，我们已经注意到动觉记忆的作用；在处理涉及此特殊难题的肌动上的细微差别时，目前似乎没有任何工具技术能提供比动觉印象更客观的结果。对于布洛赫（Broch）而言，1911 年在处理类似现象时（299），最有效的观察对象是"某个受过科学训练的讲母语者"，莱赫托（Lehto 1969，14）最近表达了同样的观点。因此，接下来的语音学观察，主要基于对我本人言说习惯的动觉考察；在这些问题上的，还必须要求读者考

---

① 可是在古典拉丁语中，能够设想一种断音次要重读之可能性，也就是 [â̂miikítìa]（就主要重读，譬如 ămā [âmaa]），因为第二个元音没有缩短发音。

② 见页 190 注释。

察自己的行为，以决定此间所述是否也适用于他们自己的言说。对大量听众的某种初步测试显示，此间所述可以适用。

我们观察到，英语倾向于在单音节重读模式（如在 profane 中，我们可以标示为［~fêin］）与首音节重读模式（如在 profanity 中，我们可以标示为［~fǽni~］）之间的交替进行。在后一模式中，音阵的首音节是一个轻（未受阻的）音节，而第二个音节包含一个弱元音；"弱"元音如今可以更为精确地等同于阿诺德的"弱"（lenis）元音（与"强"［fortis］相对），其规定是"通常在节奏上弱"，主要包含 /i/ 和 /ə/（Arnold 1957, 235）。① 包含强元音的音节，以下有必要时，我们将标示为 Σ̱，包含弱元音的音节，将标示为 Σ̣。有人观察到，在像 relaxation 这样的名词中，第二个音节保持着一个完全（强）元音，由于其派生自一种潜在的形式 reláx，第一个音节，有次重读，有一个长（紧）元音：所以，读如［ˌriilæk'seiʃən］；与此类似，detestation 读如［ˌdiites'teiʃən］，emendation，authenticity（比较 authéntic）亦如此。但是，如果第二个音节中的元音是一个弱元音，由于其并非派生自有重读的潜在形式，② 第一个音节中就有一个短松元音，譬如在 devastation [ˌdevəs'teiʃən]，demonstration 中。这两类模式，现在我们可以将其解释为（a）[dı̄testéiʃən] 等，具有单音节次要重读，第二个音节中 ən 有一个强元音，（b）[dĕvəsteiʃən] 等等，具有双元音次要重读，第二个音节中有一个弱元音：也就是

---

① 音节［r̩］，［l̩］，［ŋ̍］，［m̩］，为此目的可当作 /ər/ 等：参见 Gimson 1970, 53。

② 或不受口阻（譬如 defamation, preparation, 有弱化，尽管有 defámę, 等等）。

说，(a) = [$\hat{\Sigma}\Sigma$~], (b) = [$\acute{\Sigma}\hat{\Sigma}$~]。①

对于已由菲德尔霍尔兹（页 174）引述的主要重读的例证，可以补充 *negro* 的其他发音 /níigrou/ 和（美国南部的）/nígrə/（→*nigger*）：参见 Kenyon & Knott 1953, s.v；或补充 *provost* 的其他发音（民间和学术）/próvəst/ 和（军事口语）/próuvou/（参比 /prəvóu-maaʃəl/）。这些发音，现在我们可以解释为，譬如 [nîigrou] vs [nígrə̀] 等，而早先的例证，可以解释为 [êiræb] vs [ǽrəb]，[noûmæd] vs [nómə̀d]，[wômbæt] vs [tʃérə̀b]，如此等等：所有情况下都在 [$\hat{\Sigma}\Sigma$] 与 [$\acute{\Sigma}\hat{\Sigma}$] 之间形成对照。

除了 /i/ 和 /ə/，它们是迄今最常见的弱元音，/u/ 和 /o/ 也见于此种功能之发挥（作为强元音 /uu/ 和 /ou/ 的缩减形式）：参见 Arnold 1957，235。纽曼（见页 171）与乔姆斯基和哈勒（1968, 190 f.）在重读层面认识到了这种区分，一方面是如 *veto* 这样的词语，另一方面是 *echo* 和 *motto* 这样的词语，按照单音节 vs 双元音重读，可以将此不同解释为 [vîtou] vs [ékò]，[mótò]；不必像乔姆斯基和哈勒那样认为，实际表现出的不同是 "/vētə/" "/mɔto/"，因为，重读层面与末音节中的元音音质的不同，是不同重读模式自动伴随的现象，与重 vs 轻词首音节有关，也就是说，[$\hat{\Sigma}\Sigma$] vs [$\acute{\Sigma}\hat{\Sigma}$]。②类似的思考适用于诸如 *Hebrew* vs *menu* 之情形（见页 173），现在

---

① 当然，只有单音节重读才可能，如果第一个音节受口阻，从而不能是轻音节，即使第二个音节中有一个弱元音，譬如在 compensation [kɔ̂mpənseîʃən] = [$\hat{\Sigma}\Sigma$~] 中。

② 亦参 Hoard 1971。

我们可以将其解释为 [hûbruu][$\hat{\Sigma}\underline{\Sigma}$] VS [ménjù][$\underline{\hat{\Sigma}\Sigma}$]；而乔姆斯基和哈勒提出的特殊推导也就不再需要了。①

194 现在我们可以回到阿伯克龙比提出的观点（页174）：看得出有些类型的英语发音模式，堪比我们提出的 $\underline{\Sigma\Sigma}$，词首不重读。上文考察过的有些例证显示，在这种情况下，有一种弱化第二个音节中的元音的倾向，从而容许双音节重读，譬如 motto [mótò] 中的 /~ou/ → /~o/。词内弱元音 /o/ 的例证，见于 calomel, allocate，其模式类型 [kǽlòmel] 完全堪比，譬如 caramel [kǽrəmel]。在

---

① [ménjù] 类型的重读模式主张，第一个音节是轻音节，从而不受阻，也就是说，音节划分**不是** [men.ju]（与 [nígrə] 的情形类似）。换句话说，音列 Cj（就像破裂音 +r），在此表现方式与单个 C 一样。但在更长的词形中，重读音峰后的音节不是末音节，如在 speculate, emulate, tabulate, regulate, insinuate, copulate, accurate 中，我自己的发音倾向于一个受阻音节，导致单音节重读，也就是 [spék.julεit] 等；譬如在 communal 中，我的发音模式是 [kóm.junəl]，与 common(er) [kómən(ə)] 形成对照。例外，譬如 visual, educate，对我而言，一种发音模式 [vízˌjuəl]，[édˌjukεit] 只出现在非常小心的言说中；可是，双音节模式与倾向于辅音同化有关系，如 [vízùəl]，[édʒùkεit]；这反过来引出了塞擦音 /dʒ/ 和 /tʃ/ 作为单辅音之性质的难题（参见，譬如 Trnka 1966, 6 f.; St. Clair 1972），这实际上可以得到重读模式支持。

所以，譬如 badger, lodger, midget, prejudice, tragedy, hatchet, pitcher, satchel，都有双音节重读，**不可**划分为 [bǽd.ʒə]，[hǽt.ʃit]，如此等等——从而与复合词 hat-shop, cat-show 等形成对比；另一方面，也与其他破裂音 +/ʃ/ 组合，譬如 caption [kǽp.ʃən]，action [ǽk.ʃən]，/ts/、/dz/ 形成对比，后者的功能都是两个辅音；Bestsy, Patsy, Stetson 的模式是 [bét.si] 等，与 Betty [béti]，Bessy, patchy [pǽtʃi] 等形成对照，而与复合词 wet-suit, hot-seat，或其他破裂音 +/s/ 组合，譬如 popsy [póp.si]，flaccid [flǽk.sid] 不形成对照。亦可对比 ketchup [kétʃp] 与 catsup [kǽt.sʌp] 的韵律模式（亦请注意，在此以重音节 + 强元音替代了轻音节 + 弱元音）。与此类似，sudsy 模式如 [sʌ́d.zi]，与 muddy, fuzzy, pudgy [pʌ́dʒi] 等形成对照，fubsy [fʌ́b.zi]，exit（辅音模式是 [êg.zit]）同样如此。

这些词内位置上，可以 /ə/ 代替发音，甚至在标准发音中也是容许的（参见 Jones 1967, s.vv.）；这样一种替代发音，也出现在 fellow（= chap）这个词用于口语时的末音节位置。在非标准发音中（譬如伦敦腔），这种末音节缩减，如在 arrow, barrow, follow, hollow, marrow, motto, piano, shadow, swallow, tomorrow, widow, yellow 中那样，通常发音为 [bǽrə] 等。就此西威特森（Sivertsen 1960, 93）评论说，不缩减的元音主要出现在"较不普通的词语"（less homely words），例如 photo, radio, Soho；但后面这些词语，不像前面那些词语，后面这些词语首音节是重音节，还可以补充，譬如 banjo, bingo, cargo, polo, solo（其实都并非"不常见"）。这并非指，末音节弱化方式，除了双音节重读倾向，就不会发生：譬如末音节弱化也见于 window, potato, tomato；菲德尔霍尔茨提议，在其他某些例外情况下，使用频繁是导致缩减的一个要素，在这些词中也许就是如此。

其他元音，除 /ou/ 之外，在现代英语中可以有缩减变体；譬如，按标准发音，[prɔ́dəkt] 是 product 的通常发音，以 /ə/ 取代了强元音 /ʌ/；按非标准发音，placard, blackguard, record（名词），通常听上去都是 [plǽkəd] 等，以 /ə/ 取代了标准发音的 /aa/, /ɔɔ/；①而 nephew, 按标准发音通常缩减为 [névjù]，吉姆森（Gimson 1970, 147）引述了非标准发音的进一步缩减发音 /nevi/，②也就是说，

---

① 亦参常规美式发音，clapboard 读如 [ˈklæbə⁽ʳ⁾d]（Kenyon & Knott 1953, s.v.）。

② 非标准发音 /edikeit/，与此类似。

/~juu/ → /~ju/ → /~i/。

由这些事实似乎可以看出，英语中有一种缩减原初重读音列 ΣΣ̣ 的倾向。在拉丁语中，在出现可以比较的音列 ΣΣ̄（也就是说，第二个音节包含长元音）时，我们已然表明，要使用一种"断音"重读，也就是 [Σ̂Σ̄]，完结于轻音节的界限之内，如与单音节 [Σ̂] 或双音节 [Σ́Σ̣] 式的"连音"（legato）重读比较。这种模式相对例外的性质，堪比音乐中的"苏格兰促音"（Scotch snap），其中有重音的音符要缩短，而无重音的音符要拉长，与更为常见的"格律变更"（metric alteration）相反，根据后者，有重音的音符"不仅变得更强一点，也变得更长一点"（参见 Sachs 1953，296 ff.）。

如果此类原本重读的音列类型 ΣΣ̣，如英语中的表现那样，要使用一种特殊的"断音"重读模式，如拉丁语中类似的情形所显示的那样，我们就应当期待能够探知下列成对的词语中，可以相互比较的第一部分之间的语音差异：

	ΣΣ̣	vs		ΣΣ
record	[rêkɔɔd]		reckon	[rékən]
comment	[kôment]		common	[kómən]
asset	[ǽset]		acid	[ǽsìd]
suburb	[sʌ̂bəəb]		cupboard	[kʌ́bəd]
sapphire	[sǽfaiə]		Sapphic	[sǽfìk]
Leppard	[lêpaad]		leopard	[lépəd]
Hatchard	[hǽtʃaad]		hatchet	[hǽtʃìt]
product(a)	[prôdʌkt]		product(b)	[pródəkt]

或许与此类似，尽管不太清晰，也能够探知下列词语的次要重

读之间的语音差异:

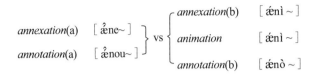

我自己的印象是,按照大量的动觉内省和听觉监测,其中涉及有清晰的发音和听觉差异,尽管其确切规定尚不肯定。首先,ΣΣ̱ 类型的首音节的发音,比 Σ̱Σ 类型中更紧和更有活力;如果像 reckon 这样一个词的发音,采用 record 的首音节的发音,结果听上去和感觉上会很不自然。其次,如果举一个 Σ̱Σ 类型词,如 suffix /sʌ́fiks/,按一种"对比"(contrastive)方式读它(也就是说,将其与 prefix, affix 等区分开来: Sharp, 1960, 134),结果使得首音节发音类似于一个 ΣΣ̱ 类型的词语,诸如 sapphire 或 suburb 通常的发音;由于对照涉及对所讨论的音节的强调,倾向于支持这样一种印象: ΣΣ̱ 类型的词语的首音节的紧张度,要大于 Σ̱Σ 类型的词语。我的印象还有,在 ΣΣ̱ 类型的词语中,首音节并不倾向于受口阻,也就是说,实际上是"轻"音节,或者换句话说,音节划分倾向于确定在元音与后接辅音之间(参见夏普对 suffix 的"对比"发音 [ˈsʌ.fiks] 的音节划分)。①

我们已然看到,/i/ 可以归类为一个弱元音,譬如在 rabbit 中;但它不像 /ə/,也可以出现在强音位置,譬如在 bitter 中。乔姆斯

---

① 这个结论倾向于支持夏普对传统上拒斥将 bedroom 的音节划分为 [ˈbedruum] 的批评(见页 32)。

基和哈勒（1968，36）提请注意的事实是，在像 progress 这个名词中，其潜在的动词形式是 progréss，第二个音节中的元音没有弱化为 /i/，譬如在 tigress /táigris/ 中，并无这种潜在的动词形式。① 在 permit, convict 这样的名词中，潜在的动词形式 permít, convíct 本身在第二个音节中有一个元音 /i/；但在这些情况下，如乔姆斯基和哈勒所表明的那样（1968，96），这些名词的第二个音节有"第三"而非"零"重读层次（参见 Halle & Keyser 1971，39f.）；尽管"零"重读见于像 hermit, verdict 这样的词语，它们没有要重读第二个音节的潜在形式。在与的第二个音节之间，具有强度上的不同，这种观察看来是有道理的；② 这也为我们提供了在 ΣΣ 与 ΣΣ 类型的词语发音之间有其他对比的可能性，这两类词语第二个音节与第一个音节中的元音音质上类似。譬如一个像 panic [pǽnik] 这样的词，没有末音节重读的潜在形式，它的第二个音节的元音具有轻音质；但在名词 addict [ǽdikt] 中，派生自动词形式 addíct，导致第二个音节以强元音 /i/ 发音之可能性，也就是说，具有的紧张度堪比一个强元音，如 annex [ǽneks] 中的 /e/。这样一个强元音 /i/（出现在主要或次要重读位置），我们可标示为 /i/。如果我们造 The addict panicked /ði ǽdi̲kt pǽnikt/ 这样一个句子，可以发现（至少按我自己

---

① 参见（名词）insert /ínsəɛt/，保留了出自动词的 insért 的 /əə/，但 concert /kɔ́nsəɛt/ 只具有"联合"（union）这个含义，也就是说，是动词 concért 的描述性派生词——若非如此，在"音乐会"（musical entertainment）意义上，它的发音是 /kɔ́nsət/，元音弱化为 /ə/（参见 Jones 1967，s.v.）。
② 尽管据我判断，"零"重读对于 permit, convict 也有可能（但 hermit, verdict 不可能有"第三"重读层面）。

的言说）/ǽdikt/ 的韵律模式，就其两个音节而言，而且就两个音节之间的过渡而言，无法适用于 /pǽnikt/，没有后者发音和感觉都会不自然。换句话说，/ǽdikt/ 模式是［Σ́Σ］，而 /pǽnikt/ 的模式是［Σ́Σ］。

现在我们来考察双音节"连音"形式［Σ́Σ］的音节划分。过去有一些语音学家，区分了两类从元音到后接辅音的过渡，或特鲁别茨柯依所谓"音节切分"（见页49）。譬如在"紧密"过渡中，认为辅音构成 VC 序列的组成部分，尽管在"松散"过渡中，它"并非必要"（从而在音节上归属于后面的元音：参见 Fliflet 1963，191）。① 以此区分作为判断元音音长的标准，其价值已然受到质疑（亦参下文注释2），但这种区分看来符合关联着"断音"重读（［Σ́Σ］）VS 双音节"连音"重读（［Σ́Σ］）的音节划分之间的不同，前者的特质是由 V 到 C 的"较为松散的"过渡，后者则非如此。由此推论的结果（也就是双音节重读情况下"较为紧密的"过渡），事实上已然特别联系"贯通呼气"（Sievers 1901，225；参见页39，171，176）得到了说明。表明在此类情况下，譬如介于元音之间的辅音成为音节峰（Sievers, loc. cit.），或"共属两个音节"（Eliason 1942, 146），或"认为它本身构成音节界限……或……包含音节界限"（Fliflet 1963, 191）。没有疑问的是，首音节可等

---

① 马尔姆贝格（1955）的提议与此类似，基于听觉—声学证据，由听者来评估一个元音从属于后接或前接辅音，这要根据何种元音共振峰模式的末尾因辅音而发生了"曲折"。

同于受口阻音节（即使在此大概也涉及"紧密"VC 过渡）；① 譬如 hammer [hǽmə] 的首音节，与 hamper [hǽmpə] 完全不同；毋宁说 [hǽmə] 中的辅音 [m]，只是**中断**了音峰—受阻序列 [ǽ →ə̀]，未阻止首音节，也从而在此位置上未阻止重读搏动。

在有"自由"重读重音的语言中，如英语，似乎通常双音节重读都与一个介于元音之间的辅音有关（参见页 81）；尽管不会出现 [rúin] 这样的情形（参见 Sharp 1960，134），后者只是其他发音的替代形式，而且从未与英语中的更为常见的模式形成对照，按此模式元音分读前有一个长（重读）英语，如 [rûuin]。可是，这种口头发音，对于双音节重读而言，似乎并非普遍必然（参见 Hála 1961，118）；② 在拉丁语这种具有"固定"重音的语言中，似乎没有理由主张这种必然性，因为，显然在早期拉丁语诗歌中没有反对"短长格短读"的例证，诸如 ĕō，scĭō 这样的词语。所以，英语中对辅音的要求只是由于其类型学特质，从而在除辅音前以外的位置上，短长元音之间的区分被中性化了，而长元音通常要重读。

可是，还有一种可能性：一个介于元音之间的辅音，通过自动

---

① 在一个受胸阻音节中，涉及的是"松散"过渡，因为，冲击运动完结于辅音发音前。但其音质作为元音音长的标准，对于英语重读音节而言，被所涉及的短音形式的存在而中性化了：的确，譬如在 packer [pǽkə] 和 Parker [pɑ́ːkə] 之间的过渡有不同；而且，在非重读位置上，大概有从一个未受阻的轻音节的短元音，向后接辅音的过渡（参见页 171）。关于可能存在的辅音的紧张度区分，见 Hoard 1971。

② 为了避免可能的混淆，请注意哈勒似乎以"断音"这个术语指这种类型的重读，而不具有这里所采用的含义。

中断元音序列来辅助双音节重读，尤其在重读搏动的统一影响下，若非如此就会倾向于合并（参比拉丁语口语 a<u>i</u>n 指 ais-ne，还有re<u>i</u>ce，见 Vergil, *Eel.* iii 96）。关于双音节重读的全部假设，事实上就指有第二个"音节"以肌动理论的一般术语来限定，因为，它只包含一种阻止功能。其与前接音节峰的区分，想必基于其有一个独立的"响度"（sonority）峰；在此情况下，一定有某种居间的边音特征将其分开。这样一种特征，当然可以有一个辅音来提供；在其他某些情况下，当第二个元音比第一个元音开口更大时，边音可以由一个自动产生的滑音来提供（所以，或许拉丁语 *sciăt* = [skĭ̯àt]）；但在其他情况下，譬如 ăĭt = [àit]，必要的中断必须由另一种（？喉下音 [subglottal]）方式来提供。

的确，**也许从肌动观点来看，我们不应认为"双音节"重读音阵包含两个音节，而应当认为它是一个统一但有"中断"的重音节**。① 由于附属于第二个"音节"的特殊条件，只适用于涉及重读的地方（若非如此，譬如 ΣΣ̄ 在拉丁语中，或 Σ̄Σ 在英语中，就会自由出现），显然统一性基于重读；因此，毫不奇怪，在早期拉丁语诗歌中，"分解"模式 ΣΣ̄ 可以替代 Σ̄，因为，在肌动理论意义上，两者都是单音节。在古典拉丁语诗歌中，以"缩合"模式 Σ̄ 替代 ΣΣ，无关乎重读，如我们反复强调的那样，不是拉丁语的原生特征，而是源自希腊语（见页 255 及其以下）；可是，我们将会看到，在希腊语中的分解模式与拉丁语中有类似基础（页 318 及其以下）。

---

① 参见派克特（Pickett 1951, 61）关于萨波特克语（Zapotec）中"语音"音节 VS "音位"音节的论述，表明与拉丁语重音系统有某些相似之处。

前面对英语现象的考察让我们相信，假设拉丁语中"不缩短发音的"短长格形式的首音节具有"断音"形式的重读，这在语言学上并非不符合事实。进而言之，英语中的例证，如在拉丁语中那样，形成了一个相对例外的类型，若相较于重读关联一个比轻音节更长的音阵的情形，也就是说，"连音"[ΣΣ́]，或 [ΣΣ̆́]；而且，如在拉丁语中那样，"断音"[Σ́Σ̆] 序列，通常，尤其在口语中，被清除了，而偏爱 [Σ́Σ̆] 模式，从而为"短长格短读"现象提供了一个非常类似的模式。

III

第三部分
希腊语的韵律结构

13. 音节结构；音量与音长
Syllable structure；Quantity and Length

　　总体而言，希腊语表现出与拉丁语类似的音量和音长模式，我们的解说将尽可能遵循同样的次序。希腊语既有受阻音节，也有未受阻音节，前者要么受胸阻，要么受口阻；所以，譬如在单音节词语中，ποῦ(CV^+)，τίς(CV^0C)，σύ(CV^0)。后一种（未受阻）类型的单音节词，在希腊语中大量出现，这与拉丁语不同（只见于非重读后接词）。

~VCV~ 和 ~V̆CCV~（概论）

　　根据传统规则，两个元音之间的单个辅音释放后接音节，如在拉丁语中那样，而元音之间的两个辅音中，第一个辅音阻止前接音节，第二个辅音释放后接音节。所以，譬如 πᾰτέρᾰ 的音节结构就是 $CV^0.CV^0.CV$，δηλώσει 的音节结构就是 $CV^+.CV^+.CV^+$，σύνδεσμος 的音节结构就是 $CV^0C.CV^0C.CV^0C$。如果受阻音节等同于"重音量"，而未受阻音节等同于"轻音量"，传统的音节划分就普遍有格律证据支持，[①] 也有传统音量规则支持。所以，譬如 χερσί（$CV^0C.CV^0$）显示其开启了一个六音步，首音节是重音节，而 χεροῖν（$CV^0.CV^+C$）显示其结束了短长格诗行，首音节是轻音节，亦如由传统音量规则可以得出，一个音节包含一个短元音后接两个或更多辅音，这个音节就是重音节，否则就是轻音节。这些音节划分规则的适用也跨越了词语界限：所以，譬如在（六音步结尾）~τοῖσιν μὲν ἐνὶ φρεσὶν ἄλλα μεμήλει 中，音节结构是 CV^+. CV^0C. CV^0. CV^0. CV^0C. CV^0 .CV^0. CV^0C. CV^0 .CV^0. CV^+. CV^+，等同于音量模式 ΣΣΣΣΣΣΣΣΣΣΣΣ，就好像词语界限不存在。这个问题下文将详加讨论。

将单个介于元音之间的辅音分配给后接音节，与通常以口头强化释放相一致；而且，我们可以认为，譬如 φόνος 的音节模式，可以证明（以格律证据）就是 φό.νος，所以，φωνή 的音节模式就是 φω.νή。

两个轻音节在格律上等同于一个重音节的基础，将在页 255 及其以下和页 319 以下讨论。

与拉丁语不同，重音定位在希腊语中一般不能用作一种音量标准，因为，希腊语重音的位置受元音音长限制，而不受音节音

[①] 排除页 29 上讨论过的那些情形。亦参页 210 及其以下关于某些辅音音列的讨论。

量限制。①

我们已然指出（页 52），譬如在比较级构形中，希腊语有内在证据证明，以 V^0C 结尾的音节，在韵律上等值于以 V^+ 结尾的那些音节，共同与以 V^0 结尾的音节形成对照。

停顿前的 ~V̆C 的音量

如在拉丁语中那样，普遍的期待是，停顿前的 ~V^0C 会涉及音节阻止，也从而涉及重音量。希腊语词末辅音的不释放特性，尤其为下述事实所显明：只有三个辅音（ν, ρ, ς），都是连续音，得以存留在绝对词末位置上：参比 ἔφερε，密切关联梵语 *abharat*，如此等等；停顿前的（如辅音前的）οὔ（或 οὐχί），密切关联元音前的οὐκ；μέλι, παῖ, γάλα 密切关联 μέλιτος, παιδός, γάλακτος。② 在字母名称 ἄλφα, βῆτα 等中，闪米特语的 *aleph*, *bēt* 等末尾的辅音得以保留的唯一条件是有一个"保护性的"元音 α，后者使这个辅

---

① 偶尔也有间接证据，按照维勒法则（Wheeler's）和文德里斯法则（Vendryes' Laws）所要求的条件（参见 A1967a, 50 ff.）。譬如（按照文德里斯法则）在阿提卡方言中，ἕτοιμος 与 ἀρχαῖος 之间的重音定位不同，与首音节的音量不同有关，（按照维勒法则）πειχίον 与 λίθιον 之间的重音区分也是如此。但例外（尤其对于维勒法则而言）弱化了这些关联（譬如 πεδίον）。

② 进一步参见瓦尔德（Ward 1946，在现代希腊语中，只有 ς 能够真正在停顿前的位置上存在）。对于希腊语中词末辅音的音节功能，或许重要的是，按照迈锡尼方言的拼写，残留的词末辅音被忽略了，正如词中音节末尾的连续音（譬如 *te-o*=θεός, θεόν，如 *pa-ka-na*=φάσγανα, *a-pi*=ἀμφί）：亦参 Householder 1964; Beekes 1971。

音发挥了释放而非阻止功能。与此类似，感叹词要求一种闭塞阻止，与我们的"*st!*""*pst!*"一致，不可能整合进希腊语，具有一个词末辅音；而非补充一个元音；在此情况下，辅音要重叠，使得首音节可以包含所要求的阻止：所以，σίττα, ψύττα, 词末 ~τα 只是加固音节 σίτ, ψύτ 的手段。① 换句话说，这些音节等同于 σίτ.τα, ψύτ.τα 的受阻音节，但非释放破裂音（τ）在希腊语中不可能存在于停顿前。

与重音量的关联并不容易证明，因为，为格律之目的，音节音量在行末一般"不论"；而且，在行中，语法界限在音韵上往往为人为"聚合"所遮蔽。可是，有迹象显示，在希腊语中停顿前的 ~V̆C（~V⁰C），事实上等同于重音量（除了页 55 以下提到的哈利卡那苏斯的迪奥尼修斯的含义）。首先，在希腊语五音步结尾（尽管不如在拉丁语中那么发达：见页 130），有一种避免末音节以短元音结尾的倾向，也就是说，避免构成不受阻音节；正是马丁指出（Martin 1953, 141），在伯格克（Bergk）编辑的《抒情诗选》(*Anthologia Lyrica*) 中，1512 例五音步中，只有 98 例以此方式结尾；另一方面，对胸阻音节（也就是由长元音构成）与口阻音节（也就是短元音＋辅音构成）不作区分。还有另一种标志，可见其具有"分解"模式，偶尔也容许出现在悲剧短长格第四音步中。这种情形最常涉及以一个四音节词或词组结尾的诗行：譬如埃斯库罗

---

① 参见 Schwyzer 1931；Wyatt 1970, 52。元音只是 [s] 的音节性（核心功能）的语言表现。ὤόπ, φλαττόθρατ 是未整合拟声词的例证（Ward 1946, 103）。

斯《波斯人》(Aeschylus, *Pers.*) 448 ~φιλόχορος, 501 ~διὰ πόρον；《欧墨尼得斯》(*Eum.*) 40 ~θεομυσῆ, 780 ~βαρύκοτος；索福克勒斯《菲洛克忒忒斯》(Sophocles, *Phil.*) 1302 ~ πολέμιον, 1327, ~ἀκαλυφῆ；欧里庇得斯《海伦》(Euripides, *Hel.*) 511 ~ βασιλέᾱ, 991 ~ τρεπόμενος。① 这种分解，在欧里庇得斯的晚期剧作中比较常见（参见 Zieliński 1925, 174, 191）；但在出现的约30例中，无一例末音节以 ~ṽ 结尾，尽管口阻音节与胸阻音节一样得到容许。②

另一种类型的格律，其中"不论"原则并不完全行得通，不规则短长格（choliambic，见页 299 及其以下）。譬如在赫洛达斯（Herodas）的著作中，以短元音结尾的末音节比较不常见（598 例中占 72 例，根据 Werner 1892, 26；亦参页 14 以下），维尔纳总结说，"赫洛达斯，像其他使用不规则短长格的希腊著作家那样，在诗行末尾极少容许使用短元音"（Herodam ut ceteros Graecorum choliambographos in ultima versuum sede raro sibi concessisse syllabas exeuntes

---

① Seidler 1812, 380 ff.；Descroix 1931, 163.
② 这同样适用于其他悲剧著作家的几个例证。不能排除的可能性是，~ṽ 偶然不会出现；但如果关于希腊语韵律模式的某些普遍结论正确（见页 320 以下），在此位置上缺乏四短音步（ΣΣΣΣ）就可以得到解释。亚里士多德《物理学》(Aristotle, *Phys.* 194a) 所引述的三音步结尾是 ἐγένετο，但普遍认为这出自喜剧（参见，譬如 Aristophanes, *Pax* 674 ~ πολεμικά；Menander, *Dysc.* 108 ~ ἀνόσιε）。如果这真是一条悲剧规则，就算波尔森（Porson）对赫尔曼（Hermann）的批判失察（Watson 1861, 261）："由于赫尔曼在其无与伦比的论著中尚未给出任何对这种分解的显著例证，我要尝试补充此缺失：
Ὁ μετρικὸς, ὁ σοφὸς, ἄτοπα γέγραφε περὶ μέτρων.
Ὁ μετρικὸς ἄμετρος, ὁ σοφὸς ἄσοφος ἔγενετο."

in brevem vocalem）。~V̆C 类型的音节相对更为常见（约 160 例），① 从而，如果这些数字有意义，毋宁更容易与其余音节（~V̆[C]）类型）归为一类，这意味它们是重音节而非轻音节。但在此情况下，或许区分没有大到足以排除纯属各种类型出现的一个系数的统计概率之程度。② 在巴伯里乌斯（Babrius）那里，重音特点（见页 267）同化导致末音节有一个长元音。可是，有几个例证末音节是 ~V̆C（还有 ~αι, ~οι），譬如 πίστιν；尽管罕见的末音节是 ~V̆ 的例证，全都出现在按其他证据显然残缺的诗作中（譬如页 cxvi：参见鲁特福德 [Rutherford] 的评论，及其引言页 xc）。

还有某些出于抒情诗的例证，如果承认有些情况下，格律要求在末段有一个重音节，而不能"不论"。在此音段中，存在行间关联（格律持续），而不能"不论"，所以，要求末音节是重音节，要能与 ~V̆C 类型的音节相匹配，下一行就必须以一个辅音开头；所以，譬如在阿里斯托芬的《云》（Aristophanes, *Nub.* 564）中，χορόν 末尾是重音节，这是由于下一行开头是 πρῶτα。但在末段，σέβουσῖν（600 例，对应 567 例 μοχλευτήν）容许保持，尽管下一行以 ἤ 口头。如果，如伊里戈恩（Irigoin 1967）所认为的那样，格律（不规则短长格）要求在此有重音节，就会支持下述观点：~V̆C 类型的末音节，在停顿前"是并且仍是闭音节"，也因此是重音节；伊里戈恩进而评论说，"格律学家遗憾地倾向于将有短元音的词末

---

① 维尔纳的数字 199 包括了"短双元音"αι 和 οι，可是，就这两个双元音而言，并不肯定就能分析为 V̆C。
② 参见 Cunningham 1971, 219 f.。

闭音节视为短音节；从语音学上讲，停顿前的闭音节只可能是长音节"。这种对停顿前的 ~V̆C 的解释，遭到戴尔的强烈反对（Dale 1964，20 n.9），他斥之为十足的"时髦学说"和"现代理论"，并赞成一种音量概念具有自明的正确性，对此我们已有机会作了批评（页 58 以下）。戴尔大概认为所讨论的位置可以"不论"，所以，才有可能是轻音节（参见 Dale 1968，26）；但还有必要表明，一个 ~Ṽ 类型的音节有能出现在此位置。似乎可取的做法是考察每一门语言的具体情形，要根据证据而非依赖于通常的先入之见；就希腊语而言，无论如何伊里戈恩的观点似乎比戴尔的更有说服力。

元音音长

胸阻关联长元音，如在拉丁语中那样，并且在所有位置上都等同于重音量，如格律和传统所表明的那样。这种音节中的元音与其他类型中的元音形成对照，无论后者受阻还是不受阻；因为，在以 V^0C（受口阻）或 V^0（不受阻）结尾的音节中，缺乏胸阻关联短元音。可是，不像在拉丁语中那样，没有明显证据显示，短元音占据的发音周径（perimeter of articulation）更小、更少"远离中心"（参见 A 1968a，59）。譬如在拉丁语中，短元音 ĭ 通常被转写为希腊语的 ε 而非 ι（譬如 κομετιον = comitium），这显示希腊语的 ĭ 比拉丁语的 ĭ 闭合性更高，所以，与相对应的长元音并非截然不同。可是，尽管在短元音系统中，后和前音轴的设置从未多于三级开口，在古典阿提卡方言的长元音系统中，前音轴（在更早期是后轴）设置为四级开口（A 1959，244 ff.）。

就双元音而言，由于第二个要素闭合度比第一个要素高，理论上有可能形成一种口阻；但与此同时又充分开口，以伴随一种胸阻：两种情况下当然都会导致重音量。①

复杂停顿的释放和阻止

希腊语音节的口头（辅音）释放和阻止，要么单一，要么复杂。在单个词语中，诸如 τίς，释放和阻止都是单一的，而在 θρίξ 中，释放和阻止又都是复杂的。下面的复杂之情形见于停顿之后：σ + 破裂音（譬如 στενός, σφαγή, σβέννυμι, ζυγόν②）；σ + 鼻音（譬如 σμίνθος）；破裂音 + σ（譬如 ξένος, ψόφος）：破裂音 + 流音或鼻音（譬如 κράτος, βλέπω, κνέφας, τμήσις, δμώς）；破裂音 + 破

---

① 就 αυ 和 ευ 而言，显然后来第二个要素有了一种辅音功能，因为，其开口最终缩减为一个擦音的开口（所以，在现代希腊语中，譬如 αὐτός，γεῦμα = [af'tos]，['jevma]）。在元音开头的词语前的词尾二合字母，或许根本并不代表一个**双**元音，因为，第二个要素的功能是辅音（半元音），对后接音节具有释放作用，从而避免了元音分读和涉及轻音量；所以，譬如 μοι ἔννεπε = [mo.jen~]；在词中，二合字母的第二个要素，或代表一个双半元音（也就是说，αἰδοῖος = [ai.doj.jos]；ἀγαυός = [a.gaw.wos]），或代表一个元音后接一个半元音"滑音"（也就是说，[~oi.jo~]，[~au.wo~]，如此等等）：参见阿尔戈斯方言（Arg.）αθαναπαι，科林多方言（Cor.）ευϝαρχοσ（A 1968a, 77 ff.）。在两种情况下，都导致重音量，尽管会出现重叠音简化，导致失去阻止要素，也从而导致轻音量（譬如，通常在 δείλαιος 的第二个音节或 τοιοῦτος 的第一个音节中）。

元音前的 ει，与辅音前的 ει 有不同音质，这一点由下述事实可以见出：两者后来的演变完全不同（详参 A 1968a, 69, 70）。

② ζ = [zd]：参见 A 1968a, 54 ff.；Nagy 1970, 126 f.。

裂音（譬如 κτήμα，πτῶσις，βδόλος，χθών，φθόνος）；鼻音 + 鼻音（譬如 μνήμη）；三合辅音复杂类型 σ + 破裂音 + 流音或鼻音（譬如 στρέφω，σφραγίς，σπλάγχνα，σκνίψ）。① 停顿后的复杂释放清单，比在拉丁语中大得多，但停顿前的复合阻止却特别受限，也就是说，对末尾是 ς 的音列，即 ξ, ψ, λς (ἅλς)；② 还有三合辅音 μψ (χρέμψ), γξ (σφίγξ), ρξ (σάρξ)。③

~V̆CC(C)V~（不停顿的音列）

当辅音音列介于元音之间时，诸如不出现在停顿开头或末尾，可以认为（又一次与传统学说一致），它们构成阻止 + 释放。譬如 ἄρτος 可以分析为 ἄρ.τος；一种音节划分 ἄρτ.ος 是不可能的，因为，一种复杂阻止从而要比对释放的口头加强重要；ἄ.ρτος 遭排除，既根据音节开头不会出现 ρτ~，也由于所证实的首音节的重音量。在此也要将所有重叠辅音包括在内，譬如 πέττω = πετ.τω。

当出现三辅音音列时，可以根据其相对开口程度来作出决定（参见页 135）；譬如 ἐχ.θρός，ὄμ.βρος，ἄρκ.τος，πλαυκ.τός。当中间的辅音两侧辅音发音的开口程度相同时，譬如在 σπλάγχνα，ἄρθρα

---

① 方言中也存在音列 δϝ~（科林多方言 δϝενια = Δεινίου）ϝρ~（阿尔戈斯方言 ϝρησισ = ῥῆσις）。每一种类型实际出现时都存在很多差异：譬如没有 σγ~，σν~，τκ~，δλ~，σττν~。

② 方言中也有 ~ρς（克里特方言 [Cret.] μαιτυρσ；阿尔克曼翁式的 [Alcman] μάκαρς）；~ νς（譬如克里特方言宾格复数 ελευβερονς：ἕλμινς 的正确的阿提卡方言形式是 ἕλμις）。

③ ὦλξ 只是语法学家的结构，基于宾格 ὦλκα(ς)。

中，不同方言发音各有不同，因为我们知道，可以证实（也就是说，在短元音之后，参见页 210 及其以下），音列破裂音＋流音或鼻音，在有些方言中的功能如一个复合阻止，在其他方言中则如阻止＋释放；在前一种类型的方言中，此音列成分甚至可能涉及如 περ. κνός 这样的音节构成，尽管事实上 ρ 的发音开口比 ν 更大。

当未证实是处在停顿位置之首尾的音列按语法界限来划分时，音节划分的类型毋庸置疑必须是 ἐν. τείνω, ἐκ. κινῶ。这种语境提供的音列类型（大多数包含 σ）的例证，也不见于其他语境；所以，譬如 ἔκ-στασις, ἐν-σείω, ἐν-σπείρω, προσ-ψαύω, ἐκ-πτύω，这些词语中音节划分大致符合语法界限。①

~V̆CC(C)V~（停顿前的音列）

我们现在来研究元音之间的辅音音列的音节划分，它们的确也出现在停顿位置之首尾。只能出现在停顿末尾的情形极为罕见，即 λς, μψ, γξ, ρξ，并不会造成特别难题。对于 ἄλσος, κομψός 这样的词语，只能认为其音节划分是 ἄλσ.ος 或 ἄλ.σος, κομψ.ός 或 κομ.ψός 或 κομπ.σός。排除 ἄ.λσος 和 κο.μψός，这是有鉴于音量和出现在音列之首。对释放的口头强化倾向于排除 ἄλσ.ος 和 κομψ.ός；②

---

① 就较弱的非音联而言（参见 A 1962, 19 n.），这种音列有各种简化方式；所以，现在完成时被动语态不定式是 *πεπλεκσθαι → πεπλέχθαι；不定过去时是 *enskwete → ἔσπετε（参比现在时 *ensekwe → ἔννεπε）；将来时是 *διδασκσω → διδάξω。

② 这同样可以认为适用于音列 ρσ，在阿提卡方言中，尽管后者不会出现在停顿末尾，其所属类型大体如 λς（亦即流音＋σ）：所以，譬如 θάρ.σος。

而要按照两侧辅音的发音开口，在 κομπ.σός 和 κομ.ψός 之间作出判定，则倾向于前者。①

~V̆CC(C)V~（停顿后的音列）

在思考能够出现在音节首音列时，有必要区分：

（a）它们的"非音联式"出现，也就是说，由辅音与前接元音构成的音列，不包含语法界限；

（b）它们的"音联式"出现，也就是说，由辅音与前接元音构成的音列，包含语法界限。

（a）非音联式

（1）**概论**。就2辅音的音列而言，前接音节为重音量，即使元音为短元音；譬如 ἄστυ, ὄζος, κόσμος, λέξις, πεπτός, τέμνω；因此，我们认为既有 ἄσ.τυ, 也有 ἄστ.υ, 如此等等，其中前一种分析受到偏爱，考虑到对后接音节的口头释放。随之而来的音节划分 ἄσ.τυ, λέκ.σις, πεπ.τός, 等等，与古代学说（ἄ.στυ 等）相反，可是，必须认为在语音学上不适用（页29以下）。对于3辅音音列而言，相对开口标准能够再次得到应用，譬如 ἄσ.τρον, ἰσ.χνός。

（2）**破裂音+流音或鼻音**。希腊语中，与拉丁语不同，在破裂音后的语境中，鼻音的作用总体而言与流音非常相似。在上古

---

① 与此类似，譬如 ἕλκ.σις (ἕλξις)。

希腊语中，显而易见（如在上古拉丁语中那样），所讨论的音列划分为阻止 + 释放，若在所有情况下都前接重音节；对于形容词如 πυκνός, μακρός，其比较级构成是 πυκνότερος, μακρότερος，有"联系"短元音 o，譬如在 λεπτότερος, ὠμότερος 中，而且，不同于在 σοφώτερος 中（有长联系元音 ω）。① 在荷马史诗中，这也是常见的处理方式；一个音节包含一个短元音，后接破裂音 + 流音或鼻音，具有轻音量最常见的情形是**格律使然**（metri gratia），否则一个词就不合格律（譬如ἀφοδίτη）②——而且甚至，只有当涉及的音列是破裂音 +ρ 或清破裂音 +λ。可是，就荷马史诗而言，我们可以认为通常的音节划分类型是 πατ. ρός, τέκ.νον。

但在阿提卡方言中，似乎盛行一种不同的处理方式。因为，在悲剧和喜剧中，轻音量都大量出现在此语境中，所示音节划分为 πα.τρός, τέ.κνον，如此等等，使其作用如一个复合释放。因此，这种处理方式，传统上称为"阿提卡方言缩减发音"（correptio Attica）。这在喜剧中尤为典型，也大概反映了当时的口语；可见到的替代处理方式是由于受到史诗传统影响，这种影响在悲剧中当然更大。③ 阿提卡方言的处理方式的附带反应，除格律之外，也见于阿提卡方言对 ἄγροικος 的重音定位，与对 ἕτοιμος 的重音定位相像，

---

① 例如 ἐρυθρώτερος, ἐμμετρώτερος, εὐτεκνώτστος 都是后一种构型（见下文关于阿提卡方言的讨论）。

② 对于其他两种，其中有些也许有较为晚近的起源，参见 Wathelet 1966。φαρέτρης（通常是 φαρέτρη），见《伊利亚特》（Il. viii 323），可以解释为一种在音步末尾避免以长长格结尾的词语方法（见页 286 及其以下）。

③ 史诗惯例在早期短长格著作家那里也是常规。

而与对 ἀρχαῖος 的重音定位不同；按照"文德里斯法则"，对于阿提卡方言由次末音节扬抑音转向次次末音节扬音，只是次次末音节是轻音节的词语的典型特征。

由于它们涉及作为复合释放序列的第二构成部分，流音和鼻音被希腊人自己当作一类特殊发辅音，他们称其为 ὑγρός（譬如 Dionysius Thrax, *Ars Gramm.*, 14 U ; Hephaestion, *Ench.*, 5 C）。注疏家对这个词的解释各不相同，但最普遍的观点似乎认为它意指"不稳定"意义上的"流动音"（fluid），对其音质的关注是出于从音量上考量格律之目的。在拉丁语中，这个术语以 liguidus 来对译，但由于拉丁语不将其用于鼻音，所以，按流行的语音学术语，这个词于是仅指"流音"r 和 l；在此意义上，它仍然是一个有用的术语，因为，按照发音术语对这些辅音分类定义是一件有些复杂的事情。

由沙德给出的统计（Schade 1908），可以得出**阿提卡方言缩减发音**出现的下述总体数据，①也就是得出轻音量出现的总体数据，其中短元音后接一个破裂音 + 流音或鼻音音列。在阿里斯托芬的三音步和三音步中，**缩短发音**出现了 1262 例，与 196 例重音量形成对照（= 6.4/1 的比率）。在埃斯库罗斯、索福克勒斯和欧里庇得斯的三音步中，数字分别是 214/66（= 3.25/1），438/189（= 2.3/1），1118/493（= 2.25/1）。② 所以，**缩短发音**之倾向，在喜剧中强于在悲

---

① 可是，沙德没有对音联与非音联的情形作出区分。
② 就**缩短发音**而言，沙德的数字仅指音步的"弱音"位置，也就是说，它们排除了罕见的轻音节"分解"之情形；就重音量而言，数字仅指"强音"位置，因为弱音位置是轻音量或"自由音节"（anceps），从而不能规定为重音量。

剧中两倍多；但甚至在后者中，缩短发音也比重音量更为常见。比率表明，在此方面埃斯库罗斯与索福克勒斯极为不一致；但这种不一致的程度可以降低，如果注意到，排除所谓"重音量组合"（见下文），两个名词词干 πατρ- 和 τεκν- 在索福克勒斯那里占了一半以上；除此之外，埃斯库罗斯与索福克勒斯所表明的比率相当。①

可是，并非所有破裂音＋流音或鼻音，都同样倾向于复合释放的处理方式（涉及前接有短元音的音节是轻音量）。荷马方言中重音量的例外情形，如已指出的那样，未扩展到包含鼻音的音组，而且仅在前接清破裂音时才包括边音 λ。甚至在阿提卡方言中，**缩短发音**通常不会出现在浊破裂音 +λ（也就是 βλ，γλ，γν，γμ，δν，δμ）或鼻音情形中。② 为此，这些音组被沙德称为（1908）"重音连接"（coniunctiones graves）——这个术语非常恰切，按照我们对"重"这个词的通常用法，因为，它们几乎总是③涉及重音量。如果排除了这种音组，短元音前接破裂音＋流音或鼻音的情形，在阿提卡喜剧中就极少与重音量有关联；而马斯（Maas 1966，76）表示，在出现例外的地方，"我们能得出结论，这是对悲剧手法的滑稽模仿"④。

在浊破裂音与清破裂音之间的不同处理方式，可能与后者具有

---

① Descroix 1931，17；Page 1951，42 f.
② δλ，βν，βμ 没有出现，同化为了 λλ，μν，μμ（参比拉科尼亚方言 [Lac.] ἑλλά 密切关联 ἕδρα；σεμνός 密切关联 σέβομαι；τέτριμμαι 密切关联 τρίβω）。
③ 有一个例外 βύβλου 见于 Aesch., *Supp.* 761。
④ 德斯克洛瓦（Descroix 1931，15）为一个悲剧作品选给出了排除"重音组"的数据，表明轻音量的比例明显增长，超过了沙德给出的数据。

更大的张力和"破裂性"有关。鼻音与流音的不同，也许与下述事实有关：尽管在流音中口腔闭合不完全或不持续，但在鼻音中口腔闭合却既完全又持续，而且只有鼻腔打开。两个流音中，ρ 涉及一个间歇音，闭合与开放交替（颤音），而 λ 涉及部分闭合（附带边音开放）。不同处理方式表明，为发挥复合释放功能，希腊语辅音可按下列狭窄（或紧张）/ 开口分级排列：①

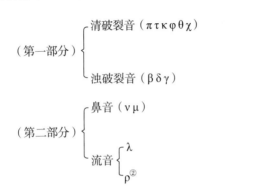

（3）**其他特殊音列**。上述分级忽略了另一个辅音，即擦音 σ，根据其狭窄程度自然应放在破裂音与鼻音之间。一般不将其列入目前的类型讨论，由于在狭窄 / 开口方面，它与破裂音并无多大不同，后者发挥的功能是作为词中复合释放的第二个构成部分。可是，它作为第一个构成部分，有一个例外见于品达（Pindar）将 ἐσλός（<ἐσθλός）的首音节处理为轻音节，所指音节划分是 ἐ.σλός

---

① 亦参 de Saussure 1916/1960，71 ff.；Descroix 1931，17 f.；Delattre 1944；Grammont 1946，99；Bell 1970b，142。

② 关于 ρ 的相对开口，亦请注意其出现在"分解"中的情形（页 317，323，326，331）。

（参见 Pyth. iii 66；Nem. iv 95；但重音节见 Pyth. viii 73）。原初词中有 σ+ 流音或鼻音音列未获得证实，因为在上古都被同化了（例外音联，譬如 δύσ-λυτος，δύσ-νοος）；但事实上，所产生的形式通常都有前接重音节（通过拉长元音或辅音），显示这种音列在上古发挥的功能是阻止 + 释放而非复合释放：所以，譬如 *asme（参比梵语 asmān）→ 莱斯博斯方言 ἄμμε，多利亚方言 ἇμε，阿提卡方言 ἡμᾶς；*χεσλιοι（参比梵语 sa-hasram）→ 莱斯博斯方言 χέλλιοι，伊奥尼亚方言 χείλιοι，阿提卡方言 χίλιοι。

还有极少 μν 前的轻音量例证，如（?）埃斯库罗斯（Aesch., Ag. 991）ὑ̆μνῳδεῖ（lyr.）。μν，不同于 νμ，能构成词首音列；这种特殊的处理方式，也许与舌尖比唇有更大的机动性有关，这个因素也附带解释了词首出现 πτ 和 κτ 的情形（比 κ 的舌后部较少机动性），也附带解释了不会出现 τπ~，τκ~。①

在其他语言中，也有与希腊语中这种现象所显示的分级划分和次序相类似的情形。在英语中，如果考虑逆向复合**阻止**，就会发现有末尾出现（过）rn，rm，ln，lm 的词语（譬如 burn，harm，kiln，helm），但没有词尾出现 nr，mr，hl，ml 的词语——这与流音比鼻音具有更大的开口相一致；也发现有词尾出现 rl 的词语（譬如 curl），而没有词尾出现 lr 的词语②——这反映了两个流音的相对位置。在拉丁语中（参见页 141 注释），重音量出现在 rĕpletur 类型中，尽管罕见，却不其出现在 rĕtrahit 类型中较为常见。在冰岛语

---

① 参见 Sievers 1901，205 f.。
② 参见 Sievers 1901，205 f.。

中，元音拉长发生在清破裂音+r前，但在清破裂音+l或n前有前送气（preaspiration）；这被解释为（页70注释）显示了前一音组发挥复合释放功能，要比后一音组更早。

在狭窄/开口分级列表中也忽略了半元音 F[w]（digamma），这个半元音历史上存留于有些希腊语方言中，并且还与有些诗歌形式的音量有关，包括荷马史诗（详见A 1968a, 45 ff.）。作为一个半元音，其发音类似于一个闭元音，我们可望在分级列表中将其放在流音 ρ 之后。① 在很多方言中，以 F 为第二要素的音列都同化或简化了；在此过程前，如果音列构成一种复合释放，我们就不应期待简化对前接元音音长有任何影响。但如果音列发挥阻止+释放功能，前接音节就总是重音节；而如果它包含一个短元音，在而仅当补偿拉长元音时，音量在简化后才能保持，也就是说，以胸阻代替口阻。我们发现，结果从一种方言到另一种方言，从一时期到另一时期，都不相同。譬如音列 ν、λ、ρ+F，在伊奥尼亚方言中导致补偿拉长元音，在阿提卡方言中则否：所以，密切关联科西拉方言（Corc.）~ξενϝοσ，我们有伊奥尼亚方言 ξεῖνος，阿提卡方言却是 ξένος；② 密切关联波奥提亚方言 καλϝοσ，我们有伊奥尼亚方

---

① 参见 Sommer 1909, 173。可是，请注意词首音列 ϝρ 出现在希腊语中，这也是英语中某些词语的词源（譬如 wrought）。相反的词首音列，譬如见于法语 roi [rwɑ]。西弗斯（Sievers 1901, 204）认为，就[wr~]之情形，[w]的发音必定特别狭窄；但也有一种情况，就是[w]只表示一个与流音同时发音的圆唇音（参比现代英语词首 (w)r-）。

② 阿提卡方言 κενός（伊奥尼亚方言 κεινός）的比较级 κενότερος 所传承的连接元音 o（而非 ω），源自共同的希腊语音列 κεν.ϝρ~，后者甚至在阿提卡方言音节变化为 κε.νϝο~ 之后也得以保留下来。

言 κᾱλός，阿提卡方言却是 κᾰλός；密切关联阿卡迪亚方言（Arc.）κορϝα，我们有伊奥尼亚方言 κούρη，阿提卡方言却是 κόρη。这显示，在阿提卡方言中，不同于伊奥尼亚方言，此类音列在简化有同样的处理方式破裂音+流音或鼻音，也就是说，具有复合释放概念。①δϝ 也显示有类似情形，如果阿提卡方言的 ὀδός，荷马方言的 οὐδός，都源自 *ὀδϝος；② 还有就 σϝ 而言，阿提卡方言中的 ἴσος，伊奥尼亚方言的 ἶσος，都密切关联克里特（Cret.）等方言中的 ϝισϝοσ（其中的 σ 是"第二个"，也就是说，源于原初的 *ts）。③ 阿提卡方言对破裂音（和 σ）+半元音的处理方式，亦见于冰岛语中的类似情形，其中（见页 70）元音拉长，譬如见于 vökva，Esja，从而意味着所讨论的音列具有复合功能。

可是，辅音+ϝ 的其他组合，结果上古的同化，在所有情况下所反映出的音节划分都是阻止+释放，通常辅音都要重叠：所以，*kw → [kkʷ]（→ ππ），如在 ἵππος 中（参比迈锡尼方言 [Myc] i-qo），密切关联梵语 aśvas；*tw → [tʃ]（→ ττ，σσ），如在阿提卡方言 τέτταρες 中，伊奥尼亚方言 τέσσαρες 中（参比以弗所方言 [Ephesus] τεταρζοντα：A 1958，115；1968a，57 f.），密切关联梵语 catvāras；（原初的）*sw → [ww]，如在爱奥利亚方言（Aeol.）ναῦος 中（参见页 207 注释），密切关联 ἔνασ-σα。④ 类似的思考也

---

① 参见 Lejeune 1955，263。
② 参见 Wyatt 1969，226 ff.。
③ 一定参见 Wyatt 1969，192。
④ 多利亚方言（Dor.）νᾱϝος 中也有元音拉长（伊奥尼亚方言 νηός，有音位转换的阿提卡方言 νεώς）。

适用于涉及半元音［j］的上古音组，譬如 *t(h)j 在莱斯博斯方言 μέσσος 中，在波奥提亚方言 μεττοσ 中（参比梵语 madhyas），*ts 的演变一样；①*sj 在 τοῖο 中（=［tojjo］），②密切关联梵语 tasya；*-lj 在 ἄλλος 中，密切关联拉丁语 alius。

最后，ἀ̣νδροτῆτα 这种形式出现在了荷马史诗中，其中首音节是轻音节，这是格律要求，当然它并非音列 νδρ 发挥复合释放功能的情形。这种形式在格律上不合常规，在很多抄本中，所造成的困难通过以 ἀδροτῆτα 替代来调整。③ 语言上古史上有可能的解决办法，这种形式大概与 ἀνήρ 有关，所以，源于 *n̥ro~ 或 *n̥r~（参见 Hoenigswald 1968）。前者可得出 ἀρο~，后者格律正确，但有孤立之虞，故而服从类比法则替之以 ἀνδρ~，如在 ἀνδρός，ἀνδρεία 等中。④ 后者有可能在早期阶段是 ἀν̥~，仍带有构成音节的 r̥⑤（参比梵语 nr̥ṣu=ἀνδράσι，如此等等），所以，也会容许前接音节保持为轻音节；r̥ → ρο 的演变，以及滑音—辅音 δ 的演变，或许发生在词语结构定型之后。如霍尼希斯瓦尔德所表明的那样，基础形式无疑是古体，可代表一种"珍稀的残余"。后一种解决方式显然意指一个语言发展阶段，甚至早于迈锡尼方言（参见 Ruijgh 1970，312）；但如瓦瑟莱特（Wathelet）所指出的那样，迈锡尼方言的书写系统，

---

① 阿提卡-伊奥尼亚方言的 μέσος，出于后来对 σσ 的简化。
② 因此，［tojo］→［to.o］→阿提卡方言 τοῦ；亦参 Kiparsky 1967c，629 ff.。
③ 可是，对这种读法的接受，见 Beekes 1971，353 ff.。
④ 参见 Szemerényi 1964，109："我们可以推出一种原有的替代形式 *H_2ner/*H_2n̥r-（源于希腊语的 ἀνερ-/*ἀρ-，等同于 ἀνερ-/ἀνρ-）"。
⑤ 参见 Wathelet 1966，170 f.。

在任何情况下都不适合于表示音节滑音;根据迈锡尼方言拼写变体,许贝克(Heubeck 1972)表示,它们在迈锡尼方言中仍未变化。同样的考虑也适用于荷马史诗的其他处理方式,特别将包含一个短元音后接破裂音+流音的音节作为一个轻音节,如在ἀβρότη中(对ἀμβρότη的格律"修正")<*ἀμρτη;与此类似有ἀβρτάξομεν(参见Wathelet 1966, 160 ff.)。

(b)音联式

(1)概论。当一个语子界限落在一个辅音音列的两个组成部分之间时,音节界限也落在此处,结果使得前接音节具有重音量,即使其中的元音是短元音:所以,譬如προσ-τάσσω、ἐκ-σῴζω、ἐκ τούτου(更不用说当语子界限落在音列后时,如在ἔξ-εστι① 中)。②

当词内的语子界限落在音列前时,音节界限仍然落在辅音之间,结果总是造成重音量,譬如带有介词προ-,προ-σ.τάτης、πρό-κ.σενος(πρόξενος)、πρό-π.τωσις。可是,当涉及词语界限时,会有某种变化。通常情况下,就词内界限而言,辅音音列的功能是阻止+释放;但偶尔,并且通常只是**格律使然**(metri gratia),前接词的末音节以一个短元音结尾,就作为轻音节来对待:譬如荷马史

---

① 此处的音节划分大概是ἐκ.σεστι,与对释放的口头强化倾向一致。
② 但在VCV音列中,语子界限通常不影响音节划分;可是请注意,譬如克里特方言συννἔι(σύνειμι的第三人称单数虚拟语气),重复ν以产生一致音节划分συν.~,从而保留了语素συν在音韵上的完整性(Lejeune 1955, 300);书证参见Maas, 79。

诗中的 ἔπειτα σκέπαρνον,① 意味着将 σκ 作为复合释放。

在某些格律位置上，显然与词末短元音后接一个词首辅音音列而产生重音量不相容。在荷马史诗中，这尤其切合第四音步末尾，② 并且普遍切合第二音步末尾，在两种情况下，末音节都处在"弱音"位置。在非抒情诗体短长格和长短格中，这种不相容很普遍，③ 特别首音节是重音节的双音节词；所以，一行诗以 ἀνδρί στρατηγῷ 开头（Aesch., *Ag.* 1627），或以 κοινᾶ χθονός（Eur., *Phoen.* 692）结尾，都是例外（Maas, 77）。避免这些情形的理由，有可能在于日常言说的重读模式与格律模式之间的关系，后文将详论。在此，只需指出，荷马史诗中第四音步上的长长格词尾，在任何情况下相对罕见；它们出现的最常见的情形，涉及 Ἀχαιοῖς, ἐφ᾽ ἵππων, περὶ πάντων 类型的词和短语，也就是说，以 ΣΣΣ 模式构成或结尾，进而言之，其中末音节超特征化了，也就是说，包含一个长元音或双元音，后接一个辅音，④ 音节结尾从而**必须**与音步结尾相一致；其最

---

① 其他例证见 Maas, 78。在《奥德修纪》（*Od.* vii 89）中，ἀργύρεοι δὲ σταθμοί, 如马斯所观察到的那样，"是可疑的，因为，θμ 也很奇怪"（本特利提议写成 ἀργύρεοισταθμοί δ᾽）。关于词首 ζ=[zd]，参见页 140 注释。在泰奥克里托斯（Theoc. xxix 20）那里，ἆς κε ζόης，其中 ζ 显然具有后来的音质[z]，这行诗几乎可以肯定有缺失（赫尔曼提议写成 κεν ἔῃς）。

② 据马斯（Maas 77），它从来都不会出现在此位置上；但德雷维特（Drewitt 1908, 104）发现有两个格——都涉及同一结构中的单音节：《伊利亚特》（*Il.* xxiv 557）ἐπεί με πρῶτον 和《奥德修纪》（*Od.* xvii 573）ἐπεί σε πρῶθ᾽（参见 Stifler 1924, 340 f.）。

③ 弱音位置没有提供证据，由于这里是"自由音节"。

④ 参见 Drewitt 1908, 103（"在音分处音节超长极为常见"）。从施蒂弗勒（Stifler）涉及《伊利亚特》（*Il.* i-vi）的情况看，约 ⅔ 属于这种类型（约 150 例中有 90 例属于 ΣΣΣ 模式）。

适合的位置是行末，在此末音节音量可"不论"（参见 Stifler 1924，366）。这并不适用于以 V̆C 结尾的词语，① 这种词尾容许一种替代模式 ΣΣΣ（从而在一行中位置不同），如果后接词开头是一个元音，譬如 ἄριστον（与 Ἀχαιῶν 形成对照），见于《伊利亚特》(Il. i 244, χωόμενος ὅ τ' ἄριστον Ἀχαιῶν οὐδὲν ἔτεισας）；以及以 V̆ 结尾的词语，甚至有更大可能性是开音节，也就是说，处在一个词首辅音或一个分读的元音前（如《伊利亚特》[Il. i 565] ἀλλ' ἀκέουσα κάθησο, ἐμῷ δ' ἐπιπείθεο μύθῳ），或在一个有省略的元音前（如《伊利亚特》[Il. i 583] ἔπειθ' ἵλαος）。关于短长格和长短格中限制，可以说 ΣΣ 模式的词语（如 ἀνδρί）发挥 ΣΣ 模式格律功能的机会，要比 ΣΣ 模式的词语（如 χερί）发挥 ΣΣ 模式格律功能的机会更多。②

（2）破裂音＋流音或鼻音。 如在拉丁语中那样，这种音列的音节划分受到语法界限的强烈影响。如果这种界限落在两个辅音之间，音节通常会发挥阻止＋释放功能，导致前接音节具有重音量，即使其中的元音是短元音。古代著作家已然注意到了这一点，如赫费斯提翁（Hephaestion Ench., 6 C）："可是，如果首音节末尾是'哑音'，而第二个音节以流音开头，那么，这个音节不再'如常'，而总是长音节。"所以，譬如在 ἐκ μάχης 或 ἐκ-λιπών 中，首音节只能是 ἐκ.~，因此，既受阻又是重音节，甚至在阿提卡方言中也是如此。

如果语法界限落在此音列前，在荷马史诗中，相当偶然的情

---

① 在第五音步处有音分，如果排除单音节，施蒂弗勒的参考文献只为全部荷马史诗提供了 14 例（其中 7 例属于专名程式）。就此，也就以元音或双元音结尾的词语，进一步参见页 287 及其以下。

② 参见 Newton 1969, 370。

况下会发挥复合释放功能，使前接音节成为轻音节，如果其中的元音是短元音：譬如在 πρωτό-πλοον，προ-τρα-πέσθαι，ἐ-κλίθη，κε-κρυμμένα 中。在有些此类情况下，譬如 προτραπέσθαι，所涉及的词语在六音步中以其他方式将无法处理，这种思考普遍适用于相当常见的情形，其中涉及词语界限（如在以短长格开头的词语前，譬如 προσηύδα，θρόνους，只可能出现在六音步中，如果前接一个轻音节）。有些此类情形，可能反映了一种原初的"构成音节的"流音：譬如，《伊利亚特》(*Il.* iii 422) ἐπὶ (F) ἔγρᾳ τράποντο，其中的 ρα 可由 *r̥ 推知（参见 Wathelet 1966，160 ff.）。可是，另一方面，在音步的弱音位置上，重音量极少以后接词首音列破裂音+流音或鼻音为根据，尽管在强音位置上往往如此（譬如《奥德修纪》[*Od.* i 107] πεσσοῖσῑ προπάροιθε）。在此涉及的普遍原则，大概与上文讨论的其他音列类型之情形一样。

在阿提卡方言中，词末短元音通常涉及一个轻音节，甚至在悲剧对话中，在词首"轻音组"前；除了少数例外，这也适用于词内语子音联；① 这显示在此类情况下，这种音列通常形成一种复合释放。另一方面，在词首"重音组"前，词末轻音节罕见；在词内音联中尤为罕见（Descroix 1931，20 f.）。

"阿提卡方言缩减发音"（*correptio Attica*）发生率，可以下文图表来总结（A 1968a，105），以喜剧为中轴，沿着不同维度展示各种要素——方言/流派，（破裂音的）清浊，（流音和鼻音的）狭窄/开口——的作用，发生率就以此为根据。

---

① Descroix 1931，18；Page 1951，24 and n.25.

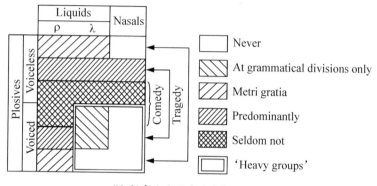

"阿提卡方言缩减发音"发生率

(3) **其他带有流音或鼻音的音列**。少有音列 μν 前接一个语法界限而容许发挥复合释放功能的情形(参见页 213): 譬如欧里庇得斯《伊菲革涅娅在奥利斯》(Eur., *I.A.* 68) θυγατρῖ μνηστήρων; 它们在词内音联中极为罕见, 如《埃斯库罗斯》(Aesch., *Pers.* 287) με-μνῆσθαι (lyr.)。

音列 *s+ 流音或鼻音, 在上古时期被同化了, 而在停顿或辅音后被简化为一个单辅音。但其原初在元音之间发挥了阻止+释放功能, 甚至当前接一个语法界限时, 这种功能仍然反映在下述事实中: 一个重音节可以由前接词末短元音构成, 譬如《伊利亚特》(*Il.* xii 159) βέλεα ῥέον (参见梵语 *srav-*, 英语 *stream*),《伊利亚特》(*Il.* xiii 754) ὄρεῖ νιφόεντι (参见英语 *snow*)。就 ρ, 这种处理方式也普遍见于阿提卡悲剧和喜剧对话, 而拼写 ρρ 偶见于铭文。① 在词内音联处, 这种处理方式显然具有规范性, 并且导致双辅音, 譬如荷马

---

① 如在有些荷马抄本中, 要涉及一个介词 (从而将词语密切关联起来): 譬如 καταρρόον 指 κατὰ ῥόον。

方言 ἔ-ρρεε, ἔ-ννεον（参见梵语 snā-），阿提卡方言 ἔ-ρρευσε。可是，类比词首位置，有时候会导致在增加音节之后使用单个辅音：譬如在荷马史诗中，ἔλαβε 密切关联 ἔλλαβε（参比埃吉纳方言［Aegina］λhαβον=λαβών<*sl~）；在阿提卡方言中，涉及 λ 或鼻音，这是普遍处理方式——所以，只有 ἔλαβε, ἔνειφε, 如此等等——尽管涉及 ρ 时，仍然有例外。也许与此相关的情形是，尽管词干源于单个词首 *l 或鼻音（譬如 λείπω, νέομαι：参比梵语 ric-, nas-），因此，不涉及对前接音节的阻止，但所有 ῥ~ 类型的例证都源出于原初辅音音列。①

（4）**带有半元音的音列**。有出自荷马史诗的证据可见（参见 Sommer 1909, 177），当词语界限介于一个辅音与 F［w］之间时，带有半元音的音列能够发挥阻止释放功能，因为，前接带有短元音的音节，有时候从格律角度可算作轻音节：譬如《伊利亚特》(Il. i 106) κρήγυον εἶπας,《伊利亚特》(Il. vi 151) ἄνδρες ἴσασιν（与之相对的重音量，譬如 Il. i 108 εἶπας ἔπος），从历时角度看，每一种情况下，第二个词如所周知都以 F 开头（参比克里特方言 Fειποντι, 波奥提亚方言 Fιστορ, 埃利亚方言［El.］Fεποσ）。索梅尔（Sommer）将此类情形中的轻音量解释为，由于半元音具有比前接辅音相对更高的"响度"（类比一种按照开口所作的解释）。但是，如果语法上的界限不能有效地将两个辅音分开，这在希腊语中别无前例，而索

---

① *sr 或 *wr。关于后者，参见 τᾰ ῥήματα (Aristophanes, Ran. 1059)；《奥德修纪》(Od. xxii 46) ὅσᾰ ῥέζεσκον——但也有 ἔ-ρεζε (Il. ii 400)，就此，考罗博思库斯（Choeroboscus, Schol. in Theod., ii, 44 H）认为这是 διά τό μέτρον［格律使然］。

梅尔的解释事实上多余，正如它也是错误的。有明确迹象显示（参见 Chantraine 1958，120 ff.；Shipp 1972，44 f.），词首 ϝ 在史诗阶段处在消失过程中（铭文显示此特征在伊奥尼亚方言中比在爱奥利亚方言中较少可行）。譬如在词源上词首有 ϝ 的词语前，通常有元音省略情形，譬如《伊利亚特》(Il. i 19) εὖ δ' οἰκάδ' ἰκέσθαι（参比阿卡迪亚方言 ϝοικοσ）；这些元音省略情形很少能轻易消除，大多数明显采取了调整，当时词首 ϝ 不再是口语的一个特征，也不再是其初始的构形特征（譬如阴性 φωνήσασ' ἔπεα 遵循阳性 φωνήσας (ϝ)ἔπεα）。事实上，大部分情况下，当弱音位置上重音量在 ~V̆C w~ 类型的词语界限上达成时，要么涉及构形，要么涉及后接非重读后接词（与前接词构成一个音韵学上统一体）。因此，对一个表面上的 ~V̆C w~ 音列并**不**总是造成重音量这一事实最有可能的解释只是：第二个词在构造时并不具有词首 ϝ；它始于一个元音，也因此前接词末尾的辅音只发挥音节释放功能。

与此不同的情形是在涉及词内语子界限的地方。在此一个语子以 ϝ 开头，按其受约束的本质，总是和与其有语法关联的前接语子末尾的辅音关联在一起；因此，ϝ 消失，或许是期待在韵律上造成影响，这些韵律影响一般不适用于自由形式（词语）。可是，这种情形事实上并未发生。可以期待，就 -ώς 词尾的完成分词，原本有一个 ϝ，譬如由哥特语 -wōps、梵语 -vā́n(也由阴性词尾 -υῖα 中的 υ) 显示出来。① 那么，可以期待原初的 *γεγον-ϝως，至少在伊奥尼亚

---

① 还有迈锡尼方言 te-tu-ko-wo-a = tetukhwoa（参比 τετευχότα）。

方言中造成 *γεγουνως（有补偿性元音拉长）；还有 *λελυκ-ϝως，甚至在阿提卡方言中造成 *λελυππως（辅音重叠：参比 ἵππος）。事实上，并未见有这种补偿性的重音量。这并非由于组合 Cw 的作用是复合释放（在音联语境中无论如何不可能），表明这一点的是下述事实：κϝ 在此并未演变为 π。① 因此，原因必定是，原本无 ϝ 的构成其余完成时词形变化的词形模式（譬如 γέγονα，λέλυκα），因类比压迫排除了所期待的演变。

词内音联类型 ~V̆C-j~，合乎规则地涉及重音量，如可由其非音联式演变预料；譬如 *t-j 在阿提卡方言 μέλιττα 中，在爱奥利亚和伊奥尼亚方言 μέλισσα 中，密切关联 μέλιτ-ος；②*k-j 在 φυλάττω，φυλάσσω 中，密切关联 φύλακ-ος。

当 Cw 作为一个词首音列出现时，在荷马史诗中，如破裂音＋流音或鼻音，会对以短元音结尾的后接词的音量产生影响，譬如《奥德修纪》(Od. i 203) οὔ τοι ἔτῐ δ(ϝ)ηρόν，《奥德修纪》(Od. ix 236) ἡμεῖς δὲ δ(ϝ)είσαντες，甚至《伊利亚特》(Il. iii 172) φίλε ἑκυρέ，在此 ἑ~ = ϝϝέ~ <*swe~，保存了重叠辅音，尽管这是老化的词首表达（A 1968a，46 f.）。这显示，在早期希腊语中，此音列发挥的功能是阻止＋释放，甚至当前接一个语法界限时也是如此。但在诗行的弱音位置上，类似的限制适用于关于其他音列所论及的那

---

① 或迈锡尼方言的 q。
② 在阿提卡方言和伊奥尼亚方言中（如比较 μέσος：页 215 注释 3），重叠音可以归因于语法界限，以推迟语音发展，所以，在重叠音阶段，(a) 阿提卡方言与波奥提亚发音在相关反折方面聚合了，(b) 简化规则 σσ → σ 在伊奥尼亚方言中停止发挥作用。参见页 21 和 A 1958，119 n.31。

些情形。

在词内音联中，语子开头是 Cw 所期待发挥的作用，如在能够证实的情形中那样。在荷马史诗中，音列 δϝ 要求前接音节是重音量——在文本中，或通过元音拉长达成，或通过辅音重叠达成：譬如 δείδιμεν 之于 δέ-δϝιμεν，ἔδδεισα 之于 ἔ-δϝεισα；因此，这个音列的功能就是阻止 + 释放。但在阿提卡方言中，没有拉长元音，所以，δέδια，ἔδεισα，内含复合释放（显而易见，甚至在伊奥尼亚方言中也是如此：参见 Lejeune 1955，71）。

在波奥提亚方言 θιοππαστοσ，τα ππαματα 中，重叠辅音出现在词内音联和非重读前接词音联中，是由于原本词首音列是 *kw，显示此音列的功能是阻止 + 释放；同样的情形也适用于上古音列 *k，在荷马史诗中有 ὅτε (σ)σεύαιτο 和 ἐπισσεύεσθαι（参见梵语 cyav-）。

超特征化

有些音节，胸阻后接处在音节内部的一个或更多辅音发音，可以证实其广泛存在于希腊语中：譬如 πλήτ.τω，θώράξ；它们的数量会增加，如果对 πρωκτός 类型的词语的音节划分是 πρωκ.τός（如在一个短元音之后），而非 πρω.κτός。

可是，在上古时期，有迹象显示，当辅音是一个"响音"（sonant）时（"奥斯特豪夫法则"[Osthoff's Law]）：参见页 66。这种特殊变化的理由，大概在于"响音"有相对较大的开口，容许它们在音节中的表现与元音一样，譬如伴随对此音节的胸阻。① 在此情况下，要么音节峰会持续元音的整体时长，从而发音会异常地长；要么，如果元音的后半部分通常发挥功能是作为一个"音节尾"，也就是说，伴随胸阻，从而结束冲击运动，那么，"响音"通常会构成一个额外的响度峰。② 通过缩短元音，可以获得一个正常的音峰，而"响音"可以作为阻止因素发挥作用。

当同样的长元音+响音音列出现在一个元音前时，不会出现这种反常现象，因为，响音的功能发挥，不是作为一种对下一音节的释放的口头强化，而第一个音节通常以一个长元音结尾，也就是说，形成胸阻：譬如 γνώ.ναι, πατρῶ.joς (πατρῶιος)。在任何语境中的词末响音前，元音都不会缩短（所以，合乎规则地，ἔγνων 的与格单数是 ~ωι），或许，可以对语境作出概括：其中的响音后接一个它附属于其上的元音性词首（τῶ janδρί = τῶι ἀνδρί，如此等等）。③

在更晚一个阶段，被奥斯特豪夫法则消除的音列类型进一步出现，譬如通过元音缩合，如 ἔ-ελθον → ἦλθον, τιμάοντες → τιμῶυτες, ἀοιδή → ὠιδή, προ-αυδᾶν → πρωιδᾶν，或通过类比，如虚拟语气 φέρωνται, 依据 φερώμεθα, φέρησθε（Lejeune 1955, 189）。④ 在此情况下，音列所涉及的流音和鼻音存留下来，但半元音仍然是一个难题，它们在响音中最具元音性质（参见页67）——因此，将"长

---

① 亦请注意，在早期希腊语中，甚至流音和鼻音，也有可能像音节尾那样，承载音高变化（页242以下）。
② 参见页177。
③ 参见对词末 αι 和 οι 处理 =1 莫拉，就确定重音而言（页238注释）。
④ 要不就是类比避免了奥斯特豪夫法则的作用。

双元音"（long diphthongs）这个名称给予了音列 ωι, ωυ，如此等等。在纪元前 4 世纪早期，辅音前的 ηι 与 ει 合并了：所以，譬如 κλείς 指旧阿提卡方言的 κλήις。此后不久，同样的演变出现在了曲折词尾中（譬如与格单数 βουλει，第三人称单数虚拟语气 ειπει），但从约纪元前 200 年开始发生了逆转，类比恢复了其他格和人称/数中后面没有 ι 的长元音（譬如 βουλῆς, εἴπητε）。但"长双元音"不再符合实际，大约与此同时，发生了一种新的演变，使"长双元音"失去了其半元音要素：所以，āι, āυ, ηι, ωι → ā, η, ω。[①] 在文本中保留半元音，纯属正词法使然，其匮乏音质也反映在拜占庭希腊语的书写习惯中，使用 ι 下标（ᾳ, ῃ, ῳ）而非后标（adscript）。

所以，在此较晚时期，音列的反常现象，通过将其缩减为单个长元音而得以消除，其发挥的功能通常如音节峰 + 音节尾。

[①] 证据参见 A 1968a, 82。

14. 词语音联（~V+V~）
Word juncture（~V+V~）

维持元音分读，基本形式不作任何改变，在荷马史诗中有很好的证明（即使有人忽视后接词其实始于 F）。当词末是长元音或双元音时，这种情形最常见于音步的强音位置，尤其在音顿处；在第三音步上，可以证实有 700 例。① 当词末是"长双元音"时，譬如《伊利亚特》(*Il.* xvi 734) σκαιῇ ἔγχος，可以更恰当地视其为一个长元音+半元音音列，也就是 [~εεje~]，如此等等；当词末是其他双元音时，要么视其为短元音+重叠半元音，譬如《伊利亚特》(*Il.* iii 40) ἔμεναι ἄγαμος = [~ajja~]，要么视其为双元音+半元滑音（semivocalic glide），也就是 [~aija~]。当词末是闭元音或中开口元音时（或短或长），也有可能有一个自动出现的过渡滑音介入，譬如《伊利亚特》(*Il.* xvii 196) παιδί (j) ὄπασσε,《伊利亚特》(*Il.* vi 388) ἐπειγομένη (j) ἀφικάνει,《伊利亚特》(*Il.* i 333) ὁ (w) ἔγνω——如此类音列中通常所发生的情形。

除了某些通常以元音分读出现的形式（见下文），短元音在元音分读中最常见于 $IIIb_1$（"长短格"）音顿，Ib_2（尤其如果后接停

---

① Chantraine 1958, 89.

顿：譬如《伊利亚特》[*Il*. ix 247] ἀλλ' ἄνα, εἰ μέμονάς γε)，还有 IVb₂（"牧歌体音分"[bucolic diaeresis]）。①

在弱音位置上，荷马史诗中的词末元音或双元音，在元音分读中要"缩短"（因此，指此现象的"史诗体缩短发音"[correptio epica]这个术语，有时候也称为"弱元音分读"）。到目前为止，最常见的情形世纪双元音 ~αι 和 ~οι，可以证实其中有 6500 例。可是，由于双元音没有发"短音"的对应元音，在此毋宁属于让第二要素转而对下一音节发挥与辅音一样的释放功能，将第一要素（一个短元音）作为音节尾；所以，譬如 ἄνδρα μοι ἔννεπε= [~o.je~]，κλῦθί μευ ἀργυρότοξ'= [~e.wa~]；而在此语境中长元音实际缩短发音的情形（譬如 πλάγχθη ἐπεί），常被视为对双元音缩短发音的类比扩展。② 可是，（见页 142）"元音前的元音要缩短"（vocalis ante vocalem corripitur）这一现象，本身也是一种可能的语音过程。

一个"长双元音"的"缩短发音"更令人称奇，因为，对其第二要素的期待是如辅音那样发挥释放功能，也从而保持长元音，如在强音位置上那样：两方面的处理，参见《伊利亚特》(*Il*. i 30) ἡμετέρῳ ἐνὶ οἴκῳ ἐν Ἄργεϊ；这种"缩短发音"较其他双元音甚或长元音的缩短发音不常见，或可视为对第二要素的类比扩展，或可视为导致失去第二要素，从而缩短了元音。

缩短发音未显示于书面文献，但偶有例证见于铭文：譬如克里特方言 με (=μὴ) ενδικον，麦加拉方言 επειδε ικεσιος（Lejeune

---

① Chantraine 1958，90.
② 关于讨论和参考文献，见 Rossi 1968，234。

1955，292）。

在阿提卡诗歌中，元音分读实际上仅限于感叹词、感叹呼格（如 παῖ）、疑问词 τί 和（在喜剧中）περί 与 ὅτι，以及在短语 εὖ οἶδα/ἴσθι，μηδὲ/οὐδὲ εἷς/ἕν 中。①

一般避免要元音分读，这并不局限于诗歌；马斯（Maas）注意到，也适用的散文，譬如伊索克拉底（Isocrates），"并且主导着大部分散文，几无例外，直至拜占庭晚期"；柏拉图表现出不断增长的将元音分读局限于"前置"词的倾向（Maas，84），在德摩斯泰尼（Demosthenes）那里则是通则；这也适用于有些亚里士多德的著作。

另一种在基本形式中保持音节数目方法，除了不用元音分读，还可以插入一个滑音辅音（而非一个上文指出的自动的半元音滑音）。这仅限于特殊类型的词语，其中主要是词末使用或不使用辅音交替继承下来。最常见的情形是 ν ἐφελκυστικόν 或 "词尾加 n"，譬如在与格复数 πᾶσι(ν) 中，在第三人称单数 ἔδοξε(ν) 中，这似乎主要源于伊奥尼亚方言（但希罗多德［Herodotus］未见使用）。偶尔也用于词首辅音前以保证一个重音节（譬如 ἔδδεισεν δέ，ἔστιν θάλασσα），事实上在铭文中（与拜占庭学说相反），见于辅音前与见于元音前一样频繁。ς 偶尔也见于发挥一种"元音分读－桥接"功能：譬如 οὕτω(ς)，还有荷马史诗中的 πολλάκι(ς)，ἀμφί(ς)。另一种孤立例证是元音前的变体 οὐκ 中的 κ，在其他语境中会失去（参

---

① Descroix 1931，26 ff.；Maas，90.

见页 204）；阿卡迪亚方言 εικ（密切关联辅音前的 ει）可指这个音的一种扩展（Lejeune 1955，286）；① 可以此对比英语中的情形：词末 r 一般都会失去，却在词首元音前得以保留（如在 more and more [mɔːr ən mɔː] 中），也被有些说话者扩展到了其他以类似元音结尾的词语（譬如 law and order [lɔːr ən ɔːdə]）。

其他对词末和词首元音音联的处理方式，涉及将两个音节缩减为一个音节。这种类型的最常见的情形通常称为"元音省略"。与在拉丁语中不同，似乎几无理由怀疑，这其中所涉及的是第一个单词词末元音完全丧失。这实际上严格限于短元音，而且其中元音 υ 从来不会省略，而元音 ι 的省略是动词词尾的一个特征。在书面文献中，除了书写省略，这种失音要使用省音符；可是在铭文中，元音往往要写出来，甚至在格律表明必须省音的地方也是如此（譬如 πατρισδεστιεφεσοσ = πατρὶς δ' ἐστ' Ἔφεσος）；总而言之，文本越"正式"，越倾向于书写完整。元音省略中所涉及的完全失音，进一步显示于复合词的内部音联所导致的结果（ἐπάγω 等 < ἐπ(ι)-ἄγω），也显示于下述事实：后接音节，如果原本是轻音节，元音省略后仍然是轻音节（可是如果涉及元音组合，结果就是一个长元音或一个双元音，造成重音量：见下文）。显而易见省略一个双元音，譬如见于 βούλομ' ἐγώ（Il. i 117：主要见于史诗、抒情诗和喜剧的动词词尾）；但这也可以表示失去第二个（半元音）要素，从而省略

---

① 可是，κ 也可以是小品词 κε 的一种残留。

了所保留的词末短元音。① 与此类似的现象可见于古印度语（其中聚合而非省略才是普遍规则）；譬如 vāi asāu 这样的音列，指音联形式 vāyasāu，其中的 y（我们从古代权威那里知晓，这个音要弱读——"laghuprayatnatara"）后来失去了，产生了古典梵语中的一种元音分读形式 vā asau；但在吠陀颂诗中，词语偶尔会进一步聚合，产生音联形式 vāsāu（A 1962, 38 f.）。

尽管对失去"已省略的"元音少有疑问，有迹象显示，认为音联类型 ~VC(V̆)+V~（省略了 V̆）与音联类型 ~VC+V~（词末是 C，从而无元音省略）有不同含义。譬如在悲剧三音步中，违反"波尔森法则"（见页 311），偶尔也被认可，如果涉及元音省略；② 元音省略的其他特点，已联系音顿讨论过了（页 121 以下）。由格律证据清楚可见，当一个元音省略时，前接辅音通常都对后接音节发挥释放功能，因为，在音列类型 ~VC(V̆)+V~ 中，前接音节仍然是轻音节；而且，有理由认为，元音省略通常是持续言说的一个特征，在所涉及的词语之间没有停顿。这至少可以部分解释，何以要反对将 γαληv' ὁρῶ ③ 读如 γαλῆν ὁρῶ 的著名误读（见页 105）。根据注释，这是由演员方面的气息短缺所致，从而可以显明，他在 v 后有停顿，从而排除了其对后接音节具有释放功能，也从而有可能将此音列解

---

① 索默施坦因（Sommerstein 1971, 214 n. 154）提出了很好的论证，认为这种元音省略讲究的不是阿提卡言辞的规范特质。
② Sobolevskij 1964, 50.
③ 省音后的 γαληv(ά) 的重音定位并不确定。传统认为重音"后退"到了前接音节：但请参见 Laum 1928, 420 ff.。特隆斯基（Tronskij 1962, 81）提议，在此情况下，可以认为音高朝向有重音的音节逐级升起，次末音节的音高事实上高于它前面的音节。

释为由元音省略所致。在刻意停顿之处，元音省略自然是创作中的一种人为——尤其当出现在说话者转换之时，譬如《埃勒克特拉》(Sophocles, *El.* 1502) OP. ἀλλ᾽ ἔρφ᾽. AI. ὑφηγοῦ.（进而，送气由第二位说话者转移到了第一位说话者！）

比元音省略更不常见的是"词首元音省略"过程，其中正是后接词的词首短元音，在词末长元音或双元音后省略了，譬如在ἢ 'μός 中。这主要用于悲剧和喜剧词首的 ε。①

其余类型的音联，是词末和词首元音聚合为一个长元音或双元音；尽管并不仅仅如此，但大多数情况下都涉及彼此有密切语法关联的词语（尤其当第一个词是"前置词"时）。对这种聚合的各种多少有些人为的次级分类，为语法学家所承认；更为普遍的区分根据是，聚合是否显示在书写之中了。这个区分反过来以下述思考为根据：在否定性例证中，所导致的音不会出现在除音联外的语境中——譬如或许阿里斯托芬《地母节妇女》(Ar., *Thesm.* 476) μὴ ἄλλην 中的 [εα]。这种聚合所采用的术语是 συνίζησις [元音溶合]；但这一过程并不对应于如今通常所谓"元音缩减" [synizesis]，后者指一个音列中的第一个元音缩减为一个半元音。这清楚见于下述事实：譬如ἐπεὶ οὑ (*Od.* iv 352) 中的 ἐπεὶ 的首音节仍然是轻音节，而音联类型 ἐπjοὑ，可以期待其首音节是重音节；反之，由συνίζησις [元音溶合] 所造成的音节是重音节，即使第二个词的首音节基本多为轻音节——如在 μὴ ὁ κελεύσας (Eur. *Or.* 599) 中，

---

① 详情和有意思的限制，参见 Platnauer 1960。

因此，其发音并不是 [~mjo~]。可是，关于这些聚合实际的音质，我们绝大部分只能根据普遍的语音学上的可能性来猜测。

对其他情形（书写中有标注），语法学家进一步作出细分，根据（a）涉及元音缩合过程，譬如，μὴ οὖν → μῶν，τὰ ὅπλα → θὥπλα，μοι ἐστι → μοὖστι，或者（b）更为罕见的情况是，第二个元音是 ι 或 υ，而且只是与前接元音结合形成了一个双元音（如 τὸ ἱμάτιον → θοἰμάτιον）。类型（a）一般称为 κρᾶσις [元音缩合]，而类型（b）συναίρεσις [元音结合]。两种情况下，这种聚合一般都按通行的（源于亚历山大学派）体例以"弯曲符号"（κορωνίς）标注，形式上与"省音符号"（ἀπόστροφος）一样。①

可是，古代术语往往前后不一和彼此混淆。② 并非总能确定一个音联涉及聚合还是词首元音省略；譬如在 μη 'ς 与"元音缩合" μῆς 之间，抄本各不相同——在此关键仅在于书写，因为，发音在两种情况下都一样；可是，有时候涉及语音上的不同，如在 χρῆσθαι 'τέρῳ 与 χρῆσθ-ἀτέρῳ 之间（Ar., *Pax* 253：分别是布伦克 [Brunck] 与贝克 [Bekker] 的校勘），亦如在 μή 'δικεῖν 与"元音溶合"形式 μὴ ἀδικεῖν（Eur., *Hec.* 1249；Aesch., *Eum.* 85）之间。在 λέγω· 'πὶ τοῦτου（Soph., *Phil.* 591；参见 Lejeune 1955, 291）这种情况下，词首元音省略有下述事实支持：音联出现在主要语法中断处，在此位置上，元音省略见于希腊语诗歌，而元音聚合不会出现在希腊语诗歌中。或许能够看出之所以如此的理由。如果这样的语法中断意

---

① 外形也与"不送气音标号"一样。
② Descroix 1931, 29 f.；A 1968a, 92 f.

味着（如在日常言说中）表演中的停顿，那么，元音省略和词首元音省略确如上文所指出的那样，其人为性达到了这样的程度：它们的语音动力依赖于言说的持续；而**聚合**在停顿处是**不可能的**。在创作拉丁语诗歌时，这种考虑显然没有遏制力（见页 145，页 149 以下），这表明，相较于希腊语，拉丁语诗歌创作与表演的一致程度较低。

在所有类型的音联中，词首送气（"送气发音"）在韵律上无关紧要。譬如，它不会妨碍元音省略或元音聚合，在音列类型 ~VC+hV~ 中，它不会造成前接音节中有重音量。① 当前面是一个清破裂辅音时（也就是说，οὐκ，或有元音省略，譬如 ἐπ'，κατ'），送气发音转换为辅音，造成一个送气破裂音；所以，譬如在 καθημέριος 词内；在词语音联中，καθ'ἡμέραν 类型的拼写，送气发音标注在元音上，显得冗繁，也要归于拜占庭的"规范化"（在铭文中并不普遍，铭文中反倒显示为元音送气发音）。当前面的辅音属于一种没有送气的对应发音类型时，复合词中的惯例表明送气发音普遍要失去（只是偶尔才有 παρηεδροι，προσηεκετο = προσηκέτω，如此等等）；② 这有时候也是词语音联中的情形，尤其当词语具有密切语法关联时；对此情形的一项暗示，见于归于希罗迪亚努斯的说

---

① 荷马史诗行末 πότνια Ἥρη 程式的元音分读令人称奇。据说（参见 Chantraine 1958, 92），这或许反映了一种上古形式，按此，原初的词首辅音（？ *s 或 *j）仍然残留，尚未变成 h。

② 可是，请注意，在铭文和书面文献中，从纪元前 4 至 1 世纪，οὐθείς（和 μηθείς）这种形式，密切关联阴性名词 οὐδεμία 和早期形式 οὐδείς，表明 δ → θ 的失去浊音和送气发音（Lejeune 1955, 290）。

法（Herodian ii, 48 L）：φίλιππος 这个词，作为一个形容词（有语义上可以分离的两个要素），第二个要素要送气发音，但作为专名则不如此发音。

最后，对音联和音量的思考，排除了有时候会作出的假设："不送气发音"所示内容，超过了仅仅匮乏送气发音——尤其特殊的是显示为一个喉塞音。对于这样一种闭塞发音而言，必然要排除元音省略或聚合，而且，如果前面是一个词末辅音，在所有情况下都会使前面的音节成为重音节——这种情形显然不会出现。"不送气"符号，最初由亚历山大语法学家引入，仅仅意在将注意力导向如 ὄρος（与 ὅρος 相对）这种词形的正确读法，并无肯定的语音学含义（A 1968a, 50 ff.）。

15. 重音
Accent

(a) 分类法

230　　拉丁语与希腊语的重音规则之间的某些差异（见页 153），表明了一种调制类型上的差异，尤其表明希腊语中的调制是频率调制而非振幅调制。其他标志也倾向于得出同样的结论。从柏拉图的时代起（譬如《克拉底鲁》[*Crat.* 399A]），就对一种二元重音对立有了认识，通常所使用的术语是 ὀξύς [扬音]（→ *acutus*）和 βαρύς [抑音]（→ *grauis*）。两个术语中，前者用于积极高扬的发音特征，出现在每个完全单词的一个并且仅一个音节上，从而有时候称为 κύριος τόνος，也就是"真正的重音"（accent proper）。如果在此将 ὀξύς 解释为指涉振幅，从而以听觉术语称其为"响音"（loud），与之相对的 βαρύς 就意为"静音"（quiet）——但实际上它并非"静音"；确如斯特蒂文特所指出的那样（Sturtevant 1940, 94），它倾向于指相反的意思，用于既低沉又响亮的音，譬如 βαρυβρεμέτης，意为"响雷"，这是宙斯（Zeus）的尊号；《斐德若》（*Phaedrus*, 268D）中有一个段落，涉及音乐，显示柏拉图认为这些术语适用于音高特征。与此类似，从《修辞术》（*Rhetoric*, 1403b）中的一个段落清楚可见，亚里士多德将重音（accentation）作为一种类型的 ἁρμονία [和谐]，而将响度（loudness）称为 μέγεθος（以 μέγας [大] 和 μικρός [小] 为其两极）。在希腊语中实际指重音的词语，本身就表明了其性质；其中的 τάσις [高音] 或 τόνος [锐音]（字面意思是"拉紧"[streching]），可以认为其含义出自琴弦张力，由是乐器的音高方有变化，"尖锐"重音通常与 ἐπίτασις 意为"拉紧"有关，而"低沉"重音与 ἄνεσις 一位"松弛"有关——这些术语也适用于弦乐器（譬如柏拉图《理想国》[*Rep.* 349E]）；而常见的术语 προσῳδία，拉丁语**重音**（*accentus*）是对这个词的直译，显然涉及希腊语重音的旋律性质（见页 3）。

这些标志进一步有希腊语重音与吠陀梵语重音的切近比较支持，后者有古代印度语音学家准确无误的描述，使用的术语是音高之"高"与"低"，① 和声带之"紧"与"松"（参见 A 1953, 87 ff.）。尽管多有分歧，希腊语和吠陀梵语的重音系统，必定有一个共同的印欧语起源——譬如，由下列名词表可见其吻合：

主格单数	πατήρ	pitā́
呼格单数	πάτερ	pítar
宾格单数	πατέρα	pitáram
与格单数	πατρί	pitré
与格复数	πατράσι	pitŕ̥ṣu（位置格）

---

① 关于与音高有关的"高"与"低"术语在西方古代的比喻用法的讨论，参见 Jan 1895, 58 f., 143 ff.。

希腊语的 ὀξύς 对应于印度语言的 *udātta*（"抬升"[raised]）音高，对应于 βαρύς 的是 *anudātta*（"不抬升"[raised]）音高。这种原始系统的残余，仍见于有些现代巴尔干和斯拉夫语言（尤其是立陶宛语和塞尔维亚-克罗地亚语）；① 但正是吠陀梵语最为可靠地保留此系统，以至于用库吕洛维奇的话说，"要理解希腊语重音，从吠陀梵语的大概状况出发就足够了"（Kuryłowicz 1958，7）。

音乐证据

似乎还有支持证据出自希腊文献的有些音乐设置的残篇。阿里斯托克塞诺思（Aristoxenus）观察到，言说中有一种自然的旋律，以词语重音为根据（*Harm.*，17 W）；但在歌唱中，据哈利卡纳苏斯的迪奥尼修斯（Dionysius of Halicarnassus），这种旋律从属于音乐的要求。迪奥尼修斯提到，欧里庇得斯的合唱歌（the choral lyrics）将此展示得最为清楚，他还从《奥瑞斯特斯》（*Orestes* 140-142: *De Comp*，xi，41 f. UR）中引了一个例子。巧的是，这出戏剧的另一合唱歌残篇（338—344），其音乐设置也许是原作，保存在一卷纸莎上；尽管残损严重，也倾向于支持迪奥尼修斯的主张：语言重音与音乐之间少有关联。就此，蒙特福德（Mountford 1929，165）评论说，缺乏关联并不奇怪，因为，"如果合唱歌的主歌和对歌用同样的旋律歌唱，往往会造成旋律起降违背歌词的音高重音；

---

① 某些现代斯堪的纳维亚和印度-雅利安语（瑞典语，挪威语；旁遮普语，拉亨达语）的旋律重音，具有次级和独立起源。

歌节的对应不会扩展到与重音定位相一致"①。

尽管事实看来足够清楚，但对这些主张的合理化并不能获得所有学者的支持。温宁顿-英格拉姆（Winnington-Ingram 1958，42）指出，并不能肯定合唱歌的主歌和对歌都用同样的旋律。在晚近一项研究中，瓦尔斯特罗姆（Wahlström 1970，8）表示，"将众所周知的激进剧作家如欧里庇得斯的创作实践普遍化是危险的"；由对抒情诗人的诗段的一项重音分析出发，他试图表明诗节之间有一种重音应答倾向，在接近诗行末尾时尤为显著，从而表明诗人考虑到了音乐背景。诗节之间的一致并不完整，但瓦尔施特劳姆评论说（22），"这是一项违背人性的困难任务：要创作出大规模的在重音和格律两方面都完美对应的诗作，还要成为好的文学"。

无论关于合唱歌节的音乐背景的真相究竟如何，出自德尔斐（Delphi）的音乐铭文例证的情形非常清楚（很可能属于纪元前2世纪晚期），在音乐与我们推断出的言语的旋律模式之间有一种显著的一致倾向。② 这同样适合西西鲁斯（Sicilus）墓志铭，1883年发现于埃丁（Aidin），近小亚细亚的特拉勒斯（Tralles）。这则铭文（不至于纪元前2世纪，而且很可能属于纪元后1世纪）的状况，比其他古代音乐残篇都更良好，音符保存完好；石碑被运往士麦那（Smyrna），但在1922年消失了，只留下前一年的照片（参见 BCH 48 [1924]，507；有报告它曾重现于1957年）。一部现代转抄本（根

---

① Borthwick 1962，160；Pöhlmann 1966，212；Dale 1968，204 ff.
② Winnington-Ingram 1955，57 ff.；1958，41 ff.；Pöhlmann i960，26；Pearl & Winnington-Ingram 1965，187.

据 Crusius 1894a）显得截然不同。①

就高音而言，承载着扬音重音的音节，在音乐铭文中通常都会标注，要唱比词中其他音节更高的音调（请注意，譬如埃丁铭文中对 ὅλως, ὀλίγον, χρόνος 的处理方式）。关于言辞中高低音调的变化范围，哈利卡纳苏斯的迪奥尼修斯有一则著名的说法（*De Comp.*, xi, 40 f. UR），大意是，"言说的旋律，要以单一间隔来度量，大致可称其为'五度音程'（fifth），而旋律升起的音高不会超过三个全音加一个半音，旋律下降也不会低于这个数字"。挪威语是一种具有类似重音系统的语言，对其旋律范围的描述平均约为六度音程。②《梨俱吠陀》（Ṛgveda）的现代诵读表现为一个五度音程，这"与强调言说中所使用的音程没多大区别"（Gray 1959, 87）。

尽管在音乐与希腊的重音模式之间明显有相似之处，但也不

---

① 这首歌记录在 H.M.V. *The History of Music in Sound*, Vol 1.2（HLP 2）。
② 譬如，参见 Haugen & Joos 1952, 41 ff.; Popperwell 1963, 151 f.。

能肯定言说中音高的变化比歌唱中更为平缓；这一点可望从有旋律重音的现代语言中获得经验，阿里斯托克赛诺思对此有明确表述（Aristoxenus Harm., 10 f. W），他区分了持续的变化（συνεχής）与间歇变化（διαστηματική），并且指出使用后一模式的说话者可以说是在歌唱而非说话（阿里斯蒂德承认在朗读诗歌时有一种居间方式［Aristides Quintilianus, 5 f. W-I］）。在一种语境中旋律变化平缓，至少由吠陀梵语所证实；因为，我们由古代语音学家那里知晓，直接一个高音（udātta）之后的音节，不会承载一个低阶音高，而会承载一个下降滑音，始于高音，终于低音，他们给予此现象的名称是 svarita 意为"吟诵"（intoned）（有些权威学者将其描述为 pravaṇa，字面意思是"下坡"［downhill slope：参见 A 1953, 88］）。因为，这样一个滑音在此语境中自动出现，结构上（如在印度人那里）被认为只是一种低音变体（anudātta）；因此，它并非特别在希腊语中得到显示和讨论，这一事实并未排除其在这门语言中的存在也具有相似性；对这一点的支持见于音乐残篇中的某些倾向，譬如埃丁铭文中 ὅλως 的第二音节，其中长元音要按降序唱两个音符。[①] 有些音乐上的证据还证明，高音前的音节中有一种提升音高的倾向；但"从有重音的音节下降的倾向，明显强于……提升到高音的倾向"（Winnington-Ingram 1955, 66）。

可是，在希腊语还有吠陀梵语中，当一个音节包含一个长元音或双元音时，它能够承载一个下降的旋律模式，而没有任何前接高

[①] Turner 1915, 196.

音,在此情况下希腊语中要以"扬抑音"(περισπώμενος)[①]而非"扬音"来标注重音。从语音上讲,这个独立的下滑音,很可能等同于一个高音后接的独立的滑音,而印度著作家用同一个术语 svarita 指两者。希腊音乐铭文倾向于以同样的方式来处理两者:譬如注意埃丁铭文中 λυποῦ, ζῆν, ἀπαιτεῖ 的音乐背景,其中有重音的长元音,在每一种情况下都唱两个降序音符;这种情形中的第一个音符在词中一般是最高音。[②]

"语调升降"

如果有人认为下滑音是重音的语音实现的一个特征,那么,就可以将高音+下降设想为一个单位,可称其为一个"语调升降"(contonation, A 1966, 10;参见 Kiparsky 1967, 75 f.)。由此可以得出,希腊语有一种双音节类型的语调升降(譬如 ὅλως, βαίνω, μόνον, ἄνθρωπος, ἄνεμος),其中高音在一个音节上,滑音在下一个音节上,希腊语还有一个单音节类型的语调升降(譬如 λυποῦ, δῶρον),其中音峰和滑音在同一个音节上,音峰构成滑音的起点。这两种类型的旋律性质的"语调升降",让我们回想起了拉丁语动力重音的两种基本("连音")类型(页 163 及其以下)。

[①] 字面意思是"曲圆"。这个术语能够按语音或书写含义来解释。有一种有疑问的拜占庭传统,认为它原本指标号的外形,拜占庭的阿里斯托芬(Aristophanes of Byzantium)代之以 ὀξύβαρυς(意为"扬一抑"),将 ^ 这种外形(两部分的组合)变成 ˆ,以避免与辅音 Λ 混淆。

[②] Winnington-Ingram 1955, 57.

莫拉

在末音节中是长元音或双元音的情况下，在单音节语调升降与无下滑音的高音之间可能有一种音韵上的对立（在停顿或非重读后接词前：见下文），譬如在属格单数 λυπηρᾶς 与宾格复数 λυπηράς 之间，在"一"εἷς 与 εἵς（ἵημι 不定过去时分词）之间。[①] 作为一种替代方法来识别这种元音的两类不同的旋律运动，有可能按页 92 及其以下所描述的方式来分析它们，也就是说，将其分析为包含两个"莫拉"，而高音可以位于其中任何一个莫拉上。在元音标准"扬抑音"的情况下，莫拉的重音发音是高 + 低，低音具有自动的下降变化；为支持此分析，可注意希腊著作家使用术语 δίτονος, ὀξύβαρυς 或 σύμπλεκτος 表示这种重音定位的事实；还有亚里士多德完全未提及扬抑音，大概因为它只是两种基本类型高音和低音的组合（*Poet.* 1456b；参见 *Rhet.* 1403b），对此考罗博思库斯（Choeroboscus）特别有详尽论述。[②] 就标注"扬音"长元音，两个莫拉的重音是高音 + 低音（无论"低音"在此语境中的确切变化如何，譬如，? 上升）。对这些分析的历史支持，见于下述事实：譬如原初的 πάϊς 缩合为 παῖς（带有扬抑音），而 δαΐς 缩合为 δᾴς（带

[①] Lupaş 1967, 15.
[②] Vendryes 1929, 45 f.。考罗博思库斯偶尔也承认，在重音上扬抑音等值于前起后继音节上的高音 + 低音。

有扬音）。① 我们已经看到，按照莫拉来分析，也将对希腊语中的某些其他现象的描述简单化了（页 19，92）；作为进一步的例证，呼格 Ζεῦ 与主格 Ζεύς 的重音关系，可以认为与 πάτερ 与 πᾰτήρ 的重音关系一样，尽管 Ζεῦ 与 πάτερ 上的重音标号不同：在两种情况下，高音在呼格中转到了能够承载它的第一个莫拉上。进而言之，如将要看到单一，这大为简化了限制重音"后退"（recession）的论述。

近年，对希腊语重音的这种分析，被用于解释一种最大的希腊语格律难题——单个重音节的长短短格六音步等值于两个轻音节的缘由。可是，由于其他非重音的解决办法也有可能，这个问题我们将另作讨论（见附记 B）。

（b）适用范围

与拉丁语重音不同，就其重音位置在音韵上无法预测而言，希腊语重音是"自由"重音——尽管适用于特殊词语类型的语法规则各不相同。② 但不像古印度语言，对于重音有可能出现的位置范围发挥作用的音韵学限制，最值得一提的是"后退"（recession）规则，对远离词末的距离作出限制。在古印度语中，可能有词首重音，甚至在 *ábubodhiṣāmahi* 意为"我曾想学"这样的词语中（budh- 的第一人称复数中动未完成时愿望语气），或

---

① 对用莫拉来分析的进一步讨论，参见 Jakobson 1931/1962, 120 f.；Trubetzkoy 1935/1968, 33 f.；Halle 1971。

② 参见 Kiparsky 1967a；Warburton 1970a, 108。

在 *úddālakapuṣpabhañjikā* 意为"打破优陀罗迦（*uddālaka*）花"（一种游戏的名称：参见 Pāṇini, vi.2.74）；但是，希腊语，譬如 ἀυεπίθετος, φερόμενος 对应于古印度语 *ánapahitas*, *bhár amāṇas*。①

限制规则

按传统术语对希腊语规则的陈述往往相当复杂；譬如（出自典型的学院语法），"扬音可以出现在末三个音节的任一音节上，扬抑音只出现在末音节或次末音节上。但是，除非末音节中的元音是短元音，扬音不能出现在次次末音节上，扬抑音也不能出现在次末音节上"②。所以，ἄνθρωπος, ἀνθρώπων, καλός, δῶρον, καλῶν 类型的重音定位是容许的，但 *ἄνθρωπων 或 *δῶρων 类型的重音定位则不容许。对比古印度语言，阿里斯托芬创造出了一个有 78 个音节的词（*Eccl.* 1168—1175 λεπαδο... πτερύγων），却仅在次末音节上有重音。

通过引入莫拉概念，雅克布森方能对规则作出极大的简化，其表达方式是："有重音的莫拉与词末莫拉之间的跨度不能超过一个音节"（1937b/1962, 263）。③ 根据描述，我们给出的希腊语重音是一种"语调升降"（contonation），后者包括下滑音，当其具有单音节或首音节形式时，规则还可以进一步简化表述为"语调升降后

---

① Vendryes, 54.
② A 1966b, 12.
③ 就根据"以莫拉衡量元音"（moric vowels）所作的讨论和相应的改进，见 Mouraviev 1972；可是，所提出的规则极为复杂。

接音节不可多于一个莫拉"（A 1966b, 13）。譬如在 δῶρον 中，语调升降占用了首音节，而在 ἄνθρωπος 中，语调升降占用了首两个音节（因为，滑音持续到了第二个音节末尾），至词尾只有一个莫拉（短元音 o），两个词都是如此；在 ἀνθρώπων 或 δώρων 中，语调升降占用了末两个音节，所以，后面再无音节；在未获承认的 *ἄνθρωπων 或 *δῶρων 中，语调升降后将有**两个**莫拉（长元音 ω），从而打破了规则。①

有一项对这种提法的非凡预见值得一提。下面的说法出自朗西罗（C. Lancelot）的《希腊语学习新方法》（*Nouvelle Méthode pour apprendre facilement la langue grecque*, 1st edn, Paris, 1655; citation from the 9th edn, 1696, 549）: "扬抑音后的末音节，天然不可能是长音节: 因为，这个末音节前已然有一个下降发音，后者就在扬抑音本身当中，末音节不可能有两拍（mesures）。"

显而易见，简单将重音限制在词末三个音节上的规则是不恰当的；可是，在雅各布森构建其规则前，已有提议按照词末三个莫拉

---

① 除了以 ~αι 和 ~οι 结尾的词语（见下文），产生例外是由于阿提卡-伊奥尼亚方言在重音确定年代之后发生了"音量上的音位转换"（quantitative metathesis）；所以，(i) 在 ~εω 类型的第一变格阳性名词，譬如，Ἀτρείδεω < ~ηο < ~ᾶο 中；(ii) 在"阿提卡方言"变格词语中，譬如 ἵλεως < ~ηος < ~ᾶος（因此，类比还有间接格 Μενέλεω；(iii) 属格为 ~εως 类型的词干尾音为 ι 和 υ 的第三个变格名词中，譬如 πόλεως, πήχεως < πόληος，等等（因此，类比还有复数属格 πόλεων 等等）。这种类型的重音定位，类比阿提卡方言变格，可进一步扩展到复合词，诸如 δύσερως, εὔκερως, φιλόγελως, ἔκπλεως。尽管在有些情况下，反常为"元音缩减"（synizesis）消除了（πόλεως，等等），格律处理方式表明，情况并非总是如此，甚至当词语可以容许如此时。进一步参见 Vendryes, 302, 264; Lupaş 1967, 16。

来表明对重音的限制。① 表面上看，这涉及一项重大的限制，因为，这似乎意指 ἄνθρωπος 类型的形式不可接受（高音在倒数第四个莫拉上 [1+2+1]）。但这种构形可用以下理由来辩护。有一条阿提卡方言的规则（通常称为"词末长短格"规则，尽管并不恰当），② 按此，如果高音出现在包含长元音或双元音的次末音节上，它必须出现在第一个莫拉上（也就是说，重音必须是扬抑音而不能是扬音），如果末音节中的元音是短元音；③ 如果末音节中是长元音，那么，按照普遍的限制规则，高音必须出现在第二个莫拉上（也就是说，重音是扬音）。所以，譬如 δῶρον vs δώρων（参比 παῖδες，密切关联多利亚方言 παίδες，阿提卡方言缩合形式 ἑστῶτες 密切关联荷马方言 ἑσταότες）。从而，包含长元音或双元音的次末音节上出现扬音还是扬音，得由末音节中的元音音长来决定。罕见的例外，如 οἴκοι（主格复数）vs οἴκοι（位置格单数），λῦσαι（不定式）vs λύσαι（祈愿语气），最好由语法规则的处理，这些语法规则将不同莫拉的音质分配给了末音节中的双元音。④ 正因为如此，有人认为，在倒数

---

① Vendryes, 53 ff.; 参见 Garde 1968, 145。
② 这指元音音长而非音节音量，从而能够用于事实上的长长格，譬如 λαῖλαψ（参见 Bally 1945, 22 f.）。
③ 这条规则，有时候语法学家也用，抄本将其用于元音缩合后的结果，尽管在此通常的规则是第二个词保持重音不变。所以，我们可以见到 τἆλλα 和 τἄλλα，χοἴδε 和 χοἴδε，如此等等（Vendryes, 250）。
④ Kuryłowicz 1958, 112, 130, 154; Kiparsky 1967b, 124 f.。通常，~οι 和 ~αι，就重音而言（如 ~ον，~ος，如此等等），可认为是 =~V̆C，也就是说，认为 =1 莫拉。相反的情形可认为是词形划分，譬如位置格 ~οι（类似的祈愿语气：参比 λύσαιμεν，密切关联 ἐλύσαμεν，如此等等）；亦参 Bally 1945, 20, 33 f., 为支持这一点，请注意位置格 Ἰσθμοῖ 的重音定位（末音节中一定含有 2 莫拉），与主格复数 ἰσθμοί 相对（不必然如此，因为，扬音可以出现在 1 莫拉的元音上）。相反的观点，见 Sommerstein 1971, 165 n.96。

第二个音节上，并不存在扬音与扬抑音的对立，因此，没有理由认为其中的元音包含两个莫拉。

似乎有可能对后退的限制是基于语音上的考虑，依据容许遵循语调升降的低音表达范围；① 而且，下述推测不切实际：次末音节中的长元音，在 ἄνθρωπος 重要的词语中不可能算作长音，只因为重音的变化（在其他类型的词语中）在此位置上是自动决定的。②

可取的似乎是雅克布森的构形，而且，从语调升降角度来解释，或许更令人满意：因为，次末音节中的长短元音是等价的（就后退的限制而言），譬如在 κακόγλωσσος 和 κακόβιος 中，只是由于下述语音条件：一个滑音不会在一个元音中间结束，从而在任何情况下它离词尾的距离都一样。

在爱奥利亚方言中，在扬音与扬抑音之间的变化，在任何情况下都是自动的，因为，在完全词语中，重音总是最大限度地后退；所以，譬如 θῡμος, θύμου（密切关联阿提卡方言 θυμός, θυμοῦ），但也发生在多音节词中，因此，不可能存在 φῶς vs φώς 之间的对立——只有 φῶς 才可能。所以，可以说，在爱奥利亚方言中，莫拉无关紧要，只有**音节**对于描述重音是必要的（因此，Garde 1968, 148）；但事实仍然是，以莫拉来规定**限制**法则，甚至在这种方言中也是最简单的。

在希腊语中，尽管重音的定位规则主要靠元音要素才能得到规

---

① 当然，人们也许会以文德里斯（Vendryes 54 f.）来反对特拉克斯的注解（Dionysius Thrax 39 H）的解释：人的**呼吸**可能不足以让重音进一步后退（亦参 Cicero, Or. xviii.58）。

② Galton 1962, 283; Mouraviev 1972, 114.

定，出于尚无解释的原因，有两条规则涉及音量。其一，"维勒法则"（Wheeler's Law, Wheeler 1885, 60 ff.）规定，原本重音在最后一个莫拉上的词语（"末音节上是扬音"），如果这个词以长短格结尾，重音会后退到次末音节上：所以，譬如 ποικίλος, ἀγκύλος, 密切关联古印度语 peśalás, aṅkurás（参比希腊语 καθαρός, παχυλός, ἁμαρτωλός, 等等）。类比在有些方面会削弱这一法则的作用，但也将其扩展到了其他方面。① 其二，"文德里斯法则"（Vendryes' Law, Vendryes, 263），主要适用于阿提卡方言，规定一个次末音节上是扬抑音的词语，譬如 ἑτοῖμος, 如果这个音节前是轻音节，重音就会退缩到前面的音节上：所以，阿提卡方言是 ἕτοιμος, 譬如与ἀρχαῖος 形成对照，这个词的首音节是重音节。② 在有些古印度语言文本中，有一个与此"法则"接近的类似法则。譬如 evá+etád 通常产生 evaìtád（这里的 ` ，表示"独立的" svarita [吟诵] 重音，类似于希腊语的扬抑音）；但在《百道梵书》（Śatapatha-Brāhmaṇa）中，重音后退到了前面的音节上，所以，évaitád, 扬音（udātta）

---

① Vendryes, 148 f.; A 1967a, 50 f.
② 从语法学家参照的古阿提卡方言 προπαῖον 来判断，这条法则涉及的事实似乎相对较新；在此例证中，大概晚于阿提卡方言的元音缩减。这条法则尚不适用于词形如 φιλοῦμεν, ἐμοῦγε, 其中的扬抑音出于缩减。从纯粹描述的观点来看，这并没有造成什么困难，因为，可以仅仅将退缩法则应用于缩合法则以前（参见 Sommerstein 1971, 166, 204）；但是，在此历史前提下，也意味着，甚至在缩合之后，说话者仍然可以将 φιλοῦμεν, ἐμοῦγε 分析为 φιλέομεν, ἐμέογε（从而不适用退缩法则）——这似乎是一种可疑的解释：总体参见页18，具体参见页258。
这条法则甚至也适用于阿提卡方言之外，所以，有些古老的法则，在形容词 ~αιος, ~ειος, ~οιος 中（譬如 βρότειος 密切关联 ἀνδρεῖος）。

在首音节上。结果，次末音节上的 svarita［吟诵］，原本是独立的，现在变得不独立了。但是，与在阿提卡方言中不同，《百道梵书》表明对前面是轻音节的情形没有限制。有趣的一点是，如此产生的 udātta，并不能算作达到使前面的 udātta 实效之程度的 udātta（在此文本通常如此：见下文）；所以，譬如 agním évābhīkṣamāṇaḥ，其中的 évā~ < evà~ < evá + a~。

非重读后接词

需要某些附加规则，将完全词与非重读后接词结合起来，其中后者或多或少与前者在音韵上成为一个整体。在 ἀγαθός_ἐστιν，πατήρ_σου，λέγω_τι，φιλῶ_σε 这样的音列中，以完全词语的重音作为组合后的重音，并不违反一般规则。可是，其中完全词的重音，如果应用于组合之整体，就违反了后退规则，为完全词附加一个次重音，目的就是尽可能将重音后的音列纳入规则限制之内；所以，就有了 ἄνθρωπός_τις，ἄνθρωποί_τινες，οἶκός_τις，οἶκοί_τινες，如此等等。

可是，其作用范围是有限制的。譬如在 καλῶς_πως，καλοῦ_τίνος，καλῶν_τινων 这样的情形中，规则被打破了，但不可能为主要词语增加一个次重音。譬如在 οὕτω_πως 中，要为主要词语的第二个音节增加一个次重音是不可能的，因为，这个音节承载着主重音的滑音要素；《百道梵书》为此提供了一条类似的原则，当高音在音联中后接另一个高音时，前者要缩减为一个低音——也就是说，高音前起后继是不容许的。譬如在 οἶκοί_τινων 中，次重音仍然使得规则被打破了，因为，非重读后接词的末音节中有长元音；在此情况下，通常认为，非重读后接词末音节中的元音音长无关紧要；但也许这只是一种重音上的**权宜之计**，正如在 καλῶς_πως，οὕτω_πως 等中缺乏次重音定位。

在完全词与非重读后接词的组合中，完全词总是保持其主重音不变。所以，譬如在 φώς_τις 中，组合并未遵循"词末长短格"规则，也没有变成 φῶς_τις，譬如 *ἑστώτες → ἑστῶτες。只有当两个要素实际上变成了一个词时，才适用词末长短格规则（此过程被语法学家称为 ἐπέκτασις [延长发音]）；所以，根据希罗迪亚努斯，τούς 与非重读后接词 δε 的组合，当融合为一个指示代词时，所导致的重音定位是 τοῦσδε；① 与此类似，组合 ἐγώ+γε，对其融合为一个指代词时，遵循词末长短格法则，就变成了 *ἐγῶγε，随后又变成（按照文德里斯法则）了 ἔγωγε。表明这条原则的一个著名例证是 Οὖτις 这个名字（宾格是 Οὖτιν），奥德修斯（Odysseus）用这个名字欺骗了库克罗普斯（Cyclops）；作为一个专名，从而作为一个单词，它经过了"拉长发音"（epectasis），也从而遵循了末音节长短音法则，与由否定词+非重读后接词构成的代词 οὔτις 形成对照。所以，在《奥德修纪》（*Od.* ix 408）中，波吕斐摩斯（Polyphemus）说：Οὖτίς με κτείνει，但他的同伙库克罗普斯忽略了拉长发音，答道（410）：

---

① Vendryes，92.

εἰ μὲν δὴ μήτις（或？μή τίς）σε βιάζεται...①

非重读后接词上没有重音，这个一般规则有一个例外，见于次末音节上是扬音的完全词后接双音节非重读后接词时的语法惯例。在这种情况下，主词末音节上不可能有第二个扬音，如我们已经简单的οὕτω_πως。② 但惯例规定，非重读后接词的末音节上有一个次重音——所以，譬如 μεγάλοι_τινές, παίδοιν_τινοῖν（短元音上是扬音 VS 长元音是扬抑音交替，譬如很可能是类比 ποδός VS ποδῶν）。③

这种重音令人称奇，尤其因为它不适用于与单音节主重音完全类似的情形，譬如 καλοῦ_τινος, καλῶν_τινων（尽管在此情况下赫尔曼为非重读后接词的末音节加上重音，类比双音节主词之情形）。文德里斯（83）试图消除 καλοῦ_τινος 等当中的困难，辩称在这种组合中，完全词的末音节不是真正的（true）末音节，因此（参见页 237 以下），并不受制于重音上的异议；所以，这种情况下的扬抑音并非"真实的"扬抑音；ἀληθῶς_ποτε，譬如并不真的等值于 ἐδηλώσατε。可是，这似乎很难作为一种消除困难的令人信服的方式。④

还有一种可能的解释，基于音节的数目，所假设的规则是：不

---

① Postgate 1924, 28; Lupaș 1967, 17。与此类似，Euripides, *Cycl.* 672 ff: KY. Οὖτίς μ' ἀπώλεσ'. XO. οὐκ ἄρ' οὐδεὶς ἠδίκει, 如此等等；参见 Aristophanes, *Vesp.* 184 ff.。

② 参见 Tronskij 1962, 67。

③ Vendryes, 82.

④ 参见 Sommerstein 1971, 208 ff.。

超过两个无重音的音节，可以后接包含高音的音节（这样就可以免除 καλοῦ_ τινος 等情形）。在大多数情况下，所涉及的音节多于两个，这种情况下会遇到在完全词上有次重音，如 ἄνθρωπός_τις, οἰκοί_τινες, 如此等等；但由于在 μεγάλοι_τινες 等情况下，这是不可能的，也由于为非重读后接词的首音节加上重音，会使其等同于一个完全词（譬如，疑问词 τίνες 或"存在强调词" ἔστι），唯一的解决办法，虽可争议，却是为末音节加上重音。将纯粹的音节标准纳入基于莫拉的重音系统，看来要为解释付出高昂代价；可是，也许这种推论，支撑着语法学家关于 μεγάλοι τινές 等重音定位学说的基础；它也可能为将要作出的进一步的考虑所强化（页 249）。①

在一种情况下，禁止在完全词的连续音节上有重音的规则似乎被打破了。据语法学家说，在荷马史诗中，φύλλα τε, Λάμπε τε 的重音定位是 φύλλά τε, Λάμπέ τε——希罗迪亚努斯为此补充的例证如 ἀλλός τις, ἔνθά ποτε, τυφθέντά τε。在《伊利亚特》的**威尼斯抄本**（Venetus）中，可以发现 πύργός τε（xxii 462）；至少有些语法学家规定《奥德修纪》的开篇是 ἄνδρά μοι。这样的次重音定位合乎规范，如果主重音是一个扬抑音，而非如这里那样是扬音。但在原始印欧语词型学中，音列 V̆+ 流音或鼻音，要按同样的方式当作双元音（可以分析为 V̆+ 半元音）；例如，弱读非重音替代形式中，元音失去，流音或鼻音本身变成了一个音节核——譬如陈述

---

① 关于一个非重读后接词的重音定位（尽管处在基于音节的系统中），可以与现代希腊语比较，譬如后者中的 φέρε τονε = /fére tóne/（但其中的重音在次末音节上）：Warburton 1970a, 113。

语气 *bhéreti 意为"他承受"（he bears，梵语 bhárati）：过去分词 *bhṛtós（ṛ 保存在梵语 bhṛtás 中）；陈述语气 *gʷhénti 意为"他打击"（he strikes，梵语 hánti）：过去分词 *gʷhṇtós（梵语 hatás），譬如就像 *gẑʷhéjeti 意为"他摧毁"（he destroys，梵语 kṣáyati）：过去分词 *gẑʷhitós（梵语 kṣitás，Gk φθιτός），其中的元音 i 是半元音 j 的音节主音形式。流音和鼻音的这种音节功能发挥，完全堪比（半）元音，显示出其在原始印欧语中的响音音质，① 也从而显示出其承载音高变化的潜能，与双元音的第二要素程度一样；在现代立陶宛语中，虽然将下降重音与上升重音区分开来，但仍可见到，譬如 vilkas, mirti, kum̃pas, kandis, 高音在流音或鼻音上，正如在双元音的第二个要素上，譬如 eĩti, braũkti（与 tìltas, pìnti 等上的下降高音相对）。② 与此类似，在挪威语中，流音和鼻音后接一个元音，被描述为"拉长了元音滑音"（prolonging the vowel glide）（Popperwell 1963, 169）。就这种潜能保存在荷马方言中的程度而言，诸如 πυργος 或 ενθα 这样的词语的首音节，能够有上升或下降的音高模式（扬音或扬抑音），而按照词末长短格法则，则要求下降模式——所以，一种重音定位 πύργος, ἔνθα，其实表示 πύγος, ἔυθα，或类比 εἶτα 的构形，譬如表示 πυργος, ἔῦθα。所以，这是单音节语调升降，而且在首音节上完成了；因此，需要在非重读后接词前有一个次重音，可以安置在主词的末音节上：所以，ἐνθά τε 如 εἶτά τε 等。这种解释也有德尔斐颂诗（the Delphic hymns）支持，

---

① 概述参见页 69，以及 Trubetzkoy 1939/1969, 170 f.; Stetson 1951, 36 f.。
② 关于塞尔维亚－克罗地亚语，亦参 Halle 1971, 9。

其中此类音节的作用与双元一样，就其可以唱两个音符而言（譬如 Δεελφίσιιν, ἀαμβρόταν）。①

可是，这种重音定位被语法学家按类比方式作了扩展，他们不关注其语音基础，就将其应用于其他类型的"长短格"词尾上了：因此，譬如 ὀφρά τοι, ὄσσά τε（偶尔也见于抄本），尽管 φ 或 σ 重要的辅音无法承载旋律变化。这种扩展处理也见于某些晚期著作家的抄本，譬如在索福克勒斯的洛伦佐图书馆抄本中（*Laurentianus*）。②

从到目前为止所思考的非重读后接词的重音定位出发，很有可能对复数代词 ἡμεῖς 和 ὑμεῖς 的非强调形式作出区分，它们通常都算完全词。非强调形式（出现在宾格、属格和与格中）的重音定位是 ἥμας, ἥμων, ἥμιν, 如此等等。③ 它们通常被当作非重读后接词，但按照首音节上是长元音而适用特殊规则。这样的解释并不令人满意，因为，在希腊语的其他词语中，次末音节中的元音音长与对重音后退的限制无关；④ 似乎可取的做法只是将此视为重音在非强调（而非重音上的非重读后接词）形式中的回归。也许它们原本是真正的非重读后接词，如定式动词（所以，在吠陀梵语中，除了在一行或一句的开头：譬如 *agím īḷe* 意为"我赞美阿耆尼"）。就希腊语动词而言，只有 εἶναι 和 φάναι 的某些形式保存了其非重读后接

---

① Vendryes, 50; 参见 Galton 1962, 288。
② Vendryes, 85 f.
③ Vendryes, 96; cf. Barrett 1964, 425.
④ 这种重音定位也不适用于音韵上可以比较的非重读后接词 εἰμι, εἰσι, φημι, φησι, φᾱσι。

词状态，其余都变成了具有后退式重音的完全词。① (从重音观点来看)，没有理由认为它们是非重读后接词，也正如没有理由认为 ἦσαν 或 ἔφη 这样的动词是非重读后接词。

非重读后接词组合

当一个以上非重读后接词连续出现时（"非重读后接词组合"[synenclisis]），关于如何处理重音有分歧。语法惯例认为，除最后一个非重读后接词，其余都要加上重音：所以，譬如《伊利亚特》（ *Il.* v 812）ἤ νύ σέ που δέος ἴσχει，还有希罗迪亚努斯构造了一个有六个非重读后接词的序列 εἴ πέρ τίς σέ μοί φησί ποτε。可是，他评论说（i，563 L），这种扩展了的非重读后接词不多见，因为，在"呼吸"持续过程中人需要停顿。这条规则，受到文德里斯的质疑（88 f. ），② 他指出《伊利亚特》的**威尼斯抄本 B**（ *Venetus* B ）的重音只出现在间隔的非重读后接词上，如 ἤ νυ σέ που 等——这种做法为赫尔曼和哥特林（Göttling）所证实；晚近，巴莱特（Barrett）在其编辑的《希波吕托斯》（ *Hippolytus*，1964，426 f. ）中指出，语法惯例"并非全然可信"，并且提议将这样的序列视为其构成一个单

---

① 参见 Postgate 1924，30 f.。在现代塞浦路斯方言中，动词在否定词和副词之后算非重读后接词：譬如，/ém barpati/ 意为"他不走"（ he doesn't go），/epsés irtamen/ 意为"我们昨天来过"（ we came yesterday，Thumb 1912，29）。

② Tronskij 1962，72 f.

一的完全词，必要时可以有次重音，譬如 ἤγγειλέ γε μοί ποτε[①]——实际产生了与重音交替一样的结果，他发现这与这出戏剧的中世纪抄本总体一致。可是，就此仍有很多不确定性。[②] 当两个非重读后接词在语法或语义上密切关联时，的确有可能认为它们构成一个重音单位（参见页 250），而且实际言说中的重音正是如此；在此情况下，诸如 πώποτε 的重音定位（不管写成一个词还是两个词），很有可能是正确的：参见现代性希腊语 τίποτε 意为 "某物，无物"（something, nothing）。

抑音音标

现在有必要回到希腊语的重音标注问题。此类标注的惯例似乎始于纪元前 200 左右的亚历山大里亚（Alexandria），而且起初，从纸莎本来判断，只是零星使用，并且主要是为了解决歧义。高音在一个短元音上，要加上扬音符号，譬如在 λέξαι 中；同样的符号也是用于高音出现在一个长元音或双元音的第二个莫拉上时，譬如在（祈愿语气）λήξαι 中；但是当高音出现在长元音或双元音的第一个莫拉上，从而导致"复合"重音（单音节语调升降）时，就会标注扬抑音符号，譬如在（不定式）λῆξαι 中。

在一种早期的音标系统中，每一个低音都由抑音符号来表

[①] 关于现代希腊语，参见 Warburton 1970b, 38 ff.（譬如 /ðióθosé mu to/, /ðóse mú to/）。

[②] 参见 Warburton 1970a, 118 ff.。关于对此惯例的接受，参见 Chandler 1881, 280 ff.; Sommerstein 1971, 21 ff.。

示，譬如 Θεόδωρὸς；但是，这样的惯例明显不经济也不雅致，①后来为通行的（拜占庭式的）系统所取代，音标只显示高（或升）音和复合高音上（分别以抑音符号和扬抑音符号表示）。一个中间演变阶段见于有些纸莎本，抑音符号只出现在扬音前（譬如φιλὴσὶστέφαυον），而且在有些情况下，将最后的扬音符号省略（譬如 πὰγκρὰτης）。后一种做法使人联想起《梨俱吠陀》的音标系统，后者标注 udātta［升音］前的 anudātta［非升音］，以及依赖于它的后接 svarita［吟诵］，却不标注 udātta［升音］本身：所以，譬如 agnínā 显示为 agninà（而且在半行开头，所有 udātta［升音］前的 anudātta［非升音］都要标注，譬如 vaiśvānaram = vaiśvānarám）。

可是，在拜占庭式的音标系统中，以其他情况下不使用的抑音符号代替扬音符号，是当后者出现在一个词的最后一个莫拉上时（"末音节是扬音"），除在疑问词（如 τίς）中或当后接一个非重读后接词或停顿时：所以，譬如 ἀγαθὸς ἐστιν, ἔστιν ἀγαθός·，但是 ἀγαθὸς ταμίας。关于这种替代从语音学观点看有何含义，已有很多讨论②——譬如，是否意指完全或部分降低音高，③或仅仅是一种书写特点。④德布伦纳（Debrunner 1930, 54）认为，一种可能是高音特征丧失，但保留了扬音曾有的强度；⑤人们也可以设想一种音高

---

① 参见 Herodian, i, 10 L; Schol. in Dion. Thr., 153, 294 H。
② 譬如参见 Tronskij 1962, 75; A 1966b, 11 f.; Wahlström 1970, 6。
③ 语法学家使用的表述是 κοιμίζεται［重音弱化］或 τρέπουσα εἰς βαρεῖαν［变位低音］（参见 Herodian, i, 10, 551 L; Apollonius Dyscolus, 36 S）。
④ 所以，譬如参见 Laum 1928; for criticism see Schmiel 1968, 66 f.。
⑤ 亦参 Galton 1962, 286 ff.。

在这种音节上下降的可能性，但与扬抑音或扬音后的情形有区别。①完全中性化的做法，遭到鲁帕什（Lupaş 1967，14）的拒斥，理由是这没有可能，在诸如索福克勒斯《俄狄浦斯僭主》(O.T. 130) ἡ ποικιλῳδὸς Σφίγξ τὰ πρὸς ποσὶ σκοπεῖν 中；但这并不一定是具有结论性的理由。②

我们已经讨论过，在除末音节是扬音的其他词语中，高音会后接一个下降滑音以完成语调升降。在吠陀梵语中，当高音出现在词末时，滑音由后接词首音节承载；所以，在《梨俱吠陀》(RV x 14, 12) urūṇasā́v asutŕ̥pā 这样的音序中，滑音的安置如《梨俱吠陀》所标注的那样：urūṇasā́v àsutr̥pà，第二个词的词首音节承载的滑音出自第一个词末高音。但在希腊语中，词语演变出一种比在吠陀梵语中更为自主的音韵状况。③ 其中一方面是倾向于将每个词的单一变体普遍化，譬如见于在所有语境中都失去词末破裂音（页 204），这很可能源于停顿前的位置；与希腊语中不可变化的 τό 相对，古印度语表现出多重变体，如 tad，taj，tat，tac，tan，tal，由后接词的词首所决定。希腊语在"闭"和"开"音联之间还有更为清楚的界分，它们意在分别描述内在和越出词语界限过渡；譬如在这两种情况下，辅音序列对音量的影响有显著差异；而且，在希腊语中，

---

① 参见特鲁别茨柯依（Trubetzkoy 1935/1968，38 n.1）关于（东非）干达语（Ganda）的注释，认为其中"'低'音的实现总是靠陡然下降的语调，这不同于实际音韵上的'下降音调'，首先，就末尾部分的'深度'而言，其次，在于它不仅能影响长音节，也能影响短（单莫拉）音节"。
② 参见 Sommerstein 1971，207 n.149。
③ Galton 1962，280 f.；A 1966b，11。

亦如在吠陀梵语中，无须一个特殊的"pada"（词语分立）惯例，以确保在文本口传中有正确的词语划分。①

关于抑音重音音标惯例有一个例外，见于后接非重读后接词，因为，它们与前接完全词构成了一个或多或少闭合的音韵统一体；所以，在音列 ἀγαθός_ἐστιν 中，非重读后接词 ἐστιν 的首音节事实上能够承载下降滑音（按照语法学家的术语，非重读后接词"唤醒"[ἐγείρει]扬音重音，要不它会"平息"[κοιμίζεται]为一个抑音）。但是，*ἀγαθός βασιλεύς 中的重音定位涉及的滑音，有后接（完全）词的首音节承载，也就是说，其结束部分的语调升降，扩展超出了一个词语的界限。这与一般的希腊语音联倾向形成对照，是闭音联和非开音联的特点；也正是在此情况下，保存在吠陀梵语中的原初的语调升降系统崩解了。假设高音不能后接低音而无过渡滑音，这种情况只能通过将词末音高降低到一个水平来解决，在此水平上音高不能高于后接词首的音高；而这大概就是由抑音符号所显示的现象的本质。

如果后接词以高音开头（譬如 ἀγαθὸς ἄνθρωπος, καλὸν δῶρον），尚不清楚为何一个词末高音要降低，因为，在任何情况下均未涉及下降。可是，有一个普遍要求（除在停顿之后）：高音应与前接低音形成对照；而如果声音仍然停留在从前接高音传来

---

① 参见《阿闼婆吠陀》（*Atharva-Prātiśākhya* iv. 107）："研究词语孤立，旨在教授词语之首尾，及其正确形式、重音和含义。"例如，"saṃhitā"（持续）文本，及其词形变体和超出音联的重音定位，读如 mahām̐adityonamàsopa̱sadyò（《梨俱吠陀》[*RV* iii 59, 5]），"**词语分立**"（*pada*）则读如 mahān ādityaḥ namàsā upa-sadyàḥ。

的高音上，后接词首高音就不可能。我们已然看到，《百道梵书》（Śatapatha-Brāhmaṇa）中，正是在这种语境中，词末 udātta［升音］缩减为 anudātta［非升音］；而梅耶的观点（Meillet's opinion 1905, 245 ff.）是，希腊语降低词末扬音，其实就是源于此特殊语境。

音乐残篇中通常的惯例是，要标注抑音的音节，在一个词中要放置在低于其他音节的位置；但间隔不大，"重音标注抑音的词语中的音节更典型的特征是，将其设置在同一音调上"（Winnington-Ingram 1955, 66）；标注抑音的音节的设置，通常也不会高于后接词首，无论后接词首有无重音。

我们又一次看到，上述解决难题的进路，在朗西罗（Lancelot）的作品中早有预期（见页 237），他解释说（op. cit., 22）：

> 提升一个音节上的声音，必然要降低后接音节上的声音……我们无法理解这一点，除了在言说中，在有高音的词语上……结果它们会由高音变为低音……表明我们不应提升词末音高，否则它会扩展到后接词，也会发挥与非重读后接词一样的作用，后者将其与前接词结合起来了。①

就此而言，塞尔维亚－克罗地亚语有与希腊语类似的情形，根据特鲁别茨柯依（Trubetzkoy 1939/1969, 193 f.），其重音有提升音高的模式，后接音节与有重音的音节末尾保持在同一水平上；而且，"涉及后接音节对于塞尔维亚－克罗地亚语在语音上实现自由重音

---

① 参见前揭书页 547："……他们并没有完全提升词末音高，因为，这样提升会显得如此重视后接词语，以至于将它与词末音高本身结合起来了，其实只有非重读后接词才能如此。"

至关重要。因此，自由重音受到下述事实限制：它不能出现在次末音节上"①。

我们也可以比较伯格施特罗姆（Borgström）关于挪威语的说法（1938，261），"一个或更多无重音音节后接有重音音节，高音峰才可能出现；在有重音的末音节上，只会发生相对不完全的音调运动，它与低音峰最相似。譬如一个单音节词 *jā*，以高音峰说出，表达犹豫、有条件同意，会被领会为双音节词 *jāà*"，这一点有布洛赫的观察进一步支持（Broch 1935，83）："复合语调在真正的单音节词中从来都听不到……如果我以符合语调开头来发音，它在挪威人的耳朵听起来不可能是一个完全词；耳朵本能地期待这种或那种持续发音。"

语调；非重读后接词（和非重读前接词）重述

在停顿前保持扬音，无法仅仅按照词语重音来解释，因为，语调升降在此语境中必然不完全。因此，很有可能将此至少部分解释为句子韵律的一个特征，而非仅仅是重音的一个特征。②

人们有可能认为，通常要求一个重音音峰后接一个下降发音，以某种方式会因一个停顿而失效（譬如在此会有某种"沉默"[silent fall]）。一种更确定和实事求是的假设或许是：句子的语调要求音高提升出现在停顿前的末音节上，除非这与末音节的词语重音特

---

① 亦参 Halle 1971，6。
② Trubetzkoy 1939/1909，238.

征冲突。所以，在末音节是扬抑音的情况下，如 καλῶς，或在次末音节是扬音的情况下，如 φέρω，两种情况下末音节都承载着一个音高下降的重音。在诸如 καλός 或 καλήν 这样的情况下，语调的提升符合重音的提升，并且支持重音提升不后接音高下降。照此看来，人们大概也不得不主张末音节上有语调提升，譬如在 δῶρον 或 ἄνθρωπος 中。这种牵连并不必然与下述事实相抵牾：我们没见过在停顿前有 δῶρόν，ἄνθρωοός 等形式的重音标注；因为，这些词语末音节上的音高提升是语调而非重音上的提升，而且只会在如 καλός 等词语中显示为重音上的提升。① 但另一方面，特鲁别茨柯依也许是正确的：他认为语调提升只出现在词语不包含其他（重音上的）高音时；换句话说，语调模式仅仅要求一个高音出现在句末词语的某个位置上。

καλός 类型的情形，反过来有可能对传统的 μεγάλοι τινές 类型的重音标注作出解释，这在其他除停顿前的语境中都显示为 μεγάλοι τινὲς，如此等等。停顿前的一个非重读后接词 τινες，尽管无重音，末音节的发音也会有语调提升，也就是说，语音上表现为 τινές，与有重音的完全词的情形一样，如 καλός。在其他语境中，后者表现为 καλὸς；而且，如果抑音符号事实上意指重音完全失效，也就是说，意指低音，那么，καλὸς 在语音上就会有与（非重读后接词）τινες 一样的模式。结果，抑音符号也会被错误地运用，在下述情况下导致 τινὲς：完全词 + 非重读后接词组合中的重音后的

---

① Sommerstein 1971，206 f.

要素，超出了正常的音节数。由此而来的结果是，会认为非重读后接词在停顿前有一个扬音重音（而非仅仅有语调提升）——所以，就有了 μεγάλοι τινές。①

类似的思考或许也适用于下述罕见情形：一个通常是非重读后接词的不定式，位于一个短语开头，所以，它似乎需要一个重音，可是，这个重音必定不同于疑问词的重音；所以，ποτὲ μὲν...ποτὲ δέ。② 也许，其他说话者，而不只是语法学家，会从直觉出发，按下述方式解释此情形：注意希腊语 ποτέ，意为"曾，不曾"（ever, never），重读末音节，也重读非重读后接词组合 ποτέ μου，意为"在我的生命中不曾"（never in my life）。

对此类型的一种解释，或许也适用于"非重读前接词"，也就是（出现频率最高的）与后接完全词密切关联的词语，也从而与其构成一个重音单位。这种类型，古人未曾认识到，而抄本传统也容易认为它们死板又任意：③ 譬如无重音的 ὁ, ἡ 密切关联有重音的 τό；εἰς, ἐκ 密切关联 πρὸς, ἐπί 等；οὐ 密切关联 μή（可以注意到，所有无重音的词形都是以元音开头的单音节词）。④ 希罗迪亚努斯谈到，ἐπιμείλια 与 ἐπι μείλια (δώσω) 的重音定位并无不同——也就是说，ἐπι 在两种情况下都没有重音。作为前缀，它们本身确无重音：

---

① 本节中的主张，出于与索默施坦因博士（Dr. Alan Sommerstein）私下交流提出的建议。

② 参见 Vendryes, 105。

③ 参见 Vendryes, 66 f.。

④ Postgate 1924, 62；关于 οὐ，见页 253。将冠词等同于一类非重读前接词，特别参见索默施坦因的杰出论证（Sommerstein 1971, 178 ff., 与文德里斯相左［Vendryes, 76］）。

所以，譬如 ὑποδμώς，καταγράφω；当一个前缀显然承载着一个重音时，只是由于这个词连同此前缀作为一个单位在发挥作用：所以，譬如 ὑπόνομος，κατάγραφε；而且，通过"拉长发音"（epectasis），同样也适用于前接介词与后接词融为一体之情形：所以，譬如 παραχρῆμα，παραπολύ，其中的完全词保持着其重音。① 也可以注意到，在爱奥利亚方言中，重音通常要后退（θῦμος，πόταμος，σόφος，等等），这不适用于介词和某些连词，根据语法学家，后者"保持着扬音重音"②。

或许，对这些明显存在于传统标注（通常为非重读前接词加注重音）与其他证据（显示它们没有重音）之间的矛盾的一种解释如下。语法学家认为，非重读后接词的重音定位现象，按照非重读后接词"依赖"于前接完全词（ἐγκλίνειν），将其重音负担转移到了完全词的末音节上（ἀναβιβάζειν：参见 Vendryes, 76）；如果这样做没有可能，譬如在 λέγω τι 中，这种转移被认为只发生"在脑海中"（Herodian, i, 564 L: νῷ μόνῳ νοεῖται τὰ τῆς ἐγκλίσεως）。根据这样一种解释，一个非重读前接词，当其后接一个非重读后接词时，通常在其末音节上产生一个"非重读后接词"重音：所以，譬如 περί μου，πρός τε ἀλλήλους。这个重音反而会被错误解释为等值于主重音，譬如 καλά τε，从而在一个完全词前转变为抑音，如在 περὶ πάντων 等中。可是，完全可以再一次设想，归于语法学家的论证，出于直觉或许也适用于其他说话者，从而至少反映在有些具

---

① Vendryes, 68, 93.
② Vendryes, 69.

体发音中，以至于在非重读前接词末产生一个高音，如在 περί μου 等中。这种处理方式，更有可能出现在下述情形中：一个介词和一个受其支配的非重读后接词组合，从语法上可意会为有资格作为一个可以有重音的单位。亦请注意在晚期希腊语中，分词组合 περίπου，其重音定位有现代希腊语支持；可是，在介词位于完全词之前的情况下，重音标记通常保持正确拼写，但通常不会反映在实践言说中。

在这种非重读后接词重音位于非重读前接词上的情形中，重音总是末音节扬音，甚至在后退通则容许末音节扬抑音的情况下，也是如此。这一特点也许出于下述事实：在完全词中，仅以单一重音显示非重读后接词与前接词连接发音（enclisis）的条件，就是完全词末音节是扬音，譬如 ἀγαθός τις, λιπών τε（譬如在 καλῶς τε 或 μεγάλη τις 中，就未显示与前接词连接发音）。① 所以，末音节是扬音可以设想为"与前接词连接发音式重音"（enclitic acccent）；如果我们对重音音质的分析正确，这样一种重音就有特殊"连接"性能，就会要求语调升降的下降部分超出非重读后接词的首音节。通过类比，（或许在言说中，也在语法学说中）οὔ τις 类型的组合的重音会标注为 οὔ τις，② 正如 φώς τις，而不会（除了拉长发音）标注为 οὖ τις；与此类似，ὥς περ, ὥς τε，等等。或许，这种对非重读后接

---

① 这一点也适用于次重音；因为，作为重音后退的限制性原则的一个结果，次重音只可能出现在主词末音节中是短元音时（如 ἄνθρωπός τις, δῶρόν τι），所以，次重音只可能是扬音。关于 ~αι, ~οι 之情形，见页 238。

② 但亦参页 253。

词重音的解释，是有些抄本中的偶然倾向之症候，如波斯特盖特所指出的那样（Postgate 1924，70），就是以非重读后接词前的扬音取代词末扬抑音：譬如 ών τε 取代 ὧν τε。

总而言之，尽管非重读前接词与非重读后接词原则上都没有重音，但前者对主词不发生有些，而后者会要求主词承载一个次重音，或保护其重音不至于实效。这种影响上的不同，只是下述事实的一个结果：希腊语重音规则发挥作用始于词末而非词首。这种一般区分也可以由现代希腊语得到证明，其中某些形式，譬如 μας，既可以是非重读后接词（物主代词），也可以是非重读前接词（直接或间接宾语），结果具有不同的重音；所以（Warburton 1970a，112）：

（i）ὀ γείτουάς μας το πούλησε 意为"我们的邻居出售了它"（our neighbour sold it）；

（ii）ὀ γείτονας μας το πούλησε 意为"这位邻居将它出售给了我"（the neighbour sold it to me）。①

疑问句

在考察句末语调（停顿前）时，我们已然暗示在某些语境中，

---

① 此外，如沃伯顿（Warburton）所指出的那样，完全词的词末辅音也会与非重读后接词同化，而非重读前接词也会与后接完全词同化：所以，譬如 μας_μίλησε 意为"他对我说过"（he spoke to us）= /maz mílise/，ὀ φίλος_μας μίλησε 意为"我们的朋友说过"（our friend spoke）= /o filoz mas mílise/。

希腊语疑问句的发音具有一种提升模式，而无论句子的含义为何。在英语中，这种语调主要是 yes/no 文句的一个特点；但在挪威语中，譬如，甚至"含有常见、肯定、确定陈述的句子，也以提升旋律结尾……结果，在句子的最后一个词中，也有发音上的音高提升。如果句子应当以一个音调组（a Tone Group），音高提升有可能幅度更大"；所以，"挪威语给外国人的印象往往有一连串问号"（Popperwell 1963, 177 f.）。这让我们想到尾音为扬音的疑问词 τίς 和 τί, 它们的重音在句子中未缩减为抑音。如迪斯克鲁斯（Apollonius Dyscolus Pron., 28 S）所言，可以认为这里的重音并无区别功能，而只有疑问功能——或者换句话说，可以认为这不是一种重音特点，而是一种语调特点。我们可以与特鲁别茨柯依所报告的干达语的情况相比较（Trubetzkoy 1935/1968, 38 n.1），其中升调"只出现在疑问动词形式中，而且与词语的音韵无关，相反属于句子音韵领域"。在研究 79 种语言的疑问句系统时，乌尔坦也指出（Ultan 1969, 54），"尽管罕见 QW（疑问词）重音，20 种语言有强音重读或句子重读、高音、上升音线，或在 QW（疑问词）上有重读组合和高音。这些语言分布均匀"。

因此，我们可以将 τίς, τί 的扬音重音仅仅视为这一普遍倾向的一个例证：这同样能适用于（至少在强调语境中）否定词 οὔ（见下文）。唯一的难题是，较长的疑问词没有表现出有特殊的重音定位特点（譬如 τίνα, πότε, πῶς, ποῖος, πότερον），或许除非如波斯特盖特所示（Postgate 1924, 10），这些词承载一个特殊的高旋律音峰。尽管古代权威未论及这一点，但这绝非没有可能。

另一种情况，尽管更为复杂，也可以加以考虑。所有疑问词，包括 τίς 和 τί，落入同一重音范畴的两个方面是：(i) 它们都要最大程度地后退，而且 (ii) 它们在停顿前的位置都有重音；此外，(iii) 如在很多语言中那样（参见 Ultan 1969，48，55），它们都倾向于在句首发音下沉。可以说条件 (i) 和 (iii) 也是某些常见的呼格的特征，如 ἄδελφε，πόνηρε，γύναι，Ζεῦ，关联主格 ἀδελφός，πονηρός，γυνή，Ζεύς（亦参吠陀梵语，譬如《梨俱吠陀》[RV i 1, 9] ágne, sūpāyanó bhava, 关联主格 agníḥ）。条件 (ii) 大概也适用于呼格，甚至当主格重音的影响维持末音节扬音的重音定位时，譬如 ὦ 'γαθέ。此外，呼格往往处在句子本身之外：[1] 请注意，譬如 δέ 在欧里庇得斯《奥瑞斯特斯》(Eur., Or. 622) Μενέλαε, σοὶ δὲ τάδε λέγω 中；在吠陀梵语中，一个动词后接一个词首呼格，也要作为一个句子开始来对待：譬如 ágne, juṣásva no havíḥ。后退重音定位也是反讽问句 ἄληθες；以及感叹词 χάριεν[2] 的特征——它们显然是独立表达。

这些特点和相似之处可以引出下述假设：希腊语中的疑问词，尽管明显为独立于句子之外，但在某一更深的结构层面可以这样认为，[3]

---

[1] 参见 Postgate 1924，31。
[2] 参见 Postgate 1924，92。
[3] 关于 πότερον，参见 Kretschmer 1938，38。

因此，也具有句子结尾和开头所具有的音韵特征。[1]

根据希罗迪亚努斯（Herodian i, 504 L），否定词 οὐ 也在所有位置上都有一个扬音（也就是说，它其实并非非重读前接词）；这种观点有亚里士多德支持，看来他（*Soph. El.* 166b; cf. *Poet.* 1461a）将这个否定词与非重读后接代词 οὐ（"属于"［of it］）[2] 区分开来，就靠重音，也特别根据其音高更高（λέγοντες ὀξύτερον）。[3]

"中度"重音

最后，在大量始于亚里士多德的古代关于希腊语重音的讨论中，我们发现还涉及一种"中度"重音（μέσος）。它以各种方式等同于（a）构成扬抑音第二半的滑音（Grammont 1948, 388）；（b）后接高音的音节上的滑音（Blass 1890, 133）；（c）扬抑音之整体（Hoenigswald 1954, 209 ff.; cf. Vendryes, 44）；[4]（d）标注抑音的主要，

---

[1] 这种明显表面的结构处境，在少有人知的语言中，在此关联中具有一定的意义。在阿巴扎语（高加索西北地区）中，"真实"疑问句通常将其疑问词放在句末；但这些词语是独立的，就其构成主句而言，与构成句子其余部分的关系从句联系在一起。所以，譬如，"谁会去（Who will go）？"= *y-ca-wš dəzda*, 字面意思是 *rel.-go-fut. who*（is it）？"你给了她什么（What did you give her）？"= *y-lə-w-t-z zač°ʼəya*, 字面意思是 "*rel.-her-you-give-aor. what*（is it）？"亦参法语 *qu'est-ce que...?*（"副词性"疑问嵌入了动词：譬如，*w-anbá-ca-wš* 意为"你何时走［when will you go］？"字面意思是 ' *you-when-go-fut.*？'）在所有阿巴扎语问句（和感叹句）中，句末语调都是上升—下降，与在肯定句中仅仅下降形成对照（A 1956, 133）。

[2] 或可以是关系代词 οὐ。

[3] 参见 Postgate 1924, 63。

[4] 有些拜占庭语法学家也作了同样的鉴别。

在句子中取代词末扬音（参见 Sturtevant 1940，100）；(e) 任何介于最高音和最低音之间的音高（参见 A 1968a，112 f.）。但由于古代著作家自己就是在不同意义上使用此术语的，进一步思索其含义并无益处。无论如何，它肯定不意指超出已讨论过的与结构相关的旋律特征。①

附记 B：希腊语六音步中一个重音节等值于两个轻音节

希腊语格律有一个突出难题，关涉长短短格六音步（dactylic hexameters）中的等值 $Σ=ΣΣ$。如已讨论过的那样（页 48 及其以下，页 60 以下），将此等值基于纯粹的时值上的考虑是不切合实际的；而且，如果这就是其基础，就很难理解等值只适用于弱音而非强音位置。在此关联中，几乎不可避免要涉及哈利卡纳苏斯的迪奥尼修斯的著名篇章（De Comp., xvii, 71 UR），他在其中报告了"韵律学家"（rhythmicians）的观点：长短短格强音位置的重（"长"）音节，在某种程度上比两个"短"音节的总和要短，按此解释称为 ἄλογος，意为"无理"（irrational），与 τέλειος 意为"完全"（complete）相对。迪奥尼修斯也论及一类短长长格（anapaest，称为 κυκλικός），不同于常见的短长长格，后者是长短短格的一种镜像（mirror-image），带有其"无理长音节"（irrational long）。在关于此问题的讨论中，值得提及 Goodell 1901，168 ff.；White 1912，

---

① 参见 Tronskij 1963，44。

5 f. ; Pipping 1937 ; Koster 1953, 82 ff. ; Rossi 1963a ; Parker 1965 ; Irigoin 1965 ; Maas 1966, 37 ; Dale 1968, 6 f., 迪奥尼修斯的说法，有时候被用于解释此难题的否定方面，也就是在六音步中的强音位置上 ΣΣ 不等值于 Σ。但是，首先，六音步的基本模式是长短短格，而非长长格（尤其由在节拍上重要的第四音步中长短短格占据优势得以显明）；所以，再怎么强调也不过分的是，这不是一个将一个重音节"分解"（resolved）为两个轻音节的问题，而是两个轻音节"缩合"（contracted）为一个重音节的问题。其次，也许这并非迪奥尼修斯关于格律的一项普遍阐述，而是一种关于语体的（stylistic）观察，适合于他所引用的那种特殊类型的诗行（完整长短短格诗行《奥德修纪》[Od. ix 39] Ἰλιόθεν με φέρων ἄνεμος Κικόνεσσι πέλασσεν [离开伊利昂风儿送我接近了基科涅斯人]）——这类诗行，他在别处（xx, 92 UR）将其描述为特别迅速，"以至于有些音步与长短格无多大区别"，就此他引述了著名的《奥德修纪》（Od. xi 598）αὖτις ἔπειτα πέδονδε κυλίνδετο λᾶας ἀναιδής [无情的巨石又回滚到原地]。如罗西所指出的那样（Rossi 1963a, 44），在章 xvii 中，迪奥尼修斯的写作涉及格律主题，但在引述其长长格例证（κέχυται πόλις ὑψίπυλος κατὰ γᾶν [城门高大的城市倾覆于地]）后，他说 περὶ ὧν ἂν ἕτερος εἴη λόγος [就此要另作一番讨论]:"在何处"，罗西问，"他将重新回到此项讨论？确切地说在章 xx 中"，迪奥尼修斯在此处理了语体学（stylistics/τὸ πρέπον）。

"缩短"始于一个长短短格的重音节肯定是有可能的，尤其当它与重读联系在一起时（见页 286 及其以下）。这让我们想起了英语的"松弛法则",譬如见于罗曼语起源的词语有重音的音节,正如 críminal, sevérity,关联 crime, severe(见页 176);关于原生词语,可注意古英语 ǽrende→中古英语 ĕrende(errand),háligdæg→hóliday(关联 hōly);这种倾向在现代英语中得以保持,其中(Gimson 1970,262)"元音……在构成节奏组中心的有重音的音节上缩短了,根据节奏组中无重音音节(尤其是后接音节)的数目。所以,/taid/(tide)中的 /ai/,在这样的节奏组中的表现是逐步缩短,诸如 tidy, tidily......"[1] 但无论迪奥尼修斯的说法的真实含义是什么,或许最安全的做法就是承认,如帕克那样(Parker 1965,319),"现代学术无能面对古代之混乱",而"迪奥尼修斯的陈述不适合作为理论结构之基础"。我们几乎无法用它(譬如 Maas 1966,37;West 1970,186)来支持一种在任何情况下都不切实际的基于时值的解释:认为 Σ 与 ΣΣ 在弱音位置上等值,在强音位置上不等值。

一种非时值解释的提议本身以重音因素为基础。就重音之目的,如我们所见,有理由将希腊语长元音和双元音分析为两个莫拉,与短元音为一个莫拉相对应。而且,雅克布森(Jakobson 1937b/1962,269)以及后来的瑞贝雷兹(Ruipérez 1955,79 ff.)表示,正是这种比例关系构成格律等值(metrical equivalence)之基础。普遍认为,这正是希腊语的一项发明,更确切地说是伊奥尼亚方言的发明。[2] 令人惊奇的事实是,这并非爱奥利亚方言诗歌的一

---

[1] 参见 Jones 1962,237 §886。
[2] Meillet 1923,43.

个特征；① 而且，在爱奥利亚方言中（见页 238），应用了不同的重音定位规则，以至于扬音与扬抑音从未彼此对立，而只是自动交替使用。在爱奥利亚方言中，θῦμος 与 θύμου 之间重音变化，由末音节中元音音长自动决定，而且可以说并无理由将其分析为莫拉。爱奥利亚方言中，也缺乏格律等值的，这种有显著差别的重音情形，被认为支持了非爱奥利亚方言诗歌中的格律等值有重音基础的观点。②

可是，必须承认，这种理论只可以直接解释 V̄ 与 V̆V̆ 在**元音**上等值，而无法解释 Σ 与 ΣΣ 在**音量**上等值。要解释后者，仅在涉及"自然"重音节时，也就是说，它们包括一个长元音或双元音，而非在"位置"重音节的情况下，也就是说，它们包含一个短元音。因此，必须假定在后一种情况下对等值原则作了某种扩展。③

疑问也许在于，旋律重音的对立是否能构成音量格律原则之基础：参见梅耶的评述（Meillet 1900，271），"音调作为节奏之基础，只有当其转变为有强度的重音时才有可能（Le ton ne peut servir de base au rythme que quand il s'est transformé en accent d'intensité）"。在此情况下，会认为另一种而且是更为简单的等值基础更具有可能性——这就是元音缩合的过程，由此，譬如 ἐφίλεε → ἐφίλει，τιμάετε → τιμᾶτε，δηλοόμεθα → δηλούμεθα；④ 可以顺便提一句：这种缩合是扬抑音（单音节）重音定位的主要来源，也被引以为莫拉分

---

① Martin 1953，95；Cole 1969，60 and n.84.
② 譬如，Jakobson 1937b/1962, 269。戴尔（Dale 1957, 21）误解了此论点。
③ Zirin 1970, 68 ff.
④ 参见 Nagy 1970b，13，154。

析的历史支撑，因为，ῠ̆ῠ̆缩合为ῠ́，而ῡ̆ῠ̆缩合为ῡ̂。① 这本身几乎无法解释格律等值，因为，说话者不会知道这些历史事实，而且，在任何情况下，这种缩合都不适用于短元音音列：譬如 φιλέουσα → φιλοῦσα，ζήετε → ζῆτε，ζήωμεν → ζῶμεν（所以，甚至不能假定描述性规则 ῠ̆ῠ̆ → ῡ̆，而只能假定 VV → V̄）。这个缩合过程进入阿提卡方言之程度远甚于其他方言；② 但在荷马史诗文本中，有些缩合必须回溯到一个更早时期，因为，格律排除了其扩展，甚至在某些程式化的语境中也是如此。③ 譬如像 τάρβει 这样的文本形式，能够复原为 τάρβεε，当相关音节出现在弱音位置时（譬如 Il. iv 388 ; Od. vii 51）；但这并不适用于，如 φιλεῖ，见《伊利亚特》(Il. ii 197) ~ φιλεῖ δέ ἑ μητίετα Ζεύς (强音位置)，或并不适用于 τάρβει，见《伊利亚特》(Il. xxi 288) ~ μήτε τι τάρβει (处于行末，从而不可能是 ΣΣΣ)。文本中的 ἀγρίου. πρόσθεν δέ~ (Il. xxii 313) 要求 ἀγρίοο，而在弱音位置上，通常 ~οο 都能够复原为属格 ~ου；④ 但有 575 例，~ου 出现在强音位置上，从而**不能**扩展。结论似乎是，在史诗演变过程中，缩合（单音节）要素为非缩合（双音节）要素所取代，但较早期程式仍然很强。后期不复明了非缩合形式的真正性质，这一

---

① Kuryłowicz 1958, 107; Zirin 1970, 66.
② Lejeune 1955, 235.
③ Chantraine 1958, 27 ff.
④ 奇帕斯基（Kiparsky 1967c, 632）提出的新建议是，缩合前的属格形式是 ~ŏŏ，而非 ~ŏō（通过音位转换出自 ~ōŏ），并且指出罕见的情形是，格律显示为 ~οο（填充弱音位置），而非 ~ου（只有 Od. xiv 239 ~δήμου φῆμις；参见页 286）；他还指出，《伊利亚特》(Il. ii 731) ~ Ἀσκληπιοῦ δύο παῖδε，这里格律要求 ~ου = ΣΣ，而《伊利亚特》(Il. ii 325) 和《伊利亚特》(Od. i 70) 中 ŏου 很稀奇。

点由"音节增音"（diectasis）；① 譬如 ὁράω 缩合为 ὁρῶ, αἰτιάεσθαι 缩合为 αἰτιᾶσθαι；但格律要求有两个音节，为符合这一点，需要简单重复元音以造成文本中的历史上未见过的 ὁροῶ, αἰτιάασθαι 等；与此类似，φάος → φῶς，通过音节增音造成 φόως（第二个音节是重音节的情况，是由于后接词首辅音）。

因此，荷马史诗文本的最终形式，缩合与非缩合形式并存；但这本身无法说明长长格在格律上等值于长短短格，而这一点在更早期程式中已然确立了。任何这样的解释都必须假定，荷马史诗中的六音步的有前身以纯粹的长短短格模式为根据（除在行末）；用诗人们的话说，这就是元音缩合造成长长格音列；因此，替代"扩展超出了促动它的程式原初的词源界限，以至于具有长长格而非长短短格的新程式获得承认"——这种格律之情形"设定了其自身的动力性质，并成为接踵而来的任何非传统表达方式的调节者"（Nagy 1970b，154 f.，96：参见页 14）。在一个更早期阶段，这门语言肯定更倾向于长短短格模式，相较于后来发生缩合之后；譬如以迈锡尼希腊语创作纯粹的长短短格诗歌，要比用后来的伊奥尼亚方言或阿提卡方言更容易。②

在其间提出的为格律等值的解释中，这种解释似乎最可靠；如果它正确，则格律术语"缩合"就是一个恰当的术语。可是，需要提醒（参见页 61），下述说法并不完全正确：与等值为希腊语所独有（也因而为拉丁语所有），在古印度语言中无此现象（譬如 Meil-

---

① Chantraine 1958，75 ff.
② 参见 Maguinness 1963，209 f.；1971，162。

let 1923，43；Kuryłowicz 1968c，192）；对这一原则极为精确的表述，就在印度格律学家宾伽罗（Piṅgala）(《诗律经》[*Chandàh-sūtra*] i.14）提出的规则"*glau*"之中（这里 g = *guru* 意为"重"[heavy]，l = *laghu* 意为"轻"[light]，而 ~*au* 是双数变格）。印度语言格律等值的来源未知，但由母语观察者的陈述清楚可知（参见页 57），它以时长为根据。①

---

① 在伴音诗作或歌唱中，这种等值当然可以时长来调节；所以，在卢干达语（Luganda）中，格律等值适合有节奏的鼓点模式，"短"音节伴随一击，而"长"音节伴随两击（*Tucker 1962，163 ff.；关于金马萨巴语歌曲[Kimasaaba songs]，参见 Brown 1972，41）。

16. 重读
Stress

（a）关联重音的重读

（1）古典时代的关联

260 音高变化通常是重读的一个线索，作为此事实的一个结果，有时候人们认为，反过来古典希腊语的旋律重音必定包含一种重读要素。所以，譬如施密特（Schmitt 1924, 208 f.; 1953, 23 ff.）认为，对于希腊语而言，一种具有音高的弱动力重音，只是一种伴随特征——结果他在别处承认（1953, 18 ff.），音高主要可由声学标准来确定，而重读主要可由肌动来确定，从而它们之间并无普遍关联。

对重读是古希腊语重音的一个要素的观点的支持，有时候见于借自希腊语的拉丁语词（譬如 Sturtevant 1940, 103），这些词语重音所在音节与希腊语中一样，即使这违背拉丁语规则。但事实上所声称的例证所出较晚，[①] 这一时期希腊语重音本身的确已变成了动力重音，结果将元音音长的作用中和了；所以，在普鲁登提乌斯

[①] Vendryes 1903, 159 f.; André 1958, 157 f.

（Prudentius 4—5 c. A.D.）那里，格律要求显示为 ĭdŏlum, ĕrĕmus, pŏĕsis < εἴδωλον, ἔρημος, ποίησις，中间的元音是短音表明首音节有重音。但这些元音是短音，只是由于下述事实：在晚期希腊语中，元音长度由重读支配，所以它们不重读；而且，既然音量模式是 ΣΣ̣Σ，甚至按照拉丁语规则，这样的词语不可避免都应当是首音节有重音；情况无非是，拉丁语接受它们的早期阶段所具有的模式是 Σ́ΣΣ，由于其本身重读而缩减为了 ΣΣ̣Σ（甚至在晚期拉丁语中，无重音的元音实际上是短音）。类似的思考也适用于其通俗拉丁语（Vulgar Latin）形式，这些希腊语借用词的根据罗曼语作了重构。①

出自古典拉丁语时代的唯一清楚的例证是 áncŏra < ἄγκυρα；但这里不能排除借用经过了一种过渡之可能性（? 埃特鲁利亚语 [Etruscan]），或类比了其他某个或某几个词：安德雷（André 1958, 152）的建议是 ámphŏra，这是另一个具有航海意涵的术语。★这个例子，无论如何都会遭到 crĕ́pĭda < κρηπῖδα, trŭ́dĭna < τρῡτάνη 反驳，如安德雷所言，其中"希腊语重音并未消失"。有时候，还有引自普劳图斯对 Philippus（作为专名新词 < Φίλιππος）格律的处理似乎是 Phílipus；②但无论如何解释这种处理方式，也无须与希腊语重音扯上关系，因为，同样的处理方式也见于，譬如 Achilles < Ἀχιλλεύς，甚至见于有些非希腊词语，譬如 sagitta。③因此，我们可以接受昆体良的说法（Quintilian i.5.2）：他年轻的时候，甚至最

---

① 例证见 Pulgram 1965。
★ 意指"船舶吨位"。——译注
② Lindsay 1922, 40, 77。
③ 参见页 182；亦参昆体良（Quintilian i.5.22 f.）关于 Camillus 的讨论。

博学之士也将希腊语名字，如 *Atreus*（Ἀτρεύς），读如拉丁语在首音节上，而非在第二个音节上，他意指任何对希腊语重音的关注都是新近才有的卖弄学问。他还在别处指出（i.5.62），尽管希腊语是Ὄλυμπος，τύραννος，拉丁语对这些词语的重音定位也是 *Olýmpus*，*tyránnus*，"因为，后接两个长音节的有扬音的短音，我们不容许这样说话"（quia duabus longis sequentibus breuem acui noster sermo non patitur）。

对强调重读是希腊语高音的一种关联因素的最有力反驳，由下述事实所提供：在希腊语古典诗歌中，具有任何说话方式的诗行的任何部分中，都没有要在重音和格律之间达成一致的企图。这种情形可以《伊利亚特》（*Il.* i 84）为例：τὸν δ' ἀπαμειβόμενος προσέφη πόδας ὠκὺς Ἀχιλλεύς。[①] 在最近的研究中，施米尔（Schmiel 1968）尝试应用于荷马的分析法，与奈特（Jackson Knight）应用于维吉尔的分析法一样（参见页338）。他使用了奈特的术语"同差"（homodyne）指重音与强音位置一致，以"外差"（deterodyne）指其不一致，施米尔表示，同差式构造在演说中比在叙述中更多，而且，"生动的"诗行绝大多数是同差式构造，而"沉默的"诗行通常是外差式构造；他发现这些相同的发音"织体"倾向在索福克勒斯那里甚至更多。在这些问题上要保持客观是困难的（可以指出的是，对于奈特而言，同差事关"平和流畅"[smoothness]，而外差事关"粗犷不齐"[ruggedness]）。但即使织体与情绪的这种关联能够客观地设定，它们也并不必然意味着重音中有一种重读要素；因

---

① 参见 Kabell 1960, 3。

为，它们无关乎格律整体，而只关乎特殊的表达形式，它们必定无非只是具有何种动力影响的纯粹的旋律装饰而已。

关于研究希腊语重音与格律的可能关联，雅克布森评论说（Jakobson 1937b/1962，270），"迄今，澄清重音在希腊语诗歌中的作用的尝试，都受损于下述错误主张：如果重音参与了诗歌结构，就必须向强拍倾斜；也受损于对重音本身的一种过于概括和过分简单化的处理方式"。而如果我们考虑重音的其他要素而不考虑高音，事实上的确会有某些普遍的倾向显现出来，它们完全不同于一般预期。①

从古典阿提卡方言诗歌（短长格）中重音与格律的交集中取样，扬音出现的统计趋势是在**弱音**位置，而强音位置倾向于与扬抑音音节或**后接**扬音的音节一致（可名之为"扬音后置"［post-acute］）——也就是说，在两种情况下都与下降旋律模式一致（印度语言的 svarita［吟诵／下坡］：见页234）。作为实例，我们可以引述索福克勒斯《安提戈涅》开篇诗行，为每个音步中强音位置（上的元音）加下划线：

Ὦ κοινὸν αὐτάδελφον Ἰσμήνης κάρα,
ἆρ' οἶσθ' ὅ τι Ζεὺς τῶν ἀπ' Οἰδίπου κακῶν
ὁποῖον οὐχὶ νῶν ἔτι ζώσαιν τελεῖ;

然而，对此问题尚未有任何深度的探究，因为，正如我们将要看到的，它似乎是某些其他因素的自动结果，而非出于诗人有意为之的选择。

---

① 参见 A 1967a。

关于音高下降与重读有关，本身并不令人惊奇；譬如，就英语语调而言，说话中对主要的句子重读（sentence stress），通常关涉一个下降"音核"；① 而且，在塞尔维亚-克罗地亚语中，根据特鲁别茨柯依（Trubetzkoy 1939/1969, 191），"相对于'上升'重音——其特征几乎完全在于其音乐性，而且，它……无关乎任何显著的呼气增量——'下降'重音的特征主要在于呼气"（亦参页 226 注释 262）。

关于希腊语，施密特在一个世纪前指出（Schmidt 1872, 204），扬抑音与扬音天然有别，就其必然关联重音量而言，也因此，他总结说，相较于其他希腊语重音，扬抑音与德语动力重音的关系更密切。但此外，次末音节上有扬音的词语，通常后接末音节中有一个长元音（或双元音），因为，正是这一条件排除了次次末音节上有扬音或次末音节上有扬抑音；所以，可以图表示意，出现 $[\sim\hat{\Sigma}\Sigma]$，而非 $[\sim\acute{\Sigma}\Sigma\Sigma]$，亦非 $[\sim\hat{\Sigma}\Sigma]$。按照"词末长短格法则"（页 237），如果次末音节中是长元音且有重音，而末音节中的元音是短元音，次末音节上就必须是扬抑音，也就是 $[\sim\hat{\Sigma}\Sigma]$，排除了一种重音定位 $[\sim\acute{\Sigma}\Sigma]$，其中高音与长元音有关联；后一种情形不受"文德里斯法则"（页 239）影响，按此，$[\Sigma\hat{\Sigma}\Sigma] \to [\acute{\Sigma}\hat{\Sigma}\Sigma]$，因为，音高下降出现在了长元音上，而扬音却并非如此。当次次末音节上是扬音时，这种情形是中性的，因为，重读音节和后接音节可短可长；末音节是扬音的词语中的重读元音也可长可短，但事实上（见页 244 及其以下）在这种情况下重音普遍中性化了。

---

① 譬如，Gimson 1970, 268 ff.。

因此，如果可以期待从希腊语重音规则中得出任何一般的统计趋势，那就是高音下降（扬抑音或扬音后置）出现在长元音或双元音上——尤其出现在词的最后一个长元音上——而高音却非如此；特别是规则偏向于模式 [~ $\hat{\Sigma}$]，[~ $\hat{\Sigma}\Sigma$]，[~ $\acute{\Sigma}\Sigma$]，[~ $\acute{\Sigma}\Sigma\Sigma$]，而非偏向于模式 [~ $\acute{\Sigma}\Sigma$]，[~ $\acute{\Sigma}$]。① 长元音内涵重音量，而轻音量内涵短元音；因此，任何音长/重音关联之倾向，可以期待至少在音量/重音倾向中有某种程度的反应。② 这种期待为柏拉图《理想国》（Plato's *Republic*）长篇大论的散文所证实，其结果（排除"抑音"重音和其他可疑情形）总结在下表中，表明（a）音高与词末重音节的关联，（b）词末重音节与音高的关联，以"评估总数"（population at risk）整体的百分比表示。③

(a)		on last heavy syll.	elsewhere
% of (i) high pitch (acute)		22	78
(ii) falling pitch (post-acute)		67	33
(iii) falling pitch (circumflex)		77	23
Total (ii) + (iii)		70	30
(b)	under (i) acute	under (ii) post-acute	(under iii) circumflex	(ii) + (iii)
% of last heavy syll.	19	58	23	81
other syllables	66	27	7	34

---

① "维勒法则"（见页 239）通常也偏向于模式 [$\acute{\Sigma}\Sigma\Sigma$]。

② 亦参 Kuryłowicz 1970, 429 n。任何此类音长与音量之间平行的相关例外情形，主要由 αι, οι 结尾的词语（见页 238）的重音定位和词尾是 V̆C 的词语提供，后者的末音节在后接辅音词首时是重音节。

③ 参见 A 1967a, 53。

264　　　　所以，尽管所揭示倾向相当惊人，它们却仍然很有可能只是重音规则的一种偶然影响，这些重音规则本身很可能并不以任何偏好出现音高下降（而是以依据莫拉的限制）为根据。可是，它们能够解释诗歌中音高下降关联强音位置这个倾向——在弱音位置为一个或几个轻音节占据的情况下，这种关联自然而然（因为，轻音节在词的任何部分通常都不承载音高下降）；但在其他情况下也是如此（也就是说，在长长格音步中，譬如《安提戈涅》[3] 中的 ζώσαιν)，让我们设想，**如果**词语按常规重读其词末重音节，还有，如果诗歌创作刻意寻求重读与强音位置一致。古典希腊语中的重读问题，后文还将详细讨论；但必须强调，关联格律与**重音**的任何倾向，都只是三种情况的偶然结果：（a）格律与重读关联，（b）重读与音量关联，（c）音量与元音音长关联，以及（d）重音与音量也偶然有关联。

即使可以，我们也几无可能推测，何种程度上希腊语在潜意识中知道重读（假设其存在）与旋律模式之间有任何统计学上的关联。肯定地说，在古典诗歌中没有证据证明有这样的关联。然而，在后来某一时期，也许有迹象指向这种意识。

（2）后古典时代的关联

首先，借用或再现于书面希腊语的拉丁语词语中有这样的情况，尤其在普鲁塔克（Plutarch）那里，有表明证据表明对拉丁语重音有考虑。① 最清楚的实例，涉及希腊语以次末音节扬抑音，也就是音高下降落在这音节上，表示拉丁语次末音节重读：所以，譬如 γουττᾶτος, Τουρκουᾶτος, λιγᾶρε, κηλᾶρε, Κυρῖνος = *guttātus*, *Torquātus*, *ligāre*, *cēlāre*, *Quirīnus*。其中使用扬抑音（与扬音相对），尽管并不违背所论及的倾向，却几乎不能引以为据；因为，按照"词末长短格法则"，如果在次末音节上拉丁语重音等值于**完全**（*any*）希腊语重音，那么，在这些词语中次末音节上必定是扬抑音，因为，其中的元音是长音。但还有其他情况，如果重音惯例正确，拉丁语次末音节重读就由希腊语次次末音节扬音表示——譬如 μάκελλον, Μάρκελλος, λούκουντλος, Σέκουνδος, ἔδικτα = *macéllum*, *Marcéllus*, *lucúnc(u)lus*, *Secúndus*, *ēdícta*。这些例证涉及次末音节是重音节，却包含一个短元音，这在希腊语中无法承载扬抑音；从而，对这种重音定位的一种可能解释就是：说希腊语的人让拉丁语重读等同于他们的音高下降，而达成这一点是通过设置一个本身并不涉及重读的高音在**前接**音节上。

　　这正是晚期诗歌的有些形式差不多演变为规范的特征，这些规范的早期模式只是统计学上的趋势；譬如在讨论希腊语六音步中的音量式词语类型定位时，奥尼尔（O'Neill 1942, 121）提及"卡利马霍斯诗歌中对《伊利亚特》的内在格律潜力的实现"（详见页286及其以下）。一种与此类似的类型的倾向，似乎对于某些格律/重音关联发挥了作用。如果细究《安提戈涅》，出现在三音步短长格末

---

① A 1967a, 54 f.

尾的词语，53% 次末音节上是扬音，17% 末音节上是扬音，17% 末音节上是扬抑音，还有 13% 次次末音节上是扬音；这意味着，末音节有下降重音音高的词语占 70%（次末音节上是扬音＋末音节上是扬抑音）。这种情形汉森已指出过（Hanssen 1883，235），他评论说，"上升节奏在三音步短长格末尾，必定关联从高音调到低音调的过渡"。尤其他指出重音定位于行末音节相对不常见，在埃斯库罗斯、索福克勒斯、欧里庇得斯和阿里斯托芬那里，分别有 29%，32%，30%，27%。可是，汉森不明了由扬音和扬抑音重音来表示的旋律模式的关键差异，也从而将它们归结在了一起；仅行末**扬音**重音的频率，当然显著低于行末扬抑音重音的频率（参见我们统计的《安提戈涅》中的数字 17%）。汉森进而注意到，在晚期三音步中，罗马和拜占庭时期，避免重音定位于末音节，逐步成为一种几无例外的规则：在拿撒略的格里高利（Gregory Nazianzen 4 c. A.D.）、西伦提阿里乌斯（Paulus Silentiarius 6 c. A.D.）和皮塞德斯（Georgius Pisides 7 c. A.D.）那里，数字分别缩减为 19%，11% 和 1.1%；而在更晚期的著作家那里，甚至缩减为 0.1%。当然，这些晚期形成这样一种规则完全出于人为，因为，到了纪元后 4 世纪，由旋律重音向动力重音的转变，几乎肯定已经确立（格里高利本人还创作赞美诗，其格律与这种重音有关），从而重音规则在效果上必定是反格律的。

　　类似规范的倾向，可以在诉歌体五音步（elegiac pentameters）中见到。汉森指出，避免末音节重音定位，在五音步诗行末尾较在其首个小句（first colon）末尾更为显著——所以，在早期诉歌中，平均为18%对34%，他认为这是刻意为之："在五音步末尾，为了表现上升节奏，力求在语法重音与诗行强音（the verse-ictus）造成冲突。"无论这是否刻意为之，这种倾向后来演变为一种规则，所以，在亚历山大学派的（Alexandrian）著作中，末音节重音定位缩减到平均12%，在罗马时期缩减到平均6%，在拜占庭时期缩减为不到1.5%。甚至在较早一个时期，当时旋律重音肯定仍然存在，个别有些著作家已经将避免末音节重音定位确立为一条规则——所以，在西顿的安提帕特（Antipater of Sidon late 2 c. B.C.）那里，数字稍多于1.5%（与在首个小句末尾为36%形成对照）；帖撒罗尼迦的安提帕特和菲利普（Antipater and Philip of Thessalonika 1 c. A.D.）与此类似；这导致威克纳格（Wackernagel 1925，50）评论说："这当然不可能出于偶然……但必须以下述事实为根据：在诉歌体联句（the elegiac couplet）末尾，偏好音高下降，而听觉特别敏锐的诗人由此为自己确立了一条法则。"

这种重音定位，在其他晚期较不常见的格律中得到应用，结尾是短长格，① 特别以次末音节扬音为重音定位是主要特点。这种联系的非偶然特征，譬如，为马斯所强调（Maas 1922，582 n.）；这完全可以解释为偏爱在末音节上音高下降。关于某些这样的诗行，② 迪勒（Dihle 1954，185）表示，次末音节（轻）音节带有"强音"，也就是说，构成强音位置；可是这似乎不大可能，而且重要的或许

---

① A 1967a, 57 f.
② "短长格尾"（[Teliambics]，又称"miuric"[断尾（dock-tailed）]或"myuric"[鼠尾（mouse-tailed）]），由短长格末音步的长短短格/长长格六音步构成（参见 *Il.* xii 208 ~αἰόλον ὄφιν）。

是，他所思考的情形中，唯一例外于次末音节扬音的重音定位是末音节扬抑音——按我们的解释，也会造成末音节上音高下降。

最后，类似的关联如所周知也是巴伯里乌斯（Babrius）寓言的一个特点，后者以"跛脚短长格"（scanzon）或"长短短长格"（choliambic）写成（统称"跛脚短长格"[limping iambic]），其中以长长格替代了末尾短长格。在几乎所有情况下，次末音节上都有重音；有时候这被解释为由旋律重音转向动力重音的证据——相应地将此转变的时间确定在巴伯里乌斯的时代（不完全确定，但很可能在纪元后 2 世纪前后）。其他证据并未排除下述可能：至少在有些的确，这种转变也许始于这一时期；但唯一合理的是，从巴伯里乌斯的证据中可得出如下结论：如果可以确定，希腊语的跛脚短长格末音步具有相反的强/弱音位置模式，那么，有重音的音节就关联着强音位置。但这种假设遭到许多著作家反对，有其他完全有根据的理由。① 在任何情况下通常都遭到忽视的事实是，在巴伯里乌斯那里，次末音节上有重音，近乎总是扬音：扬抑音在此被避免，正如扬音在次次末音节上被避免——这种避免，按照"词末长短格"法则，导致末音节上极少不是"自然"重音节，也就是说，包含一个长元音或双元音。按照旋律重音，这代表一种近乎绝对的规则：末音节（也就是强音位置）应当关联音高下降，而次末音节（也就是弱音位置）应当关联一个高音而非音高下降——如在已提及的其他格律之情形，而且完全像汉森所认为的那样（Hanssen

---

① 见 A 1967a, 58, 以及本书页 299 及其以下。

1883，241）。显而易见的还有，这条规则的例外情况中，大量涉及词末扬抑音重音定位，也就是说，末音节上是扬抑音。①

早期的跛脚短长格，如在赫洛达斯（Herodas 3 c. B.C.）的《哑剧》（*Mimes*）中，无此重音规范可以追踪；可是，行末次末音节扬音要2到3倍于其他任何类型的重音定位。在赫洛达斯那里，毫无疑问这种重音规范出于偶然——这只是由重音和音量的统计学关联得出的结论——但它为后来的普遍化提供了基础。②

在上文引述的所有情况下，重音特点其实可以解释为一种对原初偶然倾向的动力上的规范化。但仍有可能，在我们关注过的某一时期，直至旋律重音定位的时代结束，一种实际语音上的突出特点一直与下降的旋律模式联系在一起——而这正是诗人们寻求以支持其诗歌的结尾模式的突出特点。

（3）动力重音

我们已述及出自拿撒略的格里高利著作的证据：到纪元后4世纪，希腊语重音的语音类型（phonetic typology）发生了由旋律重音向动力重音的转变；因为，在他的有些赞美诗中，在重音音峰与强音位置之间有一一对应的倾向。与此类似的转向动力重音的迹象，也存在于4世纪早期一篇基督教赞美诗的内在要素中（*Pap.*

---

① 详见 A 1967a，58。
② 参见 Werner 1892，26；Witkowski 1893，2 f.。马丁（Martin 1953，184 f.）表示，在赫洛达斯那里此重音规范已经普遍化了，基于希波纳克斯（Hipponax）；如今可参见 Cunningham 1971，219 f.。

Amherst, ed. Grenfell & Hunt, I.ii）；更早期，纪元后 2 世纪晚期至 3 世纪早期，在亚历山大里亚的克莱门（Clement of Alexandria）的赞美诗中，也有类似迹象。但在此之前并无可信证据。

而更晚期，格律证据由瑙努斯（Nonnus，约纪元后 5 世纪）的史诗体六音步所提供，就像巴伯里乌斯的跛脚短长格，他的史诗体六音步表现出对末音节包含一个长元音或双元音的偏好，后者的重音定位是次末音节扬音。因此，瑙努斯与巴伯里乌斯的名字在这一点上有关联；但在瑙努斯那里，次末音节扬抑音也有采用，而明确避免了次次末音节扬音或末音节扬音。考虑到六音步具有**下降的**结尾模式这一事实，而跛脚短长格很可能**并非**如此（见页 299 及其以下），在两位著作家那里，重音现象不大可能有关联。此外，瑙努斯几无可能代表对早期统计趋势的规则化，因为，在荷马史诗中，次末音节扬音可以解释三分之一强的行末重音定位，而且不会比次次末音节扬音更频繁。因此，在重音定位在瑙努斯那里，就像上文论及的 2—4 世纪的著作家那样，最容易按照由高音到重读的转变作为调制特点来解释。

如现代希腊语所表明的那样，这种转变伴随单音节（扬抑音）与双音节（扬音）重音定位失去对比。重读完成在有重音音节的界限之内，其阻止由拉长除末尾开音节外的元音来辅助；由此得出的必然结果就是元音音长在音韵上失去了区分（也前接双元音的单音节化）；① 由一种类型的重音定位转向另一种，不像晚期拉丁语中所

---

① A 1967a, 61; 1968a, ch.2 and 88 f.

发生的情形，尽管后者早期系统也是动力重音（见页186）。现代希腊语重读重音出现在同样的音节上，带有扬抑音或扬音：所以，γυναῖκα → 现代希腊语 /jinéka/，ἕτοιμος → 现代希腊语 /étimos/；在后例中，演变可能视为涉及双元音语调升降的两要素缩合进入两音节中的首音节：所以，(旋律重音)[ΣΣ̇] → (动力重音)[Σ̂(Σ)]（当然，在前例中 [Σ̂] → [Σ̂] ★）。如果这种缩合发生在最终失去了重音的旋律基础前，也就是说，作为一种对双元音共鸣的消除，可以视其为一种初步的调整，与转向一种动力基础有关。而如果在晚期旋律重音阶段，音高下降以某种程度的重读为伴随特征，就可以设想在由旋律重音向动力重音的转变中有一个连续的事件序列；所以，可以用收束音节上的双重音音标来表示高音与重读的结合：

$$(旋律重音)\begin{Bmatrix} [\hat{\hat{\Sigma}}] \to [\overset{\grave{}}{\hat{\Sigma}}] \\ [\Sigma\acute{\Sigma}] \to [\acute{\Sigma}\grave{\Sigma}] \to [(\overset{\grave{}}{\hat{\Sigma}}\Sigma)] \end{Bmatrix} \to (动力重音)[\hat{\hat{\Sigma}}]$$

可是，还有一个难题。如由现代希腊语可见，一个动力重音取代一个词尾的扬音**加"抑音"**，譬如在 καλὸς μαθητής = /kalóz maθitís/ 中。我们能够将一种由（旋律上的）停顿前的 [Σ́] 向 [Σ̂] 的转变，设想为重音差异的普遍中性化之一部分；[1] 如果由音高到重音的演变事实上**并不像上文的概述**，就不会出现难题，但如果只是重读取代旋律重音**音峰**（无论在单音节共鸣中，还是在双音节共鸣

★ 原文如此。——译注
[1] 如页248上所示，音高上升在这种情况下很可能要归于语调而非重音；但如果这是词中唯一的旋律变化，就要将其解释为一种重音特征。

中），所以，旋律重音［Σ́］和［Σ̂］都直接演变成了［Σ́］。但关于"抑音"，如果显示它完全失去了旋律重音，演变就不大容易理解。它或许出于一种对停顿前的（和／或非重读后接词前的）形式的普遍化；无疑真实的情形是，日常言说中停顿前的形式，要比出自文句持续的形式更为频繁。① 与"抑音"的关联变化出现难题，如果它表示一种下降的旋律模式（参见页 245）。但必须承认，没有特别令人信服的理由偏向一种假设而非另一种，就由旋律重音系统向动力重音系统转变的确切方式而言。

非重读后接词重音定位的一般原则，在重音类型转变后仍然存在；譬如，在现代希腊语 μίλησέ μου 意为"对我说"（speak to me）。② 但正如古希腊语不容许高音出现在词中连续过程中，在现代希腊语中重读也不容许如此；从而，尽管在古希腊语中，非重读后接词 d 的次重音定位，譬如适用于 τὴν γυναῖκά μου（因为，扬抑音内含有音节中的音高下降），这样的重音在相应的现代希腊语 /ti jinéka mu/ 中是不可能的。的确，在此特例中，次重音定位无论如何无必要，因为，重音区分中立化的影响和元音音长的影响，会将原初的限制规则转变为简单的三音节规则。但在需要一个次重音的地方，譬如在 εἶδα τονε 中，就不能像在 φέρε τονε 中那样，后接于主重音——因为，这里使用扬抑音符号纯粹是延续历史，而重音定位是 /ída tóne/，正如 /fére tóne/。③

---

① 参见 Vendryes, 41；亦参见页 246。关于印欧－伊朗语中停顿前的形式的普遍化，参见 A 1962, 27, 101 ff.。
② 参见 Warburton 1970a, 112 ff.；1970b, 37 ff.。
③ 参见 Thumb 1912, 28 f.。

希腊语重音系统的演变，与印度-雅利安语形成显著对比，后者中旋律重音消失无迹，为动力重音取代，而动力重音的位置与旋律重音的位置毫无关联：譬如梵语 āraṇyam → 古吉拉特语（Gujarati）rān, rājaputráḥ → 古吉拉特语 rāut，原初有旋律重音的音节，在两例中都完全消失了。

在讨论古典希腊语重音类型时，为证明其旋律性质，曾由旋律的某些音乐背景的倾向中举出证据，以反映词语的重音模式建构。由此证据得出的结论之有效性为下述事实所加强：这种情形中的音乐，不仅反映了重音音峰的定位，也反映了共鸣的不同类型。可是，音乐创作也会考虑词语的动力重音定位，这些词语所具有的旋律特点与出现词语重读有关。这是拜占庭音乐的一个特点，是希腊语重音由旋律类型转变为动力类型很久以后的事情。音乐旋律曲线的高点，通常与词语重音符合，或有重音的音节可按上升模式唱两个音符；①但不同重音类型——扬音、扬抑音或抑音——之间，当然并无区分，因为，这些区分在言说中不复存在。在一个音乐短句末尾，重音并不以这种方式反映；②甚至在这里，值得注意的是，重读音节往往唱两个下降的音符，所以，它还是以旋律运动为标记。旋律与动力词语重音符合，也是格里高利圣咏（Gregorian chant）的一个特点，其中的趋势也是重读音节的音高要唱得比后续（而且往往也比前接）音节更高。③

---

① Wellesz 1961, 349.
② 参见 Kabell 1960, 31。
③ 参见 Reese 1940, 166 f.; Park 1968, 12。

附记 C：盎格鲁 – 荷兰传统

当 14 和 15 世纪西欧开始研究古希腊语时，教师起初主要是希腊人，他们用于教学的发音，很自然是他们母语中通行的发音，也就是现代希腊语的实际发音。在重构古典发音方向上所作的改革，由伊拉斯谟和其他人在 16 世纪期间引入；① 但这些改革并未触及重音；因为，即使改革者有能力在理论上区分动力重音和旋律重音，他们（如现代改革者那样）② 也完全无法将不熟悉的古希腊语的旋律类型引入实践。因此，古希腊语在有标示的音节上的发音继续采用旋律重音，而且在大多数国家中如此持续至今。③ 在大不列颠和尼德兰（还有英联邦国家和南非）例外。

这些例外的源头在 17 世纪两位荷兰著作家的学说中。其中首位是沃西乌斯（Isaac Vossius），他曾任瑞典女王克里斯蒂娜（Queen Christina of Sweden）的希腊语宫廷教师，后来到了英格兰，1670 年在牛津获荣誉学位。1673 年，他在牛津出版了一部匿名著作《论唱诗与节奏的力量》（De poematum cantu et viribus rhythmi），其中声称希腊语的重音音标与发音毫无关联（尽管在现代语言中是如此），故而可以忽略不计。甚至 11 年后，在一篇著名的《悖

---

① A 1968a, 125 ff.
② 参见 A 1967b, 98；1968b, 152 ff.。
③ 在挪威，这种发音导致奇怪的结果。因为，在挪威语中，重读与低音调有关，所以，在希腊语的挪威语式发音中，原初的旋律模式往往被颠倒了（从与沃格特教授［Professor Hans Vogt］的交流中得知）。

论》(*Dissertatio Paradoxa*)中，沃西乌斯关于希腊语重音的否定性观念，被一位叫亨宁（H. C. Henning，他名字的拉丁语拼写是 Henninius）的人发展为一种肯定性的新学说，此人是来自乌特勒支（Utrecht）的医学博士。亨宁对拉丁语与阿拉伯语重音系统总体类似印象深刻，特别是它们都遵循"词末重音法则"；他还惊奇于拉丁语与希腊语在格律结构上类似。他得出的结论是，"词末重音法则"是"理性化"（rational）重音系统的标志，并进而将希腊语加入拉丁语和阿拉伯语，声称其也遵循此法则；所有现代欧洲语言，比较而言，其重音定位可以归为"传统式"重音，结构西班牙语和意大利语被挑选出来，认为它们比其他语言更"理性化"，而英语被认为尤其"非理性化"（irrational）。从而，在亨宁看来，希腊语的发音就其重音定位而言，就像拉丁语。

这个完全没有根据的学说，却在尼德兰和英格兰惊人地获得接受，似乎18世纪早期在这两个国家完全得到认可（尽管旧的发音系统残留于有些地区，直至18世纪中叶；而且认可听到其他"变形"［metamórphosis］）。在其他地方，亨宁的观念在起初获得流行之后，或早或迟都给斥为基于虚假证据，而如今"现代希腊语"发音系统则占了上风（对元音音长的区分有不同程度的关注和承认）。亨宁的发音系统从英格兰传到了美国，在此流行到19世纪早期。这个发音系统，在朗费罗（Longfellow）上中学的年代（1825年毕业）显然仍在教授；因为，在这首《盲人巴尔迪美奥斯》(*Blind Bartimeus*)中，使用希腊语的诗行所需要的重读，符合拉丁语而非希腊语的重音定位，最后一节诗是这样的：

> Recall those mighty Voices Three,
> Ἰησοῦ, ἐλέησόν με!
> Θάρσει, ἔγειραι, ὕπαγε [σε*]!
> Ἡ πίστις σου σέσωκέ σε!
> ［请回想那伟大的三句话，
> 耶稣啊，请垂怜我！
> 放心，起来，他在叫（你）！
> 你的信德救了你！］

但到了19世纪后半叶，在美国的古典研究中，重音定位屈服于德国的影响。对进一步转变的支持，无疑由索福克勒斯（E. A. Sophocles）《希腊语字母与发音史》（*History of the Greek Alphabet and Pronunciation*, Cambridge, Mass. 1854）所提供，这本书在音调方面自然是反亨宁式发音的。①

似乎有些英国学者早在亨宁之前就独立采用了他所倡导的发音。在1580年致斯宾塞（Spenser）的一封信中，哈维（Gabriel Harvey）②表示他反对改变英语词语的重音以符合拉丁语规则（参见页156注释3）："老实说，凭我对缪斯女神的信仰，你不会得到我的附和与赞同……让你的 *Carpēnter*，我们是 *Carpĕnter*，变得大或长一英寸，相比上帝及其英国子民的木匠"；他的结论如下："所以，

---

* 按希腊语《圣经》和朗费罗原诗，这里略去了人称代词 σε（你）。这三行诗，据原文直译。——译注

① 参见 Drerup 1930—1932, 610 ff., 766 ff.。
② 见 *Smith 1904, i, 117—119。

与你的 *Carpēnter* 和追随者远为不同，在我们应受所常规接受到的声音节制和支配的地方，我们不会有任何图谋去伪造属于我们自己的荒诞的重音，就像很多人之所为，再说他们也并非无学识，却以败坏和荒谬方式来对待希腊语。"

接受沃西乌斯和亨宁的观点的一个后果是，在18世纪英格兰印刷的大量希腊语文献中，原初的重音被省略了——"就像一阵来自尼德兰的狂风，吹落了字母表面的枝叶"（Errandonea 1945, 90）。为这种做法提供支持的是道斯（Richard Dawes）《校勘杂记》（*Miscellanea Critica*）中对希腊语重音的批评，此著首版于1745年；1759年，这种做法被采纳为牛津大学出版社的公开政策。可是，这种做法遭到很多学者的谴责，包括福斯特（John Foster），剑桥大学国王学院学者，他令人钦佩的著作《论重音与音量的不同性质》（*On the different nature of Accent and Quantity*）首版于1762年。后来，在他的《美狄亚》（*Medea*, 1801）编本中，波尔森（Richard Porson）也坚持重音定位的重要性，并敦促读者"不为懒汉的嘲笑和愚人的嘲弄所动"（scurrarum dicacitate et stultorum irrisione immotus）；这位如此伟大的学者的影响很可能发挥了决定性影响，得以确保希腊语重音在此后英格兰印刷的文本中受到尊重。①

（b）非重音性重读

（a）小节的论证已然表明，在古典希腊语中，没有证据可以证

---

① 进一步讨论参见 A 1967b；1968a, 134 ff.

明重读与音高有任何**内在**关联。可是，仍然存在这种普遍的可能性：希腊语像其他已知的语言那样，有某种动力重音构成模式。先天并无这种构成模式不会独立于旋律重音而出现的理由，这种类比我们已然引述过了（页 94）。甚至在某种具有动力重音的语言中，也会有其他"无语言功能的低度重读"（Kerek 1968，37，关于匈牙利语），这种重读的发生由重音性重读标准以外的其他标准所决定。

事实上，希腊人自己在音高之外并未论及重读，这并不成其为反驳其存在的证据。重读不会有功能性、重音性特点，从而根本不可能在有意识的分析层面上引起他们的兴趣。譬如他们认识到在浊爆破音与清爆破音之间（β δ γ vs π τ κ）有一种区别，因为，这种对立有语义功能，但不像古代印度人，[①]希腊人在语音上的敏锐并未达到足以察觉发出浊音的过程的性质之程度[②]（的确，直到 19 世纪后半叶，在欧洲才普遍认识到这一点，这是受到印度学说的影响）；就鼻音和流音而言，发出浊音是自动的，从而不具有功能性，他们未以任何方式提及其存在。或许古典阿拉伯语可为此提供一种类比；现代方言具有动力重音系统，尽管早期语法学家并未给出动力重音模式构成的任何线索。[③]这被普遍解释为表明古典语言缺乏任何此类特点；但实情毋宁如米彻尔所表明的那样（Mitchell 1960，369），只是语法学家"缺乏兴趣去发明用于严格观察和分析的必要技巧和范畴"。说到底，重读仍然是语音学描述的一个较为困难的

[①] A 1953，33 ff.
[②] A 1968a，27 f.
[③] 参见 Lecerf 1969，170。

第三部分：希腊语的韵律结构

领域；而且，一直到 18 世纪，普遍认为在英语诗歌中重读甚至都不发挥作用，尽管"诗人们写了数世纪，读者也以不会犯错的耳朵听了数世纪"（Attridge 1972, 45）。[①] 此外，作为一种非重音性特点，很有可能任何这种重读在希腊语中都要比在某种动力重音语言如拉丁语中弱；而且讲拉丁语的人也许完全不会认为这就是重读——正如讲英语的人难以认识印度语言的动力模式，后者相对较弱，而且伴随着不熟悉的音高线索（见页 75）。

从而，难题在于，**如果**任何这样的动力重音模式构成存在于古典希腊语中，我们如何能够对其有所知晓？无任何客观证据支持的武断毫无意义，如亨宁之所为（页 272），他是将一种直接出自拉丁语的重读模式强加于希腊语。[②] 汉森（Hanssen 1882）的结论是，希腊语词汇的末音节如果是重音节就要重读，但在其他情况下要重读次末音节，而无论其音量如何；可是，这个结论基于由旋律重音定位而来的可疑的论点，而且，显而易见，部分论点其他证据有冲突。

证据（1）格律（先验）

我们将容易走上正途以发现希腊语的动力模式，如果可以确定希腊语诵读的格律具有一种动力基础，或至少倾向于动力强化。因

[①] 参见 Fussell 1954, 153 ff.。
[②] 如晚近希尔伯格（Hilberg 1879；见页 282）所言；Lieger（1926, 9, cited by Kalinka 1935, 331）；亦参 Murray 1927, 84。

为，这样一来，尤其在行末，我们可以期待在格律与言说模式之间构成和谐，从而前者可以为后者提供线索。可是，要进一步建立这种前提是不可能的，不管我们会强烈感觉到这符合一般的可能性。古代的讨论少有助益；因为（页 100），术语升（ἄρσις）和降（θέσις）应用于（格律）音步要素时，本身不一定包含一种动力性质的对立；它们首先适用于身体姿态——舞蹈中的脚步升降，"打拍子"过程中的手的升降——而且，要以此为言说的动力学作论证，认为一种可以听到的"强音"落在了强音位置，或许是危险的做法——尤其危险的是，有鉴于不作提示颠倒两个术语含义的倾向。关于"强音"问题，双方都持有激烈观点，但普遍少有客观基础。否认古典诗歌中存在这种"强音"的人中，值得一提的有梅耶（Meillet 1923，10 f.）、施密特（Schmitt 1953，30 f.）、莱普斯基（Lepscky 1962，209）、戴尔（Dale 1968，4f.；1969a，250）。另一方，譬如，亨德里克森（Hendrickson 1899）、汤普森（Thomson 1923，e.g. 425，520；1926，5 n.）、罗素（Roussel 1954，25 ff.）、赛蒂（Setti 1963）；还有总体讨论中涉及的其他学者（页 99）。① 在此可以指出的是，本特利（Bentley）因反对拉丁语六音步强音观念而知名，似乎就短长格和长短格持有完全相反的观点，包括希腊语和拉丁语（参见页 343 以下）。②

类似的观点分歧也见于关于古典阿拉伯诗歌的讨论。在很多人看来，这被认为是纯粹的音量问题；但由阿拉伯语格律的建立者哈

---

① 关于对近期观点的讨论，亦参 Parker 1970，60 ff.。
② 参见 Kapp 1941，190 f.。

利勒（Al-Khalīl）提出的模式，也有所容许的中间音节的数目，威尔（Weil 1960，675 f.）得出结论，"音量单独不可能决定节奏。因此，同时我们还有——不仅就规范能力，而且就构形能力——重读"；而且"在大多数诗行中，重读和词语重音将一致具有同样的'长'音"。

假定一种缺少强音也从而是纯粹音量式的诗歌，有时候关联着一种从古代到现代在下降的观念；这在马斯关于此主题的讨论中（1966，3 f.）显而易见，在穆雷的讨论中（Murray 1927，83）尤甚："……在拉丁语和希腊语的发音中，音量是主要变量；尽管现代非曲折语言越来越倒退为简单随意的重读方式。"这种观点的最强烈表达出自尼采（Nietzsche），他对古代语言的节奏与原始日耳曼语的"野蛮"（barbarian）节奏作了对比："古代意义上的节奏是道德和审美（Moral and Aesthetic），是对激情的约束；简而言之，我们的节奏类型属于病理学（Pathology），而古代的节奏类型属于伦理学"：1912，336 f.（写于 1884 年）。① 即使不作这样的价值判断，人们也往往认为，我们现代的"耳朵"某种程度上不如希腊人灵敏；所以，戴尔（1968，4 f.）提到"很难训练我们的耳朵以欣赏，甚或听清，一种纯粹的音量式节奏"。

斯泰森（Stetson 1945，71）将这种态度斥为诉诸一种无法证实

---

① 参见 Middleton 1967，65。

的观念："古人有精致的耳朵。"① 但到目前为止，还没有非常有力的证据来反驳他们的假设。除了总体论证（参见页 97 及其以下），或许附属于音量的某种要素作为希腊语诗歌的模式基础的标志是：

（i）事实上，音步不变的（"强音"）部分与可变的（"弱音"）部分之间的差异，在这种差异适用的所有格律中，都根本涉及一个**重**音节，作为常量（与长短短格②的 Σ̲ ["一长或两短音节（bi-cep-）"③]，或短长格/长长格的 Σ̲ ["自由音节（anceps）"]）；我们没有发现 ΣΣ 或 Σ 这样的变体。换句话说，我们发现口头格律的基本格律模式诸如 ΣΣ̲或ΣΣ̲Σ，而非，譬如，ΣΣ̲ 或 ΣΣΣ̲Σ。我们可以设想，如一种"纯粹的"短长格诗行，不容许长短格音步，也就是说，其基本模式可以是 ΣΣ̲，有一个不变的 Σ̲；但其中不存在不变要素 vs 可变要素的对照（即使重音节"可分解"为两个轻音节，分解也是一种严格受限的做法［参见 316 及其以下］——所以，第二个要素不可以说成是一种自由可变的 Σ̲，如长短短格六音步之情形）。这种语境至少提高了希腊语具有凯瑞克所描述的（Kerek 1968，23）匈牙利语所具有的事态之可能性：

---

① 术语参见页 306；而且，比此更早，譬如梅尔莫斯（W. Melmoth）《费佐斯伯恩爵士书简》(*The Letters of Sir Thomas Fitzosborne*, 9th edn [London, 1784; 1st edn Dublin, 1748]，xiv, 63 f.)："塔里的耳朵之灵敏"（the delicacy of Tully's ear）；xxxvii, 171："完全可以肯定，古人对于数的敏感，远超任何现代品味的伪装能力；而且，他们所发现的差异，我们绝对无法觉察。"或许，这些表述说到底源于昆体良（Quintilian, iii.1.3，不大可能是表示称赞的）"精巧的耳朵"（aures delicatas）。

② = Σ 或 ΣΣ。

③ 关于短长长格，见页 332 以下。

音节长度容易用……作音量式格律原则，这一点不应模糊一个重要事实：它具有另一种系统调节功能，也就是说，它在低水平重读位置是一种调节因素；所以，有充分理由假设，如果一个母语听者不仅将长音节接受为"自然的"节奏音峰，而且有可能要求长音节是格律的节奏音峰，那么，这是由于指定给长音节的出于其音长的重读使然，而非因其作为时间单位的音质。

换句话说，有这种可能性，如凯瑞克所表达的那样（Kerek 38）："将格律程式与填充它的语言序列的节奏潜能混而同之。"

（ii）事实上，一个长长格发挥作用，可以具有"上升"和"下降"的诗歌模式（如短长格或短短长格 VS 长短格或长短短格）。如果斯内尔（Snell 1962, 22 n.3）所评论的那样，诸如 Zεῦ πάντων ἀρχά, πάντων ἀγήτωρ（归于泰尔潘德罗斯★），同等音长的前起后继妨碍了任何节奏识别。也许的确如此，如梅耶所示（Meillet 1923, 26），如在短长格三音步中，一个长长格音步模式，在某种意义上以"由格律的其他音步的固定不变的短音节构成的抑制"为标志；但其他人并不认为这是一种对长长格之可行性的充分解释；对一个或另一个重音节的重读被视为更具可能性的解决办法（参见页98以下）。塞蒂（Setti 1963, 181 f.）采纳了与梅耶类似的态度，因其认为对于模式之整体而言，要在对于每种格律单位的一个

　★ 泰尔潘德罗斯（Terpandros/Τέρπανδρος），纪元前7世纪莱斯博斯岛安提萨（Antissa in Lesbos）的抒情诗人和齐特拉琴手，有7则抒情诗残篇传世（*Lyra Graeca*, Volume I., Translated by Edmonds, J M. Loeb, Classical Library Volume 28, Cambridge, MA, Harvard University Press; London, William Heinemann Ltd. 1922）。——译注

音步而言必须有一个纯短长格（短长格 ‖ΣΣ|ΣΣ‖，长短格 ‖ΣΣ|ΣΣ ‖）。但他进而问，这如何在模棱两可的音步中使模式变得可知，并且总结说：这必须靠除纯粹音量以外的某些方式——尽管与音量有关——而且尤其是期待一种"强音"重现在一点而非另一点上。

类似的问题也涉及三短音步（tribrach），后者表现为音步"分解"可按下降（长短格）模式或上升模式（短长格）模式进行。还有一种情况是，一个长短短格既可以下降（长短短格六音步）模式出现，也可以上升模式（短长格）出现，但长短格不会这样出现。

证据（2）音乐

在尝试发现更为确定的要素标志，以解释希腊语中的这些情形前，一种更进一步的可能性表明了自身，我们希望这会为希腊语诗歌中是否存在"强音"提供一条线索。在传世希腊语文本的音乐背景残篇中，有一些以点（στιγμή）为标记的某些音调例证。作为旋律模式的一种补充指示，有理由认为这种标记指示着音乐上的重音定位，可以推测其与文本的语言重读相符合。在匿名残篇《论音乐》(De Musica, Bellermann 1840, 21) 中，是这样说的：ἡ μὲν οὖν θέσις σημαίνεται, ὅταν ἁπλῶς τὸ σημεῖον ἄστικτον ᾖ...ἡ δ' ἄρσις ὅταν ἐστιγμένον［一方面，音升确有标注，或者干脆对其发音不予标注……另一方面，音降任何时候都加点予以标注］。但如贝勒曼评注所言："要探究的是，这里的 ἄρσις 是什么，θέσις 是什么，因为，在古人当中，这些词的使用非常混乱……混乱因此而加重了：有些语法学家称每个音步的第一部分为升，后半部分为降，从而完全忽视了强音。"(quaeritur, quid hoc loco sit ἄρσις, quid θέσις, quoniam magna apud veteres est confusio in usu harum vocum...Praeterea confusio ista eo augetur, quod grammaticorum nonnulli uniuscuiusque pedis priorem partem arsim, posteriorem thesim vocant, ictus ratione omnino neglecta.)① 不过，贝勒曼得出的结论是"看来更恰当的解释是，时长由重音提供，而非不加标注，做法是较长的音节以同样的方式作了标注，较短的音节则没有标注"(magis consentaneum videtur esse, tempus accentu praeditum, quam destitutum notari, perinde ac longiores syllabae notantur, breves notis destitutae sunt).② 可是，这些结论并未被所有学者都接受；与之相对的解释是由温宁顿－英格拉姆提出的（Winnington-Ingram 1955, 77 ff.; 1958, 8），即στιγμή[点]的功能，"按照这个术语在古代的通义，标记了音步的ἄρσις[升]"，也就是说，也就是说，标记了**弱音**位置。③ 有鉴于这些不确定性，显然没有理由声称这些音乐标记就是处在诗行的强音位置上的"强音"(ictus)的证据。④

证据（3）格律（后验）

然而，还有一条可能的进路以解释古典希腊语中的动力模式，

---

① Rheinach 1894, 367.
② 关于《斯基洛斯碑铭》，亦参 *Williams 1911, 33。
③ 亦参 Kalinka 1935, 295 f.。
④ 但亦参见页 294。

在以格律证据为根据的同时，无须先验假定存在一种格律强音——尽管得出的结论也许会导致这种可能性。

如果在希腊语词语中存在合乎规范的重读模式，很可能在希腊语口传诗歌的创作中会有所考虑——而且，根据一般理由，任何关于语言/格律之一致性的考虑都可以期待，尤其在诗行末尾。如果证据表明在由具有特殊音量模式的词语构成的诗行中位置可以选择，也就是说，选择在一个而非另一个音量上等值的位置，就有理由得出这样的结论：创作不仅考虑了音量，还考虑了其他某种因素——按照一般的语音学根据，最有可能的选项是将这种因素确定为重读。若如此，则很可能确定的动力特征倾向于与音步的焦点"强读"位置相符合；而且，一项关于位置模式的研究，就能够使我们建立一种关于各种音量模式类型的词语的重读定位的假说，或许这种假设会导致建构出某种或某些普遍规则。

以往解决难题的进路

这种研究能够得出结论，这一点已偶有认可。1885年，古德尔（Goodell 83）在讨论英语诗歌时，评论了重读问题，兼及希腊语重音："同样可以肯定，如果这种现象无论如何存在，这种伴随音高重音的重读的增长，在散文和诗歌的韵律结构中也完全被忽略了，而偏向于重视更强的词语强音（word-ictus），这种词语强音后来被当成了诗歌节奏的本质要素，正如英语中的重读重音之于我们的诗歌节奏。"古德尔未进一步追究此问题，但下文将论及某些特定的尝试以定位语言上的"强音"。由人们关于其他语言中的重读定位的知识,有可能(而且当前难题的所有探究者都认为)对它的把握要以某种方式涉及词语的开头和/或结尾——最有可能是后者;因此,令人鼓舞的是发现就连戴尔也以某种方式总体指出此项努力,因为(1957,43)"……为所观察到的有关希腊语格律中的词尾的事实寻找原因……一定会对我们不可避免要承担的努力提出挑战"。

可以说,从一开始这样一种研究就不可能期待会引向一个假设:希腊语中词语的动力模式与拉丁语中一样。因为,事实上强音位置和所声称的词语重音之间的符合程度,略高于强音位置与旋律重音音峰之间的符合程度——我们已然看到,从古典希腊语的创作观点来看,这种符号并不重要。这一点也很容易证实。在随机抽取的100行希腊语短长格诗歌中,所标注的重音与强音位置符合的情形,每个音步中的百分比如下:

$$41\quad 50\quad 55\quad 36\quad 31\quad 31\,(\text{Total } 244/600)$$

同样100行诗,强音位置与按拉丁语规则要有重音的音节的符合之情形,每个音步中的百分比如下:

$$35\quad 72\quad 84\quad 37\quad 31\quad 2\,(\text{Total } 261/600)$$

两组数字之间的百分比分配有显著差异——但总体差异甚微也不重要。的确,后一组数字中的符合程度,譬如远低于普劳图斯六音步诗,[①]后者中(尽管有争议)似乎刻意让重音与诗行模式相匹配

---

① Langen 1888,403,406.

（页153以下）。第六音步的低百分比，当然是由于不可避免到了行末词尾上，故而只有单音节词才有可能在末尾强音位置上的产生重读。[①] 第二和三音步上的高百分比，是由于在第三和四音步上出现了音顿；第三音步上符合度增高，这是因为，即使在第四音步上没有音顿，第四音步合乎规范的轻弱音峰位置必然使得：第五音步中一个后接音顿的三音节词，按照拉丁语规则，重音将落在其首音节上；譬如在《安提戈涅》(*Ant.* 14) 中：

μιᾷ θανόντοιν ἡμέρα διπλῇ χερί,

按照拉丁语的重音模式就是：

Σ́Σ, |ΣΣ́|Σ ⋮ Σ́|ΣΣ, |Σ́Σ, |Σ́Σ

史诗体六音步略微更适合于拉丁语重音规则，但即使如此，符合程度平均也只有60%左右。其中，末两个音步中符合程度往往最高，这只是下述事实的一个结果：仅凭统计概率，行末词语常常有两个或三个音节；所以，譬如 ~νόστιμον ἦμαρ (Σ́ΣΣ，|Σ́Σ)，或 ~γλαυκῶπις Ἀθήνη (Σ|Σ́Σ, Σ|Σ́Σ)。苏比朗（Soubiran 1959, 49 n. 33）指出，在《伊利亚特》(*Il.* xxiii) 中，73.5%的行末都以此方式呈现，所以，强音与重读大部符合就不可避免。

这些事实恰恰大大削弱了亨宁式希腊语发音的有些支持者所声称的符合实际的论述（页272），他们维护亨宁式发音而攻击对手

[①] 在此位置上，比例将大大增加，如果我们将特殊的句法上的停顿前短长格词末重读扩展到希腊语，而这种重读或许向来是拉丁语的一个特征（见页186及其以下）。

的理由是，如果在诵读希腊语散文时以重读来处理**希腊语**重音，就必然会在诵读希腊语诗歌时转向一个不同的基于音量的系统，如果要产生节奏效果；而对希腊语使用**拉丁语**重音定位，如其所言，这已然"以音量为根据"，则直接合于此目的。的确，拉丁语重音，与诗行模式一样，以音量为根据；但适用于其定位的特殊规则，并不会使其与诗歌中强音位置的符合变得显著。一个像 θυγάτηρ 这样的词，如果重读第二个音节，固然会与六音步开头 Ἄτλαντος θυγάτηρ~（Σ́Σ|Σ, ΣΣ́|Σ ¦）的诗行模式冲突；但拉丁语的重音定位并不见得更好（ΣΣ́|Σ, Σ́Σ|Σ ¦）。

汉森提出的假说（Hanssen 1882：见页 275），有可能引向更大尺度的一致——但它实现此目的的潜力为下述事实所削弱：评估末音节音量的根据是停顿前的形式（将 ~VC 作为轻音节），并且不考虑语境变化；如果末音节不是重音节（按照他的考量），重读就落在次末音节上，即使它是轻音节。这将导致比拉丁语程式更大的一致性，诸如在《安提戈涅》(*Ant.* 18) 这样的诗行中：

ἤδη καλῶς καί σ᾽ ἐκτὸς αὐλείων πυλῶν

(Σ́Σ, |ΣΣ́, |Σ, Σ́|Σ ¦ Σ|ΣΣ́, |ΣΣ́)，

可是也会表明其局限性，譬如在《奥德修纪》(*Od.* i 39) 中：

μήτ᾽ αὐτὸν κτείνειν μήτε μνάασθαι ἄκοιτιν

(Σ́, Σ́|Σ, Σ|Σ́ ¦ Σ́|Σ, Σ|ΣΣ́, Σ|Σ́Σ)，

其中，对拉丁语重音定位有所改进是就 κτείνειν 而言，但就 αὐτὸν 而言并无更好改进，就 μνάασθαι 而言则变得更糟了；或在《安

提戈涅》(*Ant.* 169)中：

παῖδας μένοντας ἐμπέδοις φρονήμασιν

(ΣΣ́, |ΣΣ́|Σ⋮Σ|ΣΣ́, |ΣΣ|ΣΣ́),

其中，汉森的重读在前两个词上，这和拉丁语一样，在 ἐμπέδοις 中与拉丁语不同，但具有同等程度的格律和谐，在末尾词语上则不大会达成一致。

先前将语言重读假说建立在格律证据上的尝试，由希尔伯格 (Hilberg 1879) 和米勒 (Miller 1922) 作出，时间间隔很长。前一位学者收集了从荷马到策泽斯 (Tzetzes) 的有价值的相关材料，尤其关注瑙努斯 (Nonnus) 的诗作。由研究这些材料，希尔伯格得出的结论是希腊语词末音节语音上是弱音，并进而声称 (265 ff.)，如亨宁此前之所为，希腊语原初具有一种与拉丁语完全一样的重读系统。[①] 但这些结论涉及对材料的某种奇怪解释，遭到其他学者的批评（参见 Hanssen 1882, 259 f.; Ehrlich 1912, 155 ff.; Miller 1922, 169 ff.; *Hermann 1923, 107 f.）。而且，我们已然看到，这样一种假设，并不支持语言上的重读与诗行模式之间存在一种一致的观念。米勒的研究，与汉森的研究一样，导致承认重读词末重音节之可能性，却为不大有可能的对动力重音词语模式的假定所损坏，诸如 (Σ) ΣΣ́(Σ)，重读在紧接的音节上。

除这些研究之外，还有赞德的著作（Zander 1910, 尤其 493 ff.

[①] 275: "希腊语原初的重读系统，从而与拉丁语的重读系统完全一致（Das ursprüngliche Betonungssystem der griechischen Sprache ist somit dem der lateinischen Sprache vollständig gleich）。"

"论强音"［de ictu］)，但这部著作主要基于较为模棱两可的有节奏的散文的证据。赞德也承认在某些情况下要重读词末重音节，却认为停顿前的长长格尾总是要重读次末音节。① 他参照跛脚短长格（scazon）来支持这种关于格律的主张（469 n.），不过关于这种格律他接着还有更多话要说。从我们目前的观点来看，赞德的研究有一个特殊的不足之处，这就是关注词语序列之整体的动力学，要比关注个别词语的对立模式更多。

一种新进路

因此，看来值得进一步尝试究明，口头诗行中的词语位置是否有任何清楚的模式选择，诸如建议偏向词语的特殊音节，以与音步的强音位置相符合。普遍的趋势会导致人们特别关注行末；但首先，可取的做法是不考虑包含行末音节的词语，这是着眼于与"不论"（indifference）原则的关联，下文我们将回到这一点。单音节词也可以从研究中忽略（除了其构成非重读后接词或非重读前接词的成分），因为，它们在其本身结构中不涉及重读**对比**。

我们可以从研究一个经过扩展的诗行结构（corpus）开始，标出每一个强音位置（用抑音符号）；② 所以，譬如，列举这样一个短长格三音步诗行的结构：

---

① 468："在停顿前，长长格发音的结尾下降，所以，强音在次末音节上（Ad pausam ita descendit spondaicae vocis exitus, ut ictus sit paenultimae）。"
② 希腊语重音符号（和气音符号），在下面的讨论中略去，以避免混淆和使用过多音符。

(ω) κοὶνον αὐταδὲλφον ἰσμηνὴς (καρα);

或一行六音步诗：

ἀνδρα‿μοι ἐννεπε μοὺσα πολὺτροπον (ος) μαλα (πολλά).

如果我们只考虑这两行诗，就有 2 例词语模式是 Σ́Σ（κοὶνον，μοὺσα），2 例词语模式是 Σ́ΣΣ（ἀνδρα‿μοι，ἐννεπε），各有 1 例词语模式是 ΣΣ́（μαλα），ΣΣ́Σ（ἰσμηνὴς），ΣΣ́ΣΣ（πολὺτροπον），Σ́ΣΣ́Σ（αὐταδὲλφον）；类似的模式分类和计数可以扩展到任何长度的结构。①

可是，多数所得出的统计结果与我们的目的无关。对于很多词语类型而言，仅由于其音量结构，只能出现在与音步的强弱位置有关的特殊位置上；如果一定要使用这些词语，就**必须**放在那个位置上。② 譬如一个长短格词语 Σ́Σ，无论在上升的短长格诗行模式中，还是在下降的六音步诗行模式中，只**能**以此方式来定位：其重音节将与强音位置相符合，其轻音节将与弱音位置相符合——在短长格中是 Σ́|Σ，或在六音步中是 |Σ́Σ。这一点适用于所有这样的词语：单个重音节两侧（任意一侧或两侧都）有一个或两个轻音节；所以，事实上，在上引诗行中，除两例外，都是如此（Σ́Σ，Σ́ΣΣ，Σ́ΣΣΣ，ΣΣ́ΣΣ）；其余情况下，六音步中的词语类型 ΣΣ́ 严格限于弱音位置，只剩下模式 ΣΣΣ（三长音节 [molossus]），其位置并不唯由纯粹音

---

① 当然不存在这样的可能性：重读系统在不同的方言中（如史诗方言或阿提卡方言）会在某些方面有差异。但除非寻找通行系统的努力证明失败了，我们就不必先验地假定这样的差异。

② Newton 1969, 361.

量上的考量来决定。

因此，我们必须主要关注包含一系列重音节的词语，或包含超过两个轻音节的词语。前者在诗行中的频率高得多，首先考虑这些词语是恰当的。

(i) **重音节**

如果我们考察一个六音步在音步 IIIa（第五个半音步之后）音顿后的部分，一个长长格词语，从纯粹音量的角度来看，潜在地有可能出现在括起来的任何位置上：

$$\sim \mid \underline{\dot{\Sigma} \mid \dot{\Sigma} \Sigma \mid \dot{\Sigma} \Sigma} \mid \dot{\Sigma} \Sigma$$

一个三长音节可以出现的情形如下：

$$\sim \mid \underline{\dot{\Sigma} \mid \dot{\Sigma} \Sigma \mid \dot{\Sigma} \Sigma} \mid \dot{\Sigma} \Sigma$$

在短长格三音步中，下列可选择的位置潜在地可用于一个长长格词语：

$$\sim \mid \dot{\Sigma} \mid \overline{\Sigma \ \dot{\Sigma}} \parallel \overline{\dot{\Sigma} \mid \Sigma} \ \Sigma$$

在短长格中，三长音节只能出现在这样一个位置模式中：$\dot{\Sigma}\Sigma\Sigma$。①但在六音步中，$\dot{\Sigma}\Sigma\Sigma$ 或 $\Sigma\dot{\Sigma}\Sigma$ 才有可能，后一种模式罕见，虽然这样的词语最容易后接音步 IIIa 音顿，尽管这种模式的词语相当普

---

① 参见 Newton 1969, 363。

通：路德维希发现（Ludwich 1885，224 ff.）在 2407 行荷马史诗中，仅有 3 例是 ΣΣΣ 模式，与 392 例Σ̀ΣΣ形成对照；由施蒂弗勒（Stifler 1924，332 ff.）提到在《伊利亚特》前六卷书中长长格第四音步上有音分可见，只有 6 例是三长音节；奥尼尔（O'Neill）关于 2000 行荷马史诗的数字统计，只提供了 1 例（1942，144）。在全部荷马史诗中，路德维希注意到差不多有 48 例是 ΣΣΣ 模式（248 ff.）；但其中一半是专名（譬如 6 例是 Θηβαὶου，8 例是 Πατρὸκλεις），4 例涉及短语 Λυκιὴς ευρεὶης，而且有大量很可能是"解除缩合"（deconstracted）的结果（譬如 Πατρὸκλεες）。在任何情况下，实际都清楚地支持路德维希宽泛的结论（254）："黄金时期的所有六音步诗人中，三长音节通常的'重音定位'都是将诗行强音放在首末音节上；所有人都尽可能避免将三长音节的中间音节变成强音部（arsis）。"（亦参 243 以下）

双长长格（dispondaic）词语形式（ΣΣΣΣ），也很有意思。由其位于行末的共性，① 路德维希清楚得出的结论是，其合乎规范的"重音定位"是Σ̀ΣΣΣ；因此，他惊讶于发现，有 75 例显示为 ΣΣ̀ΣΣ（250 ff.），并得出结论（252）："对这些例证不可能作出正确判断，如果不彻底探究荷马史诗所有词类的'重音'规则，尤其是**末音节**。"他进而表达了这样的愿望：此项研究不会拖延太久。可是，如果我们忽略在绝对行末的情形不计，重要的是在全部荷马史诗中只出现 2 例模式是Σ̀ΣΣΣ。②

---

① 参见 Erhlich，173；O'Neill，177。
② O'Neill，177。

可是，对于六音步和短长格中的长长格词语，ΣΣ 或 ΣΣ 都有可能出现，两种位置都确实可见，整体上前者的数量超过了后者，但也只有约 2:1。这些关于长长格的结论会使我们断定，全部努力很有可能不会有结论；但首先，我们应当更详细地思考较不受偏爱的定位，也就是 ΣΣ。牛顿所忽视的重要的一点（Newton 1969，涉及对 A 1966a 的批评）是，需要思考的不仅是一般的数量因素，还有分布要素（关涉在诗行中的位置）和音质要素（关涉所涉及词语的实际类型）。

六音步

我们可以从六音步开始，以结尾（coda）为起点——或者，准确地说是以第五音步为起点，因为我们目前排除了绝对的末尾位置。一个长长格词语终结于此位置所涉及的一种模式是 ΣΣ。但根据施蒂弗勒（Stifler 325），如果我们排除"解除缩合"的情形，将其归入长短短格（参见页 257 以下），[①] 这种情形在荷马史诗中只出现了一次（如果真要算的话），[②] 也就是说，在《伊利亚特》(*Il.* x 299) ~ ειᾶσ' Εκτωρ 中，——可是，这（a）涉及元音省略，并且（b）只出现在一个抄本中（'P^{21} teste Ludw' O.C.T；其他抄本中是ειᾶσεν）。在此位置上也没有任何一个以长长格结尾的词语，也就是说，模式是 Σ|ΣΣ 或 (Σ)Σ|ΣΣ|。的确，长长格第五音步比长短短格第五音步更不常见——大概在 18 行中有一例（参见 Maas, 59）；但在全部荷马史诗中，相当于接近三卷书的总和；词末在第五音步

[①] 参见 Ehrlich, 160；Shipp 1972, 206 f.。
[②] 亦参 O'Neill 1939, 276；1942, 170 f.。

的情形，也并不少见。所以，长长格词语在此位置上结尾之罕见绝非偶然。

我们由第五音步进至第四音步。词尾在此相当常见；但人们早就注意到，在希腊语六音步中，这样的词尾更为常见，如果这个音步是长短短格而非长长格，这种情形可以各种方式来描述。的确，长长格第四音步比长短短格第四音步较不常见；但即使如此，长长格词尾在此位置上出现的频率比人们所期待的还要更少。当词尾在此位置上时，在荷马史诗中长短短格的数量超过长长格的大概比率是 8∶1，但在此位置上没有词尾的比率仅约为 3∶1。根据奥尼尔的数据，只有约 4.5% 的长长格或长长格词语在此位置上结尾，① 与超过 50% 的词语以长短短格结尾形成对照。偏爱以长短短格第四音步作为词尾，这是牧歌（bucolic verse）的典型特征，故此有术语"牧歌体音分"②；譬如在泰奥克里托斯（Theocritus）的田园诗（Idylls）中，长短短格音步词尾超过长长格的比率，大概是荷马史诗中的两倍，并且出现在大约 75% 的诗行中。

从算术角度看，荷马史诗中还有相当数量的长长格词尾出现在第四音步上的情形，事实上有 1000 个左右；但要更为详细地研究才具有启发性。通常罕见 ΣΣΣ 模式的三长音步（其中大多数都被认为占据此位置），这一点我们已曾提及。对此情形作相当彻底的研究，可求助于埃里希（Ehrlich, 160 ff.）和施蒂夫勒。埃里希详

---

① 奥尼尔将诗行的所有末音节都作为重音节；如果将末音节是轻音节的词语排除于行末词语之外，百分比当然会稍微有点大，但也不会大到使普遍原则失效之程度。

② 参见 O'Neill, 166 ff.。

细说明了荷马史诗中所有此类长长格词语：其"天然的"重末音节落在了第四音步上；后文我们将看到，正是这些"天然的"重末音节占绝大多数，总数有 445 例是长长格词语。施蒂弗勒查考了《伊利亚特》卷 i—vi 中所有类型的在第四音步上结尾的长长格词语和以长长格结尾的词语，对荷马史诗的其余部分作了概括统计，包括对词末"位置"重音节的摘引。

我们可以首先考察占据第四音步的长长格词语之情形。在此位置上有一个显著特征是，大量此类词语是代词，诸如 αυτους，ημεις，还有其他在很多语言中都与代词密切关联的词语，譬如 παντων，αλλοις（参比拉丁语 totus，alius 或梵语 sarva-，anya- 的半代词变格）。这个事实的重要性可能在于，这样的词语出现的频率通常较高，在有些语言中必然受制于特殊的言说模式，从历史角度看，这些模式也许反映在"弱化"（weakening）中；[①] 在《奥德修纪》中，有些情形也占据系动词的位置，譬如 φιλος ειη，[②] 对此可作类似的思考。但在任何情况下，音顿的要求都意味着，一个长长格词语占据第四音步，其前接词的结构是 Σ 或 ΣΣ 或 Σ；大多数此类词语都是非重读前接词或与后接词（譬如连词）密切关联的词形，大概

[①] 参见 A 1958，127 f.，n.70 以及参考文献。与此相关，也与下文要讨论的"同位语"相关，请注意希尔伯格所认为的"自由"词语类型（Hilberg 1879，2），认为容许在格律上作例外处理，它们包括专名、代词、数词、代副词、连词、介词和感叹词，他注意到"所有适用于'自由'词语的格律法则也都适用于'非自由'词语——但反过来却不可以"。亦请注意希腊语法学家将回指代词（anaphoric pronoun）αὐτον 列入了非重读后接词（参见 Vendryes，95 f.）。

[②] 参见 Ehrlich 167。

比率是 8∶1；① 所以，譬如 επ' ωμων, και αλλους, περι παντων, αμα λαω, εξ ιππων, η κυκνων；其他涉及此类型的，诸如回指代词和关系代词、数词和常用副词，它们与一般所认为的"非重读前接词"一样，语音上通常服从于后接完全词；② 譬如道廷（Dottin 1901）指出，这类词语与引起凯尔特语词首元音变化的词语非常相似。③

如果有人认为此类形式与后接词构成单一的音韵单位，就会分别处理 ΣΣΣ、ΣΣΣΣ 和 ΣΣΣ 类型的结构，而非将其作为单一的长长格。其余情形中，有些涉及密切的语法关联，如名词＋形容词或属格定语，譬如 στιχας, ανδρων, πολιν ακρην；埃里希指出（160 f.），在涉及更为松散的关联之处，长长格往往后接强烈的语法中断，他表示有助于将其作为行末来对待，譬如《伊利亚特》(Il. xviii 406)，

η νυν ημετερον δομον ικει · τω με μαλα χρεω

反过来，④ 长长格词语可与后接词密切关联，譬如 αλλων μυθον，从而可以视为构成一个词组，可以视其为单个词语，从而实际并不涉及第四音步上的词尾。

在排除上述情形后，相对独立地占据第四音步的长长格词语的数量就会非常少——按埃里希的列表，约有 15—20 个有"天然"重末音节，这要看我们怎么解释：譬如 σχεθον ιππους, φιλον ελθειν,

---

① 参见 Ehrlich 166。
② 参见 Sobolevskij 1956；1964, 51 f.；规定"同位语"的是 Fränkel 1960, 142 ff.（支持观点有 Bulloch 1970, 260）。
③ 亦参比此类词语：它们在古英语诗歌中一般不押头韵，因为，要重读"完全词"（Halle & Keyser 1971, 155 n.7）。
④ 参见施蒂弗勒的"类型 3"（332 f.）。

ζευξ' ιππους, σακος οισω, τλη μιμυειν；这些词语中有些可以认为构成符合单元，譬如 κακα πασχειν 这样的短语。因此，我们可以接受埃里希的结论（167）："原则上诗人避免在第四音步上使用长长格词语"——换句话说，$\bar{\Sigma}\Sigma$ 是反常模式。更为确定是的是，模式 $\Sigma\Sigma$ 在荷马史诗中自由出现，并无限制。

可是，必须承认，识别同位语（或其他密切相关的形式）+ 长长格词语为词组单位，会进一步产生三长音步的例证，这种例证（页 285）少见于词尾在第四音步上的单词。从埃里希的列表可见，约有 50 例此类组合；但也许重要的是，除极少例外（如程式 βουν ηνιν，见 Il. x 292；Od. iii 382），单音节词其实是一种明显的"弱"前置形式，譬如在 εξ_ιππων 中。按此来定位这种词组的结果是将前置词放在弱音位置；而且有可能，所导致的"反常"三长音节模式 (Σ)$\bar{\Sigma}\Sigma$，故而在此类情形中更容易接受。同样的看法也适用于较不常见的前置词，譬如 βουλης_εξ，如此视其为词组，就会导致模式 $\Sigma\Sigma(\Sigma)$；这里同位语占据弱音位置，此外，主词具有"正常"模式。

在第四音步上结束的三长音节词语和词组的总数有 100 左右。因为，在此位置上少有独立长长格词语的例证，这就意味着大多数其余约 1000 例长长格词语或词组必定具有 $\Sigma\Sigma\Sigma$ 或 $\Sigma\Sigma\Sigma\Sigma$ 模式。这里出现了一个非常重要的问题，就此我们已有论涉（页 217）。仅有 14 例词语或词组尾音节类型是 ~ŬC。其中，7 例涉及专名或名称程式：Βατιειαν，Πυλαιος (τ' οζος Αρηος)，[①]βοωπις (ποτνια Ηρη)

---

① 在任何情况下，非重读后接词结果都会造成词尾 ~ŬCC。

（2例），περιφρον (Πηνελοπεια)（3例）；2例涉及代词类词语(ποτι δ' αυτου, αμα δ' αλλον)；其余例证是 εᾱνον（2例），μελαιναν, αεθλον, επεεσσιν。或许，可以补充18例带有介词的词组，如 μαχης_εκ, δομοις_εν（其中13例涉及 εκ）或带有非重读后接词（κοτυλη_τις）——可是，这里也适用特殊考虑，上文已就三长音节之情形有所论及。

明显避免所讨论的情形的例证，正是以威尼克（F. Wernicke）命名的法则的一个方面，他在其校勘的《特吕佩奥多罗斯残篇》（Tryphiodorus 1819, 173）中指出，如果第四音步是一个长长格，并且后接词语拆分（word-division），末音节就必须是"自然"而非"位置"重音节。事实上，如我们在长长格和三长音节词语或词组中所见，词尾在第四音节上通常都被避免，即使它是"自然"重音节；因此，"威尼克法则"（Wernicke's Law）极难归结为"位置"音量本身所具有的特点。① 在大多数模式 (Σ)ΣΣΣ 结尾在第四音节上的例证中，我们注意到（页217），末音节不仅是"自然重音节"，而且也具有"超特征化"特点，也就是说，包含一个长元音或双元音后接一个辅音。否则，这样的词语只能放在行末；施蒂弗勒辩称（336），这是词末为 ~V̆C 的 (Σ)ΣΣΣ 模式的形式的常规位置，它们通常放在"避免"第四音步位置的情形是，仅当词末位置为另一个这种形式所占据（如在 ~ανησει θυμος αγηνωρ），或当末两个音节为此位置典型的程式或表达方式所占据时（如在 ~ ελασση μωνυχας ιππους）。

---

① 参见 Ehrlich, 175；Stifler, 335 ff.；O'Neill, 168 ff.。

因此，具有"自然"重（并且特别具有超特征化特点的）末音节的形式，与具有"位置"重音节的形式形成对照，这是在后者位于一个词首元音前时，被转换为具有轻末音节的形式，从而能够出现在诗行的其他位置，这些位置上的模式就会是 (Σ)ΣΣΣ；它们完全自由地出现在这些位置上，方式与任何其他长短格或长短格词尾形式一样。

以长元音或双元音结尾的形式，潜在地也能够放在其他位置，放在一个词首元音前，后者的影响是容许"史诗体缩短发音"（页224）。最常见的展示出这种处理方式的末音节是双元音 αι 和 οι；它们在弱音位置上未能如此缩短发音情形，尚特雷纳（Chantraine 1958, 89）描述为"微乎其微"（infime），相较于长元音 η 和 ω，它们在弱音位置上保持长音的情形约占 5%，"长双元音"η 和 ω 保持长音的情形约占 20%。在全部荷马史诗中，词末 αι 和 οι "缩短发音"的情形约 6500 例。因此，十分重要的是，出现 (Σ)ΣΣΣ 形式在第四音节上结束的情形中，那些末音节结尾是 αι 和 οι 的词语尤其少见。由施蒂弗勒援引《伊利亚特》(Il. i-vi) 可见有 15 例——其中不少于 12 例，在卷二列述船只过程中，可以解释为具有同样的程式 μελαιναι (νηες)（这让我们想起了英语对挪威语"lóng-ships"复合词重音定位），例外只有 Αχαιοι（2 例）和 νεοσσοι。这个数目与约 90 例具有超特征化末音节形成对照，① 也堪比词末为 ~V̆C 的

---

① 为此目的，可在此类情形中补充如 πολυαϊξ（词尾是 ~V̆CC），亦请注意后置词 εκ（如在 μαχης εκ 中），在元音前需要的形式是 εξ，从而不容许在词首元音前处理为 ΣΣΣ（在六音步中前置形式 εκ μαχης 也不可能）。

数目。所以，显而易见，具有 (Σ)ΣΣΣ 模式的形式使用在"避免"第四音步的位置上，只与出现在其他位置上的可能性成反比（*in indirect proportion to their potentialities of occurrence elsewhere*）。① 换句话说，原则上，模式 (Σ)ΣΣΣ 在第四音步上结尾是不可接受的，就像单一的长长格 ΣΣ 也是如此。

在上述讨论中，词尾 ~ει 和 ~ου 都被当成了单音节；但在无法确定的数目的情况下，在创作过程中，它们却代表双音节 ΣΣ；这将进一步减少要避免的例外情况的数目。

所考察的例外的性质，倾向于更有力地支持经常受到关注的关于"牧歌体音分"的事实；在晚期六音步诗歌中，这些相对较少的例外数量进一步减少——尤其在卡利马霍斯和瑙努斯那里。所以，譬如按照奥尼尔的数据（142，Table 10），在荷马史诗中，具有 ΣΣΣ 模式的词语，结尾在第四音步上出现的约占 7%，但在卡利马霍斯那里减少为仅 0.2%。这种规避，有时候被称为"奈克法则"（Naeke's Law），按照这位学者 1835 年就此对卡利马霍斯所作的观察（*RhM* 3，516 f.）。

有时候人们认为，在六音步中避免长长格音步后接音分还要更为普遍（譬如 Chantraine 1958，153）。我们已然看到，长长格词语在第五音步上结束的情形，实际上并不存在（这也附带弱化了苏比朗的意见 [1966b，29]：避免出现在第四音步上，是由于不喜欢将

---

① 可是，在瑙努斯（Nonnus）那里，某种程度上也在卡利马霍斯（Callimachus）那里，"史诗体缩短发音"受到限制——在瑙努斯那里只在第一音步上才容许，所以，诸如 ἄμαξαι 这样的词语不容许如此（Maas，80：参见页 268）。如此受限，在荷马史诗中没有先例，其原因尚不清楚。

诗行划分为四音步＋二音步）。① 在第三音步上，这样的词尾事实上为音顿要求排除了。但向行首看，按一般根据，我们预料限制都不怎么严格。在第二音步上，长长格词尾也罕见，在此位置上明显出现避免长长格词尾的规则，有时候被称为"希尔伯格法则"，按照他的观察，在亚历山大学派及其以后的诗作中，在此位置上出现长长格词尾，几乎全部局限于特殊词类（1879，129，263）；但吉塞克（B. Giseke）已然于 1864 年指出（《荷马研究》[*Homerische Forschungen*, 128 ff.]），就在第二音步前开头的词语之情形，长短短格词尾在此位置上也罕见。奥尼尔的数据表明，在荷马史诗中，长长格结尾的词语中，只有约 1.6% 在此位置上结尾，② 与约 4.5% 结束于第四音步形成对照；但长长格词尾在此位置上也差不多只有 5%，与结尾在第四音步上超过 50% 形成对照；所以，在此位置上缺乏长长格词尾，很可能本身并无重要意义。③

当然，在第一音步上，所讨论的形式不可能比长长格更长；事实上，这种情形每 10 行约出现一次；由奥尼尔的数据可知，这种形式约 20% 处于此位置上。

所以，就出现了下述情形：长长格词语按照格律Σ几乎只位于（a）行首，在此位置上，我们在任何情况下都不应寻求言说与格律模式固定重合，而（b）位于诗行最末端的情形，一个特殊因

---

① 可是，参考 Parker 1966，20。
② 可是，在《奥德修纪》中出现的频率高于《伊利亚特》：参见 O'Neill, 172；Ehrlich, 172（长长格词语占据第二音步的情形，在《奥德修纪》的诗行中占 1.84%，与《伊利亚特》中占 1.05% 形成对照）。
③ 亦参 Maas，61。

素尚未得到考虑。在其他位置，定位 $\Sigma\bar{\Sigma}$ 合乎规范，明确避免定位 $\bar{\Sigma}\Sigma$。因为，原则上，与此类似避免 $(\Sigma)\Sigma\bar{\Sigma}\Sigma$ 和 $\bar{\Sigma}\Sigma\Sigma$，所以，显而易见，末音节 Σ 的某些特点使其不适合于音步中的弱音位置。问题仍然是如何解释这一点。

对于波特而言（Porter 1951, 20），"最容易的假设是，长末音节以某种方式比其他长音节实际上更长"（与此类似，West 1970, 186）。但纯粹时间上的对比一般而言并不可信，这一点已强调过了——而且，这种对比尤其不可能处在重音节范围之**内**。奥尼尔的解释也不可接受，他认为（1939, 265），这种音节"必定具有更长的词语的词首和中间音节所不具备的语音属性和格律品质"；但他的结论是，所讨论的语音属性是**音高**（pitch）。可是，这显然站不住脚；因为，古典希腊语诗歌考虑旋律重音不是为了格律之目的，似乎极不可能考虑非重音音高。此外，重音音高模式和所假定的非重音音高模式，不可避免会相互复杂干扰。①

暂时结论

因此，还剩下**重读**，作为末重音节最有可能的语音特点。② 词尾 $\Sigma\Sigma$ 和 $\Sigma\Sigma\Sigma$，合乎规范地表现出的格律位置模式是 $\Sigma\bar{\Sigma}$ 和 $\bar{\Sigma}\Sigma\Sigma$（它们必须如此，如果无论如何要将它们接纳进六音步诗行）；如果我

---

① 亦参 Todd 1942, 31 ff.。
② 牛顿（Newton 1969, 361），或许太过容易让步于下述关于这种重读的假设：不会"在任何意义上遭到下述观察的反驳：在 ___ 这种形式的词语中，强音与第一个长音节一致"；上文对这种类型的出现有更为详尽的分析（页 289 及其以下），如果有什么倾向的话，就倾向于对此假设给予肯定性支持。

们同意，这反映了其重读合乎规范，就可以提出一条更一般都规则：**一个词的末重音节要重读**（也就是说，不仅这样的音节要是这个词的末音节）。此外，我们发现有些词语的模式是 (Σ) ΣΣΣ(Σ) 和 (Σ) ΣΣΣΣ (Σ)；如果这些模式意味着除末音节以外的某些重音节也具有可重读性，也可以用一条涉及次要或可选择的重读的规则来覆盖此可重读性，[①]也就是说，重读也会落在下一个与末音节有间隔的前面的重音节上，到目前为止的研究材料中的间隔是 ΣΣ 和 Σ，一项关于短长格/长短格的研究将为此补充 Σ。因为，所认为的希腊语重读不是一个最高重音特征，没有理由认为"次要"重读就一定不比"主要"重读强；所以，将后者定性为"主要"，只是就其构成位置陈述的枢轴而言的。

结尾为 Σ(C) V̆ 的词语，当然一般会具有长短格词尾 ΣΣ，所以，按照我们的假设，通常的重读方式是 ~ΣΣ。如在页 217 上所指出的那样，尤其避免出现这种词语的末音节在弱音位置上（由于后接词以辅音音列开头，也就是说，具有模式 ~Σ (C) V̆，C.CV~）成为重音节的情形，主要限于第一音步；可以认为这是由于下述事实：这种词语，超过其他所有词语，能够以形式 ~ΣΣ 出现，从而避免不想要的模式 ~ΣΣ。可是，除此之外，它们在此语境中的使用，不仅仅牵涉在强音位置与所设想的语言上的重读（~ΣΣ́）之间缺乏一致，相反，这种冲突是由在任何情况下都不常见的所讨论的词语的重读方式（通常是 ~ΣΣ́）引起的：譬如《奥德修纪》(*Od.* xiv 385)

[①] 关于音韵上的替代方面的普遍的平行情况，参见 Lightner 1971, 227 和 n.3。

πòλλᾰ̱ (χρὴματ᾽ αγὸντα~)。当这种词语在强音位置上结尾时（也就是说，具有模式 ~Σ (C) V̮̆, C.CV~），将再次意味着具有不常见的重读模式，但在此至少不会也与强音位置不一致：譬如《奥德修纪》(*Od.* ii 102) ~πòλλᾰ̱ (κτεατìσσας)；下述这种例证更常被接受：具有 Σ (C) V̆ 结构的词语，出现在荷马史诗中有 8827 例具有模式 Σ̀Σ̱，与之相对有 288 例具有模式 Σ̀Σ̀ 和 96 例具有模式 Σ̱Σ̱。①

在有些情况下，词尾 ~V̆ 处在强音位置上当然不可避免，如果这个词无论如何要用在六音步中，譬如《伊利亚特》(*Il.* i 8) ~εριδὶ (ξυνεὴκε μαχὲσθαι)。

尚未考虑单音节词，因为，它们内在不可能有某种重读对比。它们中有很多，在任何情况下都属于通常不重读的类型；奥尼尔总结说（1939, 265），根据其在诗行中的分布，"相较于更长的词语的末音节，它们在格律上的重要性较小"。

如果希腊语中的重读过程与拉丁语或英语（页 170 及其以下）类似，我们可以期待二短音步词语（ΣΣ）会更具有与重单音节一样的特点，也就是说，至多有双音节重读，从而不构成对照。事实上，在六音步中，它们只可能出现在弱音位置，也自然容许出现在此位置上。超过两个轻音节的音列，不能出现在六音步中，除了偶然格律许可出现在其他情况下不可能使用的词语中：所以，譬如 επιτονος 出现在《奥德修纪》(*Od.* xii 423) 开头，② 首音节被认为是重音节。这种许可不会扩展到三短音节词（ΣΣΣ），通过在语境中

---

① Ehrlich, 175 ff.
② 参见 Chantraine 1958, 103; Wyatt 1969, 221。

作合适的调整，它们可以替代形式 ΣΣΣ（或 ΣΣ'）出现：参见上文
的 εριδι，譬如还有 επεὰ（πτεροὲντα）或 επε'（ἀλληλοὶσι）。

我们已然承认希腊人自己没有讨论过重读。但很可能在亚里士多德那里（*Rhet*. 1409a）有一点迹象，他在此讨论了两类颂歌（paean，ΣΣΣΣ 和 ΣΣΣΣ）及其节奏效果。他指出，它们具有相反的音质，前者适合于句子开头，而后者适合于句子结尾；而且，他以格言解释了后者的适合性质："因为，一个短音节，由于其不完整（ἀτελής），会破坏收束（ποιεῖ κολοβόν）；句子应当在一个长音节上结束，其结尾应当得到显明，不是靠划线或边注，而要靠节奏。"这种说法，至少与制度模式 ΣΣΣΣ 不相容（也难与如拉丁语的重音定位 ΣΣΣΣ 一致）。另一有待商榷的古代的可能支持，出自音乐文献中的节奏标点。我们已然看到（页 278 以下），非常值得怀疑 στιγμή 是否与诗行强音有任何关联；但在一项关于西西鲁斯（Sicilus）墓志铭的讨论中，莱茵纳赫（Rheinach 1894, 367 f.）注意到，使用节奏符号，在不符合任何节奏标准格律系统的文本中不可避免；而且，涉及这个文本当中的"牧歌体"（ΣΣΣ）音列（οσον ζης，συ λυπου，~τι το ζην，απαιτει），他评论说，没有这些标记，就不可能猜知，如符号所暗示的那样（亦参克鲁修斯[Crusius]的转写本页 233），在这些音列中要"拉长"发音的，不是两个重音节中的第一个，而是**第二个**；他进一步指出，长长格 φαινου（στιγμή 在第二个音节上）的节奏值"同样不可预测"。可是，如果我们关于希腊语重读的暂时结论有效，这些标记就是人们在注重语言的动

力和旋律特征的环境中所期望的内容。①

词末 ~V̆C

我们的讨论隐含的假设是，希腊词语的动力模式，尤其那些以 ~V̆C 结尾的词语的动力模式，随其语境而变化，因其末音节会有轻重变化，根据后接词开头是元音还是辅音（音列）：参见阿里斯蒂德（Aristides Quintilianus，44 W-I.）。所以，譬如 νηᾶς = ΣΣ，见《伊利亚特》（Il. ii 493）νηας τε προπασας，但在《伊利亚特》（Il. i 306）νηας εϊσας 中是 ΣΣ；类似的变化是格律上的要求，与词末长元音和双元音的"史诗缩短发音"有关，可以认为这在普通言说中有其基础。这种变化本身并未提出对此假设的反驳。所认为的重读不具有**重音**特点；此假设并无特殊困难，甚至就下述事实而言：词整体的重读模式，也许基于后接词（譬如 ανθρωπος = ΣΣΣ 或 ΣΣΣ）。因为句子的产生，无论在语法还是音韵层面，都不是一个音节一个音节出现的，甚至不是一个词一个词出现的；相当长的一段话已经提前准备好了，实际发音中先发要素与后发要素的关系，就像后发要素与前发要素的关系一样，都提前有了考虑。举一个语法层面的例证：在拉丁语中，词性与定语匹配，后置名词的实际言

---

① 这也许是或也许不是偶然：末音节在所有这些情况下也承载着一种下降的重音音高（参见页 262）。στιγμή 的其他例证，在此文献中涉及短长格和（一次）三短音步音列，如 ολως，ο χρονος；重音节在每一种情况下都以两个音符开始，而且，如果遵循莱茵纳赫的做法重构出两个στιγμαί，在这些重音节中，就要三个音符中的每个音符上都标注一个；也许有可能（如施皮塔所言，引述参见 *Williams 1911，32），这里的第一个音符表示一种"对重音的预见"，也就是说，表示一个节奏切分（syncopation of the rhythm）。进一步的讨论，见 Martin 1953，48 ff.。

说必定提前已经确定好了——譬如 et hic quidem Romae, tamquam in tanta multitudine, habitus animorum fuit。就音韵层面而言，在英语中，句子中一个词的旋律模式，很大程度上基于句子整体的结构，包括后接词语；譬如 see 这个词，在 I could see sómething 和 I could see éverything 中的常规发音模式完全不同，在前一句话中音高下降，在后一句话中音高平缓。从音位角度看，此原则由"首音互换"（spoonerism）现象得以清楚证明，其前提是在音位转换的第一个要素发音前，已为第二个要素做好了准备。甚至重音定位，有时候也随语境变化——譬如 a fùndamental príncipl 和 a fundaméntal mistakezh 中，fundamental 的重读模式（参见页 86）。因此，为希腊语假定一个重读模式，并没有什么不合理，就某些类型的词语而言，可以表明其基于语境有一种双重变化，此语境直接后接词为限。这仅仅意味着，胸部搏动和胸阻模式已按比单词更长的"词段"中准备好了；虽然在口语中，无疑存在思想变化导致韵律"失误"之情形，如语法上的中断（anacolutha），但这与更为正式的诗歌中所表达的话语类型几乎没有关系。

附记 D："不论"原则

在讨论六音步时，我们尚未考察涉及诗行**末**音步的情形，因为，在此位置上，要涉及特殊原则。

根据阿里斯蒂德（Aristides Quintilianus 44 W-I），任何格律的

诗行末音节均可"不论"（ἀδιάφορος）轻重，① 也就是说，诗人可以随意采用重音节或轻音节。② 看来有理由认为，这不仅是一项诗学上的发明，而且就像其他特点那样，其最终基础在于言说；③ 而且，由于所涉及的是行末，更具体地说，尤其涉及停顿之前的位置的现象，譬如在句末（参见页 113 及其以下，页 120 以下）。或许重要的是，在短长格中，有 episynaloephe（行末元音省略：参见页 121），从而无停顿时，末音节必须是重音节（也就是说，**不可不论轻重**），甚至不转换辅音，譬如索福克勒斯《俄狄浦斯僭主》(*O.T.* 791 f.) ~γενος ||| δ' ατλητον~。④

现在，我们来讨论希腊语行末重读的这类规则，需要以之来说明诗行中的"不论"原则，牢记此原则应适用于所有论及的格律。一条可能的规则是：

停顿前（"末尾"）的词语重读，根据一条由前接词的主要重读开始的渐进交替规则，并且不依据基于内在模式的词语重读的普遍规则（尽管两者常常符合）。**交替遵循同样的普遍原则，与其他词语的次要重读的退行原则一样**（页 293）。转换成动力术语，这样一条规则与英语中"核心音节"后接语调的"核心音节末尾"（nuclear tail）的规则十分相像，克里斯特尔（Crystal 1969，207 f.：亦参页 223）描述为："通常音高运动持续不断，直至音调单位结束。在这

---

① 如今有时候称为"行末自由音节"（final anceps），参见 Rossi 1963b。
② 参见 Hephaestion, 14 C; 进一步引述参见 Rossi 1963b, 61 f.。
③ 由阿里斯蒂德所提供的解释（前揭书），显然不充分——也就是说，没有后接词语就不可能确定末音节的音量。
④ 参见 Brozek 1949, 115 f.。

种完全由核心音调决定的情形中,调尾并没有固有的语言上的对比性。"①

需要假设一个附加特点,也就是这种可能性:交替规则可以决定,有可能重读停顿前的**轻**音节,如果前接单个轻音节。这种重读会与所提出的希腊语词语重读的一般规则形成对照;但它在动力上的例外程度,与停顿前的行末高音在旋律上例外程度相同(页 248)——缺乏通常与重读搏动相关的音节阻止,正如停顿前的高音缺乏共鸣收束(contonational cadence),其他位置需要这种共鸣收束。

这些假设性规则,尤其承认下述与行末音量模式有关的可能的重读模式(不显示词语划分,因为,各种这样的词语划分会导致同样的重读模式;但有些特殊的划分会排除特殊模式之可能性):②

(a) ~ΣΣΣΣΣ́　　(c) ~ΣΣΣ́ΣΣ
(b) ~ΣΣ́ΣΣΣ　　(d) ~ΣΣ́ΣΣΣ́

现在,我们来讨论这样一项假设之于诗歌中的不论原则的适用性。

如果假定在收束处强音位置与语言重读相符合,那么,模式(a)就指在短长格(或不完全长短格[catalectic trochaics])中,末音节可由二短音步(ΣΣ)构成,亦可由一个短长格音步(ΣΣ)构

---

① 大致堪比一种原则,支配着爱斯基摩语(Eskimo)中词末开音节(非重读后接词前)的"次要拉长发音":Miyaoka 1971, 224 f.。
② 例如,词语划分~Σ, ΣΣΣ会排除模式(a),而词语划分~ΣΣ, ΣΣ会排除模式(d):参见页286及其以下。

成。事实上，与词语划分有关的规则保证，模式（a）实际上总是适用的（见页 304 及其以下）；而不论原则在此恰恰承认所预测的选项，譬如：①

（短长格）索福克勒斯《安提戈涅》(Soph., Ant.)

517 ~ἀλλ᾽ ἀδέλφος ὤλετὄ

52 ~αὖτος αὖτουργῷ χερί

190 ~τοὺς φιλοὺς ποιοὺμεθᾰ

（不完全长短格）欧里庇得斯《酒神伴侣》(Eur., Bach.)

617 ἔλπισιν δ᾽ἐβόσκετὄ.

模式（d）就意指，在（不完全）长短格（或不完全短长格）中，末尾双元音可以由长长格音节（ΣΣ）构成，也可以由一个长短格音节（ΣΣ）构成。这些格律不常见，但在此不论原则还是认可所预想的选择，譬如：

（长短格）阿那克里翁《残篇》(Ant. fr. 88 Diehl²) ~ κοῦφα τὲ σκιρτῶσα παΐζεις

（不完全短长格）阿里斯托芬《蛙》(Arist., Ran. 911) ~ καθῐ σεν ἐγκαλὒψας.

模式（b）就意指，在长短格（诉歌体）"五步格"中，一个轻末音节不会重读（因为，它前接不止一个轻音节），从而不完全（半）末音步（基本上是Σ）的重读与强音位置并不符合；② 甚至会

---

① 符号ˇ表示强音位置(`)与重读(´)相符合。
② 关于五步格的分析，参见 Goodell 1901, 30 ff.。

有更为确定的冲突，如果（见页318及注释）音列可以过程一个双音节重读音阵，因为，模式（b）就表明在次末音节上有一个重读音峰。因此，也许重要的是，在此（参见页205）有一种**不**适用不论原则的倾向，而偏向于一个重音节，后者保证了不含糊的重读模式 ~ΣΣΣ̱，符合一种格律模式 ~ΣΣΣΣ̱。可是，事实上，在此认可模式 ~ΣΣΣΣ̱ 完全能够反映一种可供选择的末尾重读的处理方式，与唯一的长短短格第二小句（second colon）的要求有关；因为，模式 Σ̱ΣΣ~ 在小句开头，不仅可以有效确定一种重读／非重读选择，尤其可以确定译者**双音节**非重读间隔模式，这又能够引出一种末尾模式 ~Σ̱ΣΣΣ̱，推翻了上面提出的限制。

模式（b）理论上也可意指，在短短长格中，[①]一个轻末音节涉及不符合，同理在长短短格五音步中也是如此。事实上，在短短长格系统（大多是二步格）的诗行之间，合乎规范地存在"关联"（synaphea），所以，不论原则在任何情况下都不适用。可是，末（"不完全短短长格二音步"［paroemiac］）行不完全，只保留末音步的第一个音节（基本上是Σ），也就是 ~ | Σ̱Σ̱ ‖ΣΣΣ |Σ̱ ；在此行中，模式（d）会在次末音节上产生重读，而不考虑末音节音量；所以，可以预测后者会表现出不论，也就是说，认可Σ还有Σ̱——事实上这种情形就是：

埃斯库罗斯《阿伽门农》（*Ag.* 47）ηρᾶν στρατιῶτιν αρῶγᾶν.

这同样适用于不完全短短长格四音步，譬如：

[①] 然而，这种格律大多数时候只是稍可归为口头格律（参见页333）。

阿里斯托芬《云》(Nub. 1002) ~ εν γὑμνασιοῖς διατρῐ́ψεις.

模式（c）可与"不规则短长格"（choliambic）或"跛脚短长格"（scazon）关联，后者不同于规范的短长格三音步，以一个重次末音节代替一个轻次末音节，譬如希波纳克斯（Hipponax, 1 Diehl）ακουσαθ᾿ Ιππωνακτος, ου γαρ αλλ᾿ ηκω。有时候人们认为，在末音步，音量模式会颠倒，也就是说，有一种"节奏转折"（Umknickung des Rhythmus），以及随之发生的"语法冲突"（Zusammenstoss der Arsen），所以，基本模式就是 ~‖ΣΣ|ΣΣ。[①]但古代权威对这种解释少有支持；[②]他们大多数情况下都将末音步描述为长长格而非长短格，并将同样的"跛脚"名号给予其他音步中替代短长格的长长格；[③]霍尔舍勒曼（Hoerschelmann 1894）注意到奥维德《情殇良方》中的一段话（Ovid Rem. 377 f.），关联两种类型的短长格，规范短长格和"跛脚短长格"，分别简称为"快速短长格"（fast）和"拖曳短长格"（dragging the final foot），"或快速短长格，或拖曳末音步的短长格"（iambus seu celer extremum seu trahat ille pedem）。[④]

---

① 譬如 Christ 1879, 363。
② 参见 Beare 1957, 236。
③ A 1966a, 138 f.
④ 参见贺拉斯关于长长格的概述（A. P. 251 ff.）：
syllaba longa breui subiecta uocatur iambus,
pes citus...
tardior ut paulo grauiorque ueniret ad aures
spondeos stabilis in iura paterna recepit.
［长音节置于短音节后，称为短长格，
这是快音步……
为了听起来略微缓慢和持重些，
在传统法式中引入了庄重的长长格。］

这种描述，确如"跛脚"隐喻，看来更适合于减慢速度，相较于由升到降的模式。①

如果我们认为，基本格律模式其实是 ~||ΣΣ |ΣΣ，强音和弱音位置不颠倒，那么，在末音步上强音位置与重读要符合，只有末音节是重音节，也就是说，如果要实现这种符合，不论原则不适用；因为，替代法则不认可重读轻音节前接一个重音节。我们已然看到（页 206，207），巴伯里乌斯（Babrius）坚持使用重末音节，几无例外。他能有此要求，主要是遵循重音惯例，但这至少也是出于早期著作家偏爱这种格律，从而倾向于表明，人们对应用不论原则有异议。

在拉丁语的不规则短长格中，情况却有不同；因为，在拉丁语中，重音在任何情况下都要求重读词末重音节，无论末音节音量如何②——因此，可重可轻，譬如：

miser Catulle, desinas ineptīre,

[哦，可怜的卡图鲁斯，你不要再干傻事了，]

但原因完全不同于适用于某些希腊语格律的不论原则。在此，表演中的确有一种不可避免的重读模式的颠倒。③人们也会怀疑，奥维德的描述更多基于希腊语的格律学说，而非基于对拉丁语不规则

---

① 亦参 Chaignet 1887, 207 f.; Crusius 1892; 1894b; Wackernagel 1925, 50 ff.。

② 参见 Cicero, *Or*. 214: "persolutas——这个词是双长短格（= 两个长短格）；的确无关紧要，无论那个末音节是长是短"（persolutas-dichoreus [= double trochee]; nihil enim ad rem extrema illa longa sit an breuis）。

③ 参见 A 1967a, 58。

长短格的实际考察。也许症候在于，拉丁语格律学家对不规则长短格中的短长格第五音步作出规定，从而对此位置上的模式作了澄清——

ne deprehensae quattuor simul longae

parum sonoro fine destruant uersum.

［以免所察觉四个一样长的音节

差不多取消了诗行末尾的音。］

（Terentianus Maurus，vi，397 K；cf. C. Bassus，vi，257 K）

事实上，这条规则为瓦罗以后的拉丁语诗人严格遵循。这条限制在希腊语中少有相关性，如已论证过的那样，如果词末重音节的作用只是延缓而非颠倒模式；这一点希腊语格律学家未曾论及，也未获希腊语诗人重视（譬如 Theocritus，*Ep*.19 ο μουσοποιος ενθαδ' Ιππωναξ κειται）。

希腊语不规则短长格的原则，当然也要用于"跛脚"现实的不完全长短格四音步（譬如 Hipponax，70 Diehl αμφιδεξιος yap ειμι κουχ αμαρτανω κοπτων）。

还有六音步中的不论问题。按照模式（a），意指长短短格结尾重读如 ~ΣΣΣ，不会出现在言说中，因为，替代规则要求重读末音节而无论其音量，也就是 ~ΣΣΣ。而且，极少可能有例外，[①] 长短短

---

① 参见 Dale 1964；1968，157 f.，n；Maas，29。

格结尾不会出现在诗行中,①除了在抒情诗系统内,长短短格在此系统中处于关联之中,从而不能像停顿前那样来对待。② 事实上,一个六音步的规范结尾是 ~ΣΣ,不论长短,这有重读模式类型(d)支持。但对此有两种解释。

如赫费斯提翁所述(20 f. C),诗行通过省略长短短格的末音节而变得不完全——也就是说,末音步的基础是长短短格,按照不论原则,可用一个长长格来代替它。③ 可是,另一种解释是,末音步的基础是一个长长格,也就是说,是一个完整音步,在诗行中间代替一个长短短格,承认长短格作为长长格的替代,依据不论原则。④ 如罗西的评论那样(Rossi 1963b, 63 f.),把任一选择当作基本选项并无实际意义;但是,探究这些相互竞争的解释的根据,也许是有些意义的。⑤

拒绝"长短格"解释所依据的学说是,(与古代学说相对)不论原则容许"长(音素)中有短(音节)"([syllaba] brevis in [ele-

---

① 如果可以出现,末音节不可不论就没有理由,就得承认是一个长短长韵步 ΣΣΣ,如赫费斯提翁所述(Hephaestion 20 f., C; cf. Quint., ix.4.104)。然而,对此也有反驳(参见 Dale 1964, 30; 1968, 157 f., on δυσπαιπαλους in Archilochus fr. 116 Diehl³ (Hephaestion, 50 C); also Kalinka 1935, 428)。

② Dale 1968, 26, 35 f.

③ 亦参 Kalinka 1935, 426; Snell 1962, 7 f.。

④ 亦参 Maas, 29, 43, 59,可是,马斯并不完全满足于这种解释,并补充指出(29),"但最好指出它(即末音节)作为一个'尾音'(finale),用一个符号⌒来表示它";而戴尔(Dale 1964, 17 f.)虽然反对长短格解释,却将末音节仅作为"自由音节"(×)来处理。

⑤ 因为,古代有类似的争论,但基础殊为不同,见 Rossi 1963b, 65 f.。

mento] longo)，①也就是说，以一个轻音节代替重音节，但从未有"长音节在短音素中"之情形。②然而，这种学说看来只是一个教条，无任何清楚证据支持。或许，它部分受到关于诗行模式的"时值"（temporal）观念启发，按此可以认为，凭借十分可疑的语音学理由，"短末音节在韵律上也会因其后存在停顿而变长"（Maas, 29）。③这种学说有可能最终源自昆体良（Quintilian, ix.4.93 f.）："事实上，我并非不知道，末尾短音节被当成了长音节，因为，所缺少的某些时值，似乎是由后接成分所提供的。"（neque enim ego ignoro, in fine pro longa accipi breuem, quia uidetur aliquid uacantis temporis ex eo, quod insequitur, accedere.）可是，昆体良继而承认，他的耳朵进而感知到停顿前的长短音节确有不同，并且提到，有人由此学说得出了（尽管是荒谬的）逻辑结论：若如此，则末长音节因其位置也应当获得一个莫拉的补充（"这使得有些人认可末尾长音节有三倍时值，从而也为其补充一个位置短音节所具有的时值"〔quo moti quidam longae ultimae tria tempora dederunt, ut illud tempus, quod breuis ex loco accipit, huic quoque accederet〕）。关于此"因停顿而拉长发音"的学说，引用吕考的话来说再好不过了（Lucot 1969, 83）："沉默怎么能够增加音长呢？真是虚幻，一段发音在它开始之前就结束了。"

就短长格而言，也许有理由说，重末音节是"基础"，而轻末

---

① 关于术语，见 Rossi 1963b, 64。
② 参见 Pohlsander 1964, 171；Dale 1964, 17; 1968, 26; Maas, 29。
③ 参见 Dale 1968, 157 n："短音节＋停顿的音效如一个长音节。"

音节是一种"替代"，就词末音列是 ~ΣΣ́ 而言，不同于 ~ΣΣ́，它在任何情况下都要重读末音节，甚至不考虑其处在停顿前位置之特点；而模式 ~ΣΣ́ 可以出现，只是由于末尾替代法则。但在六音步中，情形完全不同。词末长长格重读方式一般不是 ~ΣΣ́，而是 ~ΣΣ́；模式 ~ΣΣ́ 可以出现，只是由于末尾替代法则。另一方面，一个长短格词尾，在任何情况下都要重读为 ~ΣΣ́，从而可以认为它更值得被当作末音步的"基本"形式。

总而言之，人们不能不怀疑一种学说：设想以一个轻音节来代替一个重音节，而不管它处在强音或弱音位置。

此外，似乎有理由认为，就一种格律而言，在其结尾处要谋求模式分明（譬如显然在词语边界位置和在强烈偏好长短短格第五音步时，就得小心谨慎），不明确的长长格可以选作其终末收束的基本形式。六音步基本的下降模式，由其长短短所设定。我们已然指出，一个停顿前的 ~Σ́ΣΣ，不会出现在言说中；但下降模式能够清楚保留在轻末音节的音节缺失（catalexis）中，使长短格作为末音步的潜在形式。①

适用于长短短格六音步的考虑，也将适用于不完全短短长格的结尾（对此我们已然隐含地作出了解释，按照作为基础的轻末音节）。

关于在模式（d）之下论及的完全长短格（acatalectic troch-

---

① 这种解释恰好符合斯内尔（Snell 1962, 8）对赫尔曼法则的解释（按此法则，词末要避免在 IVb$_1$ 位置上）——也就是说，诗人不喜欢不完全长短短格四音步产生影响，其后接两音步同样收束于行末。

aics），可以认为其基础是长长格或长短格，因为，格律内部末音节是"自由音节"；不过还是要说，这似乎有悖常理：在行末选择有歧义的长长格而非无歧义的长短格作为基础。而且，在任何情况下，这样一种解释，很难适用于不完全短长格四音步，也在模式（d）之下作了讨论；因为，缩减末音步是格律单位的第二部分，在短长格格律单位中，只有首音节是"自由音节"，所以，第二音步必须是一个纯粹的短长格；当这样一个音步缩减后，其余音节只能是轻音节，除了不论原则所容许的其他情形。事实上，这似乎为承认"长中有短"（longa in brevi）提供了最清楚的证明。

此项关于不论原则的实际研究结果如下。如果它在自然言说中有其基础，就有可能为结尾重读模式框定一个非常简单的假设，可以解释观察到的此原则运作的所有实例。而且，如果此假设正确，那么，在所有主要口头格律中，尾音的格律模式与常规言说的编排的动力模式之间会紧密符合。就六音步而言，这种假设会使符合延续，我们已然发现这种符合在第四音步上极为有利，在第五音步上几无例外。如果此假设得到承认，覆盖六音步之整体，在诗歌与言说之间就会有95%的时候相互符合，① 不相符合的情形主要见于第一音步。

尽管如此，无论此原则的基础是什么，事实仍然是：它显示了在纯属音量标准的结尾位置上的一种疏忽（neglect）；我们自己的假设所表明的是，运作标准就本源而言是动力性质的标准。

---

① A 1966a, 122.

这里是提出警示的恰当时机，琼斯对需要此警示深有体认（*Jones 1971，296）。此项讨论中的前后陈述，均不应认为其意指，希腊语诗歌是基本上要重读的诗歌。从结构观点来看，希腊语诗歌是音量式的，它的某些特点只能用这些术语来说明（譬如承认"自由音节"只出现在短长格或长短格格律单位的一个位置上）；但对严肃的口头诗作实践的最好的解释是：要确保在表演中应使音量模式得到加强，而非与语言上的重读相抵牾。①

短长格三音步

波尔森法则。我们接着考察另一个主要口头格律中除末音步以外的情形，这种格律就是悲剧中的短长格三音步。如六音步之情形，从第五音步开始，我们立即遇到了所有创作规则中最著名的规则——"波尔森法则"，或称为"波尔森规则"（Porson's Canon）或"末尾长短长格法则"（Law of the Final Cretic）——但关于这种法则，据称："还没有哪种人类的或神圣的'法律'如此独一无二或难以理解。"（Knox 1932，36）事实上，我们希望证明，这种"法则"完全可以理解，按照基于六音步实践而已然建立起来的语言重读假设，也从而有望加强沙音的观察（Schein 1967，32）："早期希腊语口传诗歌形式……所具有的共同点远比通常所认识到的要多。"②

---

① 然而，一项更强有力的陈述可以联系"分解"（resolution）来作出合理解释（见页316及其以下）。

② 类似的说法，见Groot 1935，147，特别涉及六音步的第五音步和短长格；参见Maas，35。

在其 1797 年编辑的欧里庇得斯《赫库巴》(Hecuba) 关于行 347 的一条注释中，波尔森（Richard Porson）首次提到长长格第五音步中间的词语划分之罕见，两年后他在关于《腓尼基少女》(Phoenissae) 行 1464 的一条注释中重复了此项评论。关于这条"法则"的全面陈述，出现在 1802 年《赫库巴》第二版前言的一条补充中（xxx）。① 波尔森在其中称其为悲剧三音步的一条普遍法则：如果一个"长短长格"词语位于行末（~，ΣΣ），前接另一个单音节词，那么，第五音步必定不是长长格。波尔森此前并不知晓此法则，这可由他 1781 年为克雷文奖学金撰写的希腊语短长格诗句可以见得，连续诗行中有两例违反了此规则。② 没有直接证据证明希腊格律学家知道这条规则，尽管贺拉斯和塞涅卡明显尊重此条规则（见页 335），如马斯所示（Maas, 95），表明这些著作家遵循了这样一种处理方法。

波尔森本人满足于仅仅注意到此现象。但赫尔曼在他 1800 年编辑的《赫库巴》中（行 341）指责波尔森未尝试对此作出解释，并大胆提出了他的解释。他表示，在每一行诗末尾，肺部差不多空了，因此，任何打断畅通言说的做法都要避免；而且，一个重音节后接词语划分，他认为这需要特别长的停顿，在此位置上是不能容许的。在埃尔莫斯利（Elmsley），赫尔曼的一位支持者在远为丰富多彩的陈述中，提到"一位过度肥胖的表演者耗尽了肺气"（Watson 1861, 172 f.）。这样一种解释很难得到严肃对待；可是，

---

① 参见复制的插图 I（页 308）。
② Watson 1861, 33.

赫尔曼进而通过更为可靠的推理认识到，何以容许在"波尔森停顿"（Porson's Pause）前有一个单音节词，并就此提出了下述几点重要内容：

（i）这里的单音节词，句法上附属于后接词；

（ii）一个单音节词开始第五音步，确保词语划分在第四音步末尾。在此位置上，赫尔曼所认为的词内停顿，紧接音步"升起"（强音位置）之后，在赫尔曼看来这会承载一个可以听见的"强音"，从而在任何情况下都合乎规范地会拉长；而对应的情形会出现在第五音步当中。①

最近，佩莱（Perret 1960, 590）依据词语间隔（inter-word interval），再次提出对波尔森法则的合理化解释；他和斯内尔（Snell 1962, 6）尤其受此法则条件引导提出，希腊语中的重音节，当它是末音节时，某种程度上更显明音量，也从而不适合于弱音"下降"位置。我们已注意到波特（Porter）就六音步第四和五音步提出了一个相同的意见（页 292）。比尔（Bill 1932, 22 ff.）② 提出的解释，使人回想起赫尔曼的解释，比尔认为，长长格中的暂停，某

---

① "这样正好，因为，这个音节，作为上升音节，被强音压低了，正因如此，它本身才如此得以产生，从而通过结束这个词而形成的那个停顿，非常恰当地出现在了同一个位置上。它不会持续，也就是说，第五音步的第一个音节，它被强音锁定，并且其作用只是延长音值，而拒绝产生任何不必要的发音。"（commode fit, quia haec syllaba, ut arsis, ictu gravatur, ob eamque caussam ita iam per se producitur, ut paussa illa, quae finiendo vocabulo fit, in eumdem locum aptissime incidat. Quod non est in sequente, i.e. prima quinti pedis syllaba, quae ictu destituitur, atque unice continuando numero inservit, omnem non necessariam productionem repudiat.）

② 亦参 Witte 1914。

种程度上要比短长格中的暂停更强，但他接着表示，这样的暂停，在第三或四音步上，将削弱强制停顿的效果。这种解释已然遭到德·格鲁特驳斥（de Groot 1935，142 ff.）。

　　纯粹从时值上解释格律规则的不可能性，已有人强调；而波尔森法则下的限制，可直接由已基于六音步所框定的假设得到解释。因为，短长格三音步的长长格第五音步之间的词语划分，导致在此音步的第一"弱音"一半中出现了一个重词末音节；末重音节，如人们所认为的那样，在言说中承载重读，所以，会期待诗人们避免将这样一个音节放在弱音位置，如果诗行表演要以规范的动力模式结束，① 也就是说，如果诗行的强音位置要以语言上的重读来加强。此外，就其他单音节之情形，"禁止"排放单音节，会在第四音步的强音位置上引入一个非重读音节。从而，我们会获得这样一种类型的收束模式：

$$\sim |\Sigma\Sigma\|\acute{\Sigma}, \acute{\Sigma}|\Sigma\Sigma$$

可是，所要求的符合会达成，如果第五音步不划分，并且/或是短长格：所以，譬如：

$$\sim |\Sigma, \acute{\Sigma}\|\Sigma\acute{\Sigma}, |\Sigma\Sigma\acute{\Sigma} 或 \sim |\Sigma, \acute{\Sigma}\|\Sigma, \acute{\Sigma}|\Sigma\acute{\Sigma}$$

这样一种解释，并非基于一种未作明确解释的偏向，靠"古人灵敏的耳朵"（见页 277）——德克瓦（Descroix 1931，317）正是在此语境中引述了这个说法；我们甚至也无须认同马斯的怀疑：

---

① 亦参 de Groot 1935，142，147，151。

我们现代人的耳朵是否"能够感知到违反波尔森法则是一种错误"（57）。当然，这并不是说，诗人们在此问题上有意识地遵循了一条程式化的法则，而只是说，在创作"工整的"（well-formed）诗歌时，避免使用这样的词语组合和安排：它们会导致与音量格律模式冲突的动力收束模式。

牛顿（Newton 1969）指出，假设有某种创作"策略"，索福克勒斯的词语安排能用"随机"常规来解释，无须涉及其他如重读这样的任何因素——但必须承认，"关于'波尔森法则'，其意图，还有其他类似'桥接'（bridge）法则的意图，仍未得到解释"。这是这样的"桥接"法则最需要解释；人们很难将波尔森法则斥为（Newton, 368）"一种模糊的短长格写作惯例"。另外（页369以下），牛顿还评论说，索福克勒斯没有表现出避免使用 ΣΣΣ 模式词语的倾向，在短长格中，这种模式必定涉及按我们的一般原则而言的重读与强音位置的冲突；可是，他未能指出，这样的形式只位于音顿前（见页313），而从不会（按照波尔森法则）出现在收束处。

例外于波尔森法则的情形也很重要。这些例外主要涉及一类词语，这些词语事实上被明确排除于此法则的要求之外，这就是处在 Va 位置上的单音节词语。可以接受这些词语的理由，很可能倒并非因其是单音节词语，而因其（赫尔曼已然认识到了这一点）属于一类与后接词构成紧密音韵单位的词语——也就是（广义的）"非重读前接词"，与我们已见过的（页287）六音步中的例外同属一类；而索伯雷夫斯基（Sobolevskij 1956; 1964）已然提出，这种词语的一个特点是它们本身缺乏重读（它们重读与否取决于整体

FIGURE I

Pp. xxx–xxxiii of Porson's *Hecuba*² (1802) with Hermann's annotations (see pp. 305, 310).

SUPPLEMENTUM AD

Καὶ ὡς ἰσθλός γα τὴν τυραννίδα ἐγκωμιάζει. Habuit in animo Troad. 1177. Γέρων τε καὶ τῆς ἰσθλου τυραννίδος. Notus est Ariphronis Sicyonii Pæan apud Athen. XV. fin. Τὰς τ' εὐδαίμονας ἀνθρώποις βασιληΐδας ἀρχάς. Sic editiones Casauboni, qui tamen ex Epitome legit ἰσοδαίμονας, quod habent etiam Plutarchus de Virt. Mor. p. 450. B. Sextus Empiricus adv. Mathem. XI. 49. In editione Aldina Athenæi est ἰσοδαίμονας, quod Typothetæ videtur erratum, qui ϛ (id est σο) cum ϛ confuderit. Diverso sensu dixit ἰσοδαίμονα Pindarus Nem. IV. 137.

Hactenus hæc. Nunc ad aliud cæsuræ genus accedimus, quam potius *pausam* ideo nominare libet, quoniam versus qui cæsurarum supra memoratarum nullam habeat, necessario minus modulatus est; versus vero qui *pausa* careat, non est continuo immodulatus. De versibus iis loquor, ubi quintus pes in duas voces distribuitur. Tirones vero ea, quæ de hac re dicturus sum, pro supplemento accipient notæ meæ ad Hec. 347. Κρύπτοντα χεῖρα καὶ προστωπον ἔμπαλιν. Sic primus recte edidit Kingius pro τοὐμπαλιν. Nempe hanc regulam plerumque in senariis observabant Tragici, ut, si voce, quæ Creticum pedem efficeret, terminaretur versus, eamque vocem hypermonosyllabon præcederet, quintus pes iambus vel tribrachys esse deberet. Non potuerunt igitur tadem versum Tragici scribere, qualis est Κρύπτοντα χεῖρα καὶ προστωπον τοὐμπαλιν, aut Ἀτλας ὁ χαλκέοισι νῶτος οὐρανὸν, sut τὸ μὴ μαίνεσθ' δ' ἐκ μαινώνων σωφρόνων, certe noluere, si modo vel diversa orthographia vel alia verborum positura vitare possent *In scenam missa cum magno pondere versum.*

PRÆFATIONEM.

Res eadem est, si Creticus in trochæum et syllabam dissolvitur; vel si Cretico in syllabam longam et iambum dissoluto, syllaba longa est aut articulus aut præpositio, aut quavis denique vox, quæ ad sequentia potius quam præcedentia pertineat.

Κῆδος δὲ τοὐμὸν καὶ σὺ οἶδαϛ | ἴστι | δὲ,
Χαῖρ', οὐ γὰρ ἡμῖν ἐστι τοῦτο | ἐνὶ γε | μὴν.
Κωλύει μὲν εἴσω, Συφαστής, ἀλλὰ | τῷ καλῷ
Δεινὸς χαρακτὴρ, κἀπίσημος | ἐν βροτοῖς.

Et sic habe de τις, πώς, interrogantibus, εἰ, οὐ, καὶ et similibus, ut partim monui ad Phœniss. 1464.

Verum si secunda quinti pedis pars ejus sit generis, ut præcedenti verbo adhæreat, et ambo quasi unam vocem simul efficiant, non jam amplius necesse erit, ut verbum præcedens brevi syllaba terminetur. Ac primo pauca citernus exempla, ubi syllaba sanbum præcedens sit vox enclitica.

Πρόσερχεται τοῦ Ἰργύς σῆμα μοι | πάλαις,
Κρίνω σὲ νικᾶν καὶ παραινεσις μοι | καλῶς,
Παίδων ἐπείδον, ἀνθ' ἱμμερτῶ μοι | σπέρμα.
Ἄλλ' ὁ Θεός τις ἄντως μύθος, ἐκδώς μοι | ὅρκοισον,
Ἐστω θανών λέγοντα στείθω νυ | λόγοις.
Τί προξνίωσι δωρίς, ἐξιώ σω | ῥόγοισ.
Καὶ μὴν ἐκείνος οὐκέτ' ἐστιν σω | βραχύς.
Βίον δ' ἐπαινῶν ὑπὲρ ἐχθρός τις | πιπρον.
Ἡμέρευον, ὧ γεννᾶιε καρπὰ του | γυττι.

xxxii SUPPLEMENTUM AD

Ex hac classe excipienda sunt duo loca.

Hec. 1091. Ὦ φίλταθ', ἥκεις ἆρα σωτὴρ τῶν βλάβης;
Or. Cl. 1149. Στρέψον καθ' ὑπόστρεμμα κακῶς, ὥσπερ σφὼ πατρί.

Cum τοι et σφώ significent ἡμεῖς duo et ὑμεῖς duo, nimis emphatica sunt, quam ut enclitica fiant. Legendum ἆρα τῶν σωτὴρ βλάβης; ut ὡς σφὼ σφῷ πατρί. Melius ungitur σωτὴρ βλάβης, ut σωτῆρες κακῶν Med. 361. Ἰφιγένειαν Θανεῖν Phoenis. 609. Idem ὥστε Euripidi versus apud Polluc. VII. 178. numeros corrupit. Καὶ ὧς ἐν ἄστροις ἄλυπος, ὥσπερ Θεὰ μόνος. Recte MS. ὥστε.

Secundo exempla quaedam demus vocum non encliticarum, sed quae sententiam aut versum inchoare nequeunt. [examples in Greek]

Sed nulla particula saepius, quam ὦ, in ista sede posita reperitur.

Sophocl. Electr. 413. Εἰ μεν λέγοις τὴν ὄψιν, εἰπεῖν ἂν | τότε.
Eurip. Phoen. 1635. Ἀλλ' ἔτι παίζων αὐτὸς αὑτοῦ συμφορὰς ἂν | βίον;
  1642. Ἐγὼ δὲ ταύτῃ σ' οὐκ ἐάσαιμι ἂν | χθόνα.
Androm. 937. Βλέπων δ' ἀπ' αὐτῆς τὰς μογοστόκος ἐκεχείρου ἂν | λόγον.
  1187. Οὕτός γ' ὃν ἃς ἀν τις παῦσ' ἐτυμά ἂν | γράφων.
Bacch. 1272. Κλύεις δὲ οὐν τι καταρχομένοι ἂν | σαφέστε;
Heracl. 457. Μᾶλλον τά δ' Εὐρυσθεύς με βουλοτ ἂν | λαβεῖν.

PRAEFATIONEM. xxxiii

Acute igitur et probabiliter in Hippol. 296. Γυναῖκες καθ' συγκαθίσταντ' ἐὰ νόσον, (συγκαθίσταται enim MSS.) conjecerat Musgravius, quamvis postea vulgatum συγκαθίστοντο defendit. Certa autem Marklandi emendatio Iph. A. 524.

Ὅτι μή σὺ φράξῃς, πῶς ὑπολάθω ἂν | λόγον;

In omnibus his exemplis illud observandum est, ἂν semper verbo suo statim subjungi, idque cum elisione. Unde levi mendo laborat versus Erechthei, Θρανὸς γάρ τῆς κατεσκαφώσας ὃν πατρὸς. Quanquam σώζω apud Tragicos aliquando meminisse significat, longe aptior hoc sensu est media forma. Lege igitur, κατεσκαφώσα ἂν πατρὸς. Similis confusio in Med. 734. μαθιώσαι et μαθεῖ ἀν. Verum nisi mutatio sit persigua, haec et similia loca sollicitari nolim. Sane si MS. bonae notae in Aeschyli versu daret ἀτεφάνωσε κακῶς, aut in Euripidis ἀκονῶ μου, ἀσπερ, non illibenter acciperem. Est versis Alcest. 1106. Χρῆσε μαλάξῃ, τῷ δ' ἴτ' ἔρᾳ σοῦ κακόν, qui ex iis, quae modo dixi, non incommode defendi potest. Verum quis reponere dubitabit e Galeno IV. de Dogm. Hippocr. et Plat. T. I. p. 283, 55. ed. Basil. T. V. p. 152. Chartier, quam indicavit Valckenaerius Diatrib. p. 28. B. C. Χρῆσε μαλάξῃς, τῷ δ' ἴθ' ἕλκεται, κακόν. Sed talia, ut dixi, ex mera conjectura non tentanda.

Alia sunt, quae huic regulae non vere officiant, tantum ex perversa orthographiae ratione officere videantur. In hanc classem referenda puto exempla, ubi οὐδείς inter quartum pedem et quintum dividatur.

组合的结构)。① 所以,一个组合,如埃斯库罗斯《乞援人》(Supp. 949) εξ_ομματων 或欧里庇得斯《希波吕托斯》(Hipp. 1063) ους_ωμοσα,《伊菲革涅亚在奥里斯》(I. A. 49) τρεις_παρθενοι,要作为一个单位来重读,得出的模式是 ΣΣ́ΣΣ́,在短长格末尾,它不与强弱音位置的格律模式冲突。连词 γαρ 的功能似乎也是如此,如果它介于关联的成分之间,譬如欧里庇得斯《安德洛玛克》(And. 230) των κακων γαρ_μητερων = Σ́|ΣΣ́,‖ΣΣ́|ΣΣ́ (关于 "非重读后接词" 的使用,见下文)。同样的思考也能够适用于比单音节更长的词语,譬如欧里庇得斯《腓尼基少女》(Phoen. 747) ουδεν_θατερον = Σ́‖ΣΣ́|ΣΣ́。②

此原理同样适用于 Vb 位置为一个单音节词所占据,从而与前接完全词构成一个音韵单位的情形——或如波尔森所规定那样 (Porson 1802,xxxi f.),不能用这样一个词开始一个句子或诗行。③ 这类词语,我们可与索伯雷夫斯基一道称其为 "非重读后接词",尽管我们也像他那样承认,人们由此超出了亚历山大学派的用法,只将其扩展到了涉及 (缺乏) 旋律重音的词语;"非重读后接词" 也许是一个不那么模糊的术语 (参见页 289)。这类词语,譬如包括

---

① 关于这种词语在有重读 - 重音的希腊语散文句末的使用特点,参见 Skimina 1930, 2 f. and refs。
② 亦参 (关于 "分裂短短长格") 页 331。
③ 请注意马蒂内的观察 (Martinet 1952, 216):凯尔特语的 "弱变" (lenition,参见道廷,页 288 有引述),很大程度上是言说中不能出现在开头的词语的一个特征。

后置小品词和连词（如 μεν, δε, γαρ, δη, ουν, αυ）；① 所以，在一行诗的结尾 θνητοις‿γαρ γερα（Aesch. *Prom.* 107）或 ημιν‿αυ χαριν（*Prom.* 821），词语划分和相应的重读模式就是 Σ́‖ΣΣ́, |ΣΣ́，而非 Σ́‖Σ́, Σ́, |ΣΣ́。② 此项原理不一定局限于单音节词，但能解释容许使用具有类似功能的更长的词语，譬如后置词在 ων‿ουνεκα（Eur. *Ion* 65，另外，在此关系代词通常是非重读前接词）中，或否定代词在 νουν‿ουδενα（Soph. *Ant.* 68；比较上例中使用的非重读前接词），形成的模式是 ‖ΣΣ́|ΣΣ́ 而非 Σ́, Σ́, |ΣΣ́。③

有意思的是，赫尔曼在其拥有的波尔森《赫库巴》校勘本中有一条手写注释（1802, xxxii），④ 试图将大量此类例证转而有利于他自己的理论（见页 305），指出音列如 θνητοις γαρ γερα 前接一个标点，也就是说，前接一个停顿，这让人可以在此音列前吸气（"原因在于前接标点，从而能以更大的气息读出后续音列"［caussa est in praegressa interpunctione, quae facit, ut sequentia maiore cum spiritu pronunciari possint］）。

还有一些例外情形，在其中违反波尔森法则，为词语划分处

---

① 事实上，特拉克斯的一位评注家（Dionysius Thrax *Schol.* 466 H）将 μεν, δε 和 γαρ 描述为非重读后接词；亦参 ούκουν, τοίγαρ 的重音定位（Vendryes 1929, 107）。索伯雷夫斯基（Sobolevskij 1964, 56）也指出，在有些抄本中的特殊的双重抑音定位形式，诸如 μν, επε, μ 等，他将其解释为表示弱重读。

② 非重读前接词和非重读后接词与主词的这种熔接，我们所见之情形，譬如俄语 *ú morja/u mórja* 或波兰语 *pisáłby/pisał-by*（页 25 以下），只是一种替代，另一种可能性在六音步中已有设想（页 289）。

③ 参见页 332。

④ 剑桥大学图书馆 *Adv.c.*83.32（复制见图 I 中）。

311　的省略元音所促动：譬如索福克勒斯《菲洛克忒忒斯》(*Phil.* 22)~ σημαιν᾿ ειτ᾿ εχει;① 欧里庇得斯《库克洛普斯》(*Cycl.* 304)~ εχηρωσ᾿ Ελλαδα。这一点，波尔森已有提示(1802，xxxii)，他还(xxv)指出了元音省略在"二分三音步"(bisected trimeters)中的特殊功能。也许，词语之间密切的音韵关联，就元音省略暗含停顿之缺失而言(参见页 121，227)，导致将其重读为一个单位；在此情况下，由元音省略所造成的末重音节，不会作为词末来对待，从而(在按波尔森法则所引起的情形中)不会重读；譬如 εχηρωσ᾿ Ελλαδα 这样的模式，就是 ΣΣ́∥ΣΣ́∣ΣΣ́，而非 ΣΣ∥Σ́, Σ́∣ΣΣ́，在动力模式与格律模式之间也不会有冲突。

就极例外的情形，欧里庇得斯《伊翁》(Eur. *Ion* 1) Ατλας ο χαλκεοισι νωτοις ουρανον，曾提出过各种校勘办法；或有人表示(Soubiran 1966a，540 n.1)，违反波尔森法则(按我们的说法是动力/格律模式冲突)在此是有意为之，意在传达一种重读印象：这让人想起了出自波普(Pope)《论校勘》(*Essay on Criticism*)的诗行：

> 当埃阿斯奋力投出一块巨重的石头
> 诗行也要显得费劲，词语也要移动缓慢。②

波尔森法则在喜剧中未受遵循。这意味着，如果假设正确，喜剧**要么**不怎么反对表演中自然动力模式的变形，**要么**相较于更为严肃的体裁，如史诗和悲剧，不怎么关注诗行(或至少结尾部分)应

---

① 波尔森的词形变化是 σημαινειν。
② 参见 Freeman 1968，77。

具有规范的动力模式。一般而言,前一种结论似乎没有可能;对喜剧中"阿提卡方言缩短发音"典型偏好,是其韵律接近民众语言的一个方面。后一种结论,作为一种先验的可能性,是选择悲剧而非喜剧作为证实我们的假设的基础的一个因素;因为,在希腊语中,动力因素不(像在拉丁语中那样)是一项基本的重音特点,连最不敏感的说话者和听话者也一定明了;就此或许会涉及某种"微妙"的因素。它既不具有功能性质,也可能很弱(如与英语甚或拉丁语比较),从而,如果从根本上考虑其在创作中的情形,在更高级或更正式的文体中就更有可能如此。事实上,这看来是更有可能的结论;因为,悲剧创作还有其他要求,喜剧无须遵循这些要求——譬如并非不常见的忽略音顿和频繁分解音步的做法(包括在除末尾之外的所有位置上都容许短短长格,还有最重要的容许一个长短短格出现在第五音步上,上升的音量模式随之反转,甚至在一行的收束处也是如此)。所以,虽然也采用和悲剧一样的一般音量结构,接受和扩展其许可方式,喜剧在相当大的程度上并不怎么遵循悲剧更为精细的限制。遵循这些限制的喜剧片段(譬如,*Ran.* 470—4478;*Av.* 1706—1719),① 在总体风格上页具有悲剧性;反过来,欧里庇得斯大量违背波尔森法则的做法,"表明在风格上具有喜剧性,不仅通过容许这样做,也通过频繁分解长元音和在行内变换说话者"(Maas, 70)。关于《和平》(*Pax* 180),哈迪(Hardie 1920, 77)注意到,赫耳墨斯(Hermes)按天神风范本当说话具有悲剧风

---

① Maas 69.

格，可当忒吕盖奥斯（Trygaeus）踢叫奥林波斯（Olympus）山门时，他却开言说 ποθεν βροτου με προσεβαλ᾽~〔哪来的凡人的气味向我袭来……？〕（欲以如 εξαιφνης φατις 这样的方式结束这行诗）：但他惊异于出现了 ιπποκάνθαρος〔一匹马甲虫〕，于是惊叫 ωυαξ Ηρακλεις〔好主子赫拉克勒斯啊〕，忽视了典型的涉及喜剧的波尔森法则。① 因此，我们不能接受牛顿的反对意见（Newton 1969，368）："如果希腊语口语的典型特征是词语重读，那么，下述做法考量非常奇怪：其证据应见于具有高度文学水平的希腊悲剧作品而非喜剧，人们会期待尽可能贴近再现市井言辞的节奏。" 在喜剧中，自然的动力模式绝不会受到压制或扰乱——很简单，创作没有表现出同样的谨慎以确保其合乎规范（的确，到了这种程度就会失去自然）。

我们关于言说中希腊词语重读模式的假设，其结果揭示波尔森法则只是严谨的诗人关注诗行收束处格律与动力模式之一致的另一个方面，也支持奥尼尔的意见（O'Neill 1939，269）：我们可以"认为波尔森法则本质上不涉及长短长格词语"。还需要考察，如果有的话，见于这行诗靠前的部分中涉及这种一致的是什么。在第四和第二音步中，总是轻音节的第一要素排除了在弱音位置重读的可能性（关于"分解"音步，见下文）。在第一音步中，某些许可通常见于此位置。有（大多在专名中）一些情形，第一部由一个长短格构成，如埃斯库罗斯《奠酒人》（Aesch., *Cho.* 1049）φαιοχιτωνες ~

---

① 参见 Parker 1968，250。

[黑袍……];这里出现的替代形式,在这诗行的后面出现就不合规则,譬如短短长格(在其他位置容许,只是为了适合于专名):进一步参见页 330 及其以下。

音顿。对于此假设而言,唯一真实的难题由第三音步体现出来,如频繁所见,当这个音步是长长格且包含一个音顿。其结果是将一个词的重末音节置于音步的弱音位置。而重末音节,人们认为通常都要重读:所以,在此格律与动力模式之间有冲突,[①] 堪比在第四音步上违反波尔森法则;此外,在 IIIa 位置上出现一个重读音节,会导致第二音步的强音位置上出现一个非重读音节,从而造成不一致。

一种可能的解释是,在诗行的这个部分,这种不一致的确并非不可接受。可是,这种解释很令人满意;因为,在 IIIb 位置上,有严格的分解规则(见页 316 及其以下),表明十分注重一致。另一种更可取的解释就是所谓"不论"原则。[②]

若如有些学者所认为的那样,音顿(caesura)在语音上具有停顿(pause)之潜能,则很有可能在短长格,这种亚里士多德称为"最像日常言说"(μάλιστα λεκτικόν)的格律中,[③] 重读音顿前的 ΣΣ,也许已然为诗行开头的前接 ΣΣΣ 所决定,也就是读如 ΣΣ,从而使格律模式与动力模式相一致。也许与此有关,也许与此无关的情形是,索福克勒斯常常在此位置上重复使用词语,如《俄狄浦斯

[①] 参见 O'Neill 1939, 258 ff.; Newton 1969, 368, 370。
[②] 相对于页 115 上的普遍含义。
[③] *Poet.* 1449a; cf. *Khet.* 1408b; 亦参(包括长短格)Hermogenes, *Rhet. Gr.* vi, 232 Rabe; Meillet 1923, 21。

僭主》(*O.T.* 216) αιτείς, α δ' αιτείς~；如果第二种解释正确，就意味着这个词第一次和第二次出现时重读模式不同，也就是ΣΣ́ VS Σ́Σ：比较英语的 You ásk, but whát you ask~（第二个 ask 不重读）。普拉特指出（Platt 1899, 148），"格律强音在同一个词或一些词上的转换……在索福克勒斯那里是最喜欢使用的点缀"，而且在很多情况下，这种转换出现的位置上，按我们的普遍规则包含重读对比，譬如《俄狄浦斯僭主》(*O.T.* 261) κοινών| τε παί||δων κοί|ν' αν~。对这种解释的进一步证实，见页 319 及其以下。

在这种情况下，若出现元音省略，譬如在埃斯库罗斯《乞援人》(Aeschylus, *Supp.* 195) ξενους αμειβεσθ', ως~，这种情形，甚至按当前的假设也不合规则，因为，日常言说中的元音省略是一种对停顿的取消，并且不适用不论原则。但这相较于元音省略出现在含有停顿的位置上，如此例之情形，并不更反常。

长短格四音步

与悲剧短长格三音步中的词语划分有关的普遍规则，在不完全悲剧长短格四音步中也有其对应规则，如波尔森所注意到的那样，可以视后者为一个短长格三音步前接一个长短长格，所以：

三音步：Σ Σ |ΣΣ||Σ Σ|ΣΣ||Σ Σ| Σ

四音步：ΣΣ|ΣΣ||ΣΣ|ΣΣ||ΣΣ|| Σ ||ΣΣ| Σ

事实上，波尔森声明，他的"法则"也适用于此格律（1802, xliii），此论赫尔曼已有预见（1800, 112："完全同样的法则也内在于悲剧长短格四音步末尾"〔eadem prorsus ratio est in fine trochaicorum tetrametrorum apud tragicos]）。在四音步中，这导致一般都避免词尾在 VIb 位置上，如果这个音步是长长格；若词尾在此位置上，音步有 97% 例是长短格。与此类似，词尾也避免出现在 IIb 位置上，有时候称为哈维法则（Havet's Law，参见 Maas，35）；比尔（Bill 1932, 38）称其为"似波尔森法则"（Lex Quasi-Porsoniana）；但最近托雷辛（Torresin 1966）将关注点引向波尔森身后出版的笔记，他确认这才是波尔森真正的观点所在（"如果悲剧四音步的开头两音步发音完整，第二音步就是长短格"[Si prima dipodia tragici tetrametri integris vocibus continetur, secundus pes est trochaeus]）。

与短长格中的 IIIa 音顿相应，在 IVb 位置上有音分，这在长短格中合乎规则；在此也容许有一个长长格音步，内涵与上文讨论的三音步之情形类似。

抒情诗格律；短短长格

在抒情诗格律中，着眼其与音乐伴奏和场景的关系，我们不应期望发现对纯粹的语言动力模式有同样的关注，也从而不应期望发现对词语划分有同样的规范。① 但甚至在这种格律中，也可以发现受我们所提出的那种言说模式影响的迹象。

我们可以考察长短短—三长一短格之情形（dactylo-epitrites），它大体由长短短格半六音步（dactylic hemiepes, $\Sigma\Sigma\Sigma\Sigma\Sigma\Sigma$）和长短长（$\Sigma\Sigma\Sigma$）两部分构成，之间有"关联"音节。关联音节可轻

---

① 参见 O'Neill 1939, 280 f.。

可重，但是，如果它是重音节，通常不后接词语划分：例如，一般不会见到下述模式：

ΣΣΣΣΣΣΣ|Σ, |ΣΣΣ或ΣΣΣ|Σ, |ΣΣΣΣΣΣΣ

在研究抒情诗格律中的这些和其他限制时，帕克（Parker 1966）视其为仍然是从属于波尔森法则是另一个方面；她注意到，"词尾在长自由音节之后，在严格的希腊语诗作中都要服从某种限制"；在试图将此法则扩展到对单音节（和从而是发长音的）"二短音节"（biceps）时（参见页286及其以下），她表示有可能"节奏∪--|具有特殊音质，具有结尾性质（finality）；它是一种典型的末尾节奏（clausular rhythm）。所以，...∪--|-∪给人一种错位印象，中止又再次开始。从而，这条法则的构型如下：当一段形式...∪---∪...出现在诗行中时，词尾要避免出现在第二个长音节之后...∪-⌒-∪...，除了中间的音顿和音分"①。我们同意帕克关于波尔森法则和其他限制的看法，她认为这只是一个并且是同一现象的不同方面，② 亦如她的下述观察（Parker 1966，2）："波尔森法则的构建和解释密不可分地交织在一起。"可是，将ΣΣΣ视为一个末尾节奏，就其作为片段结尾（period-end）而言值得怀疑（参见页301及其以下）；对所有这些现象的更简单和更具语言学性质的解释，看来可以由我们的假设来提供：重末音节在言说中重读，尽管自由

---

① 关于此例外，参见我们关于短长格和长短格的讨论。
② 亦参鲁普莱希特（Rupprecht）的"扩展波尔森法则"（extended Lex Porsoni，1949，18）："如果一个三长音节后接一个或两个短音节，第二个长音节就必须不可以作一个多音节词的末音节。"

音节（Σ̣）和二短音节（Σ̣）是诗行中典型的**弱音**位置。再以长短短—三长一短格为例：这些诗行的基本模式，可以认为是一种有变化的模式，但下降模式是不完整的模式；可是，这种模式要得到言说动力的支持，则只有当关联音节不重读时才可以，也就是说，**要么是轻音节，要么**不是末音节。另一方面，如果这个音节是重音节和末音节，从而在言说中要重读，它就含有一种上升的动力模式，直接位于词语划分之前，是对其后的下降模式的反转。按照所讨论的限制，要避免的恰恰是这种音列。

类似的解释可应用于悲剧中的短短长格系统之情形，这些系统占据的位置某种程度上处在抒情诗格律与口头格律之间，就其传统上与进行节奏（marching rhythm）有关而言（尤其关系着将歌队引上和引出舞台）。① 在这种诗行中，可以期望在某种程度上将纯粹的语言模式推翻；不过，对此有重要限制（参见 A 1966a, 136），其中下述限制尤其重要。在这种系统的全部诗行中，通常在格律之间要音分。末行（"以短短长格结尾"［paroemiac］）不完全，在此诗行中，音分规则不适用；音步三几乎总是一个短短长格，而不是长长格（所以，|ΣΣ̣|ΣΣ̣|ΣΣΣ|Σ）。但如果音步二是一个长长格，其中有音顿就不可避免。按照我们的假设，这样一个音顿会在第二音步的第一个弱音位置上造成重读（第一音步的强音位置上不重读），从而在音顿前产生一个上升的动力模式（Σ̈ΣΣ, ~），紧接着在诗行的其他部分中是一个下降的动力模式（~, Σ́ΣΣΣ）。亦如帕克在此评论说（1958, 84），"--｜对耳朵的暗示是'上升'运动中的阶段

---

① 参见页 333。

性结尾,而后接的 -◡◡... 给人的印象是又开启了新的方向"——这种短短长格在特定语境中的使用,具有特别不幸的效果。

(ⅱ) 轻音节;分解

至此,我们只根据格律证据考察了**重音节**的重读之潜能;得出的结果是重音节之间的一个或两个轻音节都**不会**重读。然而,不一定要认为,进一步扩展单音节序列会缺乏重读对比,仍需考虑是否有何种规则或强烈倾向决定着词语的界限定位,后者可以为这种音列中的词语重读的规范模式之可能性给出线索。在口头格律中,我们研究这种可能性,只能按短长格或长短格的"分解"音步进行,其中 ΣΣ 代替了强音位置的 Σ;我们将再次主要关注悲剧中的证据。

在短长格中,如果我们排除第一音步,所讨论的两个轻音节有一个非常强烈的倾向是作为一个词的头两个音节。在埃斯库罗斯那里,287 例中例外仅有 12 例,而在索福克勒斯那里,418 例中例外有 22 例;[1] 这种倾向也清楚存在于欧里庇得斯那里,按其"更为严整的"风格,242 例中例外仅有 2 例。[2] 最严格避免的是两个音节之间的词语划分(除了涉及非重读前接词或非重读后接词)。类似的倾向见于长短格四音步——这意味着,尽管在短长格中词语划分一般处在分解音步当中(|Σ, ΣΣ|),在长短格中处在开头(~, |ΣΣΣ|)。[3]

---

[1] Irigion 1959, 70 f.
[2] Zieliński 1925, 148.
[3] 参见 Irigoin 1959, 72。

第二个非常强烈的倾向是，词语长于两个音节。就短长格，就欧里庇得斯"更为严整"，齐林斯基（Zieliński 152）指出了 13 例外项——但除其中 3 例涉及非重读前接词或非重读后接词（广义上的，见页 287，页 307 以下），它们与完全词共同构成一个更长的类似词语的单元：所以，譬如《美狄亚》(Med. 872) δια⌣λογων,《阿尔刻提斯》(Alc. 802) ο‿βιος, (137) τινα⌣τυχην；比较埃斯库罗斯《阿伽门农》(Aesch., Ag. 600) τον ε|μον，索福克勒斯《俄狄浦斯僭主》(Soph., O.C. 823) τον α|σεβη。而且，同样的倾向也见于长短格，譬如欧里庇得斯《伊菲革涅亚在奥里斯》(Eur., I.A. 394) ασυνε|τον。①

第三个值得一提的倾向是，两个轻音节中的元音不被一个以上辅音分离——也就是说，不会被爆破音＋流音或鼻音分离（尽管通常轻音节自由出现在这种音列前：见页 211）。② 欧里庇得斯"更为严整的"4 项例外，涉及的音列都是**清爆破音 ＋ρ**③（譬如 *Hipp.* 1056 ακρι|τον），也就是说，这些音列与"阿提卡方言缩短发音"关联最为广泛（见页 219），或者换句话说，这些音列的功能最像单辅音，作为对音节的复合释放。这同样适用于欧里庇得斯"半严整的"（semiseverus）所有 11 项例外。④ 类似的限制似乎也适用于一个音列后接于一个分解要素中的第二个元音；欧里庇得斯那里涉及两

---

① 参见 Dale 1958，103。
② 参见 Zieliński 1959，72。
③ 齐林斯基描述为"流音中最具流音性质的音"（liquidarum liquidissima）。
④ Zieliński 1925，160。

种风格的 12 项例外中，仅有 2 例涉及爆破音 + 鼻音（如 Hcld. 689 αρι|θμον）。

所以，我们可以说，总体而言，只有在下列条件下才在强音位置上容许有两个轻音节：

（i）它们不被一个词语界限分开，也就是说，它们"关联"于词语中；①

（ii）它们与同一个词中的一个或更多的其他音节形成对照；

（iii）它们之间（和它们之后）以辅音分割受到限制。

像（i）或（ii）这样的要求，不适用于长短短格六音步中的两个轻音节，而且戴尔有理由认为（1958，102；参见页 98），"短长格三音步中的'长短短格'或'短短长格'，与以那些名称正确命名的关联毫无关系"；帕克有类似观点（1968，268）："一个'真正的'长音节，即使分解了，它仍然是一个要素，并且有别……于长短短格和短短长格中两短音节，这的确有歧义。"我们必须再次坚定拒绝，任何将长短短格或短短长格中**弱音**位置上的 $\Sigma\Sigma$，与短长格和长短格中**强音**位置上的 $\Sigma\Sigma$ 等而同之的做法。我们已然思考了在弱音位置上 $\Sigma\Sigma=\Sigma$ 的可能基础；现在我们来思考其在强音位置上似是而实非等同的基础。

双音节重读

言归正传，可以说等同之条件强有力地提醒我们，哪些适用于拉丁语"双音节"重音及其在早期拉丁语诗歌中的反映，以及有可

---

① 参见 Roussel 1954，34。

能适用于英语和其他某些语言（见页 165 以及以下）。与在拉丁语诗歌中不同，在希腊语中，只有 ΣΣ 等于 Σ̄，而从未有 Σ̄Σ̄ 等于 Σ̄（见页 179 及其以下）；进而言之，如我们所见，第二个音节必须尽可能是轻音节（只容许有限制地后接于爆破音＋流音音列）。但这只能反映出重读在希腊语中的力量较弱；而这也许进而与下述事实有关：两个音节分离，重读搏动的"中断"（见页 198）必定受限（上述条件 iii）。

根据出自诗歌的证据，如果我们试图扩展希腊语中的重读假设，将轻音节重读包括在内，那么，显然恰当的做法就是，将两个轻音节的前起后继，如在拉丁语中那样，视为一个潜在的重读"音阵"；而且，亦如在拉丁语中那样，将单音节和双音节的重读音阵分别标注为 [Σ̇] 和 [Σ̇Σ] 是有用的，以显示音峰＋收束之复合体。①

在一个三短音节词（ΣΣΣ）中，末两个音节在强音位置上一般不能替代一个重音节。这样的词语不等同于 ΣΣ̄ 类型的词语，由于后者可以自由地充当一个短长格音步，而（除第一音步）前者则不能。因此，我们不能提出假设：三短音节词语的重读模式是 [Σ̇ΣΣ]，从而修正我们前面关于重读定位的假设，只要将"重音节"转换成"有潜能的重读音阵"；诗歌创作证据显示的模式毋宁是 [ΣΣ̇Σ]，由于这种词语通常的位置，在短长格中是 ΣΣ|Σ，在长

---

① 从而有可能认为，对假设的停顿前轻音节的重读（页 296 及其以下）的限制，要使用"除非前接一个重读音阵"这样的说法；而且有可能设想（页 298）一种结尾重读模式 [Σ̇] 和 [Σ̇Σ]（亦参页 323 以下）。从而，只要限制得到满足（也就是说，**不前接重读音阵**），停顿前的轻音节就要重读。

短格中是 |ΣΣΣ|。

但似乎很有可能,那种置于词首的性质(initiality)与此问题关系不大,由于在重音节例证中重读由词末决定。因此,这导致可将假设重述如下:**如果一个词的末音节是重音节,它就要重读;如果词末是轻音节,则紧接在前的音阵要重读**(无论它是单音节还是双音节)。所以,[~Σ́],[~Σ̆],[~Σ́ΣΣ],[~Σ́ΣΣ]。

由此可以得出,一个短短长格词语可以重读为 [ΣΣΣ́](如已认为的那样),而非 [Σ́ΣΣ]。短长格中的分解,最常见于 IIIb 位置;[①]而且,由于 IVa 位置总是轻音节,三短音节词在此位置上很常见[②](譬如 Eur., *Rh.* 444 συ μεν| γαρ η||δη δεκα|τον αι||χμαζει|ς ετος)。另一方面,IIIa 位置上可以是并且更多为轻音节;因此,可以期望,当在这种情况下第七个半音步之后有音顿(hephthemimeral,在 IIIa 位置上),IIb 不会分解;因为,它会涉及一个短短长格词语,如果造成格律/动力模式一致,就必须重读为 [Σ́ΣΣ]。但事实上,在此位置上的确出现了分解,譬如 θυσιαις 在欧里庇得斯《伊菲革涅亚

[①] 参见 Ceadel 1941, 73, 85。
[②] 尽管 IV 位置上的分解也很常见,但涉及三短音节词语的情形极为罕见。在埃斯库罗斯和索福克勒斯那里(根据沙因[Schein]的统计数字),在 III 位置上的分解涉及三短音节词语的情形总共有 221 例,与 101 例词语类型ΣΣΣΣ形成对照;但在 IV 位置上分解的数目有 75 例词语类型是ΣΣΣΣ,与只有 9 例短短长格词语形成对照。这也许是"维拉莫维茨和诺克斯法则"(law of Wilamowitz and Knox, Irigoin 1959, 76 ff.)的一种反映,此法则认为在短长格著作家中,诗行不容许以词语划分 ~, ΣΣ, ΣΣ 或 ~, ΣΣ, ΣΣΣ 结尾。此规则在未分解音步中未获悲剧著作家重视,但似乎得到了应用,无论原因是什么(参见 Irigoin, loc. cit.),当涉及分解时——只在后一种模式中发挥作用,也就是说,避免了 ~, ΣΣΣ, ΣΣΣ。

在陶洛人里》(Eur., *I.T.* 384) αυτη| δε θυσι||αις η|δεται|| βροτοκ|τονοις 中。可是，这没有引起新难题，因为，如我们所见（页 313），长长格词语在此位置上也常见，似乎暗示重读模式 [Σ́Σ]（或许由于在音顿上实施的不论原则）或动力模式不规则。短短长格词语之情形，看来事实上支持前一种而非后一种解释。因为，如果我们假设的总体基础正确，ΣΣ 可以代替 Σ 就只是由于言说中的可重读性（stressability）；所以，在分解中使用短短长格词语就没有合理性，如果它的重读模式（如通常那样）是 [ΣΣΣ́]，ΣΣ 要素不重读；以"不论"做解释，意指在停顿前的音列中，诸如 [Σ́Σ, ΣΣΣ́]，词语结尾前的模式 [Σ́Σ]，按照所提出的替代法则（页 297），会导致词末重读为 [Σ́ΣΣ]。

同样的原则也适用于长短格中间的音分前的（也就是在 IVb 位置上）短短长格词语，譬如 πατριδος 在 Eur., *Phoen.* 607 εξε|λαυ-νο||μεσθα| πατριδος.|| και γα|ρ ηλθε||ς εξε|λων 中。①

如果我们为轻音节重读构建的规则模式正确，它就没有理由只适用于词首双音节音阵；譬如它同样完全适用于词语类型 [ΣΣΣ́Σ]，如其所显示的重读位置。尽管这种形式在诗歌中不如单一的三短音节词常见，它们的位置也符合所假定的重读，也就是说，在短长格中占据一个音步并且扩展到下一个音步，如 |ΣΣΣ́|Σ，而非 ΣΣ|Σ́Σ；② 所以，ετελεσε 在 Soph., *Tr.* 917 οπως| δ' ετελε||σε του|

---

① 参见 Dale 1958, 103; Irigoin 1959, 74。
② 后者通常只出现在行末；但这（见页 205）或许并非由于对不论原则使用的限制（见页 297, 318），而是由于当前的规则。

τ' επεν‖θορου|σ' ανω；εγενετο 在 Eur., *Bacch.* 1275 τις ου|ν εν οι‖κοις παι|ς εγενε‖το σω| ποσει 中；这样的分解在早期悲剧中少见；① 但这也许只与避免使用四短音步（proceleusmatic）词语，它们在欧里庇得斯晚期剧作中很常见。② 这里也可以将非重读后接词和非重读前接词组合包括在内，譬如 Aesch., *Ag.* 1590 ξενια⌣δε, Soph., *El.* 1361 πατερα⌣γαρ, Eur., *Ion* 931 τινα⌣λο|γον. 也有类似的格律支持重读模式 [ΣΣ́ΣΣ]，如 Eur., *I.A.* 846 ψευδομε|θα, *Bacch.* 1342 ηθελε|τε, *Thes.* fr. 384.2 Nauck εγκεφα|λον，尽管偏好"第五个半音步之后"（penthemimeral）音顿严重限制了它们出现的机会，因为，它们出现（排除第一音步）只能占据第三音步和扩展到第五步。③

与对 ΣΣ 和 ΣΣΣ（见页 313，319）的处理平行，我们也以期望发现有 ΣΣΣΣ 类型的词语处在第五个半音步之后的音顿前，内涵一种（？停顿前的）重读模式 [ΣΣ́ΣΣ]；这种期望也得到了满足，譬如 γενομενων 在 Eur., *Tro.* 504 πολλων| γενομε‖νων την| ταλαι‖ναν ω|φελει 中。④ 在 Eur., *Or.* 294 και νυ|ν ανακα‖λυπτ', ω| κασιγ‖νητον| καρα 中，词语类型由元音省略产生，而齐林斯基（Zieliński 195）注释为"未有证明"（non liquet）。可是，这完全平行于下述情形（诚然反常并且相当罕见）：音顿上的元音省略前接一个未分解的（长长格）音列，如 αμειβεσθ'。

如果我们的假设正确，我们会进一步期望，次要重读规则也适

---

① Descroix, 159.
② Zieliński, 178.
③ 亦参页 323。
④ Zieliński, 178.

用于双音节音阵；尤其，一个前接音阵要重读，如果它与主要重读音阵分离。如果我们首先只考虑主要或次要重读（而非两者同时）是双音节的情形，那么，重读模式就是：

(a) [~ Σ́ΣΣ (Σ)(Σ́)]　　　　(b) [~ ΣΣ́ΣΣ]

现在我们可以设想，这些预见的模式，事实上有诗行中的词语位置支持。

事实上，模式 ΣΣΣΣ 在短长格中极为常见（参见页 319 n. 2），而且（排除出现在音顿前的情形）合乎规范的定位是 ΣΣ|ΣΣ，这与所预见的重读模式 [ΣΣ́ΣΣ] 一致。这种类型的词语可以作为第三、四音步或（罕见）第五音步的开始。

齐林斯基（148）在讨论欧里庇得斯"更为严整"时提出一条"词首分解法则"（lex de solutione initiali），就是说"在所有音步中，除第一音步，词语的分解音节都可以作为开头"（In omnibus pedibus praeter primum syllabae solutae vocabuli initium faciunt），他还解释说，"这就是说：合规的强音，在词语中，诸如 θάλαμος, πολέμιος，是 thálamos, pólemios，而非 thalámos, polémios"（Hoc est: legitimus ictus in vocabulis, qualia sunt θάλαμος, πολέμιος, est thálamos, pólemios non thalámos, polémios）。这条法则在一定程度上正确，但就我们的假设而言则过于简单化；因为，它适用于，譬如 πολεμιος，只在末音节是重音节时，也从而要重读，而词首重读在此是次要重读（关于这种词末音节是轻音节时的重读，也就是 ΣΣΣΣ，见页 320）。

具有扩展形式 ΣΣΣΣΣ 的词语,类似的定位是 ΣΣ|ΣΣ|Σ,支持所预见的重读模式 [ΣΣ́ΣΣΣ],处在第二或第三音步开头。

形式 ΣΣΣΣ,尽管除在专名和欧里庇得斯晚期剧作中不常见,①却出现在第四音步开头,定位总是 ΣΣ|ΣΣ,其支持的所预见的重读模式是 [ΣΣ́ΣΣ]:譬如 Soph., *Ant.* 1209 περι‖βαινει‖ βοης, *Phil.* 932 ικε‖τευω, | τεκνον, *Tr.* 743 αγε‖νητου| ποιειυ; Eur., *Alc.* 483 Διο‖μηδους| μετα, *Hcld.* 70 αγο‖ραιου| Διος, *El.* 12 βασι‖λευει| χθουος。这种模式也出现在长短格中,譬如 Eur., *Or.* 738 行末 απεδω‖κεν μο|λων。

进一步扩展的形式 ΣΣΣΣΣ,能够并且实际出现在短长格中,在第二音步上开头,如 Eur., *I.T.* 314 φιλον| δε θερα‖πειαι|σιν αν‖δρ' ευερ|γετων,支持重读模式 [ΣΣ́ΣΣΣ];在短长格中也可以出现 ΣΣΣΣ 形式的词语,后接一个轻非重读后接词,如 Eur., *Hec.* 752 Αγαμεμ|νον, ικε‖τευω| σε~(也有在第四音步开始的情形,如 *Hec.* 276 ~ικε‖τευω| τε σε,附属有非重读后接词);关于长短格,参比 *Or.* 797 ως νι|υ ικετευ‖σω με| σωσαι‖~。

富有启发性的是,比较具有 ΣΣΣ 词形(只能按分解出现在音顿或音分前,因为,在其他位置,按照我们的假设,重读落在末音节上,并且不可能有次要重读)与具有 ΣΣΣΣ 词形(其中 ΣΣ 承载次要重读,与重读的末音节分开)的短长格和长短格诗行中的重读定位。②

---

① 参见 Zieliński, 146, 157 f., 173。
② 参见 Irigoin 1959, 74。

现在来看还要更为罕见的词形，ΣΣΣΣΣ 可引以为例，如 Eur.，*I.T.* 1371 ~ | ξυνατto ‖καμειν| μελη，其定位支持一个可预见的重读模式 [Σ́ΣΣ́ΣΣ]。如果莱斯克（Reiscke）的校勘正确的话，算是为行末提供了一例：Eur.，*Bacch.* 1067 ~ ‖ ελικο|δρομον（抄本中是 ελκει δρομον）。

词形 ΣΣΣΣΣ，也许出现在 Aesch.，*Prom.* 213 ~ | υπερε‖χουτας| κρατειν 中；波尔森校勘为 υπερσχοντας，而赫尔曼的校勘是 υπερτερους；但是其定位 ΣΣΣ|ΣΣ 事实上与重读模式 [Σ́ΣΣ́ΣΣ̇] 一致，如我们的规则所预见的那样。类似的组合 ~|υπολα‖βοιμ᾽ αν|（λογον）（LP υπολαβοιμεν），见 Eur.，*I.A.* 523，① 对这段文本已有各种校勘，以达成所认为的"节奏上的改进"（穆雷、海默塞特 [Heimsoeth] 就是这么做的；参见 Wecklein）。

词形 ΣΣΣΣΣ 的例证有 Eur.，*Hel.* 493 του καλ|λιδονα‖κος ει|σιν~，*Ion* 54 ~χρυ|σοφυλα‖κα του| θεου，定位是 Σ|ΣΣΣ|Σ，也从而支持一种可预见的重读模式 [Σ́ΣΣ́ΣΣ]。在音顿前，或许按照不论原则，这种模式可以扩展到词形 ΣΣΣΣΣ，如在 Eur.，*I.T.* 1284 ω να|οφυλα‖κες βω|μιοι| τ᾽ επισ|ταται 中。

词形 ΣΣΣΣΣ 的例证有 Eur.，*Hel.* 753 τι δη|τα μαν‖τευομε|θα~，*Or.* 444 κυκλω| γαρ ει‖λισσομε|θα~，定位是 Σ|ΣΣΣ|Σ，也从而支持一种可预见的重读模式 [Σ́ΣΣ́ΣΣ]。因此，我们不能同意德斯克洛瓦（Descroix）将这些模式视为"节奏庞大"（énormités rythmiques）

---

① 齐林斯基描述为（192）"非常引人注目"（admodum emorabilis）。

(87)或"不完善的形式"(formes vicieuses)(175),或"轮廓不受约束,更不用说可疑了"(d'un galbe audacieux, pour ne pas dire suspect)(184)。

如果文本正确,在 Bacch. 278 (ο δ' ηλ|θεν) επι|| ταντιπα|λον~ 中,组合就支持一种可预见的重读模式 [ΣΣΣΣ́ΣΣ] (豪斯曼 [Housman] 的校勘是 επειτ' αντιπαλον),主要和词语重读都是双音节。

我们已然见到过(页 320)词形 ΣΣΣΣ 的例证,定位方式支持所预见的重读模式 [ΣΣ́ΣΣ]。可是,在大多数情况下,也涉及一个非重读前接词(譬如 I.A. 846 ου ψευδομεθα),所以,它们可以归入上文讨论过的词形 ΣΣΣΣΣ;在大量此类情形中,这种词形的重读定位不同;①所以,尤其在埃斯库罗斯那里,譬如 Eum. 797 ~ μαρ||τυρια| παρην, 107 ~νη|φαλια|| μειλιγ|ματα, 480 ~αμ||φοτερα| μενειν, Sept. 1022 ~τυμ|βοχοα|| χειρω|ματα,定位是 Σ|ΣΣΣ|,所含重读模式看来是 [Σ̂ΣΣ́Σ]。关于索福克勒斯,参见 O.C. 42 ~Ευ|μενιδα||ς ο γ' εν|θαδ' ων(专名),Ant. 418 ~ου||ρανιο|ν αχος, El. 326 ~εν||ταφια| χεροιν。在欧里庇得斯那里,这种词形不见于"更为严整的"风格,但复兴于晚期著作中:②譬如 Hec. 1240 ~ταλ|λοτρια|| κρινειν| κακα, Hel. 1404 ~εν|ταφια|| δουναι| νεκρω, Bacch. 674 ~ δει| νοτερα|| βακχων| περι。

在此定位中出现的条件重要性不可小觑。据塞德勒(Sedler 1812, 385)观察,在几乎所有此类情况下,末两个元音,要么处

---

① Descroix, 162.
② Zieliński, 159 f.,但不见于第五音步(Descroix, 163)。

在元音分读位置上，要么只以 ρ 分开（这个条件甚至在喜剧中也很普遍）；事实上，此类型有很好的例证：~λη|κυθιο||ν（απω|λεσεν），见《蛙》（Ran. 1208 ff.）。所引述的罕见例外有 Aesch., Supp. 388 ~εγ||γυτατα| γενους①（按沃尔夫 [H. Wolf] 校勘是 αγχιστοι），Eur., El. 13 ~Τυν|δαριδα|| κορη|ν εχων（参比 El. 806），I.A. 49 ~Θεσ|τιαδι|| τρεις παρ|θενοι（专名）。在 Eur., Phoen. 79 ~επ|ταπυλα|| τειχη|ταδε，I.A. 1270 ~βου|λο- μενο||ν ελη|λυθα 中，以一个流音或鼻音分离。

所以，看来重读模式 [Σ̂ΣΣΣ̂] 的条件是，末两个短元音的分离必须最小化（也就是说，没有或有一个狭窄程度最微弱的辅音），或如我们可另行表述为，在此我们有一个"中断的"重读搏动，其中断程度最小。② 这种"双音节"重读，特别类似于重单音节音节，这可以解释其在末尾位置的可接受性，因为，这种类型的词语与 [Σ̂ΣΣ̂] 类型的词语极具可比性。是否词首重音节也是这种重读模式的一个条件，尚不可能立即确定，因为，从格律上看，一个 ΣΣΣΣ 类型的词语，在任何情况下都不能定位为 Σ|ΣΣΣ，而要定位为 |ΣΣΣ|Σ（但要参见页 326）。

324

在长短格中，这种对词形 ΣΣΣΣ 的处理方式出现在第二至第三音步中，如 Archil., 74.2 ουδε| θαυμα||σιον~；但正如其他特点也可以描述此位置（见页 328），此例证得不出多少结论。③ 更重

---

① 可是，请注意，这种形式涉及同一音节的重复。
② 关于这种支配"双音节"重读的特殊条件，可以与图巴图拉巴尔语（Tübatulabal）重读情形比较（Voegelin 1935, 76），其中"同一音位的两个短元音，为一个喉塞音分开，可另行将其重读作为一个单一的重音单位"。
③ 参见 Aesch., Pers. 720 αμφοτερα~ 的第一至第二音步（Dale, 1958, 105）。

要的为短长格提供类比的是由赫尔米普斯（Hermippus）所述长短格诗行：ες το| Κυλικρα||νων βα|διζων|| σπληνο|πεδον α||φικο|μην。就此，戴尔（Dale 1958, 105）评论说："无论 σπληνόπεδον 这个词由哪个变形而来（有道理的建议是 σφηνόπεδον），这个词形似乎打破了格律单位，所使用的方式显然由赫尔米普斯的喜剧技巧转换而来。"其中，介于元音之间的爆破音 δ，肯定让人怀疑由其定位所显示的重读模式 [Σ̂ΣΣ̂Σ̂]；但这样的反对意见不适用于 Aesch., *Pers.* 171 ~ || γηρα|λεα πισ||τωμα|τα，后者完全堪比，譬如 *Sept.* 1022 中的短长格 τυμβοχοα χειρωματα，而且，无须认为（如戴尔），这里"元音缩减"（synizesis）发挥了作用（也就是说，ΣΣΣΣ → ΣΣΣ）。

词语足够长，导致第三和次要重读，虽然不常见，甚至在悲剧中也不乏实例：譬如 Aesch., *Sept.* 19 ~ ασ||πιδη|φορους，不可避免具有重读模式 [Σ̂ΣΣ̂ΣΣ̂]；[①] 类似的还有 Soph., *El.* 13 ~καξεθρεψαμην, Eur., *Hec.* 882 ~τιμωρησομαι [Σ̂ΣΣ̂ΣΣ̂]；甚至有含第四重读之情形，如 Soph., *El.* 1002 ~ εξαπαλλαχθησεται [Σ̂ΣΣ̂ΣΣ̂Σ̂]。类似的还有 Eur., *Hec.* 882 ~τιμωρησομαι [Σ̂ΣΣ̂ΣΣ̂]；甚至有含第四重读之情形，如 Soph., *El.* 13 ~καξεθρεψαμην [Σ̂ΣΣ̂ΣΣ̂Σ̂]。可是，这种情形，涉及双音节重读的情形罕见；可以引 Eur., *Hel.* 906 ~ αναπληρουμενους 为模式 [Σ̂ΣΣ̂ΣΣ̂Σ̂] 之例证；一种模式 [ΣΣΣ̂ΣΣ̂ΣΣ̂] 内含于 Aesch., *Cho.* 426 επασσυτεροτριβη ~ 中的抒情诗三音步。扩展模式也可以由非重读前接词和主词组合而成；一种特别有意思

---

① 无论按照一般规则还是停顿前的规则。

的情形是 Eur., *Cycl.* 681 ~ποτε‖ρας της| χερος，其中"违反"波尔森法则，与疑问形容词具有非重读前接词音质有关；所以，收束整体可作为单一的音韵单位，支持一种可预见的重读模式 [ΣΣΣΣΣ]，正如 αναπληρουμενους。

  各种对悲剧中出现分解的限制，可认为表明，相较于其语境，双音节重读总体而言不如重音节的单音节重读明确。关于此特殊情形，几乎不可能举出六音步的证据。关于 ΣΣΣ 形式的词语，只可能出现在元音省略（参见页 294 处），譬如 επε(α)，其实是一个双音节，也从而不涉及内在的重读对比。ΣΣΣΣ 类型的词语的确见于六音步，人们认为它们的重读模式是 [ΣΣΣΣ]；但由于（按不论原则除了在行末）这样的词语在六音步中，任何情况下都涉及格律/动力冲突（见页 289 及其以下），由其我们不可能就双音节的次要重读的相对强度得出结论。

  显而易见，如所周知，欧里庇得斯表现出逐渐增加的对分解的使用，就数目和类型两方面而言都是如此；并且，很容易看出，这只是一种不断增长的"许可"。可是，事实仍然在于，如果我们提出一种关于重读的假设，普遍到足以解释埃斯库罗斯、索福克勒斯、欧里庇得斯的"更严整"所具有的定位偏好，它也将预见某些事实上并不见于这些诗作的模式——却见于欧里庇得斯"较自由"风格的作品。因此，也许这种风格的分解的扩展，至少部分事实上并不能归结为不断增长的"许可"，而要归结为欧里庇得斯越来越意识到，希腊语言说所具有的动力模式并不明显，并且认识到这些模式之于诗歌潜在性。譬如有可能，欣赏模式 [ΣΣΣΣ] 或

[ΣΣ́ΣΣ] 中突出的双音节重读,其中后接或前接一个重音节,要求耳朵比欣赏模式 [Σ́ΣΣ] 或 [Σ́ΣΣΣ] 中的重读更"灵敏"。

在此关联点上,我们现在还可以考察相对罕见的情形,就是一个三短音节词定位(除在第一音步上)与一个短长格音步相一致,从而,如果它重读为 [ΣΣ́Σ](如前文所确定的那样),就会引起格律/动力冲突。例证有 Aesch., *Pers.* 332 ~και| λιγεα‖ κωκυ|ματα, *Ag.* 1590 αυτου.| ξενια‖ δε~, *Cho.* 1 Ερμη| χθονιε‖ ~(但 124 ~Ερ‖μη χθονι|ε~ 有"规范"定位 ΣΣ|Σ); Soph., *Aj.* 459 ~και‖ πεδια| ταδε, *O.T.* 826 ~και| πατερα‖ κατακ|τανειν, 1496 ~τον‖ πατερα| πατηρ, *El.* 1361 ~‖ πατερα| γαρ ει[|σοραν| δοκω; Eur., *Med.* 505 ~ων| πατερα‖ κατεκ|τανον, 375 θησω, | πατερα‖ τε, *I.T.* 566 ~χαρι|ν αχαρι‖ν απω|λετο, 385 ουκ εσ|θ᾽ οπω‖ς ετεκε|ν αν~, *Or.* 244 ~και| χαριτα‖ εχων| πατρος, 487 ~μη| προτερο|ν ειναι| θελειν, *I.A.* 1593 ~| ελαφο‖ν ορειδρομον, *Bacch.* 731 ~ω| δρομαδε‖ς εμαι| κυνες, 18 κειται, | μιγασι‖ν Ελλη|σι~, 662 λευκης| χιονο‖ς ανει|σαν~,还有极少其他例证。

然而,这些例证的出现,除了在欧里庇得斯的晚期剧作中,都因两种情形而得以缓和。首先,正如在词形 Σ|ΣΣΣ 中,当定位如其所示时,末两个元音的分离一般都会最小化,也就是说,近乎零或使用 ρ;在 Soph., *O.T.* 719 ~ει‖ς αβατο|ν ορος [……(抛)入了人迹罕至的深山] 中,介入了一个爆破音,哲布(Jebb)认为(尽管并非由于此确切原因),这里是故意表示"地形崎岖"(ruggedness)。其次,在大多数情况下,一个非重读前接词或非重读后接词(广义的),实际分别会造成一种词形 Σ|ΣΣΣ 或 ΣΣΣ|Σ,定位如此所示;

而且，由于这种词形可以重读为 [ΣΣΣΣ̆] 和 [ΣΣΣ̆Σ]，① 重读与强音位置一致。进而言之，也许并非偶然，甚至在欧里庇得斯晚期剧作中，当这些条件不适用时，三短音节词以一个辅音结尾，这意味着其轻音量基于言说中与后接词的连续（参见页 116）。

由于 [Σ̂ΣΣ̆] 似乎可容许的替代 [Σ̂Σ̆Σ̆Σ]，但 [Σ̂ΣΣ] 意味着对 [ΣΣΣ̆] 的替换相对罕见；而由于 [ΣΣΣ̆] 更常见于前接一个非重读前接词时，也许在重读模式为 [Σ̂ΣΣ̆Σ] 时，首音节是一个相关因素（参见页 324）。

欧里庇得斯晚期对三短音节可以占据一个音步的条件的"忽视"，的确代表一种"许可"；但也可能反映了语言上的一种演变，由此末尾双音节音阵，至少在持续言说中，就其重读能量而言，更普遍地等值于单音节，而且并非只是在早先支配它的那些特殊条件下才如此。用程式化术语说，可供选择的末音节重读条件，就可以由 ΣΣ (C) V̆ (ρ) 简化为 ΣΣΣ，消除了对倒数第四音节是重音节和元音间的中断最小化的要求。

第一音步

涉及三短音节词语的情形，在短长格的第一音步上发生了逆转，甚至在早期诗作中也是如此。它们的"常规"定位在此与音步一致，譬如 πατερα|，ποτερο|ν~。② 尽管涉及非重读前接词，定位

---

① 譬如在 Soph., Phil. 1235 προς θεων| ποτερα||δη~, Eur., Ion 968 σε και | πατερα||σον δ' ~ 中，组合模式是 ΣΣΣ |Σ，但由于它出现在音顿前，所以可以重读，按照不论原则，同样是 ΣΣΣΣ。

② Zieliński, 144; Descroix, 158.

Σ, ΣΣ|Σ~（譬如 α δ' ελαβες）明显不合规范，除了在欧里庇得斯晚期剧作中；四短音步如 προσεδοσαν 的定位是 ΣΣΣ|Σ（在其他音步上是合规的），在此十分罕见。齐林斯基（144）评注如下："正如 πατέρα 这个词，尽管在其他地方发音要重读首音节（pátera），但除非重读第二个音节（patéra）我们就听不出来。这并非例外，而是由其位置本身的性质得出的相反的法则"（Velut πατέρα vocabulum, cum in ceteris sedibus prima percussâ pronuntietur [pátera], in nostram non venit nisi percussâ secundâ [patéra]. Non est haec exceptio, sed adversa lex ex ipsius loci natura ducta）。的确，我们很难认为这种处理方式是一种许可，也就是说，只是容许偶尔在第一音步上有格律/动力冲突，因为它显然是一种确定的偏好。我们可以设想一种假设，一种重读模式 [ΣΣ́Σ] 是受句首位置促动，如其受一个前接重音节促动那样（页 324），故而适合于行首；我们可回想米彻尔对阿拉伯语的观察（见页 165 注释）：前接词的界限，功能与前接重音节一样——也就是说，ποτερον~ [#ΣΣ́Σ]，功能亦如 [Σ̂ΣΣ́Σ]。但避免模式 [Σ, Σ́ΣΣ] 或 [ΣΣ́ΣΣ]，还是难以理解。也许可以论及两个特点。"分离程度最小化"规则，仍然普遍适用，如穆勒就此位置所指出的那样（参见 Zieliński 145）。另一种特点与长短格四音步有关。

如在短长格中那样，一个三短音节词的"常规"定位，在第一音步以外是 ΣΣ|Σ，所以，在长短格中是 |ΣΣΣ|（参见页 317）。但是，戴尔（1958，104 n.1）注意到，有一个（且只有一个）位置，"分解结束了一个与前一格律单位重叠的词语"，也就是说，处在第一

与第二格律单位之间，如 Eur., *H.F.* 863 οι'ε|γω στα||δια~，显示的定位是 Σ||ΣΣ，两个末音节与强音位置重合。尽管其特定关联不明显，重要的是记住，短长格三音步等值于不完全长短格四音步减去其开头的长短长格（ΣΣΣ）：参见页 314。而如果从长短格开头，就像 οι'εγω σταδια~ 开头，减去这个长短长格，结果一个短长格诗行就以 σταδια~ 开头，这恰恰是短长格想要的词首分解类型：反之亦然。因此，似乎有可能，短长格和长短格的特点具有同样的解决方法——但解决方法究竟是什么，要冒险进一步推测。两种情况下的特点具有同样的性质，似乎也表明，四音步与三音步之间的关系也许不仅仅是分析性的。

短长格第一音步上的长短短格完全不同。因为，在此，尤其在早期悲剧中，它通常**并非**由于音步重合的单词构成，譬如 μητερα。在埃斯库罗斯那里，任何形式的长短短格都罕见，[1] 在索福克勒斯那里也持续罕见，《菲洛克忒忒斯》是例外，其中包括 12 例；可是，这些例证大多要么包含更长的词语，诸如 ουδεποτε，ξυλλαβετον，其中重读模式 ΣΣΣΣ 最有可能，要么类似于非重读前接词组合，如 ος_ατερα，και_νεμεσις。类似的考察适用于欧里庇得斯的早期剧作；在《美狄亚》或《赫拉克勒斯的儿女》(*Heraclidae*)，在《阿尔刻提斯》(*Alcestis*) 中仅有一例；在《希波吕托斯》中有 11 例——但所有这些例证，都涉及人名 Ιππολυτος（参见 Zieliński 145："我们的悲剧无法以任何方式摆脱这一点。"[quo carere tragoedia nostra

---

[1] Descroix, 170.

nullo modo poterat.]);在"半严整"风格的剧作中,长短短格算来一般都是专名,或更长的词语,诸如ημετερον,或与单音节非重读前接词的组合,如 ω‿θυγατερ(参见 Zieliński 156 f.);在此也可以将其他组合包括在内,诸如 πως‿ο‿θεος(Eur., *Ion.* 365),ουδε‿παθος(*Or.* 2)ωστε‿δια‿τουτον(*Bacch.* 285)και‿καθ᾽‿οδον(*Or.* 550)。

情况并非如此:就音量而言的"长短短格"必然内含一种下降的动力模式。这一点已就第三音步有所表明,在此位置上,音顿会导致前接重词末音节按不论原则不重读,尽管后接 ΣΣΣ(Σ) 形式的词语词首双音节要重读——从而会在这个音步上产生一种模式 [ΣΣ́Σ]。而且,如我们目前所见,出于不同理由,同样的模式也适用于第一音步。如德斯克洛瓦所注意到的那样(175),"这是一种圈套和邪说:谈论长短短格的下降运动,而不说明其构成界限,也不说明其所涉及的词语";在短长格中适用于长短短格的情形,也适用于长短格中的短短长格(参见页 318 上所引述的戴尔和帕克评论)。[①] 如我们所见,不仅词语**划分**与此问题有关(如在第三音步中),而且词语**模式**也与此问题有关;所以,我们甚至不应苟同于德斯克洛瓦(页 174 以下):关于 Eur., *Andr.* 1157 εξεβαλον εκτος θυοδοκων ανακτορων(ΣΣΣ|Σ, Σ||Σ¦ΣΣ|ΣΣ, ||ΣΣ|ΣΣ),他评论说,尽管长短短格在第三音步上(我们也赞同)具有一种上升节奏,但长短短格在第一音步上具有一种下降节奏。

---

① 与此类似,参见 Irigoin 1959, 70;亦参页 98 注释。

只有在如 Eur., *Supp.* 93 μητερα 这种情形下，第一音步才可能具有一种下降的动力模式，这可以解释何以在早期悲剧中避免使用这种格律。这同样适用于这样的非重读前接词和非重读后接词组合：αυτο_δε(*I.A.* 1142)，ει_δε_τι(498)，χρη_δε_σε(1623)，μη_συ_γε (*Ion* 1335 ; *Bacch.* 951)。甚至更为确定的是，当分解的两个轻音节之间具有明显的词语划分时，在规范言说中不可能构成一个单一的重读音阵；① 这种分解的确见于喜剧，其中如此多的格律限制都变得松弛，譬如 *Ach.* 602 τους_μεν επι~，*Eq.* 23 αυτο φαθι~，*Eccl.* 795 ταυτα καταθειην~；但甚至在此也值得注意：这种情形下，第一个词是名词、否定词、连词或普通副词的比例高——也就是说，这些词语所属之范围，我们曾认为受特殊豁免支配——如德斯克洛瓦所论 (188)，"好像它们的音质给予了它们权利"。

有鉴于喜剧在格律上相对自由，我们决定不以其作为基础来建立关于语言重读模式的假设。但在悲剧中观察到的普遍倾向，尽管偏离十分频繁，但仍然清楚可察。譬如，在阿里斯托芬那里短长格音步分级为三短音节，它们轻微多数情况下包含的词语划分类型是 |Σ, ΣΣ|(Σ)，这是悲剧中的规范情况（2654 例中有 1459 例）；在 857 例中，三短音节由单 ge 个词构成或包含于单个词中，也就是说，(Σ)|ΣΣΣ|(Σ)；只有 338 例划分为 |ΣΣ, Σ| 或 |Σ, Σ, Σ|，大多数都涉及非重读前接词或非重读后接词的紧密组合。② 长短短格分解音步的

---

① 关于戏剧化抒情诗中的"分离分解"（split resolution），见 Parker 1968。

② 参见 White 1912, 40 f.; Maas, 69。

划分是 |Σ, ΣΣ| 的情形，1470 例当中有 1004 例；在 183 例中，长短短格由单个词构成，或包含在单个词中，也就是 (Σ)|ΣΣΣ|(Σ)，但其中只有 2 例涉及的词形是 ΣΣΣΣ，在 137 例中，词语延伸超越了音步。53 例划分 |ΣΣ, Σ| 中，有 48 例在第一音步上。

短短长格的替换

我们还必须考察在短长格三音步中出现短短长格音步的情形。在悲剧中，埃斯库罗斯几乎都将此变体限制在第一音步上，首先绝大多数是专名，但也有其他词语，尤其在《普罗米修斯》中（譬如 89 ποταμων ~，722 κορυφας~，994 χθονιοις~）；在少数情况下，如此定位的词语不能以其他方式使用（譬如 *Supp.* 713 ικεταδοκου~）。在索福克勒斯那里，短短长格的使用得到扩展，而且，尽管大多数仍然普遍在第一音节上，但也出现在第三和五音步上（尽管只是专名）——而且，最重要的是，就我们对变体的解释而言，还出现在第四音步上，而欧里庇得斯进一步将其扩展到了第二音步：譬如 *Ion* 21 Εριχθονιου~（cf. 268, 1429），*Hel.* 88 Τελαμων，Σαλαμις δε~，*I.T.* 771 ζωσ' Ιφιγενεια~；除专名之外的情形出现在《库克洛普斯》中：譬如 562 ιδου，καθαρον~，260 επει κατεληφθη ~。

短短长格有时候被视为一种分解例证（譬如 Maas, 67），也就是说，作为长长格的一种替代格律，以两个轻音节取代音峰位置上的重"自由音节"。这样一种解释，当然会与我们的假设冲突：分解基于语言重读，尤其基于重读与**强音**位置之一致。可是，完全撇开悲剧中短短长格相对于其他类型的分解音步不常见不谈，这种解释也会遭到下述事实反驳：短短长格能够甚至出现在奇数音步上，而长长格不能出现在这种音步上。换句话说，短短长格可以视为一种对短长格的替代，而 ΣΣ 不是 Σ 的"分解"，而是 Σ 的一种替代（就此，尤其参见 Descroix, 194 ff.）。事实上，我们或许更应当将替代短长格的短短长格设想为单一的格律单位；① 值得注意的是，在长短格中，所期望的类比格律，也就是长短短格，极为罕见，甚至在喜剧中也是如此②——表明这不只是 ΣΣ 代替 Σ 的问题，而特别是 ΣΣΣ 代替 ΣΣ 的问题。

在喜剧中，短短长格的使用的扩展，还要更进一步，变得几乎与三短音节和长短短格的总和一样常见，甚至（在第二和第四音步上）只是略不如出现在第一音步上常见③——的确，在阿里斯托芬那里，短短长格在第二音步上要比在第一音步上更常见；即使事实上甚至在喜剧中，长短格也不容许出现在偶数音步上。④ 短短长格在喜剧中的这种扩展，或许可以视为反映了其更切近自然言说中的力度变化，容许有更大数量的上升模式。但在一个重要方面，喜剧原则上倾向于仿效悲剧使用短短长格。有一条普遍原则是，短短长格不可以"分离"（split）——也就是说，词语划分不应出现在任何轻音节之后。⑤ 或许，这条规则可以用节拍（tempo）解释为这

---

① 参见 Descroix, 215。
② 参见 Pemsino 1962, 51 ff.; Strzelecki 1965, 61 ff.。
③ 参见 Descroix, 201。
④ 关于所声称的在米南德（Menander）那里可能有的罕见例外，见 Cataudella 1968。
⑤ 譬如参见 Lindsay 1922, 88; Descroix, 210 ff.; Maas, 69。

样的要求：为了以短长格替代短短长格，音列发音时音节之间的过渡延迟必须最小化，诸如可以偶尔使用语法界限或由语法界限来暗示。值得注意的是，在悲剧中，如分解之情形，有一种强烈倾向要求，短短长格中的元音不应为单个以上辅音隔开；只有在欧里庇得斯晚期剧作中，爆破音＋流音组合体容许出现在此位置上，也从而（除《酒神伴侣》中有 2 例）只有清爆破音 +ρ——与对分解的限制类似，如齐林斯基所看到的那样（203），就短短长格而言，这是一种维持到晚期的情形。这种限制非常符合确保短短长格中最迅速的音节过渡的要求。①

"分离短短长格法则"（law of the split anapaest）的例外，甚至在悲剧中，也可以由涉及的非重读前接词的组合提供：譬如，Soph., *Phil.* 795 τον ͜ ισον~，Eur., *Bacch.* 502 παρ᾽ ͜ εμοι~，*Alc.* 375 επι ͜ τοισδε~，② 实效构成了一个单词。喜剧中明显的例外有相当大的增长，但这里我们再次遇到许多与涉及波尔森法则和奈克法则（页 307，287）同类型的词语（尽管具有不同音量模式）——包括其中的词语，虽然不能都当成非重读前接词，也似乎与后接词紧密关联，从而使其之间的界限最小化了——这些词有代词、连词（譬如 οτε，αλλα）、常见副词（譬如 παλιν，ταχα，τοτε）、"正

---

① 参见 Descroix, 215。在对赫洛达斯（Herodas）的不规则短长格（choliambics）的研究中，维特科夫斯基（Witkowski 1893, 6）进一步观察到，诗人特别为短短长格挑选的词语中，一种过渡的构成没有辅音或由单个辅音 ρ 构成，"以便在实施过程中，短短长格容易流动"（ut in efferendo anapaestus facile fluat）。但所涉及的情形数量至少，或许少至无统计价值可言。

② Descroix, 211.

式命令语气"(formal imperatives)(譬如 λαβε, ιθι——尤其后接"非重读后接词"δη, νυν)、誓言(譬如 Plut. 877 νη τον| Δια τον|| σωτη|ρα~)、数词(譬如 Ach. 6 τοις τεν|τε ταλαν||τοις~)以及否定词(譬如 υδεν, μητε):尤参 White 1912, 45 f.; Descroix, 217 ff.; Sobolevskij 1956; 1964。按照波尔森法则,后置词("非重读后接词")也发挥了一定作用,譬如 Pax 203 ~ τινος_ουνεκα, Lys. 869 χαριν_ουδεμιαν~(关于短长格的精确对比,见页 310);而元音省略在有些情况下也有关系。① 事实上,例外于此法则的情形,大部分落入了其中一两类词语,从而实际上并未扰乱进展速度;在研究此类情形后,索伯雷夫斯基(Sobolevskij 1964, 44)得出结论:"分离短短长格"法则"无非是短短长格的发音速度,为了其构成部分之间无延迟介入,甚至极小的延迟,在两个词语之间也不能有,它们之间通常没有关联"(nihil aliud, nisi celeritas anapaesti pronuntiandi, ut inter eius partes nulla mora interponi queat, ne tantula quidem, quanta inter duo vocabula, inter se non cohaerentia, solet esse)。

可是,这样的规则并不适用于短短长格(与短长格相对)诗行中的短短长格;因为,在其中,如在长短短格诗歌中,弱音位置的两个轻音节,既不代表分解,也不代表替代——而代表格律之基础;其缩合为单个重音节,堪比长短短格之情形(见页 255 及其以下)。

强音位置的分解,在长短短格中极为罕见;它看起来并不遵循短长格和长短格中的分解法则,亦可视为一个单一的对第一音步的许可。或许,Hesiod, Op. 436 δρυος ελυμα~(然而就此请参见

---

① Maas, 88.

维拉莫维茨的注释）就是如此；Homer, *Il.* ix 5, xxiii 195 Βορεης~/ Βορεη~，评注家赫费斯提翁（Hephaestion 323 C）的评注是：ἔχουσι τοὺς πρώτους πόδας τετραχρόνους ἰσοδυναμοῦντας τῷ δακτύλῳ［在这个长短短格中，第一个音步有等同于四倍音长］①——但它向来可以读如一个长长格。② 关于抒情诗长短短格中的罕见情形，见 Dale 1968, 25 n.2。

另一方面，在短短长格中，在强音位置上容许两个轻音节替代重音节的情况更为普遍，从而造成长短短格音步（在抒情诗中有时候也造成四短音步）。似乎在这种情况下，没有支配词语划分的规则，而且很可能不应当认为其与短长格或长长格的分解有同样的音步定位。在此，事实上动力模式与其说基于内在于语言的要素，不如说基于时间与节拍的叠加。就抒情诗之情形，音乐当然会提供这些要素；但甚至就宣叙调二音步（recitative dimeter）之情形，戴尔指出（1968, 47 ff.）指出，它们原初也许伴随着一种进行曲节奏："士兵的沉重步伐"给予我们的就是短短长格节拍……，也就是说，一种齐整的重读并无音步"升""降"……而且一长两短精确等值……齐整的时值关系 –=⌣⌣，将此节奏与迪奥尼修斯所描述的长短短格（参见页 255）区分开来。可是，应注意，在悲剧中的这种系统中，长短短格替代几乎全部局限于格律单位的第一音步；第二音步要么是一个短短长格，要么是一个长长格；而且由于通常格律单位之间有音分，每个格律单位都将以一个重词末音节结尾，按照

---

① 参见 Maas 1957。
② 参见 Wyatt 1969, 221。

我们的假设，这个音节将保证以一个**语言上**上升的动力模式结尾。对属于这种系统的末尾不完全诗行的这种模式的显而易见关注，我们已讨论过了（页 316）。

重读规则总结

通过总结假设的主要古典拉丁语重读规则，如前文所考察过的格律证据所表明的那样，我们可以得出结论：

总说

1. 重读音阵由（a）一个重音节或（b）两个轻音节构成。①
2. 比词语（或类似词语的音列）更长的音阵，内部有重读／非重读对照。

主要重读

3. 如果末音节是重音节，它要重读。

4. 如果末音节是轻音节，下一个在前的音阵要重读；除在词形 $\Sigma\Sigma\Sigma\Sigma$ 中，末尾双音节音阵要重读。②

次要重读

5. 一个音阵在前并与主要重读分离③，它就要重读。

---

① 其中，核音通常不用一个以上的辅音分开。另一种分析，参见页 198, 327。
② 如果核音之间的分离最小（通常等于零或使用 ρ）。
③ 也就是说，以 Σ（它不是一个音阵）或以 Σ 或 $\Sigma\Sigma$（尽管它们是音阵，却不与主要重读分离，也从而本身不可重读）。

末尾重读

6. 在末尾（停顿前的）词语中，规则 3—5 失效，并以下述规则替代：

（a）规则 5 的应用从前一个词的主要重读开始逐步递进；

（b）末尾的 Σ 按此规则要重读，除非前接一个音阵。①

我们已然注意到，按此假设来定位重读，与**现代**希腊语重读无关，后者保存了古代**旋律**重音的音峰定位——所以，譬如古典希腊语 ἕτοιμα，假设的重读是 [hetoĩma]，现代希腊语重读是 /étima/；古典希腊语 βλέπω，假设的重读是 [blepoõ]，现代希腊语重读是 /vlépo/。这不一定是一条反对我们的假设的论据，因为，所假设的古典希腊语重读不具有重音性质（non-accentual），而且很可能比重音性质的重读更弱，就是比拉丁语或英语或现代希腊语的重音性质的重读更弱。因此，随着重读表现为一种重音特点，"低层"（low-level）重读有可能只是受到抑制。然而，值得回顾的是，在先前的一项讨论中（页 262 及其以下），发现音高下降通常出现在词语的某些音节上，这些音节从而通常出现在诗行的强音位置上；所以，在音高下降与重读之间有可能具有某种统计学上的关联。进而言之，所讨论的音节，通常是那些按目前的假设可以预见其重读的音节。所以，在假设的重读与古典式重音之间，有可能具有一种统计学上的、尽管只是间接性因果关联的关系；在适用这种关联的情况下，从古典式到现代式重音系统的转变，亦如页 269 所概括的那样。

---

① 此限制的一个可能例外，见页 299。

附录：拉丁语六音步

由上一章中所提出的证据，似乎很有可能，正式的口传希腊语诗歌的音量格律模式，如果说有何不同，就在于有语言重读模式支持。早期拉丁语采用希腊语格律时，引入各种调整以适应拉丁语的重音和音量模式建构（见页153以下）；尤其值得关注，长长格音步和短长格与长短格中的分解模式的扩展。

在创作层面，譬如波尔森法则毫不相干，因为，一个拉丁词的末音节，无论其是轻是重，通常都不重读，也从而不会与弱音位置的要求冲突。另一方面，拉丁语短长格六音步诗，容许在第二和第四音步上有长长格（或短短长格），通常保持其短长格，如果音步末尾与词末重合。因为，长长格或短短长格词尾，会在这个音步的起始（弱音）部分上造成一种重音重读，也就是说，~|ΣΣ́,| 或 ~|Σ́ΣΣ,|，譬如与 ~Σ́|ΣΣ,|。① 与此类似，长短格七音步诗，容许在第一、三和四音步上有长长格——但通常保持其长短格，如果后接音步中有词语划分；因为，这种词语划分，会在一个长长格音步的后半部分中造成一种重音重读，也就是说，|ΣΣ́|Σ,~，与 |Σ́ΣΣ,~ 相对。这些倾向，佩莱（Perret 1960）恰当地称其为"波尔森法则的拉丁

---

① 亦参页186及其以下。

语等价法则"（a Latin equivalent of Porson's Law）。

可是，在晚期拉丁语山水诗作中，可以发现明显有对波尔森法则的直接模仿。在塞涅卡的短长格三音步中，罕见有第五音步，除了一个长长格（在此方面，著作家会遵循格律学家的程式，由以构成悲剧诗行）；① 而斯切莱茨基（Strzelecki 1938, 16 ff.）表明，如果在此音步内部有词语划分，这个划分的后接词就极少以一个辅音开头，除非它前面是一个单音节。另一方面，以元音开头的词语也容许，如果前接词以一个元音或 m 结尾，在此情况下当然会有元音省略。类似的倾向见于贺拉斯。这些限制与拉丁语完全无关，如共和国时期的文献所表明的那样；而马斯（Maas 1966, 95）也许是正确的，他的结论是，至少有些希腊语格律学家已然注意到了波尔森法则的条件，也正是他们的处置方式为完全拉丁语著作家所遵循。

不论原则广泛适用于拉丁语诗歌。一定程度上，它无疑代表对希腊语惯例的简单采纳；但它很难如在希腊语中那样具有同样的基础，无论其基础是什么（参见页 296 及其以下）。因为，拉丁语的末音节，在任何情况下通常都不重读，它们不涉及六音步结尾的格律／动力冲突，而无论其音量如何。在五音步中，这条原则似乎倾向于无法实施，创作实践基于拉丁语的句法重读规则（页 187）；在不规则短长格中，这条原则通常不适用于希腊语，而适用于拉丁

---

① 譬如狄奥美德斯（Diomedes, i, 507 K）："悲剧短长格，为了更严肃，按照材料的分量，总是在第五音步上采用一个长长格，因为，否则它就不可能具有悲剧性了。"（Iambicus tragicus, hic, ut grauior iuxta materiae pondus esset, semper quinto loco spondeum recipit, aliter enim esse non potest tragicus.）

语（理由在页 300 已有讨论）。在短长格中（见 187 注释 3），条件存疑。当然，这条原则在任何情况下，都代表一种以可能的对立标准对纯粹音量标准的超越，也从而尤其对拉丁语具有吸引力（参见页 339 及其以下）。

随着恩尼乌斯和后来的诗人采用了长短短格六音步，对希腊语格律模式的遵循，要比在早期山水诗中更为严格。在弱音位置上 Σ 等值于 ΣΣ，很可能在拉丁语音韵学中并无依据（参见页 163 及其以下，页 255 及其以下）。而创作难题尤其出于拉丁语的不同重音条件。

某种程度上，甚至在六音步中，这些区分也仅仅反映在创作中。所以，一方面，"奈克法则"（页 286 及其以下）的倾向，在拉丁语六音步中被忽视。譬如在泰奥克里托斯（Theocritus）的田园诗（Idylls）中，我们已然指出，有一种强烈的倾向是，在第四音步上的音分，前接一个长短短格而非长长格——这种类型的诗行，大约占 75% 例。可是在维吉尔那里，甚至在《牧歌》中，此语境中的长长格也远多于长长格。两位著作家的对比，在古代，毛鲁斯已有提及（vi, 389 K）；"这是西西里地方养育的出类拔萃者……我们的牧者马罗很少使用"（plurimus hoc pollet Siculae telluris alumnus...noster rarus eo pastor Maro），福尔图纳提阿努斯（Atilius Fortunatianus vi, 292 K）也指出，"泰奥克里托斯遵循这条格律法则，维吉尔则轻视它"（Theocritus hanc metri legem custodiuit, Virgilius contempsit）。创作中有差异的理由似乎是清楚的；关于"牧歌体音分"的限制与拉丁语无关，因为，它对拉丁语（重音式）重读与格

律强音位置之间的关系没有影响，无论一个词在此位置上以一个长短格结束（譬如 ~|dulcia| linquimus arua）还是以一个长长格结束（譬如 ~ ton|denti| barba cadebat）——重音在两种情况下都落在 IVa 位置上（|dúlcia|，ton|dénti|），从而与强音位置一致。

另一方面，在另一位置上，拉丁语引入了与希腊语无关的限制。在荷马史诗中，仅仅作为统计概率的一个结论，诗行末尾一个词语通常有两个或三个音节（参见页 281）——略低于 75%。在拉丁语六音步的末两个音步中，如果排除单音节词和二短音步词，此语境将导致重音与重读位置一致，所以，要么是 ~$\Sigma\Sigma\Sigma$, $\Sigma\Sigma$，要么是 ~$\Sigma\Sigma$, $\Sigma\Sigma\Sigma$。且因此极为重要的是，拉丁语六音步著作家大幅提升了这种一致的适用比例，并越来越成功。所以，譬如（Sturtevant 1923，57）在恩尼乌斯那里占 92.8%，在鲁基乌斯那里占 95.8%，在卢克莱修那里占 97.7%，在维吉尔那里占 99.8%。以此方式，强音位置与重音的一致得以达成，在格律上重音的行末鲜有例外。

可是，在诗行的其余部分，冲突远大于一致（甚至越来越常见）：所以，在恩尼乌斯那里约有 41% 一致，在鲁基乌斯那里有 43% 一致，在卢克莱修那里有 38%，在维吉尔那里有 35% 一致。诗行的前后部分之间的对比，常常引起人们注意；譬如（除了早期著作家，如里彻尔和赫尔曼）Sturtevant 1923；Tamerle 1936 ap. Shipley 1938，135；Delgado 1963，161；Herescu 1963，30；Wilkinson 1963，120 ff.。

考虑到拉丁语的重音条件和阳性音顿的频率，这种冲突似乎不可避免。可是，人们常常指出，而且尤其针对维吉尔，诗行开头与结尾之间这种对比成为一种有意为之的手法。斯特蒂文特（Sturtevant 1923，52）表示，拉丁语诗人"将必要性和事实上偏爱诗行靠前部分中有冲突当成美德，以便造成其诗作超然于英雄诗歌中传统的普通言说之上的神气"；参见 Wilkinson 1940，32（论恩尼乌斯）；1963，121；这种解释或许可以由德斯克洛瓦所述原理获得辩护（Descroix 1931，197）："当后接一个不和谐音时，完美的和谐才会获得其完满。"

维吉尔对六音步的推进的一项尤为突出的特点是，在第四音步上增强不和谐，他在此音步上对不和谐与和谐的处理是为了风格和表达之目的——奈特的研究值得一提（Jackson Knight 1950）：参见 Duckworth 1969，17 ff.，48 ff.。奈特的理念，遭到的反驳尤甚；而 *格林伯格（Greenberg 1967，13）声称由计算机分析可以表明，"威吉尔的同差式（homodyned）和外差式（deterodyned）第四音步，在《埃涅阿斯纪》中并非有意为之"。我们在此无须涉入此争议：相反，我们的关切在于，仅仅并且确切无疑大规模存在此冲突。维尔金森在强调诗作中的"张力"之不可取时谨慎指出（Wilkinson 1940，31），"我们必须小心不要丢失潜在格律的声音"，而且（1963，93），"只有当开头的几行不清楚使用了什么格律时，或者当格律迷失于持续的例外放纵时，人们才不再感觉到搏动，内在的耳朵才会放弃倾听"：参见 Halle & Keyser 1971，143（页 110 以上）。但如我们所见，亦如考尔曼所强调的那样（Kollmann 1968，299），一致是例外而非法则——完全例外的诗行，诸如《牧歌》（*Ecl.* i 70）：

Ímpius hæc tam cúlta nouália míles habébit.
［可这块肥沃的土地，一个野蛮的士兵要占有。］

所以，这几乎不成其为问题，如威尔金森所表明的那样（1963，95）："前面的诗行所建立的节奏，作为潜流已然可感。"可以提出一个特别显著的情况之例证，如果我们只考虑那些音步中存在重读**对比**之情形，也就是说，重读落在此音步的这个或那个部分上（而非两部分）的情形，并且注意重读落在音步的第一（强音）部分上还是第二（弱音）部分上。在《埃涅阿斯纪》前100行诗中，两种情况的数字比例是：

I. 38∶39，II. 4∶63，III. 1∶57，IV. 29∶21，V. 97∶2，VI. 99∶1

II/III之间和V/VI之间的对比不可能更大了，可以视为对马奎尼斯所引证据的补充（Maguinness 1963，209 f.；1971）：关于长短短格不适合于拉丁语。

可是，争议的是，我们在此讨论的内容，严格说来并非一种冲突，而毋宁是一种对位法（counterpoint，参见页111以下）。无论词语的重音模式为何，格律的音量模式仍未受到削弱，甚至在诗行第一部分中也是如此；这至少是一种可行的理论：诗人可以为了风格之目的操控对位之潜能。诗人，在掌握了支配音量结构的规则之后，当然知晓其创作的结构与词语重音模式的关系；这一点也适用于与其有类似的教养的读者或听者。

但人为的情形是，将为一种语言开发的一种诗歌形式应用于另一种不同的音韵类型；而且，即使不能肯定地回答此问题，也有必要问，不那么老练的听者会有何反应，他们就这种主题未受过教育或只是一知半解。他们会知晓潜在的音量结构吗？至少可以说，这种音量结构未有重音模式支持。必须记住，在日常拉丁语言说中，音量不像在希腊语中那样与重音密切相关；而且有可能，未受过教育的说话者所知晓的音量差异，仅限于其与重音位置的关联；所以，譬如在末音节中，音量对于他而言毫无意义可言。绝非自明的是，如弗兰克所指出的那样（Frank 1924，167），"在普劳图斯的时代，每个乡村铁匠都知道他的音量"。当然，**元音音长**，连同其语义和语法功能，则是另一回事；而当西塞罗（*Or*. 173）说，"对于所有音的长短，正如对于所有音调之尖锐低沉，自然将判断置入了我们耳中"（omnium longitudinem et breuitatem in sonis sicut acutarum grauiumque uocum iudicium natura in auribus nostris collocauit），没有理由认为他的说法有超出元音音长的内容。与此类似，西塞罗在其他地方（*De Orat*. iii. 196）论及下述事实：尽管大部分听者在格律方面没有训练，但是，"如果方式上稍有闪失，导致缩合较短或发音较长，听众都会喝倒彩"（si paulum modo offensum est ut aut contractione breuius fieret aut productione longius，theatra tota reclamant）；但这只可能指元音而非音节；因为，一个音节表示不能"缩短"：一个口阻音节（譬如 *pectus* 中的 *pec*），按其本身的结构，只能是重音节；一个喉阻音节，如 *bonā* 中的 *nā*，可以缩减为一个轻音节，但只能靠缩短元音（*bonă*）；反之，一个轻音节能够扩展为一个重音节——但只能靠拉长元音（或后接辅音）。无任何迹象表明，未受过训练的罗马人的耳朵可以分辨**音量**（与音位和语义相对）差异，例如，*tange* 与 *tangent* 之间，或分辨后者与 *tangēs* 音量等值。无重音的轻音节和重音节，"按短音节发音"时在格律上等值（brevis brevians，见页179及其以下），可以认为更进一步显示，无关乎涉及音量**本身**的说话者和听者，也就是说，除了作为重音或有意义的元音音长的伴随物。

考虑到拉丁语的重读强度还可能更大，这是它的重音特征，所以，可以想象，未经训练的耳朵对动态模式比音量模式更敏感——甚至会排除后者。甚至连诗人都觉得，除音量外还需要某种模式因素，这可以由他们在诗行的末两个音步中，对通过重读来强化音量的高度重视中看出。

人们有时候指出，散文句子结尾基于纯粹的音量模式，而不考虑重音（譬如 Beare 1957，193 ff.；Wilkinson 1963，148 ff.，237 ff.；Norberg 1965，498）；但在此我们当然还要涉及学术性和艺术性强的散文，以及源自希腊语的教学惯例。不明智的做法是太过强调西塞罗的说法的重要性（*Or.* 168）：不仅他本人的耳朵对完整句（rounded periods）感到满意，"为什么要说我的耳朵呢？我常见公民大会爆发出欢呼，当演说恰当落下时"（Quid dico meas? contiones saepe exclamare uidi, cum apte uerba cecidissent）；并非他的所有听众都有能力对此效果作出反应，有下述事实可以见得：他发现他觉得必需鄙视那些无法欣赏这种演说效果的人："至于无法感知的人，他们有怎样的耳朵，他们的人性像什么，我不知道。"（Quod qui non sentiunt, quas auris habeant aut quid in his hominis simile sit nescio.）

进而，考虑到拉丁语六音步的第一部分中重音与强音位置的不一致之程度，我们不老练的听众如何才能意识到其中的模式呢？一种方法可以通过人为的表演方式，按此在需要与强音位置符合之处变换词语重音——换句话说，通过"合律"（scanning），这在六音步中意味着，为了重音将音步作为一个单词来对待（参见 Norberg 1965，506："*scandere versus*［调校诗行使合律］这个词组意指'像一步步爬梯子那样校读诗行'"）。这种校读方法在古代广为人知，由语法学家们的陈述可以见得。最常引述的是萨凯多斯的说法（Sacerdos vi, 448 K）："然而，我们应当知道，在重读诗行［也就是校读诗行使合律］时，我们读重音的方式，往往不同于处置单词的方式。*toro* 和 *pater* 这两个词，我们将重音放在 *to* 和 *pa* 上；但在校读 inde toro pater Aeneas 这句话时，重音就要放在 *ro* 和 *ter* 上。①因此，这种校读在格律中并无理由，因为，其中并无任何出于理解的理由：因为，*ropater* 没有任何意义。"（hoc tamen scire debemus, quod uersus percutientes [id est scandentes] interdum accentus alios pronuntiamus, quam per singula uerba ponentes. *toro* et *pater*, acutum accentum in *to* ponimus et in *pa* ; scandendo uero "inde toro pater Aeneas" in *ro* ponimus et in *ter*. haec igitur in metro ideo suam non continent rationem, quia in ipsis nulla intellectus ratio continetur: nam *ropater* nihil significat.）其他相关陈述有：维克多利努斯（Max. Victorinus, vi, 219 K），"Omnia uincit amor, et nos cedamus amori 这行诗，格律校读方式是这样的：*omnia* 是长短短格，*uincit a* 是长短短格，*mor et* 是长长格"（"Omnia uincit amor, et nos cedamus amori." scan-

---

① *ter* 上有重读的看法，当然毫无意义（参见 Beare 1957, 61）。

ditur enim sic, *omnia* dactylus, *uincit* a dactylus, *mor* et spondeus）；普利斯吉安（Priscian，iii，461 K），"请校读这行诗的格律：*Arma ui rumque ca no Tro iae qui primus ab oris*。它有多少音顿？两个。具体如何？半五音步上和半七音步上……"（Scande uersum. *Arma ui rumque ca no Tro iae qui primus ab oris*. Quot caesuras habet? Duas. Quas? Semiquinariam et semiseptenariam...）普利斯吉安（469），"请校读这行诗的格律：*Conticu ere om nes in tentique ora te nebant*。请说出音顿……"（Scande uersum. *Conticu ere om nes in tentique ora te nebant*. Dic caesuras...）普利斯吉安的表达方式显示，萨凯多斯的"interdum"[往往]指教学实践处境，尽管诺伯格（Norberg 1965，507 f.）表示，它仅仅指格律/动力冲突只影响诗行的有些音步，这种实践流行要比在教室中远为广泛。

  作为两类处理方式并行的现代例证，值得一提雅克布森对塞尔维亚-克罗地亚语史诗的解释（Jakobson 1952，24），其中维持语言重音的"散文方式"和遵循诗歌模式的（还有"与其变化"）"合律方式"自由交替。

  关于"合律"，连同合规的可以听到的"强音"定位，是否真的就是开头拉丁语诗歌的规范方式，学者们分歧很大。为此，譬如，可以引述亨德里克森（Hendrickson 1899）；斯特蒂文特（Sturtevant 1923，337，"由于音节由声音增量构成，也由于增量能够只靠重读，音节节奏与音步的词语节奏的任何组合都蕴含重读"）；弗兰克尔（Fraenkel 1928, 6 f., 331）；普尔格莱姆（Pulgram 1954, 232，"节奏模式的重现……是作诗法真正的灵魂。如果一首诗没有节奏，由以称其为诗的标准是什么？"）；艾利斯库（Herescu 1960，27）（"如果作诗法中无强音，就不存在作诗法"），艾利斯库（1963，16 ff.）；德雷克斯勒（Drexler 1965，6 f.）。另一方面，可以提到的有本内特（Bennett 1898，e.g. 371）；希普利（Shipley 1938，134 ff.）；比尔（Beare 1957，e.g. 237）（"我们必须抛弃我们将动力重读合乎规则的重现作为诗歌的本质特点的看法"）；卡贝尔（Kabell 1960，28 f.）；莱普斯基（Lepscky 1962，214）（"有声强音并不存在"）；维尔金森（Wilkinson 1963，94 f.）；皮吉（Pighi 1966）。

对于有些著作家而言，此难题的缓和靠为拉丁语假定一种旋律重音（参见页 151），后者与一种不一致的音量模式更匹配（如此认为的有：Kent 1920；1922；Moore 1924，323 ff.；Norberg 1965，505 f.；Lucot 1969，81 ff.）；而考尔曼（Kollmann 1968，301）的建议未必可信：动力重音和强音都付诸实现，这在很多情况下将导致双重重读形式，诸如 *Tróiǽ*, *cánó*。有些著作家主张一种重读式强音，理由是在希腊语中没有什么可以妨碍有这种强音，因此，在拉丁语中也可以接受同样的节奏，如此认为的有：Sturtevant 1923，337；Allen 1964，11——这种进路，贝扎已有暗示（Theodorus Beza, *De Germana pronuntiatione Graecae linguae*, 50 ff.）。①

但在很大程度上，争论的焦点要么是笼统地认为重读作为韵律模式的标志有必要或无关紧要，要么是对关于古代修辞学家和语法学家陈述的解释。可是，在此问题上，争论往往被术语含义的不确定所遮蔽，诸如 *arsis/thesis*, *ictus*, *percutio*, *ferio* 等，尤其是它们

---

① 关于出版物之详情，见页 345。

指外在的"时间节拍",还是指一种语言重读。参考文献和进一步讨论,见页 276 和 Getty 1963, 120 ff.; Beare 1957, 57 ff.(以及页 63 及其以下关于古代著作家的引述)。

就诵读拉丁语六音步诗,如今较为常见的倾向是表现词语重音而非强音(尽管词语重音本身,通常在基于母语重音习惯的有些民族发音的中受到抑制:譬如法语,通常重读词语和词组末音节——这个位置伊拉斯谟已注意到了,而冰岛人通常重读首音节:参见 Kabell 1960, 43 ff.)。在英格兰,重音读法为本特利(Bentley)的支持所巩固(xvii, 'ΣΧΕΔΙΑΣΜΑ De Metris Terentianis' in *P. Terentii Afri Comoediae*, 1726),① 可是,他本人就此难题的进路,包含某些混乱成分。本特利注意到,拉丁语喜剧作家通常避免重音与重读相冲突:"可是,这的确被拉丁语喜剧作家小心避免了,他们渴望其剧作取悦民众的人;以免违语言特点,使强音或重音在每一行诗中占据了词语的末音节"(Jam vero id Latinis Comicis, qui Fabulas suas populo placere cuperent, magnopere cavendum erat; ne contra Linguae genium Ictus seu Accentus in quoque versu syllabas verborum ultimas occuparent);他进而评论说,"这一点,在每一种格律中,就我所知,都可以观察到"(Id in omni metro, quoad licuit, observabatur)。在其他地方,他将维吉尔的名字与泰伦斯的名字联系起来,认为他们选择词语和词序以实现重读位置与重音"相配"(concinnitas);通过表明原理,他相当惊人地引述《埃涅阿斯纪》开篇诗行,作为词语重音的标志(Árma virúmque cáno, etc.),他指出:"谁要熟练而

---

① 见图 II (Figure II)。

XVII. DE METRIS

cum apud Graecos tria loca teneat, apud nos duobus tantum pedum potefl; aut in penultimum ut Practexiflis, aut ea quae a fine efl tertia ut Practextátus. Olympiodorus in Aristotelis Metrora P. 27. Ἰστι μὲν Γραικοὶ ἰκκλίνεται, τὸ δ᾽ Ἑλληνι- τοιγα δή τι ἰοικα, εἰ μὴ Γραικὸν μαχίζωσιν, Γραικὸν λέγεται. ἢ δὴ καὶ Ἀτθικοῖσι ἰοικα. Καθήκει δὴ οἱ Ῥωμαῖοι τὰς ὀνομα μαχίζωσιν Ἀττικῶν τὸν πλείστων ὅσα Τραγωδοποιοὶ ἰκκλίνωσι, ὧν τῶν προστέρων. Hoc eft, *Qui olim Graeci dicti, nunc appellantur Ἕλληνες. Illius autem verbi penultimum Romani acuunt, dicentes* Γραῖκι· *fed communis fermo aevii ultimam* Graeci. *Et ut verfum Romani in quatcumque voce pendulum vel antepenultimum acuunt, propter Faflum & Grandiloquentiam: unde a Poëtis dicuntur Τραγωδέποντες, fermes & fuperbi.* Cuterum quod hic Fahui tribuit, id dialecto Aeolicae, unde Lingua Latina partem maximam profluxit, rectius imputatur. Aeolenis enim, ut notum eft, Βαρύτατι erant; & Θεός, Ἄνηρ pronuntiabant, cum alii θεός, ἀνήρ.

JAM vero id Latinis Comicis, qui Fabulas fuas populo placere cuperent, magnopere cavendum erat; ac contra Linguae genium Ictus feu Accentus in quoque verfu fyllabas verborum ultimas occuparent. Id in omni metro, quod licuit, obfervabatur; ut in his,

Arma virumque cano, Trojae qui primus ab oris
Italiam fato profugus Lavinaque venit
Litora; multum ille & terris jactátus & alto
Vi fuperum, faevae memorum Junonis ob iram.

Qui perite & moduláte hos verfus legat, fic eos, ut hic accentibus notátur, pronuntiábit; non, ut pueri in Scholis, ad fingulorum pedum initia, *Ítaliam fató profugús Lavínaque vénit.* fed ad rythmum totius verfus. Ubi nulla vox, ut videtis, accentum in ultima habet, praeter unicam illam *Virúm:* idque rectè ob fequens Encliticon *que:* quod hic, femel dictum, in Terentio paffim fieri animadvertes. Idem efficiunt ME, TE, SE: *differunt me, quod verborum modi?* quippe haec Latinis, ut etiam *Rom.* Enclítica funt, ut Graecis ME, ΣΕ. Eadem & & Interrogationis vis; fice cum *Ne* Enclítico, five aliíque *Ne.* In hac igitur concinnitatis laude palmam omnibus praecipuit Terentius; eamque ut confequi poffet, ope vertice Ictus effegerit, & vocabuli tamen fignificantiorē, femper fub Ictu ponere; non minore ftudio judiciófque verba difpofuit, & a profae orationis ordine decenter invertit, quam mirificus in hac materie artifex ipfe Virgilius.

Pri-

XVIII. TERENTIANIS.

PRISCIANUS *De verfibus comicis narrat, Fuiffe quosdam qui abnegarent ulla effe in Terentii Comoediis metra; vel ea, quafi nirvana quaedam & ab omnibus doctis fientia, fibi folis effe cognita confirmarent.* Ibidem ait, *Omnes quidem Comicos, crebris Synaloephis & Epifynaloephis & Collifionibus & Abfciffonibus S literae, fuiffe ufos fcandendo verfus fuos;* TERENTIUM AUTEM PLUS OMNIBUS. Verum profectò hoc eft, & caufa unica, cur Magiftelli ifti vel negarent metra effe apud Noftrum, vel cur arcana quaedam venditarent. Quod vero hic queritur & criminatur magnus Grammaticus, non virtum eft, fed virtus Terentii prima; qui Synaloephas illas data opera confectatus eft, quo fyllabae ultimae liquefeerent coalefcerentque cum fequentibus; eoque vetiti ac vitiofi in ultimis Ictus artificiofe effugerentur. Hac vero Synaloephae, quae tenebras olim Magiftris offuduerunt, jam in hac Editione, Percuffionum intervallis diftincta, ne pueris quidem negotium faceffent.

TOTUM autem hoc, quod de Ictu in ultimis fyllabis cautum fuiffe diximus, de fecunda tantum Trimetri Ἰαμβικοῦ capiendum; nam in prima & tertia femper licuit; fiquidem ifta fine venia conclamatum adfuerque erat de Comoedia Tragodiaque Latina. Cum igitur hunc verfum fimilefque apud Noftrum videris,

Malum quod ipfi di deaeque omnes duint:

cave vitio id poëtae verteris; eft *Malúm* illud & *Omnés* fi in communi quis fermone fic acuiffet, deridiculo fuiffet. Nimirum aures vel invitae patienter id ferebant, finc quo ne una quidem in Fabula Scaena poterat edolari. Quin & Graecos ipfos eadem tenuit neceffitas, eadem pafa eft indulgentia. Cum Ariftophanes dixit,

Ἀπολῶ τυνδὶ τὸν μεσφόρον ἱκότι.

Ἡδὺ μέντοι κεκίγκεν καὶ ἐκεῖνο μόλις, idem admirerunt in Ἀπολῶ & Ἡδύ, quod Nofter in *Malúm* & *Omnés,* ipfi enim alibi priorem acuunt, ἀπόλω & ἥδυ.

In fecunda igitur Trimetri Ἰαμβικῷ hoc de quo agimus non licebat. Gellius XVIII, 15. *In Senariis verfibus animadverticum Metrici dues primos pedes, item extremos duos, habere poffe fingulos integros partes orationis, medios haud unquam poffe; fed confare ex femper ex verbis aut deurfis aut mixtis atque coufufis.* Quotus quifque hoc vel intelligat? nedum ut Senariós per fingulos pedes fcandendo tempus in hac obfervatione conterat! At in hac Editione vel aliud gentibus in oculos incurrit; fimulque ratio, fimulque Metrici ifti tacent, planè

d

又悦耳地朗读这些诗行,就要如这里的重音提示来朗读;不能像学校中的孩子那样,重读单个音步的开头……而要按诗行整体的节奏来读。"(Qui perite & modulate hos versus leget, sic eos, ut hic accentibus notantur, pronuntiabit; non, ut pueri in Scholis, ad singulorum pedum initia...sed ad rythmum totius versus.)

他进一步下述事实:由于文艺复兴,男孩们被迫学习六音步诗歌("尤其令人痛惜和气愤的是,从文艺复兴以来,要本乡的孩子学会六音步诗歌,这种母语还没有接受的文体,用棍棒皮鞭强迫"[Quo magis est dolendum atque indignandum, jam a literis renatis pueros ingenuos ad Dactylica, quod genus patria lingua non recipit, ediscenda, ferula scuticaque cogi]),而喜剧的格律被忽视了("可是,泰伦斯的格律,人们在家和在路上传唱的格律,由于老师的过错被完全忽略了"[Terentiana vero metra, quae domi tamen et in triviis inscientes ipsi canticant, Magistrorum culpa penitus ignorare])。能够由本特利的推理中得出的最宽容的解释如下:在喜剧中,重音和强音位置通常一致;因此,可以合律方式来朗读这种诗行,既然这在很大程度上也是一种重音式读法。① 诗人们使用其他格律,试图遵循同样的创作原理,但不完全成功;而且,当出现冲突时,重音在

---

① 本特利承认,拉丁语诗人们为其语言所迫,在诗行开头和结尾采用了这种反重音的形式(counter-accentual forms),诸如 omnès, malùm——却诉诸希腊人的用法,他说,后者受到同样的限制;他支持这种说法的这种诗行开头,诸如 Δουλὸν γενεσθαι~, Ἡκὼ νεκρων,"他们的确在其他地方将重音放在前一音节上"(ipsi enim alibi priorem acuunt, Δούλον et Ἥκω)——由此可见,本特利出自希腊语的论证,如卡普所言(Kapp 1941, 191 f.),基于其希腊语的亨宁式发音(他的扬音代表重读)。

表演中占上风。本特利似乎大大低估了传统之程度，而且他大概相信，按他所提倡的处理方式，格律模式是可以辨认的；赫尔曼提到他时说，他"对古诗节奏的感受最贴切，但他未能解释他的感受"（Kapp 1941，188）。

本特利关于此问题的思考不及我们所期望的清楚（参见 Beare 1957，61）；但至少他的讨论表明，在学校中流行合律式朗读。关于这种传统在英格兰和大陆上作为韵律操练和辅助记忆的方法，见 Attridge 1972，30 ff.。

这两重传统——教学上的合律与重音式读法——从拉丁语语法学家到当今，似乎是一个一以贯之的传统，如果从中世纪著作家对合律方法的批评需要来判断。纪元后 1200 年前后，诺曼语语法学家德文萨伍夫（Gottfried de Vinsauf）写道："通常应当知晓，任何在格律中所使用的音节，其重读都不应在格律单位之内，而应超出格律单位之外，然而，总要按照规则所规定的重音来重读。"（Generaliter sciendum est quod, qualiscumque fuerit syllaba in metro, non est aliter accentuanda in metro quam extra metrum, sed semper est accentuanda secundum hoc quod regulae docent accentuum.）；而另一位语法学家埃梅里克（Aiméric）指出，诗歌朗诵"不应合律，而应清晰发音"（Kabell, 25 ff.; Norberg 1965, 506）。关于重音式读法，卡贝尔（Kabel, 30 f.）也在利奥尼乌斯诗歌（leonine verse）★的

★ "利奥尼乌斯诗歌"的特点是诗行末的词语与诗行中央的词语押韵，因其传统上所认为的创制者僧侣利奥尼乌斯（Leonius）得名，据信他是一部《旧约史》（*Historia Sacra*）的作者。——译注

用韵中发现了证据，譬如（《布兰诗歌》[Carmina Burana]）*Feruet amore Paris，Troianis immolat aris*［为爱煎熬的帕里斯，向特洛亚的祭坛献祭］（晚期拉丁语拉长了 *Paris* 中有重音的 *a*，从而与 *aris* 合韵）。卡贝尔指出，在文艺复兴时期，伊拉斯谟（1528年巴塞尔首版对话《关于拉丁语和希腊语发音的对话》[*Dialogus de recta Latini Graecique sermonis pronuntiatione*①] 页185，他本人很可能读过此书校样），标注重音，却不标注强音位置，这是他在抄录《农事诗》(*Georgics* iii 66 ff.) 时的做法：

Óptuma quâeque díes míseris mortálibus aévi

prîma fúgit， súbeunt mórbi trîstísque sessnéctus

Et lábor， & dírae rápit inclemèntia mórtis.②

同样的做法也为贝查的评论所揭示，他在其《论希腊语诗歌发音》(*De Germana pronuntiatione Graecae linguae* [in *De ver a pron. Gr. et Latinae linguae*，Stephanus 1587，51 f.]) 所附关于重音定位的讨论中，抱怨学校中这种做法，按此拉s丁语诗歌要根据重音来读，有重音的元音要拉长，结果导致在六音步诗中"如果除去末两个音步，就不可能看到诗行了"（si duos ultimos pedes excipias，versus videri non possint）；他还举例说明了对短长格的影响，将 potest 和 pati 的第一个元音标注为长音，见卡图鲁斯（Catullus xxix 1）：

---

① 如今有斯考拉（Scolar）重印本（1971）。
② 扬音和扬抑音的语法遵循希腊语"末尾长短格"规则；亦请注意 *trîstísque* 中希腊语非重读后接成分的重音定位（没有印出，但打算在下面的讨论中揭明[189]）。

Quis hoc potest uidere, quis potest pati.

在古代合律发音是较不规范的读法，这一点似乎由语法学家特别提及而清楚可见。而且，对甚至在学校中也使用重音式读法的有意思的确证，出自一篇埃及纸莎，包括维吉尔的七行诗的部分内容，显然是为讲希腊语的形式准备的，其中恰恰标注了词语重音，而未标注强音位置，具体如下①（*Aen*. iv 99—101）：

quin] pótius pácem aetérnam pactōs[que hymenaeos

exerce]mus hábes tōta quót ménte pe[tisti

ardet ama]ns Dído traxítque per ossa[furorem

还有行 66—67：

quid delubra iuu]ant ēst móllis flámma medúllas

interea et tacitu]m uíuit sub péctore uúlnus.

诗人自己设想的就是一种重音式读法，或许贺拉斯引述提供了一项证据，他使用的也是六音步，所引短语出自泰伦斯六音步诗。这就是：*Epist*. 1. xix 41 *hinc illae lacrimae* ~（出自 *And*. 126）和 *Serm*. 11. iii 264 *exclusit; reuocat: redeam?* ~（出自 *Eun*. 49）。在拉丁语六音步诗中，强音位置与重音一致造成了重读模式 *hinc illae lácrimae* 和 *exclúsit réuocat rédeam*，但符号格律强音的六音步诗读法，要求节奏变形为 *hínc íllæ lacrimǽ* 和 *éxclusít reuocát redeám*

---

① *Papiri greci e latini*（*Pubb. della Soc. ital. per la ricerca dei Papiri greet e latini in Egitto*），i（1912），47 and Plate 21. Discussion by Moore 1924; Shipley 1938, 143 f.; Kabell, 29.

（Beare 1957，175；Wilkinson 1963，95）。

那么，如果一种重音式读法堪为规范，我们就得再回到关于教育程度较低的听众的难题上，其在音量格律方面未受过训练。关于潜在的结构，如果有可能，他能由听或读拉丁语六音步诗中获得何种想法？当然，他会在末两个音步中听出明确的动力模式；这可以给出一点提示，但在缺乏特定教导的情况下，对其余诗行中的潜在模式不会了解太多。这也许正是实情，由出自《碑铭歌集》(Carmina Epigraphica [= Anthologia Latina 11, i–ii ed. Buecheler 1895—1896, iii ed. Lommatzsch 1926])的某些证据得以表明。他们中有些人水平高于其他人，大概反映了他们具有较高教育水平；但有些差强人意的作品混乱无序，表明对诗行第一部分中的模式所知甚少，无论是音量模式，还是动力模式。譬如：

  i 579 hoc monimentum...

      Manibus addictum sacrisque priorum

      ut aeque frui liceat, qui dominus fuerit huius,

      uendere ne liceat caueo adque rogo per numina diuom.

      uendere si uelit, emptorem littera prohibet.

  iii 1988, 31

      post hanc nunc idem diuersi sibi quisque senescunt-

后一条属于一首诗，朗玛彻（Lommatzsch）评论说，"这首诗更多出于作者的情致，而非出于诗艺和清晰出色的言辞"（carmen magis affectu scribentis atque humanitate quam arte poetica et perspicuitate sermonis insigne）。或许，拉丁语六音步诗在下述出自阿尔勒（Arles）的样例中抵达了其最低点（1—2c.A.D.: *CE* i 470 ; E. Diehl, *Vulgärlateinische Inschriften*, 373- "ab homine plebeio et inepto composita"［出自粗俗愚人之手］: Hirschfeld, *CIL* xii 915）:

quat ualeas abeas pascas, multos tu habebes amicos.①
si haliquit casu alite[r] aduxerit aster,
aut ili Romae frater es aut tu peregre heris
et uocas acliua. quo si tu non nosti amicos,
adcnoscet homines aeg(er)quos no(n)pote sanus.
porta probat homines, ibi hest trutina ultima uitai:
aspicent ex(e)quias(ali)quis, ita ut quit euitant:
et pietas hilic paret et qui sit amicus,
[b]eneficia absenti qui facet, ilic am[icu]s herit.

正如希普利关于《碑铭歌集》（1927 xxxi）的评论，"缺陷……显示对强拍缺乏任何真切感觉"，而且（1938, 137）"作者在诗行的第一部分中，迷失于一座似乎毫无线索的迷宫之中了"。只有在行末，这些诗行通常显示有正确的模式 ΣΣΣΣ（或至少有重读模式 ΣΣΣΣ ：参见 *Harris 1940），也就是说，正是在此位置上，他们的写作模式加强音量模式是通过一种规范可听的重读；用亨德里克森的话说（Hendrickson 243），"这往往正是一位作者构建六步诗的意图或雄心的指标，此外少有符合古典诗歌要求的地方"。

---

① 让人约莫想起了奥维德（Ovid, *Tr.* i 9）。

拉丁语例证事实上与其希腊语对应例证构成鲜明对照，后者没有显示出对格律模式无知的证据，也很少犯音量错误："大多数在语言和作诗法上足够正确……格律方面的癖好中，最常见的理由是需要引入不符合格律的专名。"（*Allen 1888，38）

上文的讨论导致观点发生了转变，在进一步思考证据之后，偏离了笔者早先表达的观点（A 1964）；类似的观点转变，也见于哈德森 1899 与 1949（241）。

涉及拉丁语六音步之情形，也在描述和历史两方面，与出自希腊语的诗歌形式形成鲜明和具有启发性的对照——这就是萨福诗体（the Sapphic stanza）。这种希腊语诗体为前三行诗规定的结构是 ΣΣΣΣΣΣΣΣΣΣΣ；无论按照"要素"来分析，譬如 ΣΣ̂Σ|ΣΣΣΣ|ΣΣΣ（参见 Raven 1962，77），或按照"音步"来分析，譬如 ΣΣ|ΣΣ̂|ΣΣΣ|ΣΣ̂|ΣΣ（参见 Needler 1941，13），都无关紧要。没有"桥接"规则，而且动力模式更有可能由音乐伴奏而非任何自然的言语重读确立。可是，拉丁语抒情诗似乎一般都以来朗诵而非歌唱或给予伴奏，所以，任何动力模式，如果有的话，只能由语言来确立；而且，按照拉丁语重音，各种节奏在萨福体诗行中都有可能，这基于词语界限的定位：所以，譬如 Catullus li（加上最有可能的重读标注）：

Ílle mi pár esse deo uidétur,

 ílle, si fás est, superáre díuos,

 qui sédens aduérsus idéntidem te

  spéctat et dit.

可是，贺拉斯（不清楚为何目的：参见 Wilkinson 1940）引入了一种限制性革新。这包括要求：第四音节是重音节（不像在希腊语中那样是"自由"音节），并且第五音节通常后接一个音顿。按照拉丁语词语重音，这会极大地诗行可能的重读模式的数目（参见 Park 1968, 3 f.）：一个重读音峰落在第四和第十音节上，通常也落在第一和第六音节上（在有些情况下，是次要重读，譬如 ínterger uítae scéleprísque púrus），也往往落在第八音节上（通常是次要重读，譬如 síue per Sýrtis íter aéstuósas）。通常的模式就是 Σ́ΣΣ́Σ ¦ Σ́ΣΣ́ΣΣ́Σ。偶尔变体会产生重读第二音节而非首音节——譬如 dum méam cánto Lálagen et última。结果是一个可以清楚理解的动力模式；而且，有证据显示，此结果获得了广泛接受。

在贺拉斯的晚期作品中，在至关重要的第五音节上是音顿的要求放松了，而这被视为贺拉斯的一种反动，以反对有他的创新所导致的重音式解释。尤为重要的是《世纪之歌》（Carmen Saeculare）之情形，特别由男孩女孩组成的唱诗班演唱。贺拉斯，如威尔金森所表明的那样（1940, 133; cf. 1963, 110），"很可能预见到，唱诗班会为野蛮罗马时代唱出正确的音符"；在构成《世纪之歌》的某种前奏的《颂歌》（Ode iv 6）中，他对他的唱诗班讲了下面一番话：

> ...   ...
> uirginum primae puerique claris
>   patribus orti,
> ...   ...

> *Lesbiutn seruate pedem meique*
>
> *pollicis ictum*,

结尾是这样的:

> nupta iam dices 'ego dis amicum,
> saeculo festas referente luces,
> reddidi carmen, *docilis modomm*
> *uatis Horati.*'

换句话说,唱诗班被特别教导以保持源于希腊语爱奥利亚方言模式,重读由音乐决定,并且忽视拉丁语词语的重音式重读——贺拉斯作为他们的引导者使他们与时俱进。正是在此特殊语境中,路德摩斯-布朗(Rudmose-Brown 1939,33)提出了我们已就六音步所表明的观点:"一个未受过教育的罗马人,甚至早在古典时代……所听到的只是'重音式'节奏。从希腊舶来的音量式格律对其毫无意义。"

尽管贺拉斯后来改变了主意,重音式萨福体还是保留了下来。由于其所具有的动力模式,它作为一种流行的诗歌形式幸存下来,并延续到了中世纪,这时候其他的音量格律都差不多变成了学院中操练的格律形式,譬如卡洛琳时代的(Carolingian)学者(Rudmose-Brown 1939, 36; Park 1968, 5)。除了在博学者当中, 5 世纪以降,音量模式越来越遭到忽视,"处在进一步完全居于支配地位的重音式原则之下"(Needier, 11;参见 Wilkinson 1963, 108)。的确,由于方言和口头拉丁语不再区分元音音长,任何纯粹音量式的创作必定完全出于人为。

这种格律作为基督教圣歌之载体而变得尤为普及（Rudmose-Brown 1939, 36；Needier, 12 ff.）；非音量的重音式原则，譬如，在赞美诗口头显而易见：

Ó Salutáris mícans stélla máris.

［哦，蒙福的大海之星闪闪发光。］

另一首重音式萨福体圣歌，以"O Pater sancte, mitis atque pie"［哦，神圣的父，慈爱又可敬］（10 世纪法国）开头，与此类似，英语中阿尔斯通（A. E. Alston）有同格律的圣歌：Father most holy, merciful and loving。饶有兴味的是迪阿考努斯（Paulus Diaconus）的圣歌诗节（8 世纪）：

Ut queant laxis *re*sonare fibris

*Mi*ra gestorum *fa*muli tuorum,

*So*lue polluti *la*bii reatum,

　　　Sancte *Io*hannes.

3 世纪后，阿雷佐的圭多（Guido of Arezzo）将这些音节用斜体表示，设定为六和弦的连续音符，作为音阶中的音名；① 尼德勒（Needler 12）评论说，"显而易见，他这么做是以重音方式读这些诗行的"；或许，更明显的是，对较长诗行的构想是，分为两个部分，五和六两个音节分属于这两部分。

---

① 末行中的 S+I = si 是后来加上去的。

在 19 世纪早期，贺拉斯本人《颂歌》（Ode i 22）（"Integer uitae scelerisque purus"〔他过着完人的生活，纯洁的他也摆脱了邪恶〕），弗莱明（F. F. Fleming）为其配乐作成一首合唱歌，节奏是：

这种曲调又被德国葬礼颂歌"上帝的和平居于星辰之上"（Über den Sternen wohnet Gottes Frieden）（Sell & Pöhlmann 1959, 259 ff.）借用，还被蒲赛（Philip Pusey）的赞美颂歌"我们生命的主和拯救我们的上帝"（Lord of our Life and God of our Salvation, arr. John Holler, *Church Music Review* 1937, No. 1434）借用。世俗吟唱采用此格律的例证不多见（Needler 1941, 7, 17 ff., 45 f.）；其中包括骚赛（Southey）的诗《这寡妇》（*The Widow*），坎宁（Canning）将其夸张地演绎为如下诗行：

Bleak blows the blast; – your hat has got a hole in't,
So have your breeches!

并不多见现代语言以重音方式对原初音量模式的模仿（以重音代替重音量）。有一位作家写这种诗，就是瑞士人劳伊特霍尔德（Heinrich Leuthold, 1827—1879），譬如在《德语》（*Die Deutsche Sprache*, Bennett 1963, 121）中：

Ja, du bist der griechischen Schwester selber
Ebenbürtig…

英语中对同样的影响做尝试的是斯文博纳（Swinburne），譬如（Needler，39 f.）：

Clothed about with flame and with tears and singing
Songs that move the heart of the shaken heaven.

重音式重读模式与音量模仿式重读模式之间的差异显而易见，一方面是：ΣΣΣΣΣΣΣΣΣ（"音步"或"节"是 3+2+4+2）；另一方面是：ΣΣΣΣΣΣΣΣΣ（"音步"或"节"是 2+2+3+2+2）（参见 Needler，13）。

较早期尝试原初的音量模式的是西德尼（Sidney）（在《阿卡迪亚》[Arcadia I] 中）；至少表明将这种模式引入了诗歌；但当我们考察 "If the mute timber when it hath the life loss" 这样的诗行时，也会怀疑西德尼至少熟稔重音式萨福体赞美歌（Needler，19）。坎品（Campion）的歌曲"来吧，让我们和着旋律赞美"（Come, let us with melody the praises），就严密遵循了重音式萨福体①（尽管这种重音模式通常被背景音乐模糊了）。

早期德语中的重音式萨福体例证，由考夫曼（Kauffmann 1907，218 ff.；cf. also Bennett，116 ff.）给出了。

拉丁语六音步与萨福体的命运之反差再大不过了，而且很可能反映了古代未受过格律训练的大众的反应之不同。或许，我们可以在更近的时代中找到一定程度上类似于六音步的情形，如果我们考

---

① 按照他的观点（在此时代不常见），"首先，词语的重音应勤勉遵循，因为，在任何语言中，主要靠重音，才能度量音节真正的音质"（Observations in the Art of English Poesie [1602]，in * Smith 1904，ii，351）。

察这一时期的音量式六音步实验,伊丽莎白时期的英语作家在一个短暂时期内实施了这些实验,其中著名的有斯坦尼赫斯特(Stanyhurst)、西德尼(Sidney)、哈维(Harvey)和斯宾塞(Spenser)。这些实验所依据的"音量"规则源于拉丁语,却有某些严重误识(尤参 Attridge 1972, chs. iv—v)。一定程度上,除了诗行末尾,这些规则通常(如在拉丁语中那样)导致格律模式与英语重读—重音发生冲突——相比在拉丁语中,后者与音量的关联更不简单。阿斯克姆(Roger Ascham)所引一个早期例证(约 1530—1540),出自他的朋友、剑桥大学圣约翰学院的华生(Thomas Watson)的手笔:①

All travellers do gladly report great prayse of Ulysses,
For that he knew many men's maners and saw many Cities ;

由于音量观念很大程度上被拼写(误)导,卡贝尔(168)表示,原初的拼写是 travelers 和 manners。作为出自西德尼的一个例证,亨德里克森(247)引述了如下诗行:

Opprest with ruinous conceits by the helpe of an outcry.

还有出自哈维的诗行:

And what so precious matter and foode for a good tongue.

作为在音顿和发生和谐/不和谐方面尤其接近拉丁语之情形的例证,阿特里奇(Attridge 1972, 186)引述了斯坦尼赫斯特的诗行:

---

① 参见 Hendrickson, 238。

> And a brace of menacing ragd rocks skymounted abydeth.

这样的诗行，当然难以用英语的旋律原则来描述，而且，对于不懂得其所依据的陌生规则的人来说，它们几乎没有什么韵律含义。但当时的大多数实验者和理论家并不认为这是不利因素，他们痴迷于诗歌语言的观念，认为诗歌语言完全不同于其他语言。

可是，西德尼与其他实验者相比，更加普遍地倾向于考虑元音音长，并且大多数时候将非重读音节视为轻音节；他还倾向于偏好重读音顿前的单音节；所以，譬如：

> In silence, from a man's owne selfe with company robbed.

结果降低了不和谐之程度，如斯坦尼赫斯特更密切基于拉丁语的诗行中所显示的那种不和谐（Attridge 1972, 198）；而且，按照斯坦尼赫斯特自己对英语的观察，"尽管我们没有模糊音量，却模糊了重音的精微之处"（*An Apologie for Poetrie*, in *Smith 1904, i, 205）。

这种"音量实验"持续时间短暂，在 17 世纪早期就突然终止了；其败落的一个因素，无疑就是 1603 年丹尼尔（Samuel Daniel）《捍卫韵文》（*A Defence of Ryme*），就此下述评论堪为典型（*Smith 1904, ii, 360, 378；参见 Park 1968, 41 ff.）：

> 正如希腊语和拉丁语诗歌以音节数和音质构成，英语诗歌则由拍子和重音构成。而且，尽管英语诗歌未严格模糊长短音节，却极为尊重重音；正如以音节长短计数，重音扬抑造成和谐。而和谐同样也是数。

至于那些想象出来的音节音量，在我们的语言中从未认为可以随意不论，谁又能强迫我们去认识它们，如果 in nullius verba iurati [矢志于无人使用的言辞]，由于不忠实于外来的发明？

其他反对外来的音量形式的表达，出自吉尔（Alexander Gil）的《英语规范》(*Logonomia Anglica* [1621], ed. Jiriczek, *Quellen u. Forschungen* xc [1903], 142)：

就诗歌之种类，没有为我们留下任何开拓空间：可是，按照韵律写诗的人，要比按照拉丁语的数来写诗的人更为成功。因此，尽管学者们强烈主张，希腊语和拉丁语的数可以追求，结果却无法作出所期待的回答。[In carminum generibus, nihil nostris intentatum relinquitur: res tamen melius successit illis qui rythmo poesin scripserunt, quam qui numeris Latinorum. Et quamvis eo acriter docti contenderint, ut Graecorum et Latinorum numeros assequerentur, eventus tamen optatis non respondit.]

还有出自培根（Bacon）的表达，见他的《论学术的进展》(*Advancement of Learning* 11.16.5 in the Latin version of 1623: cf. Hendrickson, 238)：

应予以谴责的是，某些人太好古，试图将现代语言变成古代语言的……尺度，这些尺度，古代语言本身的技艺也反对，对耳朵的震动可不小。[Illud reprehendendum quod quidam antiquitatis nimium studiosi linguas modernas ad mensuras... antiquas traducere conati sunt, quas ipsarum linguarum fabrica respuit, nec minus aures exhorrent.]

其他语言中类似的实验表现大多差强人意；卡贝尔（144）引述了一首法语诉歌体联句诗，出自若代勒（E. Jodelle）的《致法国的玛格丽特夫人》(*A Mme Marguerite de France* 1559)：

Vierge, ta France te veut par ces vers sacrer un autel,
    Auquel nuire le feu, l'onde, ne l'age, ne peut.
L'age superbe ne mord les vers, dont Grece se bastit
    Vn los eternel, ny ce que Rome grava,

后来，一位匿名作家（Kabell，170）把它不贴切地译成了英文，题名《致最尊贵的女王陛下》(*To the Queenes moste excellente Maiestie* 1576)：

England with this verse doth dresse you virgin an altar
    Whom not water, nof ayre, Iron or age can anoy.
Age volative eates not such verse as did to the Greekes build
    Lasting praise, nor that Rome ever engraved earst.

在模范拉丁语写成的音量式诗歌所使用的语言中，还可以提到芬兰语，尽管事实上这种语言的重读—重音落在了词语首音节上，举一例考林德尔所引述的六音步诗行（Collinder 1937，102 ff.）：

    altaaseen hyvälaitteiseen apesilppuja ahtaa.

可是，关于相关匈牙利语中的类似情形，凯雷克（Kerek 1968，23）指出，音量在语言中关涉到非重音重读的定位；所以，这样的诗句获得接受，由于"指定给它们（即音节）的**重读**出于其音长，而非因其作为时间单位的音质"（亦参 Kerek, 37 ff., 75 ff., 以及本书页 274, 277）。

在德语中，音量实验由 15—16 世纪的人文主义者实行，但甚至对所涉及原理的理解，比英语中的实验之情形还要少；所以，譬如盖斯纳（Conrad Gesner）的诗行（Bennett, 20 ff.；亦参 Kauffmann, 196 ff.；Heusler 1917, 3 ff.）：

O vatter unser, der du dyn eewige wonung.

354 但在 18 世纪，德国出现了一种模仿拉丁语六音步的新类型，试图保证对于动力重音与强音位置之一致（关于更早期的孤例，参见 Kauffmann, 200）。首次严肃恳求这种模仿，是由哥特舍德（J. C. Gottsched）于 1730 年作出的，这种形式获得独立的标志是 1748 年出版的克劳普斯托克（Klopstock）《弥赛亚》（*Messias*，参见 Kauffmann, 202）："克劳普斯托克开启了德语诗歌的新时期；正是他废黜了亚历山大诗体（the Alexandrine），正如恩尼乌斯将萨图尔努斯诗体（the Saturnian）逐出了罗马诗坛。"（Bennett, 45；参见 Kabell, 222）

可是，"音量"的阴影在一段时间内一直困扰着这种新形式，并引起了一连串争论。譬如，他们感到三音节的音步 Σ́ΣΣ（模仿拉丁语长短短格 Σ̄ΣΣ）不可接受，如果第二音节是"长"音节，或至少在某种意义上，比第三音节更重（参见 Kauffmann, 203；Heusler, 15）；这种音步被称为"重"或"假"长短短格。例如，像 ~knechtisch ein~ 这样的音步，比 ~knechtisch das~ 更可取，由于后者中的第二音节是位置长音节；而且，对这种"重"长短短格，一位批评者（普拉滕［Platen］）用 Holtzklotzpflock 这个词夸张地作了模仿。一场特别的争论围绕长长格激烈展开，也就是二音节音步 ΣΣ，模仿了音量模式 ΣΣ。一个双音节词，其第二音节某种意义上是"轻音节"，被批评是一个长短格而非长长格。所以，沃斯（J. H. Voss）在其 1781 年《奥德修纪》译本中（Heusler, 55 f.），对 Od. xv 334（σίτου καὶ κρειῶν ἠδ' οἴνου βεβρίθασιν）的处理，明显尝试使用同样的格律模式：

Sind mit Brot und Fleisch und Weine stets belastet,

但后来将结尾部分改成了 ~ mit Wein auch stets belastet，用"长"音节词 auch 代替了 Weine 中的"短"音节 ~ e。Od. xiv1—2，一开始的译法是：

Aber Odysseus ging den rauhen Pfad von dem Hafen
Über die waldbewachsnen Gebirge, hin wo Athene,

后来的修订取代"长短格" rauhen 的是"长短短格" steinigen，取代 Hafen 的是"长长格" Meerbucht，取代 Gebirge 的是 Gebirghöhn。在讨论施勒格尔（Schlegel）时，豪伊斯勒（Heusler, 52）指出，为了避免"长短格"音列，如在 siebenhäuptigen 或 sechzigjährigen 这样的词语中，他虚构的词语"在阿德隆（Adlung）和格林（Grimm）均无先例"：siebengehaupteten, sechzigbejahrten。这让人想起了拉丁语长短短格诗歌的人为特点，面对不可能使用 Scipiones, imperator 这样的形式时，引入 Scipiadae, induperator

这样的形式（参见 Maguinness 1963, 209："这个最出色的词，*imperator*, 几乎每个拉丁语诗人都被禁止使用"）；的确，这个问题在德语中引起了严肃的争论：是否应采用不容许 *Vaterland*（被设想为一个长短长格 ΣΣΣ；参见 Heusler, 50）这个词的格律；接受长短格的一项理由是爱国，所以，这个词能够接受（Minor 1893, 296, citing Paul Heyse）。

争论的结果是"假长长格"学说，也就是说，第二音节也必须是一个重读音节，从而导致这样的行末（Schlegel：参见 Heusler, 60）"~ Doch bleibst du meinem *Gehéiss tréu*"，甚至其中还有最反常的结果，就是**反转**重读；所以，洪堡（Humboldt）持有的观点是：一行诗的开头，Wenn Krankheit mich befällt 比 Wenn mir Krankheit mich naht 更好，因为，它将"强音"*Krank-* 设置为一个长长格的第二部分——尽管这样一来，将弱音 *-heit* 放在了强音位置（Heusler, 64；参见 Bennett, 31 ff.）。而且，这让人想起了关于伊丽莎白时代的（Elizabethan）量词的一种观点，这种的确为沃斯所偏好的反转节奏的做法，较少"出乎自然"而更多"出于人为"（Heusler, 66）。沃斯实际支持其偏好的做法是，诉诸维吉尔的诗行中的冲突，诸如 Illi inter sese magna ui bracchia tollunt（*Geo.* iv 174；cf. *Aen.* viii 452），尽管他同时表示，淳朴的罗马人民一定发现这实在太尴尬了，譬如他们会偏好这样的方式：omnes inter se ui magna bracchia tollunt。正是长长格的这个"难题"，导致有些批评家拒斥任何大范围模范拉丁语的做法；所以，普拉滕（Köster 1902, 126；Kauffmann, 205）：

Weil der Hexameter episches Maass den Hellenen gewesen,
  Glaubst du, er sei deshalb Deutschen ein episches Maass?
Nicht doch! folge des Wissenden Rat : zu geringen Gedichten
  Wend' ihn an! Klopstock irrte, wie viele mit ihm.

后来，阿斯穆斯（R. Assmus 1882）谴责长长格是杂种，它最能证明"希腊语作诗法的节奏原理，如何不能与德语和德语作诗法调和"（Bennett, 26）。

可是，争论的另一个结果是，1756年，克劳普斯托克接受了承认长短格的必要性。德语六音步的重音基础终于奠定，音量保存下来只作为一种可以使用的风格因素（参见 V. Hehn ap. Heusler, 15）。在歌德（Goethe）、席勒（Schiller）和荷尔德林（Hölderlin）这样的诗人手中，这种格律变成了真正的诗艺载体（参见 Köster 1902, 125；Kauffmann, 203；Bennett, 52）；歌德本人（参见 Minor 1893, 295）将释放长短格作为诗艺成功的首要因素：

Allerlieblichste Trochäen aus der Zeile zu vertreiben,
  Und schwerfälligste Spondäen an die Stelle zu verleiben,
    ...wird mich immerfort verdriessen.

新的德语模式也传播到了其他国家。可是，它不适合法语，如由出自图尔高（Turgot）的诗行（Kabell, 223）可见：

Déjà du rythme antique ôsant reproduire l' énergie,
  L' immortel Klopstock sur tes pas vient de s' élancer.

而当图尔高将他自己用六音步翻译的维吉尔献给伏尔泰（Voltaire）时，后者回复称赞这是一种散文式译法（参见 de Thomasson 1937，53 f.）。

在英格兰，到18世纪晚期，承认重音是民族诗歌的基础这一点，理论上普遍获得接受（如已延续数世纪的实践：参见页275）。如此一来，对新的重音式六音步的采纳没有困难，虽然并未取得显著成功。将它介绍给英语读者的人是诺维奇的泰勒（William Taylor of Norwich），发表于1796—1800年期间的《杂志月刊》（*Monthly Magazine*）和《评论月刊》（*Monthly Review*）上（Hendrickson，239；Park 1968，41 ff.），其广泛宣传开来是靠骚赛早期《审判异象》（*Vision of Judgment*，1820）中的运用。在美国，它尤其受到朗费罗（Longfellow）的欢迎，作为《伊万杰琳》（*Evangeline*）所使用的格律而闻名：

This is the forest primeval. The murmuring pines and the hemlocks,
Bearded with moss, and in garments green, indistinct in the twilight,
Stand like Druids of eld, with voices sad and prophetic.

但人们普遍同意，如此展现的重读与格律严格对应，结果导致一种十分单调的效果（参见 Gross 1964，35，208）。

人们表示，引入重音式英语六音步，也许是对拉丁语本身采用一种"合律"读法的原因，这"导致欢快的疾驰，我们中多数人都会将其与我们的维吉尔入门联系在一起"（Hendrickson，260）。事实上,华纳(J. Warner)在其 1797 的《凡事有度》(*Metronariston*)中,还有普莱斯爵士(Sir Uvedale Price)在其 1827 年的《论希腊语和拉丁语的现代发音》(*Essay on the modern pronunciation of the Greek and Latin languages*)中,都有提倡(Park 1968,9 n.)。但如我们已指出的那样,古典诗艺之合律,很可能是此前早已确立的一种教学实践。

尽管有这样的说法:"英语无法提供自然的长长格,除了 amen 这个词"(参见 Fussell 1954,154),德语中长长格与长短格的战争不必在英格兰重开。但人们发现,偶尔会有在纯粹音量模式方向上的反动,譬如在克劳夫(A. H. Clough)的诉歌中(参见 Kabell,223):

Trunks the forest yielded with gums ambrosial oozing.

Boughs with apples laden beautiful, Hessperian.

丁尼生(Tennyson)的《音量实验》(*Experiments in Quantity* 1863)展示出一种重音标准与音量标准的混合(参见 Kabell,223),如在下列诗行中:

These lame hexameters the strong wing'd music of Homer!

...

Hexameters no worse than daring Germany gave us,

　　Barbarous experiment, barbarous hexameters.

布里奇斯(Robert Bridges)以更为严肃的风格,"使其大量的长音节依赖于外来的'位置规则'"(Sonnenschein 1925,197);可以提供一例，就是他对《埃涅阿斯纪》(*Aen.* vi 893—896) 的译法（出自《暗夜行》[*Ibant Obscuri*, *New Quarterly* 5 ii, Jan. 1909]）：

> Twin be the gates o' the house of sleep: as fable opineth
> One is of horn, and thence for a true dream outlet is easy :
> Fair the other, shining perfected of ivory carven ;
> But false are the visions that thereby find passage upward.

如格劳斯所论（Gross 1964, 33），"按照布里奇斯的规则，这些诗行如原作一样完全合律。但我们的耳朵听不出格律乐感。"就音量的功能，布里奇斯本人过于容易将英语与拉丁语等而同之，甚至到了这样的程度，他表示（在其《暗夜行》[8]序言"论维吉尔的节奏"[remarks on Vergilian rhythms]），在采用末尾重读的 *conceal*, *unseen* 等类型的"长长格"时（布里奇斯用在他翻译的其他地方的行末），英语更胜于拉丁语；如果拉丁语有这样的词语模式，维吉尔也会将其用在此位置"以避免通常的重音"！可是，后来，在其《古典韵律诗集》(*Poems Classical Prosody*) 前言中，布里奇斯甚至承认"要让我们的英语音节适应希腊语音节，难度非常之大，甚至令人望而却步"。

最后，如任何其他格律那样，重音式六音步能够变通以避免单调。在维吉尔那里，格律与语言的相互作用，为艾略特（T. S. Eliot）所熟知——尽管他小心表示，完全欣赏这种相互作用，仅限于"有教养的"听者（参见页 111）。在这一点上，细读《干难船》(*The Dry Salvages*, 艾略特《四个四重奏》之一) 开头几行诗饶有兴味；这些诗行展开如下，主要重读有标注，符合诗人自己录制的读法：

I dó not know múch about góds ; but I thínk that the ríver
Is a stróng brówn gód - súllen, untámed and intráctable,
Pátient to sóme degrée, at fírst recognízed as a fróntier ;
Úseful, untrústworthy, as a convéyor of cómmerce ;
Thén only a próblem confrónting the búilder of brídges.
The próblem once sólved, the brówn gód is álmost forgótten
By the dwéllers in cíties - éver, howéver, implácable,
Kéeping his séasons and ráges, destróyer, remínder
Of what men choóse to fóorgét...

在加德纳（Gardner）看来（1949，34），这些诗行"立即让人想起了重音式'六音步'的节奏"；行末极富有暗示性，而自然重音在诗行的其余部分产生不了合乎规则的节奏，音节数使得各种程度的移位成为可能，进而导致音顿落在正确的拉丁语音顿的位置上，譬如，这一行诗：

Í do nót know múch about góds ; but I thínk that the ríver

或者，变形相当大的这一行诗：

Úseful, úntrustwórthy, as á convéyor of cómmerce.

可是，格罗斯虽然承认（1946，34），"艾略特对维吉尔六音步的吸收，在这些诗行中显而易见"，在另一处（208），他将此格律描述为"长长格五音步，以长短短格和长长格作为替换"——这当然是事实，虽然本身很难作为有用的格律描述。艾略特在此显而易见的成就，对于那些了解背景的人而言，是不同格律之间引人注目的相互作用——格律模式与语言重音之一致恰到好处，不会让前者完全模糊。但无此准备的读者，很可能会体验到一种令其迷惑的格律，类似的情形我们已有所表明，就是不老练的罗马听众面对音量式六音步时的情形。

从语言而非文学立场观之，六音步的历史从荷马到艾略特，中经恩尼乌斯和维吉尔、伊丽莎白时代的诗人、克劳普斯托克和朗费罗，提供了一系列格律镜像，其中语言的重音和节奏特征，在任何既定的时间和地方，都反映出程度或小或大的扭曲。

古代西方语法和工具书版本

C M. Consbruch (Hephaestion, *Enchiridion, cum commentariis veteribus*: Teubner, 1906).
GG *Grammatici Graeci* (Teubner, 1867–1910: repr. 1965).
GL *Grammatici Latini* (Teubner, 1857–1880).
H A. Hilgard (*Scholia in Dionysii Thracis Artem Grammaticam* = GG, I.iii);
  (Choeroboscus, *Scholia in Theodosii Canones* = GG, IV.i–ii).
K H. Keil (*GL*, i–vii).
L A. Lentz (Herodianus Technicus = GG, III.i–ii).
S R. Schneider (Apollonius Dyscolus, *Scripta minora* = GG, II.i).
U G. Uhlig (Dionysius Thrax, *Ars Grammatica; Supplementa Artis Dionysianae vetusta* = GG, I.i);
  (Apollonius Dyscolus, *De Constructione* = GG, II.ii).
UR H. Usener & L. Radermacher (Dionysius of Halicarnassus, *Opuscula*,

所引現代著作

361 Major abbreviations of journal titles are those of *L'Année Philologique* (Paris) and the *Linguistic Bibliography* of the Permanent International Committee of Linguists (Utrecht/Antwerp).

Location of articles in journals is by first page only.

Dates in bold-face indicate that the work in question has been cited frequently in a chapter and so with date omitted after first citation.

An asterisk preceding an author's name indicates that, of two authors with the same surname, this is the one cited with an asterisk in the text. Allen, W. S. appears in the text as A.

Abdo, D. A. (1969) *Stress and Arabic Phonology*: Dissertation Ph.D. Illinois (Published as *On Stress and Arabic Phonology: a generative approach*: Beirut 1969).

Abercrombie, D. (1964a) 'A phonetician's view of verse structure': *Linguistics* 6, 5 (Reprinted in Abercrombie 1965).

(1964b) 'Syllable quantity and enclitics in English': *In Honour of Daniel Jones*, 216 (Reprinted in Abercrombie 1965).

(1965) *Studies in Phonetics and Linguistics*: London.

(1967) *Elements of General Phonetics*: Edinburgh.

Ahlberg, A. W. (1900) *De proceleusmaticis iamborum trochaeorumque antiquae scaenicae poesis latinae. Studia metrica et prosodiaca I, II*: Lund.

*Allen, F. D. (1888) 'On Greek versification in inscriptions': *Papers of the Amer. Sch. of Cl. St. at Athens* 4, 35.

Allen, W. S. (1951) 'Some prosodic aspects of retroflexion and aspiration in Sanskrit': *BSOAS* **13**, 939 (Reprinted in *Palmer 1970).

(1953) *Phonetics in Ancient India*: London.

(1956) 'Structure and system in the Abaza verbal complex': *TPhS*, 127.

(1957) 'Aspiration in the Hāṛautī nominal': *Studies in Linguistic Analysis* (Special vol. of The Philological Soc.): Oxford, 68.

(1958) 'Some problems of palatalization in Greek': *Lingua* **7**, 113.

(1959) 'Some remarks on the structure of Greek vowel-systems': *Word* **15**, 240.

(1960) 'A note on "instability"': *Le Maître Phonétique*, 27.

(1962) *Sandhi*: The Hague.

(1964) 'On quantity and quantitative verse': *In Honour of Daniel Jones*, 3.

Allen, W. S. (1965) *Vox Latina*: Cambridge. 362
  (1966a) 'Prosody and prosodies in Greek': *TPhS*, 107.
  (1966b) 'A problem of Greek accentuation': *In Memory of J. R. Firth*, 8.
  (1967a) 'Correlations of tone and stress in ancient Greek': *To Honor Roman Jakobson*, 46.
  (1967b) 'The oral accentuation of Greek': *Didaskalos* 2.2, 90.
  (1968a) *Vox Graeca*: Cambridge.
  (1968b) Comment on Stanford 1968: *Didaskalos* 2.3, 152.
  (1969) 'The Latin accent: a restatement': *JL* 5, 193.
Anderson, J. (1969) 'Syllabic or non-syllabic phonology': *JL* 5, 136.
*Anderson, S. R. (1970) 'On Grassmann's Law in Sanskrit': *Linguistic Inquiry* 1, 387.
André, J. (1958) 'Accent, timbre et quantité dans les emprunts du latin au grec postérieurs au IIIe s. après J.C.': *BSL* 53, 138.
*Arnold, E. V. (1905) *Vedic Metre*: Cambridge.
Arnold, G. F. (1956) 'A phonological approach to vowel, consonant and syllable in modern French': *Lingua* 5, 253.
  (1957) 'Stress in English words': *Lingua* 6, 221, 397.
Attridge, D. (1972) *The Elizabethan experiments in English quantitative verse*: Dissertation Ph.D. Cambridge.
Axelson, B. (1958) 'Der Mechanismus des Ovidischen Pentameterschlusses: eine mikrophilologische Causerie': *Ovidiana* (ed. N. I. Herescu): Paris, 121.
Bailey, J. (1968) 'The basic structural characteristics of Russian literary meters': in Gribble (ed.) 1968, 17.
Bally, C. (1945) *Manuel d'accentuation grecque*: Berne.
Barkas, P. (1934) *A Critique of Modern English Prosody*: Halle.
Barrett, W. S. (ed.) (1964) *Euripides: Hippolytos*: Oxford.
Bauernschmidt, A. (1965) 'Amuzgo syllable dynamics': *Language* 41, 471.
Bazell, C. E. (1953) *Linguistic Form*: Istanbul.
Beardsley, M. C. See Wimsatt, W. K.
Beare, W. (1957) *Latin Verse and European Song*: London.
Beaver, J. C. (1968) 'A grammar of prosody': *CE* 29, 310 (Reprinted in Freeman (ed.) 1970).
  (1971) 'The rules of stress in English verse': *Language* 47, 586.
Beekes, R. S. P. (1971) 'The writing of consonant groups in Mycenaean': *Mnemosyne* 24, 338.
Behaghel, O. (1909) 'Beziehungen zwischen Umfang und Reihenfolge von Satzgliedern': *IF* 25, 110.
Bell, A. E. (1970a) 'Syllabic consonants': *Working Papers on Language Universals* (Stanford) 4, B1.

363 (1970b) *A state-process approach to syllabicity and syllable structure*: Dissertation Ph.D. Stanford.

(1971) 'Some patterns of occurrence and formation of syllabic structures': *Working Papers on Language Universals* 6, 23.

Bellermann, J. F. (1840) *Fragmentum Graecae scriptionis de musica*: Berlin.

*Bennett, C. E. (1898) 'What was ictus in Latin prosody?': *AJPh* 19, 361.

Bennett, W. (**1963**) *German Verse in Classical Metres*: The Hague.

Bentley, R. (1726) 'De Metris Terentianis ΣΧΕΔΙΑΣΜΑ': in *P. Terentii Afri Comoediae*: Cambridge, i.

Benveniste, E. (1951) 'La notion de "rythme" dans son expression linguistique': *JPsych* 44, 401 (Reprinted in Benveniste, *Problèmes de linguistique générale*: Paris 1966).

Bill, F. X. (1932) *Beiträge zur Lex Porsoniana*: Emsdetten.

Birkeland, H. (1954) *Stress Patterns in Arabic* (*Avh. Norske Videnskaps-Ak. i Oslo, II. Hist.-Fil. Kl.*, 1954 no. 3).

Blass, F. (1890) *Pronunciation of Ancient Greek*: Cambridge (Trsl. by W. J. Purton from *Über die Aussprache des Altgriechischen*[3]).

Bliss, A. J. (1953) 'Vowel-quantity in Middle English borrowings from Anglo-Norman': *ALing* 4, 121; 5, 22.

Bloch, B. (1950) 'Studies in colloquial Japanese IV. Phonemics': *Language* 26, 86.

Bloch, B. & G. L. Trager (1942) *Outline of Linguistic Analysis*: Baltimore.

Bloch, B. See also Trager, G. L.

Boer, R. C. (1918) 'Syncope en Consonantengeminatie': *TsNTL* 37, 161.

Bolinger, D. L. (1958a) 'A theory of pitch accent in English': *Word* 14, 109.

(1958b) 'On intensity as a qualitative improvement of pitch accent': *Lingua* 7, 175.

Bolling, G. M. (1913) 'Contributions to the study of Homeric metre. II: Length by position' (cont.): *AJPh* 34, 153.

Bolton, T. L. (1894) 'Rhythm': *AJPsych* 6, 145.

Bondarko, L. V. (1969) 'The syllable structure of speech and distinctive features of phonemes': *Phonetica* 20, 1.

Boomer, D. S. & J. D. M. Laver (1968) 'Slips of the tongue': *Brit. J. of Disorders of Comn.* 3, 2.

Borgstrøm, C. (1938) 'Zur Phonologie der norwegischen Schriftsprache', *NTS* 9: 250.

Borthwick, E. K. (1962) Review of Pöhlmann 1960: *CR* 12, 159.

Brenot, A. (1923) *Les mots et groupes iambiques réduits dans le théâtre latin*: Paris.

Broch, O. (1911) *Slavische Phonetik*: Heidelberg.

(1935) 'Rhythm in the spoken Norwegian language': *TPhS*, 80.

Brown, G. (1970) 'Syllables and redundancy rules in generative phonology': 364
   JL 6, 1.
   (1972) *Phonological Rules and Dialect Variation: a Study of the Phonology of Lumasaaba*: Cambridge (*Studies in Linguistics*, vol. 7).
Brożek, M. (1949) 'De trimetrorum iambicorum apud tragicos Graecos exitu atque confinio observationes': *Eos* 43, 97.
Brücke, E. W. von (1871) *Die physiologischen Grundlagen der neuhochdeutschen Verkunst*: Vienna.
Brunner, L. (1956) 'Zur Elision langer Vokale im lateinischen Vers': *MH* 13, 185.
Buck, C. D. (1948) *Comparative Grammar of Greek and Latin* (rev. repr.): Chicago.
Bulloch, A. W. (1970) 'A Callimachean refinement of the Greek hexameter: a new "law" and some observations on Greek proclitics': *CQ* 20, 258.
Burger, A. (1928) *Études de phonétique et de morphologie latines* (*Recueil de Trav., Fac. des Lettres de l'Univ. de Neuchâtel*, 13).
*Burger, M. (1957) *Recherches sur la structure et l'origine des vers romans*: Geneva.
Burrow, T. (1955) *The Sanskrit Language*: London.
Campbell, A. (1953) 'Some linguistic features of early Anglo-Latin verse and its use of classical models': *TPhS*, 1.
*Campbell, L. (1971) Review of King 1969: *Language* 47, 191.
Cardona, G. (1968) 'Pāṇini's definition, description, and use of *svarita*': *Pratidānam*, 448.
Castillo, C. (1968) '"Numerus", qui graece "ῥυθμός" dicitur': *Emerita* 36, 279.
Cataudella, Q. (1968) 'Spondei in II e in IV sede nel trimetro della commedia': *SIFC* 40, 61.
Ceadel, E. B. (1941) 'Resolved feet in the trimeters of Euripides': *CQ* 35, 66.
Chaignet, A. E. (1887) *Essais de métrique grecque*: Paris.
Chandler, H. W. (1881) *A Practical Introduction to Greek Accentuation*[2]: Oxford.
Chantraine, P. (1958) *Grammaire Homérique. I: Phonétique et morphologie* (3rd imp.): Paris.
Chatman, S. (1960) 'Comparing metrical styles': in Sebeok (ed.) 1960, 149.
   (1965) *A Theory of Meter*: The Hague.
Chen, M. (1970) 'Vowel length variation as a function of the voicing of the consonant environment': *Phonetica* 22, 129.
Cheng, R. L. (1966) 'Mandarin phonological structure': *JL* 2, 135.

Chlumský, J. (1928) *Česká kvantita, melodie a přízvuk* (Rés. in French): Prague.

(1935) 'Analyse de *Traité de Phonétique* de M. Grammont': *ANPE* 11, 73.

Chomsky, N. (1964) *Current Issues in Linguistic Theory*: The Hague.

(1967) 'Some general properties of phonological rules': *Language* 47, 102.

Chomsky, N. & M. Halle (1965) 'Some controversial questions in phonological theory': *JL* 1, 97.

(**1968**) *The Sound Pattern of English*: New York.

Christ, W. (1879) *Metrik der Griechen und Römer*[2]: Leipzig.

Classe, A. (1939) *The Rhythm of English Prose*: Oxford.

Cole, T. (1969) 'The Saturnian verse': *YClS* 21, 1.

Collinder, B. (1937) 'Über Quantität und Intensität': *NPhM* 38, 97.

Collinge, N. E. (1970) 'Computation and Latin consonants': in Collinge, *Collectanea Linguistica*: The Hague, 192.

(1971) Review of King 1969: *JL* 7, 253.

Conrad, C. (1965) 'Traditional patterns of word-order in Latin epic from Ennius to Vergil': *HSPh* 69, 195.

Cook, E.-D. (1972) 'On the relativity of tones': *Lingua* 29, 30.

*Cook, M. J. (1961) *Phonetic and phonemic properties of stress in English*: Dissertation Ph.D. Texas.

Cooper, F. S. See Liberman, A. M.

Cooper, G. W. & L. B. Meyer (1960) *The Rhythmic Structure of Music*: Chicago.

Crusius, O. (1892) *Untersuchungen zu den Mimiamben des Herondas*: Leipzig.

(1894a) 'Zu neuentdeckten antiken Musikresten': *Philologus* 52, 160.

(1894b) 'Die Betonung des Choliambus. II': *Philologus* 53, 216.

Crystal, D. (1969) *Prosodic Systems and Intonation in English*: Cambridge (*Studies in Linguistics*, vol. 1).

Cunningham, I. C. (ed.) (1971) *Herodas: Mimiambi*: Oxford.

Dalbor, J. B. (1969) *Spanish Pronunciation: Theory and Practice*: New York.

Dale, A. M. (1957) 'Greek Metric 1936–57': *Lustrum* 2, 5.

(1958) 'Resolutions in the trochaic tetrameter': *Glotta* 37, 102 (Reprinted in Dale 1969b).

(1964) 'Observations on Dactylic': *WS* 77, 15 (Reprinted in Dale 1969b).

(1968) *The Lyric Metres of Greek Drama*[2]: Cambridge.

(1969a) 'Expressive rhythm in the lyrics of Greek drama': in Dale 1969b, 248.

(1969b) *Collected Papers*: Cambridge.

Darden, B. J. (1971) 'A note on Sommer's claim that there exist languages without CV syllables': *IJAL* 37, 126.

Davis, R. C. See Eliason, N. E.
Debrunner, A. (1930) Review of Laum 1928: *ByzZ* 29, 50.
DeClerk, J. L. See MacNeilage, P. F.
de Groot, A. W. (1927) 'La syllabe: Essai de synthèse': *BSL* 27, 1.
  (1930) 'La métrique générale et le rythme': *BSL* 30, 202.
  (1931) 'Phonologie und Phonetik als Funktionswissenschaften': *TCLP* 4, 116.
  (1932) 'Der Rhythmus': *NPh* 17, 81.
  (1935) 'Wesen und Gesetze der Caesur': *Mnemosyne* 3 ser. 2, 81.
  (1968) 'Phonetics in its relation to aesthetics': in Malmberg (ed.) 1968, 533.
Delattre, P. (1944) 'L'aperture et la syllabation phonétique': *FR* 17, 281.
Delgado, J. J. (1963) 'El hexámetro virgiliano': *EClás* 7, 146.
Denniston, J. D. (1936) 'Pauses in the tragic senarius': *CQ* 30, 73.
de Saussure, F. (1889) Paper reported in *BSL* 7 (1892), xvi.
  (1916/1960) *Course in General Linguistics*: London (Trsl. by W. Baskin from *Cours de Linguistique Générale*: Lausanne/Paris).
Descroix, J. (**1931**) *Le trimètre iambique*: Mâcon.
de Thomasson, Lt.-Col. (1937) 'La poésie métrique française aux xvie–xviiie siècles': *FM* 5, 41.
Dietrich, A. (1852) 'Zur Geschichte des Accents im Lateinischen': *ZVS* 1, 543.
Dihle, A. (1954) 'Die Anfänge der griechischen akzentuierenden Verskunst': *Hermes* 82, 182.
Dixon, R. M. W. (1970) 'Olgolo syllable structure and what they are doing about it': *Linguistic Inquiry* 1, 273.
Doke, C. M. (1954) *The Southern Bantu Languages*: London.
Dottin, G. (1901) 'Les composés syntactiques et la loi de Porson': *RPh* 25, 197.
Draper, M. H., P. Ladefoged & D. Whitteridge (1960) 'Expiratory pressures and air-flow during speech': *BMJ*, 1837.
Draper, M. H. See also Ladefoged, P.
Drerup, E. (1930–32) *Die Schulaussprache des Griechischen von der Renaissance bis zur Gegenwart* (= *St. z. Gesch. u. Kultur des Altertums*, Ergänzungsb. 6, 7): Paderborn.
Drewitt, J. A. J. (1908) 'Some differences between speech-scansion and narrative-scansion in Homeric verse': *CQ* 2, 94.
Drexler, H. (1933) *Plautinische Akzentstudien, I, II* (1932), *Index* (1933) (= *Abh. d. schles. Ges. f. vaterländ. Cultur*, vi, vii, ix).
  (1965) '*Lizenzen' am Versanfang bei Plautus*: München.
  (1967) *Einführung in die römische Metrik*: Darmstadt.

367 (1969a) *Die Iambenkürzung. Kürzung der zweiten Silbe eines iambischen Wortes, eines iambischen Wortanfangs*: Hildesheim.
(1969b) 'Arcana der Iambenkürzung': *Festschr. f. Franz Altheim. I* (Berlin), 346.
Duckworth, G. E. (1969) *Vergil and classical hexameter poetry. A study in metrical variety*: Ann Arbor.
Durand, M. (1955) 'La notion de syllabe': *Orbis* 4, 230.
Ebeling, C. L. (1960) *Linguistic Units*: The Hague.
(1968) 'On accent in Dutch and the phoneme /ə/': *Lingua* 21, 135.
Ehrlich, H. (**1912**) *Untersuchungen über die Natur der griechischen Betonung*: Berlin.
Einarsson, S. (1945) *Icelandic: Grammar, Texts, Glossary*: Baltimore.
Eliason, N. E. (1939) 'The short vowels in French loan words like *city*, etc.': *Anglia* 63, 73.
(1942) 'On syllable division in phonemics': *Language* 18, 144.
Eliason, N. E. & R. C. Davis (1939) *The effect of stress upon quantity in dissyllables: An experimental and historical study* (Indiana Univ. Publs., Science Ser. No. 8): Bloomington.
Eliot, T. S. (1917) 'Reflexions on *Vers Libre*': *New Statesman* viii, 204 (March 3, 1917), 518.
(1942) *The Music of Poetry*: Glasgow.
Emeneau, M. B. (1944) *Kota Texts, Part I* (U.Cal. Pubns. in Linguistics 2: 1): Berkeley/Los Angeles.
Enk, P. J. (1953) 'The Latin accent': *Mnemosyne* 4 ser. vi, 93.
Enríquez, J. A. (1968) 'Apunte sobre el problema de la apofonía vocálica en latín': *Actas del III Cong. Español de Estudios Clásicos* (1966), iii: *Coloquio de estudios estructurales sobre las lenguas clásicas*: Madrid, 85.
Epstein, E. L. & T. Hawkes (1959) *Linguistics and English Prosody* (= *SiL* Occasional Papers, 7): Buffalo.
Errandonea, I. (1945) '¿Erasmo o Nebrija?': *Emerita* 13, 65.
Exon, C. (1906) 'The relation of the resolved arsis and resolved thesis in Plautus to the prose accent': *CR* 20, 31.
(1907) 'The secondary accentuation of Latin words of the type of *consuluisti*': *CPh* 2, 341.
Fant, C. G. M. (1957) *Modern instruments and methods for acoustic studies of speech* (Report no. 8 of the Speech Transmission Lab., R.Inst. of Technology: Divn. of Telegraphy-Telephony, Stockholm).
Fant, C. G. M. See also Jakobson, R.
Faure, G. (1970) *Les éléments du rythme poétique en anglais moderne*: The Hague.
Fehling, D. (1967) Review of Allen 1965: *Gymnasium* 74, 179.
Ferguson, C. A. (1956) Review of Birkeland 1954: *Language* 32, 384.

Fink, R. O. (1969) 'A long vowel before final *m* in Latin?': *AJPh* 90, 444.
Firth, J. R. (1948) 'Sounds and prosodies': *TPhS*, 127.
— (1950) Introd. to T. Grahame Bailey, *Teach Yourself Hindustani*: London.
Firth, J. R. *In Memory of J. R. Firth*, ed. C. E. Bazell et al., 1966: London.
Fischer, I. (1961) 'Phonèmes et graphèmes vocaliques dans l'orthographe ionienne-attique classique': *StudClas* 3, 29.
Fischer-Jørgensen, E. (1941) 'Neuere Beiträge zum Quantitätsproblem': *AL* 2, 175.
— (1967) 'Phonetic analysis of breathy (murmured) vowels in Gujarati': *IL* 28, 71.
Fitzhugh, T. (1923) 'The pyrrhic accent and rhythm of Latin and Keltic' (repr. from *Alumni Bulletin* Apr. 1923, Univ. of Virginia).
Fleisch, H. (1950) *Études de phonétique arabe* (= *Mél. de l'univ. St Joseph* xxviii, 6): Beirut.
Fliflet, A. L. (1963) 'Syllable type and syllable perception': *Phonetica* 10, 187.
Fónagy, I. (1958) 'Elektrophysiologische Beiträge zur Akzentfrage': *Phonetica* 2, 12.
Fouché, P. (1927) *Études de phonétique générale*, Paris (Publ. de la fac. des lettres de l'Univ. de Strasbourg, 39).
Fowler, R. (1966) '"Prose Rhythm" and Meter': in *Essays on Style and Language* (ed. R. Fowler: New York), 82 (Reprinted in Freeman (ed.) 1970).
Fraenkel, E. (1928) *Iktus und Akzent im lateinischen Sprechvers*: Berlin.
— (1932) 'Kolon und Satz. Beobachtungen zur Gliederung des antiken Satzes': *NAWG*, 197.
Fränkel, H. F. (1960) *Wege und Formen frühgriechischen Denkens*[2]: München.
Frank, T. (1924) 'Latin quantitative speech as affected by immigration': *AJPh* 45, 161.
Freeman, D. C. (1968) 'On the primes of metrical style': *Language & style* 1, 63 (Reprinted in Freeman (ed.) 1970).
Freeman, D. C. (ed.) (1970) *Linguistics and Literary Style*: New York.
Fromkin, V. A. (1966) 'Neuro-muscular specification of linguistic units': *Language & Speech* 9, 170.
— (1968) 'Speculations on performance models': *JL* 4, 47.
Fry, D. B. (1958) 'Experiments in the perception of stress': *Language & Speech* 1, 126.
— (1964) 'The function of the syllable': *ZPhon* 17, 215.
— (1968) 'Prosodic phenomena': in Malmberg (ed.) 1968, 365.
Fudge, E. C. (1969) 'Syllables': *JL* 5, 253.
Fussell, P. (1954) *Theory of Prosody in Eighteenth-century England*: New London, Conn.
— (1965) *Poetic Meter and Poetic Form*: New York.

369 Gairdner, W. H. T. (1925) *The Phonetics of Arabic*: London.
Galton, H. (1962) 'The fixation of the accent in Latin and Greek': *ZPhon* 15, 273.
Garde, P. (**1968**) *L'Accent*: Paris.
Gardiner, P. (1952) *The Nature of Historical Explanation*: London.
Gardner, H. (1949) *The Art of T. S. Eliot*: London.
Gauthiot, R. (1913) *La fin de mot en indo-européen*: Paris.
Gay, T. See Lieberman, P.
Getty, R. J. (1963) 'Classical Latin metre and prosody 1935–1962': *Lustrum* 8, 103.
Gimson, A. C. (1956) 'The linguistic relevance of stress in English': *ZPhon* 9, 143.
(1970) *An Introduction to the Pronunciation of English*^{2}: London.
Gimson, A. C. See also Jones 1967.
Goodell, T. D. (1885) 'Quantity in English verse': *TAPhA* 16, 78.
(1901) *Chapters on Greek Metric*: New York/London.
(1906) 'Bisected trimeters in Attic tragedy': *CPh* 1, 145.
Gordon, I. A. (1966) *The Movement of English Prose*: London.
Grammont, M. (1946) *Traité de phonétique*^{3}: Paris.
(1948) *Phonétique du grec ancien*: Lyon.
Graur, A. (1939) 'La quatrième conjugaison latine': *BSL* 40, 127.
Gray, J. E. B. (1959) 'An analysis of Ṛgvedic recitation': *BSOAS* 22, 86.
Greenberg, J. (1965) 'Some generalizations concerning initial and final consonant sequences': *Linguistics* 18, 5.
*Greenberg, N. A. (1967) 'Vergil and the computer. Fourth foot texture in Aeneid I': *RELO* 1, 1.
Greene, W. C. (1951) 'The spoken and the written word': *HSPh* 60, 23.
Gribble, C. E. (ed.) (1968) *Studies presented to Professor Roman Jakobson by his students*: Cambridge, Mass.
Gross, H. (1964) *Sound and Form in Modern Poetry*: Ann Arbor.
Gudschinsky, S. C. & H. & F. Popovich (1970) 'Native reaction and phonetic similarity in Maxakalí phonology': *Language* 46, 77.
Hála, B. (1961) 'La syllabe, sa nature, son origine et ses transformations': *Orbis* 10, 69.
Hall, R. A. (1964) 'Initial consonants and syntactic doubling in West Romance': *Language* 40, 551.
(1971) 'The syllable in Italian phonology': *Linguistics* 67, 26.
Halle, M. (1970) 'On meter and prosody': in M. Bierwisch & K. E. Heidolph (ed.), *Progress in Linguistics*: The Hague, 64.
(1971) 'Remarks on Slavic accentology': *Linguistic Inquiry* 2, 1.
Halle, M. & S. J. Keyser (1966) 'Chaucer and the study of prosody': *CE* 28, 187 (Reprinted in Freeman (ed.) 1970).

Halle, M. & S. J. Keyser (**1971**) *English Stress: Its form, its growth, and its role in verse*: NewYork.
Halle, M. See also Chomsky, N.; Jakobson, R.
Halliday, M. A. K. (1963) 'The tones of English': *ALing* 15, 1.
Halporn, J. W. (1967) 'Nietzsche: On the theory of quantitative rhythm': *Arion* 6, 233.
Hamp, E. P. (1957) *A Glossary of American Technical Linguistic Usage*: Utrecht/Antwerp.
(1958) 'Prosodic notes': *IJAL* 24, 321.
Hanssen, F. (1882) 'Ueber den griechischen Wortiktus': *RhM* 37, 252.
(1883) 'Ein musikalisches Accentgesetz in der quantitirenden Poesie der Griechen': *RhM* 38, 222.
Hardie, W. R. (1920) *Res Metrica*: Oxford.
Harms, R. T. (1968) *Introduction to Phonological Theory*: Englewood Cliffs, N.J.
Harrell, R. S. (1957) *The Phonology of Colloquial Egyptian Arabic* (ACLS Program in Oriental Languages, Publ., B, 9): New York.
(1962) 'Consonant, vowel and syllable in Moroccan Arabic': *PICPhSc IV*: The Hague, 643.
*Harris, J. M. (1940) 'The hexameters of the Carmina Epigraphica': *PAPhA* 71, xl.
Harris, K. S. See Liberman, A. M.; Lieberman, P.
Harris, Z. S. (1944) 'Simultaneous components in phonology': *Language* 20, 181.
(1951) *Methods in Structural Linguistics*: Chicago.
Harsh, P. W. (1949) *Iambic words and regard for accent in Plautus*: Stanford.
Haugen, E. (1949) 'Phoneme or prosodeme?': *Language* 25, 278.
(1956) 'The syllable in linguistic description': *For Roman Jakobson*, 213.
(1958) 'The phonemics of modern Icelandic': *Language* 34, 55.
Haugen, E. & M. Joos (1952) 'Tone and intonation in East Norwegian': *APhS* 22, 41.
Hawkes, T. See Epstein, E. L.
Heffner, R.-M. S. (1950) *General Phonetics*: Madison, Wis.
Heike, G. (1969) *Sprachliche Kommunikation und linguistische Analyse*: Heidelberg.
Hellegouarc'h, J. (1969) 'La ponctuation bucolique dans les Satires de Juvénal. Étude métrique et stylistique': *Mélanges de linguistique... offerts à M. René Fohalle* (ed. C. Hyart): Gembloux, 173.
Hendrickson, G. L. (1899) Review of *Bennett 1898: *AJPh* 20, 198.
(**1949**) 'Elizabethan quantitative hexameters': *PhQ* 28, 237.
Herescu, N. I. (1960) *La Poésie Latine*: Paris.
(1963) *Style et hasard* (= *Langue et Parole*, iv): München.

371 *Hermann, E. (1923) *Silbenbildung im Griechischen und in den andern indogermanischen Sprachen*: Göttingen.
Hermann, J. G. J. (1800) *Euripidis Hecuba: G. Hermanni ad eam et ad R. Porsoni notas animadversiones*: Leipzig.
(1818) *Epitome doctrinae metricae*: Leipzig.
Herzog, M. I. See Weinreich, U.
Heubeck, A. (1972) 'Syllabic ŗ in Mycenaean Greek?': *Acta Mycenaea* (= *Proc. V Int. Colloq. on Myc. St.* (1970)), ii (= *Minos* 12), 55.
Heusler, A. (**1917**) *Deutscher und antiker Vers*: Strassburg.
Hiersche, R. (1957) 'Herkunft und Sinn des Terminus "positione longa"': *F & F* 31, 280.
Higginbottom, E. (1964) 'Glottal reinforcement in English': *TPhS*, 129.
Hilberg, I. (1879) *Das Princip der Silbenwaegung und die daraus entspringenden Gesetze der Endsilben in der griechischen Poesie*: Vienna.
Hirt, H. (1927) *Indogermanische Grammatik. I*: Heidelberg.
Hjelmslev, L. (1938) 'The syllable as a structural unit': *PICPhSc III*: Ghent, 266.
Hoard, J. E. (1966) 'Juncture and syllable structure in English': *Phonetica* 15, 96.
(1971) 'Aspiration, tenseness and syllabication in English': *Language* 47, 133.
Hockett, C. F. (1955) *A Manual of Phonology* (Mem. 11 of *IJAL* (*IJAL* 21.4, Pt. 1)): Baltimore.
Hoenigswald, H. M. (1949a) 'A note on Latin prosody: Initial *s* impure after short vowel': *TAPhA* 80, 271.
(1949b) 'Antevocalic u-diphthongs in Latin': *Language* 25, 392.
(1954) 'Media, Neutrum und Zirkumflex': *Festschr. A. Debrunner*: Berne, 209.
(1968) 'Certain semivowel sequences in Greek': *Pratidānam*, 20.
Hoerschelmann, W. (1894) '*Die Betonung des Choliambus. I*': *Philologus* 53, 214.
Hofmann, J. B. (rev. A. Szantyr) (1965) *Lateinische Syntax und Stilistik* (= I. von Müller, *Hb. d. Altertumsw.* II.2.ii): München.
Hollander, J. (1959) 'The metrical emblem': *Kenyon Review* 21, 279.
Holmer, N. M. (1966) 'Notes on the system of stress in Maori': *AL* 9, 163.
Householder, F. W. (1964) 'A morphophonemic question and a spelling rule': *Mycenaean Studies* (= *Proc. III Int. Coll. for Myc. Studies*, 1961): Madison, Wis., 71.
Housman, A. E. (1928) 'Prosody and method II: the metrical properties of *gn*': *CQ* 22, 1.
Hrushovski, B. (1960) 'On free rhythms in modern poetry': in Sebeok (ed.) 1960, 173.

Huffman, F. E. (1972) 'The boundary between the monosyllable and the disyllable in Cambodian': *Lingua* 29, 54.
Irigoin, J. (1959) 'Lois et règles dans le trimètre iambique et le tétramètre trochaïque: *REG* 72, 67.
— (1965) Review of Rossi 1963a: *GGA* 217, 224.
— (1967) 'Colon, vers et période': Κωμῳδοτραγήματα: *Studia Aristophanea, viri Aristophanei W. J. W. Koster in honorem*: Amsterdam, 65.
Jachmann, G. (1916) 'Zur altlateinischen Prosodie': *Glotta* 7, 39.
Jaina, B. D. (1926) 'Stress-accent in Indo-Aryan': *BSOS* 4, 315.
Jakobi, H. (1899) 'Der Accent im Mittelindischen': *ZVS* 35, 563.
— (1913) 'Über eine neue Sandhiregel im Pāli und im Prakrit der Jainas und über die Betonung in diesen Sprachen': *IF* 31, 220.
Jakobson, R. (1926/1962) 'Contributions to the study of Czech accent': in Jakobson 1962, 614 (From *Slavia* 4).
— (1931/1962) 'Die Betonung und ihre Rolle in der Wort- und Syntagmaphonologie': in Jakobson 1962, 117 (From *TCLP* 4).
— (1933) 'Über den Versbau der Serbokroatischen Volksepen': *PICPhSc I* (= *ANPE* 8–9), 135.
— (1937a/1962) 'Über die Beschaffenheit der prosodischen Gegensätze': in Jakobson 1962, 254 (From *Mél. de linguistique...J. van Ginneken*: Paris).
— (1937b/1962) 'On ancient Greek prosody': in Jakobson 1962, 262 (From *Z zagadnień poetyki: Prace ofiarowane K. Wóycickiemu*: Wilno).
— (1941/1968) *Child Language, Aphasia and Phonological Universals*: The Hague (Trsl. by A. R. Keiler from *Kindersprache, Aphasie und allgemeine Lautgesetze = UUA* 1942: 9).
— (1952) 'Studies in comparative Slavic metrics': *OSlP* 3, 21.
— (1958/1962) 'Typological studies and their contribution to historical comparative linguistics': in Jakobson 1962, 523 (From *PICL VIII*: Oslo).
— (1960) 'Linguistics and Poetics': in Sebeok (ed.) 1960, 350.
— (1962) *Selected Writings. I. Phonological Studies*: The Hague.
Jakobson, R. *For Roman Jakobson; essays on the occasion of his sixtieth birthday*, ed. M. Halle et al., 1956: The Hague.
To Honor Roman Jakobson; essays on the occasion of his seventieth birthday, 1967: The Hague.
Studies presented to Professor Roman Jakobson by his students, ed. C. E. Gribble, 1968: Cambridge, Mass.
Jakobson, R. & M. Halle (1956) *Fundamentals of Language*: The Hague.
— (1964) 'Tenseness and laxness': *In Honour of Daniel Jones*, 96.
— (1968) 'Phonology in relation to phonetics': in Malmberg (ed.) 1968, 411.

Jakobson, R., C. G. M. Fant & M. Halle (1952) *Preliminaries to Speech Analysis* (MIT Acoustics Lab., Tech. Rep. No. 13): Cambridge, Mass.

Jan, C. (ed.) (1895) *Musici scriptores Graeci*: Leipzig.

Jassem, W. (1959) 'The phonology of Polish stress': *Word* 15, 252.

Jensen, M. K. (1958) 'Recognition of word tones in whispered speech': *Word* 14, 187.

— (1961) *Tonemicity: Årbok for Univ. i Bergen, Hum. ser.* 1961.

Jespersen, O. (1900/1933) 'Notes on Metre': in Jespersen 1933, 249 (From *Oversigt* 1900).

— (1913) *Lehrbuch der Phonetik*²: Leipzig/Berlin.

— (1933) *Linguistica: Selected papers in English, French & German*: Copenhagen/London.

Jones, D. (1950) *The Phoneme*: Cambridge.

— (1954) 'Falling and rising diphthongs in Southern English': *Misc. Phon. II*: London, 1.

— (1962) *An Outline of English Phonetics*⁹: Cambridge.

Jones, D. (ed. A. C. Gimson) (1967) *An English Pronouncing Dictionary*¹³: London.

Jones, D. *In Honour of Daniel Jones: Papers contributed on the occasion of his eightieth birthday*, ed. D. Abercrombie et al., 1964: London.

*Jones, D. M. (1971) Review of Allen 1968a: *CR* 21, 295.

Jongen, R. (1969) 'Intonation de phrase, accent de phrase, accent de mot et accentuation rhénane': *Lingua* 23, 315.

Joos, M. (1948) *Acoustic Phonetics* (*Language* Monograph No. 23): Baltimore.

Joos, M. See also Haugen, E.

Juilland, A. (1948) Report of paper in *BSL* 43, lv.

Kabell, A. (**1960**) *Metrische Studien II: Antiker Form sich nähernd*: *UUA* 1960: 6.

Kalinka, E. (1935) 'Griechisch-römische Metrik und Rhythmik im letzten Vierteljahrhundert': *JAW* Supplementband 250, 290.

Kapp, E. (1941) 'Bentley's Schediasma "De metris Terentianis" and the modern doctrine of ictus in classical verse': *Mnemosyne* 3 ser. 9, 187.

Kauffmann, F. (**1907**) *Deutsche Metrik nach ihrer geschichtlichen Entwicklung*: Marburg.

Keith, A. B. (1928) *A History of Sanskrit Literature*: London.

Kent, R. G. (1920) 'The alleged conflict of the accents in Latin verse': *TAPhA* 51, 19.

— (1922) 'The educated Roman and his accent': *TAPhA* 53, 63.

— (1932) *The Sounds of Latin* (*Language* Monograph No. 12): Baltimore (Reprinted 1966: New York).

— (1946) *The Forms of Latin* (Spec. Publ. of the LSA): Baltimore.

Kent, R. G. (1948) 'A problem of Latin prosody': *Mél. de philologie...* 374
J. Marouzeau: Paris, 303.
Kent, R. G. See also Sturtevant, E. H.
Kenyon, J. S. & T. A. Knott (1953) *A pronouncing dictionary of American English*: Springfield, Mass.
Kerek, A. (1968) *Stress, Length and Prominence: Linguistic aspects of prosody in Hungarian quantitative-iambic verse*: Dissertation Ph.D. Indiana.
Keyser, S. J. (1969) 'The linguistic basis of English prosody': in Schane & Reibel (ed.) 1969, 379.
Keyser, S. J. See also Halle, M.
Kindberg, W. See Pike, K. L.
King, R. D. (1969) *Historical Linguistics and Generative Grammar*: Englewood Cliffs, N.J.
Kiparsky, P. (1965) *Phonological Change*: Dissertation Ph.D. MIT.
  (1967a) 'À propos de l'histoire de l'accentuation grecque': *Langages* 8, 73.
  (1967b) 'A phonological rule of Greek': *Glotta* 44, 109.
  (1967c) 'Sonorant clusters in Greek': *Language* 43, 619.
  (1968) 'Metrics and morphophonemics in the Kalevala': in Gribble (ed.) 1968, 137 (Reprinted in Freeman (ed.) 1970).
Kirk, G. S. (1962) *The Songs of Homer*: Cambridge.
  (1966) 'Studies in some technical aspects of Homeric style': *YClS* 20, 73.
Klingenheben, A. (1928) 'Die Silbenauslautgesetze des Hausa': *Z. f. eingeb. Spr.* 18, 272.
Knight, W. F. J. (1950) *Accentual Symmetry in Vergil*^{2}: Oxford.
Knott, T. A. See Kenyon, J. S.
Knox, A. D. (1932) 'The early iambus': *Philologus* 87, 18.
Körte, A. (1912) 'Die Episynaloiphe': *Glotta* 3, 153.
Köster, A. (1902) 'Deutsche Daktylen': *Z. f. deutsches Altertum* 46, 113.
Kohler, K. J. (1966) 'Is the syllable a phonological universal?': *JL* 2, 207.
Kollmann, E. D. (1968) 'Remarks on the structure of the Latin hexameter': *Glotta* 96, 293.
Koster, W. J. W. (1953) *Traité de métrique grecque suivi d'un précis de métrique latine*^{2}: Leiden.
Krámský, J. (1966) 'On the phonological law of incompatibility of free quantity and free stress': *TLP* 2, 133.
  (1969) *The Word as a Linguistic Unit*: The Hague.
Kretschmer, P. (1938) 'Der Ursprung des Fragetons und Fragesatzes': *Scritti...Trombetti*, 27.
Kuipers, A. H. (1960) *Phoneme and Morpheme in Kabardian*: The Hague.
Kurath, H. (1964) *A Phonology and Prosody of Modern English*: Heidelberg.

Kuryłowicz, J. (1948/1960) 'Contribution à la théorie de la syllabe': in Kuryłowicz 1960, 193 (From *BPTJ* 8).
(1949/1960) 'Latin and Germanic metre': in Kuryłowicz 1960, 294 (From *English & Germanic Studies* 2).
(1958) *L'accentuation des langues indo-européennes*[2]: Wrocław.
(1960) *Esquisses Linguistiques*: Wrocław/Kraków.
(1966) 'Accent and quantity as elements of rhythm': *Poetics II*: Warsaw, 163.
(1968a) 'A remark on Lachmann's Law': *HSPh* 72, 295.
(1968b) 'Hindī accentuation as a historical problem': in *Studies in Indian Linguistics (Vol. presented to Prof. M. B. Emeneau on his 60th birthday year)* (ed. Bh. Krishnamurti): Poona, 208.
(1968c) *Indogermanische Grammatik. II (Akzent: Ablaut)*: Heidelberg.
(1970) 'The quantitative meter of Indo-European': in *Indo-European and Indo-Europeans* (= *Proc. III I.–E. Conf.*, 1966): Philadelphia, 421.
Labov, W. See Weinreich, U.
Ladefoged, P. (1958) (with the assistance of M. H. Draper & D. Whitteridge) 'Syllables and stress': *Misc. Phon. III*: London, 1.
(1967) *Three Areas of Experimental Phonetics*: London.
Ladefoged, P. See also Draper, M. H.
Laidlaw, W. A. (1938) *The Prosody of Terence*: London.
Langen, P. (1888) 'Bemerkungen über die Beobachtung des Wortaccentes im älteren lateinischen Drama': *Philologus* 46, 401.
Langendoen, D. T. (1968) *The London School of Linguistics* (MIT Research Monograph No. 46): Cambridge, Mass.
Lanz, H. (1931) *The Physical Basis of Rime*: Stanford.
Laum, B. (1928) *Das Alexandrinische Akzentuationssystem* (= *St. z. Gesch. u. Kultur des Altertums*, Ergänzungsb. 4): Paderborn.
Laver, J. D. M. See Boomer, D. S.
Laziczius, G. (1961/1966) 'Geschichte der Silbenfrage': in Sebeok (ed.) 1966, 171 (From *Lehrbuch der Phonetik*: Berlin, 156).
Lebrun, Y. (1966a) 'Sur la syllabe, sommet de sonorité': *Phonetica* 14, 1.
(1966b) 'Sur l'activité du diaphragme au cours de la phonation': *La Linguistique* 1966.2, 71.
(1966c) 'Is stress essentially a thoracic or an abdominal pulse? A finding of "Not Proven"': in Lebrun (ed.) 1966, 69.
(1970) 'On tension': *Linguistique contemporaine: Hommage à Éric Buyssens* (ed. J. Dierickx & Y. Lebrun): Brussels, 115.
Lebrun, Y. (ed.) (1966) *Linguistic Research in Belgium*: Wetteren.
Lecerf, J. (1969) 'Structure syllabique en arabe de Bagdad et accent de mot en arabe oriental': *Word* 25, 160.

Leech, G. N. (1969) *A linguistic guide to English poetry*: London.
Lehiste, I. (1970) *Suprasegmentals*: Cambridge, Mass.
Lehmann, W. P. (1956) *The Development of Germanic Verse Form*: Austin.
(1967) *A Reader in nineteenth-century Indo-European Linguistics*: Bloomington/London.
Lehto, L. (1969) *English stress and its modification by intonation*: Ann. Acad. Sc. Fenn., ser. B, vol. 164.
Lejeune, M. (1955) *Traité de phonétique grecque*[2]: Paris.
Lenneberg, E. H. (1967) *Biological Foundations of Language*: New York.
Léon, R., G. Faure & A. Rigault (ed.) (1970) *Prosodic Feature Analysis* (= *Studia Phonetica* 3): Montreal/Paris/Brussels.
Lepscky, G. C. (1962) 'Il problema dell'accento latino': *ASNP* ser. ii, 31, 199.
Leumann, M. (1928) *Lateinische Laut- und Formenlehre* (= I. von Müller, *Hb. d. Altertumsw.* II.2.i): München (Repr. 1963).
Liberman, A. M., F. S. Cooper, M. Studdert-Kennedy, K. S. Harris & D. P. Shankweiler (1968): 'On the efficiency of speech sounds': *ZPhon* 21, 21.
Liberman, A. M. See also Lisker, L.
Lieberman, P. (1967) *Intonation, Perception and Language*: Cambridge, Mass.
(1968) 'On the structure of prosody': *ZPhon* 21, 157.
Lieberman, P., M. Sawashima, K. S. Harris & T. Gay (1970) 'The articulatory implementation of the breath-group and prominence: cricothyroid muscular activity in intonation': *Language* 46, 312.
Lieger, P. (1926): *Der Akzent in der Verskunst der Griechen und Römer*: Progr. Wien, Schottengymn.
Liénard, E. (1969) 'Réflexions sur l'accent latin': *Mél. M. Renard* (= *Coll. Latomus* 101), 551.
Lightner, T. M. (1971) 'On Swadesh & Voegelin's "A problem in phonological alternation"': *IJAL* 37, 227.
Lindholm, E. (1931) *Stilistische Studien zur Erweiterung der Satzglieder im Lateinischen*: Lund.
Lindsay, W. M. (1894) 'The accentual element in early Latin verse': *TPhS* 1891–4, 405.
(1922) *Early Latin Verse*: Oxford.
Lisker, L., F. S. Cooper & A. M. Liberman (1962) 'The uses of experiment in language description': *Word* 18, 82.
Lloyd, R. J. (1906) 'Glides between consonants in English: § 12: Syllables, syllabification and syllabic stress': *NS* 13, 82; 160.
Lord, A. B. (1960) *The Singer of Tales*: Cambridge, Mass.
Lotz, J. (1960) 'Metric typology': in Sebeok (ed.) 1960, 135.

377 Lucot, R. (1969) 'Sur l'accent de mot dans l'hexamètre latin': *Pallas* 16, 79.
Ludwich, A. (1885) *Aristarchs Homerische Textkritik nach den Fragmenten des Didymos. II*: Leipzig.
Luick, K. (1897) Review of L. Morsbach, *Mittelenglische Grammatik. I* (Halle 1896): *ASNS* 98, 425.
— (1898) 'Die Quantitätsveränderungen im Laufe der englischen Sprachentwicklung': *Anglia* 20, 335.
Lupaş, L. (1967) 'L'interprétation phonologique de l'accentuation attique': *StudClas* 9, 7.
Lyons, J. (1968) *Introduction to Theoretical Linguistics*: Cambridge.
Maas, P. (1957) 'Ciris 434': *Maia* 9, 223.
— (1966) *Greek Metre*²: Oxford (Trsl. by H. Lloyd-Jones from *Griechische Metrik* (= *Einl. in die Altertumsw.*, ed. A. Gercke & E. Norden, I.7): Leipzig/Berlin 1923).
McKinney, N. P. See Peterson, G. E.
MacNeilage, P. F. & J. L. DeClerk (1969) 'On the motor control of coarticulation in CVC monosyllables': *JAcS* 45, 1217.
Maguinness, W. S. (1963) 'Petit plaidoyer pour la poésie trochaïque': *RCCM* 5, 209.
— (1971) 'De numero dactylico quaestiunculae': *Romanitas* 9, 161.
Malmberg, B. (1955) 'The phonetic basis for syllable division': *SL* 9, 80 (Reprinted in Malmberg 1971).
— (1971) *Phonétique générale et romane*: The Hague.
Malmberg, B. (ed.) (1968) *Manual of Phonetics*²: Amsterdam.
Malof, J. (1970) *A Manual of English Meters*: Bloomington.
Mańczak, W. (1968) 'Iambenkürzung im Lateinischen': *Glotta* 46, 137.
Margoliouth, D. S. (1911) *The Poetics of Aristotle*: London.
Marouzeau, J. (1954) 'Qu'est-ce que l'allongement "par position"?': *REL* 32, 100.
— (1955) 'L'allongement dit "par position" dans la métrique latine': *REL* 33, 344.
Marouzeau, J. *Mélanges de philologie, littérature, et d'histoire anciennes offerts à J. Marouzeau*, 1948: Paris.
Martin, E. (1953) *Essai sur les rythmes de la chanson grecque antique*: Paris.
Martinet, A. (1948) 'Où en est la phonologie?': *Lingua* 1, 34.
— (1952) 'Celtic lenition and Western Romance consonants': *Language* 28, 192.
— (**1954**) 'Accents et tons': *Misc. Phon. II*: London, 13.
— (1955) *Économie des changements phonétiques*: Berné.
— (1960) *Éléments de linguistique générale*: Paris.
Master, A. (1925) 'Stress accent in modern Gujarati': *J. Bombay Br. RAS*, n.s. 1, 76.

Maurenbrecher, B. (1899) *Hiatus und Verschleifung im alten Latein*: Leipzig.
Mehrotra, R. C. (1965) 'Stress in Hindi': *IL* 26, 96.
Meillet, A. (1900) 'La déclinaison et l'accent d'intensité en perse': *JA*, 9 ser. 16, 254.
— (1905) 'Sur l'accentuation grecque': *MSL* 13, 245.
— (1923) *Les origines indo-européennes des mètres grecs*: Paris.
Merrifield, W. R. (1963) 'Palantla Chinantec syllable types': *Anthr. Ling.* 5.5, 1.
Mette, H. J. (1956) 'Die Struktur des ältesten daktylischen Hexameters': *Glotta* 35, 1.
Middleton, C. (1967) 'Nietzsche on Music and Metre': *Arion* 6, 58.
Miller, C. W. E. (1902) 'The relation of the rhythm of poetry to that of the spoken language with special reference to ancient Greek': *Studies in Honor of Basil L. Gildersleeve*: Baltimore, 497.
— (1922) 'The pronunciation of Greek and Latin prose, or ictus, accent, and quantity in Greek and Latin prose and poetry': *TAPhA* 53, 169.
Minor, J. (1893) *Neuhochdeutsche Metrik*: Strassburg.
Mitchell, T. F. (1956) *An introduction to Egyptian colloquial Arabic*: London.
— (1957) 'Long consonants in phonology and phonetics': *Studies in Linguistic Analysis* (Special vol. of The Philological Soc.): Oxford, 182.
— (1960) 'Prominence and syllabication in Arabic': *BSOAS* 23, 369.
Miyaoka, O. (1971) 'On syllable modification and quantity in Yuk phonology': *IJAL* 37, 219.
Moore, C. H. (1924) 'Latin exercises from a Greek schoolroom': *CPh* 19, 322.
Mountford, J. F. (1929) 'Greek music in the papyri and inscriptions': in *New Chapters in Greek Literature*, 2nd ser., ed. J. U. Powell & E. A. Barber: Oxford, 146.
Mouraviev, S. N. (1972) 'The position of the accent in Greek words: a new statement': *CQ* 22, 113.
Murray, G. (1927) *The Classical Tradition in Poetry*: London.
Nagy, G. (1970a) *Greek Dialects and the transformation of an Indo-European process*: Cambridge, Mass.
— (1970b) Monograph (unpub.) on Indo-European metrics.
Needler, G. H. (**1941**) *The Lone Shieling: Origin and authorship of the Blackwood 'Canadian Boat-Song'*: Toronto.
*Newman, P. (1972) 'Syllable weight as a phonological variable': mimeog. (To appear in *Studies in African Linguistics*: UCLA).
Newman, S. S. (1946) 'On the stress system of English': *Word* 2, 171.
Newton, B. E. (1969) 'Metre and stress in Greek': *Phoenix* 23, 359.
— (1971) 'Ordering paradoxes in phonology': *JL* 7, 31.
— (1972) *The Generative Interpretation of Dialect; A Study of Modern Greek Phonology*: Cambridge (*Studies in Linguistics*, vol. 8).

Nicholson, J. G. (1968) *Russian Normative Stress Notation*: Montreal.
— (1970) 'Problems of accent in the Eastern Slavic languages': in Léon, Faure & Rigault (ed.) 1970, 13.
Niedermann, M. (1908) 'Une loi rythmique en latin': *Mél. de linguistique offerts à F. de Saussure*: Paris, 43.
Nietzsche, F. W. (1912) *Philologica. II* (= *Werke*, Bd. xviii): *Unveröffentlichtes zur Litteraturgeschichte, Rhetorik und Rhythmik*, ed. O. Crusius: Leipzig.
Nooteboom, S. G. (1971) Review of Heike 1969: *Lingua* 27, 282.
Norberg, D. (1965) 'La récitation du vers latin': *NPhM* 66, 496.
O'Connor, J. D. & J. L. M. Trim (1953) 'Vowel, consonant and syllable – a phonological definition': *Word* 9, 103.
O'Neill, E. G. (1939) 'The importance of final syllables in Greek verse': *TAPhA* 70, 256.
— (1942) 'The localization of metrical word-types in the Greek hexameter': *YClS* 8, 105.
Pace, G. B. (1961) 'The two domains: meter and rhythm': *PMLA* 76, 413.
Page, D. L. (1951) *A new chapter in the history of Greek tragedy*: Cambridge.
*Palmer, F. R. (ed.) (1970) *Prosodic Analysis*: London.
Palmer, L. R. (1957) 'Some observations on the language of linguistics': *Studies presented to Joshua Whatmough on his 60th birthday* (ed. E. Pulgram): The Hague, 187.
Park, B. A. (1968) *The quantitative experiments of the Renaissance and after as a problem in comparative metrics*: Dissertation Ph.D. Oklahoma.
Parker, L. P. E. (1958) 'Incidence of word-end in anapaestic paroemiacs': *CQ* 8, 82.
— (1965) 'A metrical problem' (review of Rossi 1963a): *CR* 15, 317.
— (1966) 'Porson's Law extended': *CQ* 16, 1.
— (1968) 'Split resolution in Greek dramatic lyric': *CQ* 18, 241.
— (1970) 'Greek Metric 1957–1970': *Lustrum* 15 (publ. 1972), 37.
Parry, M. (1930; 1932) 'Studies in the Epic technique of oral verse-making: I. Homer and Homeric style; II. The Homeric language as the language of an oral poetry': *HSPh* 41, 73; 43, 1 (Reprinted in Parry 1971, 266; 325).
— (1971) *The Making of Homeric Verse. The collected papers of Milman Parry*, ed. A. Parry: Oxford.
Pearl, O. M. & R. P. Winnington-Ingram (1965) 'A Michigan papyrus with musical notation': *JEA* 51, 179.
Perret, J. (1960) 'Un équivalent latin de la loi de Porson': *Hommage à Léon Hermann* (= *Coll. Latomus* 44): Brussels, 589.
— (1966) 'Au service des métriciens un nouvel instrument scientifique (À propos de: L. Nougaret, *Prosodie, métrique et vocabulaire. Analyse verbale comparée du* De Signis *et des* Bucoliques. 1966)': *REL* 44, 117.

Perusino, F. (1962) 'Tecnica e stile nel tetrametro trocaico di Menandro': *RCCM* 4, 45.
Peterson, G. E. & N. P. McKinney (1961) 'The measurement of speech power': *Phonetica* 7, 65.
Pickett, V. (1951) 'Nonphonemic stress: a problem in stress placement in Isthmus Zapotec': *Word* 7, 60.
Pighi, G. B. (1950) 'Lunghe irrazionali e abbreviazione giambica in latino': *Rendiconti...Bologna*, ser. 5, vol. iii, 133 (Reprinted in Pighi 1970).
— (1966) 'Inter legere et scandere plurimum interesse': *Latinitas* 14, 87 (Reprinted in Pighi 1970).
— (1970) *Studi di ritmica e metrica*: Turin.
Pike, K. L. (1943) *Phonetics*: Ann Arbor.
— (1947) 'Grammatical prerequistes to phonemic analysis': *Word* 3, 155.
— (1948) *Tone Languages*: Ann Arbor.
— (1957) 'Abdominal pulse-types': *Language* 33, 30.
— (1967) *Language in relation to a unified theory of the structure of human behavior*[2]: The Hague.
— (1970) 'The role of nuclei of feet in the analysis of tone in Tibeto-Burman languages of Nepal': in Léon, Faure & Rigault (ed.) 1970, 153.
Pike, K. L. & W. Kindberg (1956) 'A problem in multiple stresses': *Word* 12, 415.
Pipping, H. (1937) 'Zur homerischen Metrik: eine statistische Untersuchung': *CHL* 9, 6.
Platnauer, M. (1951) *Latin Elegiac Verse*: Cambridge.
— (1960) 'Prodelision in Greek drama': *CQ* 10, 140.
Platt, A. (1899) 'Sophoclea': *CR* 13, 147.
Pöhlmann, E. (1960) *Griechische Musikfragmente*: Nürnberg.
— (1966) 'Der Peripatetiker Athenodor über Wortakzent und Melodiebildung im Hellenismus': *WS* 79, 201.
Pöhlmann, E. See also Seel, O.
Poetics. I/II (1961/1966) *Articles and Studies presented at the 1st/3rd Int. Conf. of work-in-progress devoted to problems of Poetics, 1960/1964*: Warsaw.
Pohlsander, H. A. (1964) *Metrical studies in the lyrics of Sophocles*: Leiden.
Poirot, J. (1906) 'Quantité et accent dynamique': *MSNH* 4, 363.
Polivanov, E. (1936) 'Zur Frage der Betonungsfunktionen': *TCLP* 6, 75.
Popovich, H. & F. See Gudschinsky, S. C.
Popperwell, R. G. (1963) *The Pronunciation of Norwegian*: Cambridge.
Porson, R. (1802) *Euripidis Hecuba*[2]: Cambridge/London.
Porter, H. N. (1951) 'The early Greek hexameter': *YClS* 12, 1.
Postal, P. M. (1968) *Aspects of Phonological Theory*: New York.

Postgate, J. P. (1923) *Prosodia Latina: an introduction to classical Latin verse*: Oxford.

(1924) *A short guide to the accentuation of ancient Greek*: London.

Pound, E. (1951) *ABC of Reading*: London.

Pratidānam (1968) *Indian, Iranian and Indo-European studies presented to F. B. J. Kuiper on his 60th birthday*, ed. J. C. Heesterman et al: The Hague.

Prescott, H. W. (1907) 'Some phases of the relation of thought to verse in Plautus': *UCal Publs. in Cl. Phil.* I, 205.

Pulgram, E. (1954) 'Accent and ictus in spoken and written Latin': *ZVS* 71, 218.

(1965) 'The accentuation of Greek loans in spoken and written Latin': *AJPh* 86, 138.

(1969) Review of Garde 1968: *Lingua* 23, 372.

(1970) *Syllable, Word, Nexus, Cursus*: The Hague.

Raven, D. S. (1962) *Greek Metre*: London.

(1965) *Latin Metre*: London.

Reese, G. (1941) *Music in the Middle Ages*: London.

Reibel, D. A. See Schane, S. A.

Reichling, A. J. B. N. (1935) *Het Woord*: Nijmegen.

Rheinach, T. (1894) 'La musique du nouvel hymne de Delphes': *BCH* 18, 363.

Rigault, A. (1962) 'Rôle de la fréquence, de l'intensité et de la durée vocaliques dans la perception de l'accent en français': *PICPhSc IV* (1961): The Hague, 735.

Ringgaard, K. (1963) 'The apocope of dissyllables', *Phonetica* 10, 222.

Rischel, J. (1964) 'Stress, juncture and syllabification in phonemic description': *PICL IX* (1962): The Hague, 85.

Robbins, F. E. (1961) 'Quiotepec Chinantec syllable patterning': *IJAL* 27, 237.

Roberts, E. W. (1968) *A theory of phonology and phonetics applied to the word in Welsh and English*: Dissertation Ph.D. Cambridge.

Robins, R. H. (1957) 'Aspects of prosodic analysis': *Proc. Univ. of Durham Philos. Soc.* I, ser. B (Arts) i.

(1967) *A Short History of Linguistics*: London.

(1969) Review of Langendoen 1968: *Language* 45, 109.

Robinson, I. (1971) *Chaucer's Prosody*: Cambridge.

Rosetti, A. (1959) *Sur la théorie de la syllabe*: The Hague.

Rossi, L. E. (1963a) *Metrica e critica stilistica: Il termino 'ciclico' e l' ἀγωγή ritmica*: Rome.

(1963b) 'Anceps: vocale, sillaba, elemento': *RFIC* 91, 52.

(1968) 'La *pronuntiatio plena*: sinalefe in luogo d'elisione': *Omaggio a Eduard Fraenkel per i suoi ottant'anni*: Rome, 229.

Roussel, L. (1954) *Le vers grec ancien. Son harmonie, ses moyens d'expression*: 382
Montpellier.
Rudmose-Brown, T. B. (1939) 'Some medieval Latin metres, their ancestry and progeny': *Hermathena* 53, 29.
Ruijgh, C. J. (1970) Review of P. Chantraine, *Dictionnaire étymologique de la langue grecque. I* (Paris 1968): *Lingua* 25, 302.
Ruipérez, M. S. (1955) 'Cantidad silábica y métrica estructural en griego antiguo': *Emerita* 23, 79.
(1956) 'Esquisse d'une histoire du vocalisme grec': *Word* 12, 67.
Rupprecht, K. (1949) *Abriss der griechischen Verslehre*: München.
Sachs, C. (1953) *Rhythm and Tempo*: London.
Sadeniemi, M. (1951) *Die Metrik des Kalevala-Verses* (= *Folklore Fellows Comns*. 139): Helsinki.
Safarewicz, J. (1936) *Études de phonétique et de métrique latines*: Wilno.
St. Clair, R. N. (1972) 'Compound phonological segments': *Lingua* 29, 120.
Sampson, G. (1970) 'On the need for a phonological base': *Language* 46, 586.
Samuels, M. L. (1972) *Linguistic Evolution, with special reference to English*: Cambridge (*Studies in Linguistics*, vol. 5).
Sauvegeot, A. (1951) *Esquisse de la langue hongroise*: Paris.
Sawashima, M. See Lieberman, P.
Schade, J. (1908) *De correptione Attica*: Greifswald.
Schane, S. A. & D. A. Reibel (ed.) (1969) *Modern studies in English*: Englewood Cliffs, N.J.
Schein, S. L. (1967) *The iambic trimeter in Aeschylus and Sophocles*: Dissertation Ph.D. Columbia.
Schmidt, J. H. H. (1872) *Griechische Metrik*: Leipzig.
Schmiel, R. C. (1968) *Rhythm and accent in Homer*: Dissertation Ph.D. Washington.
Schmitt, A. (1924) *Untersuchungen zur allgemeinen Akzentlehre*: Heidelberg.
(1953) *Musikalischer Akzent und antike Metrik*: Münster.
Schoell, F. (1876) 'De accentu linguae latinae: veterum grammaticorum testimonia': *Acta Soc. Philol. Lipsiensis* 6, 1.
Scholes, P. A. (1970) *The Oxford Companion to Music*[10]: London.
Schroeder, O. (1918) 'ΡΥΘΜΟΣ': *Hermes* 53, 324.
Schwyzer, E. (1931) 'Griechische Interjektionen und griechische Buchstabennamen auf -α': *ZVS* 58, 170.
Sebeok, T. A. (ed.) (1960) *Style in Language*: Cambridge, Mass.
(ed.) (1963) *Current Trends in Linguistics. I (Soviet & East European)*: The Hague.
(ed.) (1966) *Selected writings of Gyula Laziczius*: The Hague.
Sedgwick, W. B. (1924) 'The origin of rhyme': *RBen* 36, 330.

Seel, O. & E. Pöhlmann (1959) 'Quantität und Wortakzent im Horazischen Sapphiker': *Philologus* 103, 237.

Seidler, A. (1812) Excursus: 'De dactylo et tribracho in quinta senarii iambici sede', in *De versibus dochmiacis tragicorum graecorum. II*: Leipzig.

Setti, A. (1963) 'Ictus e verso antico': *AMAT* 27, 133.

Shankweiler, D. P. See Liberman, A. M.

Sharma, D. D. (1971) *Syllabic structure of Hindi and Panjabi*: Chandigarh.

Sharp, A. E. (1954) 'A tonal analysis of the disyllabic noun in the Machame dialect of Chaga': *BSOAS* 16, 157.

——— (1960) 'The analysis of stress and juncture in English': *TPhS*, 104.

Shewring, W. H. (1933) 'Prose-rhythm: an apologia': *CQ* 27, 46.

Shipley, F. W. (1924) 'Hiatus, elision, caesura, in Virgil's hexameter': *TAPhA* 55, 137.

——— (1927) 'Carmina Epigraphica and some problems of the Latin hexameter': *PAPhA* 58, xxx.

——— (1938) 'Problems of the Latin hexameter': *TAPhA* 59, 134.

Shipp, G. P. (1972) *Studies in the language of Homer*²: Cambridge.

Siedow, G. A. (1911) *De elisionis aphaeresis hiatus usu in hexametris Latinis*: Greifswald.

Sievers, E. (1901) *Grundzüge der Phonetik*⁵: Leipzig.

Sigurd, B. (1955) 'Rank order of consonants established by distributional criteria': *SL* 9, 8.

Sivertsen, E. (1960) *Cockney Phonology*: Oslo.

Skimina, S. (1930) *État actuel des études sur le rythme de la prose grecque. II* (= *Eus* suppl. vol. ii): Lwów.

*Skutsch, F. (1913) 'Der lateinische Accent': *Glotta* 4, 187.

Skutsch, O. (1934) *Prosodische und metrische Gesetze der Iambenkürzung* (= *Forsch. z. gr. u. lat. Gramm.* 10): Göttingen.

——— (1964) 'Enniana VI': *CQ* 58, 85.

Smith, B. H. (1968) *Poetic Closure. A study of how poems end*: Chicago.

*Smith, G. G. (ed.) (1904) *Elizabethan Critical Essays*: Oxford.

Snell, B. (1962) *Griechische Metrik*³: Göttingen.

Sobolevskij, S. L. (1956) 'Заметки о греческом произношении на основании наблюдений над строением стиха в комедиях Аристофана и в трагедиях': *Академику В. В. Виноградову LX*: Moscow, 225.

——— (1964) 'Ad locutionem graecam cognoscendam quid conferat versuum structura?': *Eirene* 2, 43.

Soderberg, G. C. (1959) 'A typological study on the phonetic structure of English words with an instrumental-phonetic excursus on English stress': *Trav. de l'Inst. de Phon. de Lund* 1, 1.

*Sommer, B. A. (1970) 'An Australian language without CV syllables': *IJAL* 36, 57.
Sommer, F. (1909) 'Zur griechischen Poesie. I: Die Positionsbildung bei Homer': *Glotta* 1, 145.
— (1913) *Handbuch der lateinischen Laut- und Formenlehre*$^{2/3}$: Heidelberg.
— (1914) *Kritische Erläuterungen zur lateinischen Laut- und Formenlehre*: Heidelberg.
Sommerfelt, A. (1931) 'Sur l'importance générale de la syllabe': *TCLP* 4, 156.
— (1933) 'Sur le rôle des éléments moteurs dans les changements phonétiques': *JPsych* 30, 321.
Sommerstein, A. H. (1971) *Phonological theory and ancient Greek*: Dissertation Ph.D. Cambridge (To appear as *The Sound Pattern of Greek*: Publ. of the Philological Society: Oxford).
Sonnenschein, E. A. (1911) 'The law of Breves Breviantes in the light of phonetics': *CPh* 6, 1.
— (1925) *What is Rhythm?*: Oxford.
Soubiran, J. (1959) '*Intremere omnem* et *si bona norint*: Recherches sur l'accent de mot dans la clausule de l'hexamètre latin': *Pallas* 8, 23.
— (1966a) *L'élision dans la poésie latine*: Paris.
— (1966b) 'Ponctuation bucolique et liaison syllabique en grec et en latin': *Pallas* 13, 21.
— (1969a) 'Les hexamètres spondaïques à quadrisyllabe final': *GIF* 21, 329.
— (1969b) 'Pauses de sens et cohésion métrique entre les pieds médians de l'hexamètre latin': *Pallas* 16, 107.
— (1971) Review of Drexler 1969: *Gnomon* 43, 408.
Sovijärvi, A. (1958) 'Vorläufige Messungsbetrachtungen über den Wortakzent der finnischen Hochsprache' (in Finnish with German summary): *Vir* 62, 351.
Spence, N. C. W. (1965) 'Quantity and quality in the vowel-system of vulgar Latin': *Word* 21, 1.
Spier, L. et al. (ed.) (1941) *Language, Culture and Personality: Essays in memory of Edward Sapir*: Menasha, Wis.
Stanford, W. B. (1968) 'On the pronunciation of the ancient Greek accents': *Didaskalos* 2.3, 148.
Stankiewicz, E. (**1960**) 'Linguistics and the study of poetic language': in Sebeok (ed.) 1960, 69.
Steblin-Kamenskij, M. I. (1960) 'The vowel system of modern Icelandic': *SL* 14, 35.
Stetson, R. H. (1945) *Bases of Phonology*: Oberlin, Ohio.
— (**1951**) *Motor Phonetics*: Amsterdam.

385 Stevens, K. N. (1968) 'Speech movements and speech perception': *ZPhon* 21, 102.

Stifler, T. (**1924**) 'Das Wernickesche Gesetz und die bukolische Dihärese': *Philologus* 79, 323.

Strzelecki, L. (1938) *De Senecae trimetro iambico quaestiones selectae*: Kraków.

(1948) *De litterarum Romanorum nominibus*: Bratislava.

(1965) 'Über den Gebrauch des Daktylus im trochäischen Tetrameter bei Menander': in *Menanders Dyskolos als Zeugnis seiner Epoche* ed. F. Zucker (= Deut. Ak. d. Wiss. zu Berlin: *Schr. d. Sektion f. Altertumsw.* 50), 61.

Studdert-Kennedy, M. See Liberman, A. M.

Sturtevant, E. H. (1919) 'The coincidence of accent and ictus in Plautus and Terence': *CPh* 14, 234.

(1922) 'Syllabification and syllabic quantity in Greek and Latin': *TAPhA* 53, 35.

(1923) 'The ictus of classical verse': *AJPh* 44, 319.

(1924a) 'The doctrine of the caesura, a philological ghost': *AJPh* 45, 329.

(1924b) 'Accent and ictus in the Latin elegiac distich': *TAPhA* 55, 73.

(1940) *The Pronunciation of Greek and Latin*[2]: Philadelphia.

Sturtevant, E. H. & R. G. Kent (1915) 'Elision and hiatus in Latin prose and verse': *TAPhA* 46, 129.

Stutterheim, C. F. P. (1961) 'Poetry and prose, their interrelations and transitional forms': *Poetics I*: Warsaw, 225.

Sweet, H. (1891) *A New English Grammar. I*: Oxford.

(1906) *A Primer of Phonetics*[3]: Oxford.

Szemerényi, O. (1964) *Syncope in Greek and Indo-European and the nature of the Indo-European accent*: Naples.

Tamerle, E. (1936) *Der lateinische Vers ein akzentuierender Vers. I*: Innsbruck.

Taranovski, K. (1963) 'Metrics': in Sebeok (ed.) 1963, 192.

Tarnóczy, T. (1948) 'Resonance data concerning nasals, laterals and trills': *Word* 4, 71.

Thierfelder, A. (1928) 'Iktierung des Typus *facilius*': in Fraenkel 1928, 357.

Thompson, J. (1961) 'Linguistic structure and the poetic line': *Poetics I*: Warsaw, 167 (Reprinted in Freeman (ed.) 1970).

Thomson, W. (1923) *The Rhythm of Speech*: Glasgow.

(1926) *The Rhythm of Greek Verse*: Glasgow.

Thumb, A. (1912) *Handbook of the Modern Greek Vernacular*: Edinburgh. (Trsl. by S. Angus from *Hb. d. neugr. Volkssprache*[2]: Strassburg, 1910) (Also reprinted, with '*Language*' for '*Vernacular*': Chicago, 1964).

Timpanaro, S. (1965) '*Muta cum liquida* in poesia latina e nel latino volgare': 386
    RCCM 7, 1075.
Todd, O. J. (1942) 'Caesura rediviva': *CPh* 37, 22.
Tomás, N. (1963) *Manual de pronunciación española*[11]: Madrid.
Torresin, G. (1966) 'Non legge di Havet ma legge di Porson': *RFIC* 94, 184.
Trager, G. L. (1941) 'The theory of accentual systems': in Spier (ed.) 1941, 131.
Trager, G. L. & B. Bloch (1941) 'The syllabic phonemes of English': *Language* 17, 223.
Trager, G. L. See also Bloch, B.
Trim, J. L. M. See O'Connor, J. D.
Trnka, B. (1966) *A phonological analysis of present-day standard English*[2]: Tokyo.
Trombetti, A. *Scritti in onore di Alfredo Trombetti*, 1966: Milan.
Tronskij, I. M. (1962) *Древнегреческое Ударение*: Moscow/Leningrad.
Trost, P. (1964) 'Funktion des Wortakzents': *TLP* 1, 125.
Trubetzkoy, N. S. (1926) 'Die "Kurzen" und "Geminierten" Konsonanten der awaroandischen Sprachen': *Caucasica* 3, 7.
    (1931) 'Die Konsonantensysteme der ostkaukasischen Sprachen': *Caucasica* 8, 1.
    (1935/1968) *Introduction to the principles of phonological descriptions*: The Hague (ed. H. Bluhme, trsl. by L. A. Murray from *Anleitung zu phonologischen Beschreibungen*: Prague).
    (1938) 'Die phonologischen Grundlagen der sogenannten Quantität in den verschiedenen Sprachen': *Scritti...Trombetti*, 155.
    (1939/1969) *Principles of Phonology*: Berkeley (Trsl. by C. A. M. Baltaxe from *Grundzüge der Phonologie* = *TCLP* 7).
Truby, H. M. (1964) 'Pleniphonetic transcription in phonetic analysis': *PICL IX* (1962): The Hague, 101.
*Tucker, A. N. (1962) 'The syllable in Luganda: a prosodic approach': *JAfrL* 1, 122.
Tucker, R. W. (1965) 'Accentuation before enclitics in Latin': *TAPhA* 96, 449.
Turner, R. L. (1915) 'A note on the word-accent in Greek music': *CR* 29, 195.
    (1921) 'Gujarati phonology': *JRAS*, 329; 505.
    (1970) 'Early shortening of geminates with compensatory lengthening in Indo-Aryan': *BSOAS* 33, 171.
Twaddell, W. F. (1953) 'Stetson's model and the "supra-segmental" phonemes': *Language* 29, 415.
Uhlig, G. (ed.) (1883) *Dionysius Thrax, Ars Grammatica; Supplementa Artis Dionysianae vetusta* (= *GG* 1.i): Leipzig (Reprinted Hildesheim, 1965).

387 Ultan, R. (1969) 'Some general characteristics of interrogative systems': *Working Papers on Language Universals* (Stanford) 1, 41.
Väänänen, V. (1959) *Le latin vulgaire des inscriptions pompéiennes* (= *ADAW* 1958.3): Berlin.
Vachek, J. (1966) *The Linguistic School of Prague*: Bloomington.
   (1968) *Dynamika fonologického systému současné spisovné češtiny* (English summary 'The dynamism of the phonological system of present-day standard Czech'): Prague.
Vandvik, E. (1937) *Rhythmus und Metrum: Akzent und Iktus: SO* Supp. viii.
Vanvik, A. (1961) *On stress in present-day English* (Univ. i Bergen: *Årbok* 1960 iii, Hum. Ser. 3): Bergen.
Varma, S. (1929) *Critical studies in the phonetic observations of Indian grammarians*: London.
Vendryes, J. (1902) *Recherches sur l'histoire et les effets de l'intensité initiale en latin*: Paris.
   (**1929**) *Traité d'accentuation grecque*²: Paris.
   (1936) 'Phonologie et langue poétique'; *PICPhSc II* (1935), 105: Cambridge.
Veremans, J. (1969) 'Évolution historique de la structure verbale du deuxième hémistiche du pentamètre latin': *Hommages à M. Renard. I* (= *Coll. Latomus* 101): Brussels, 758.
Vietor, W. (1894) *Elemente der Phonetik*³: Leipzig.
Voegelin, C. F. (1935) *Tübatulabal Grammar*: *UCal Publs. in Amer. Arch. & Ethn.* 34.2.
Vogt, H. (1958) 'Structure phonémique du géorgien': *NTS* 18, 5.
Vollmer, F. (1917a) 'Iambenkürzung in Hexametern': *Glotta* 8, 130.
   (1917b) 'Kürzung durch Tonanschluss im alten Latein': *SBAW* 1917, 9 Abh.
Wackernagel, J. (1925) Review of Postgate 1924: *IF* 43 Anz., 48.
Wagener, C. (1904) 'Betonung der mit que, ve, ne zusammengesetzten Wörter im Lateinischen': *Neue Philol. Rundschau*, 505.
Wahlström, E. (1970) *Accentual responsion in Greek strophic poetry*: *CHL* 47.
Waldo, G. S. (1968) *Stress the right syllable: The accentuation of English words with special reference to their structure* (morphology): prelim. edn (mimeog.): Edmonton, Alb.
Waltz, R. (1948) ''Ρυθμός et numerus': *REL* 26, 109.
Wang, W. S.-Y. (1962) 'Stress in English': *LL* 12, 69.
   (1967) 'Phonological features of tone': *IJAL* 33, 93.
Warburton, I. P. (1970a) 'Rules of accentuation in classical and modern Greek': *Glotta* 48, 107.
   (1970b) *On the Verb in Modern Greek* (Indiana Univ. Publs: Language Science Monogs., vol. 4): Bloomington/The Hague.

Ward, I. C. See Westermann.
Ward, R. L. (1946) 'The loss of final consonants in Greek': *Language* 22, 102.
Warren, A. See Wellek, R.
Waterson, N. (1956) 'Some aspects of the phonology of the nominal forms of the Turkish word': *BSOAS* 18, 578.
Wathelet, P. (1966) 'La coupe syllabique et les liquides voyelles dans la tradition formulaire de l'épopée grecque': in Lebrun (ed.) 1966, 145.
Watkins, C. (1963) 'Indo-European metrics and archaic Irish verse': *Celtica* 6, 194.
 (1970) 'A further remark on Lachmann's Law': *HSPh* 74, 55.
Watson, J. S. (1861) *The Life of Richard Porson, M.A.*: London.
Weil, G. (1960) '*Arūḍ*': in *The Encyclopaedia of Islam*, new edn, ed. H. A. R. Gibb et al: Leiden/London, vol. i, 667.
Weinreich, U., W. Labov & M. I. Herzog (1968) 'Empirical foundations for a theory of language change': in *Directions for Historical Linguistics*, ed. W. P. Lehmann & Y. Malkiel: Austin, 95.
Weinrich, H. (1958) *Phonologische Studien zur romanischen Sprachgeschichte* (= *Forsch. z. Rom. Philol.* 6): Münster.
Wellek, R. & A. Warren (1966) *Theory of Literature*[3]: London.
Wellesz, E. J. (1961) *A History of Byzantine Music and Hymnography*[2]: Oxford.
Werner, J. (1892) *Quaestiones Babrianae* (= *Berl. St. f. cl. Phil. und Arch.* xiv.2).
West, M. L. (1970) 'A new approach to Greek prosody': *Glotta* 48, 185.
Westermann, D. & I. C. Ward (1949) *Practical phonetics for students of African languages*: London.
Westphal, R. (1883) *Aristoxenus von Tarent: Melik und Rhythmik des classischen Hellenentums. I*: Leipzig (Reprinted Hildesheim, 1965).
Wheeler, B. I. (1885) *Der griechische Nominalakzent*: Strassburg.
White, J. W. (1912) *The Verse of Greek Comedy*: London.
Whitteridge, D. See Draper, M. H.; Ladefoged, P.
Wilamowitz-Moellendorff, U. von (1924) *Hellenistische Dichtung in der Zeit des Kallimachos*: Berlin.
*Wilkinson, G. A. (1948) 'The trisyllabic ending of the pentameter: its treatment by Tibullus, Propertius, and Martial': *CQ* 42, 68.
Wilkinson, L. P. (1940) 'The Augustan rules for dactylic verse': *CQ* 34, 30.
 (1963) *Golden Latin Artistry*: Cambridge.
*Williams, C. F. A. (1911) *The Aristoxenian theory of musical rhythm*: Cambridge.
**Williams, G. (1970) 'Eduard Fraenkel 1888–1970': *PBA* 56, 415.
Williams, R. D. (1950) 'The effect of elided *-que* on word accent in the hexameter': *PCA* 47, 31 (summary).

Wilson, K. M. (1929) *The real rhythm in English poetry*: Aberdeen.
Wimsatt, W. K. & M. C. Beardsley (1959) 'The concept of meter: an exercise in abstraction': *PMLA* 74.2, 585.
Winnington-Ingram, R. P. (1955) 'Fragments of unknown Greek tragic texts with musical notation. II: The music': *SO* 31, 29.
(1958) 'Ancient Greek music. 1932–1957': *Lustrum* 3, 5.
Winnington-Ingram, R. P. See also Pearl, O. M.
Witkowski, S. (1893) 'Observationes metricae ad Herodam': in *Analecta Graeco-Latina philologis Vindobonae congregatis*: Kraków, 1.
Witte, K. (1914) 'Porsons Gesetz': *Hermes* 49, 229.
Woo, N. H. (1969) *Prosody and Phonology*: Dissertation Ph.D. MIT.
Worth, D. S. (1968) 'Grammatical function and Russian stress': *Language* 44, 784.
Wyatt, W. F. (1966) Review of Allen 1965: *Language* 42, 664.
(1969) *Metrical lengthening in Homer*: Rome.
(1970) *Indo-European /a/*: Philadelphia.
Young, D. (1967) 'Never blotted a line? Formula and premeditation in Homer and Hesiod': *Arion* 6, 279 (Reprinted in *Essays on Classical Literature*, ed. N. Rudd: Cambridge, 1972).
Zander, K. M. (1910) *Eurythmia vel compositio rythmica prosae antiquae. I: Eurythmia Demosthenis*: Leipzig.
Zieliński, T. (**1925**) *Tragodoumenon libri tres*: Kraków.
Zirin, R. A. (**1970**) *The phonological basis of Latin prosody*: The Hague.
Žirmunskij, V. (1966) *Introduction to Metrics* (Trsl. by C. F. Brown): The Hague.

索引

（页码为原著页码）

accent 重音，3，11，20，57，86—95（亦参 Greek accent；Latin accent） 391

 dynamic 动力重音，81，86（亦参 stress）

 melodic 旋律重音，3—5，84—86（亦参 pitch）

 secondary 次重音，89—90

 Arabic 阿拉伯语重音，156—158，165

 English 英语重音，51，57—58，155—156，191—199（亦参 stress）

 Indo-Aryan 印度 - 雅利安语重音，52，75，93，157—158，270

 Norwegian 挪威语重音，233，247—248，251—252

 Serbo-Croat 塞尔维亚 - 克罗地亚语重音，247

 Vedic 吠陀梵文重音，230—231，239—240，243，245—247，252；

  svarita［吟诵］重音，233—234

accentual verse 有重音的诗行，102，188

 and Latin Sapphic 重音式拉丁语萨福体诗，348—351

affricates (English) 塞擦音（英语），193

amplitude 振幅/幅：参见 stress 重读

anaclasis 长短音互换，109

anapaest 短短长格

 "cyclic" 型短短长格，255

in resolution 短短长格的分解，330—332

anapaestics 短短长格（形式），299，316，332—333

aperture 开口，38—40，43，69，71，135—138，209—210

aphaeresis 词首省音：亦参 prodelision 词首元音省略

apocope 尾音省略：亦参 elision 省音

appositive 同位语，114，287—288，331—332（亦参 enclitic；proclitic；prepositive；postpositive）

arrest (of syllable)（音节）阻止，42—44，62—68，71—72，79—80，第 10，13 章各处

arsis/thesis 升/降，100，122—123，275，278—279，342（亦参 strong/weak position）

article 冠词，23—5

aspiration 送气（发音），3—5，9—11

    Latin *h* 拉丁语 *h*，148

    Greek '希腊语'，229

Babrius 巴伯里乌斯：参见 choliambic 不规则短长格

Behaghel's Law 贝哈吉尔法则，119

breathing 呼气：参见 aspiration 送气（发音）

brevis brevians 按短音节发音：参见 iambic shortening

brevis in longo 长（音素）中有短（音节）：参见 indifference

bridge 桥（接），108，307（亦参 Porson's Law）

    Hermann's 赫尔曼之桥（接），118

caesura 音顿，26，108，114—122，313，319—321

catalexis 音节缺失，298—299，301—303

chest-pulse 胸部搏动，12，41—45，78（亦参 syllable, phonetic definition, motor）

choliambic 不规则短长格，206，267，299—301

clause 从句，20

climax 递升，119

clitic 附着成分，87，114（亦参 enclitic；proclitic）

clusters (strong/weak)（强/弱）辅音丛，51

cohesion (of verse)（诗行的）聚合，25，113，116

colon 小句，13，116—120

compensatory lengthening 补偿性元音拉长，52—53

competence 能力：参见 performance 表现（表演）

concord (vs discord, in poetry) 协和（vs 不协和，诗作中），111，261，351—352

    in Latin hexameter 在拉丁语六音步诗中，138—139，154，190，337—338

    in Latin pentameter 在拉丁语五音步诗中，186—187

    in Latin scenic verse 在拉丁语山水诗中，153—154，166—168，190

consonant sequences 辅音音列，28—30，43—44

    in Greek 在希腊语中，208—222

    in Latin 在拉丁语中，135—141

consonant/vowel dichotomy 辅音/元音二分，32—36，42

contoid 辅音, 33, 35

contonation 共鸣, 234 (亦参 Greek accent, rules of incidence)

contraction 缩合

junctural 音联式缩合, 143—148, 228

metrical 格律式缩合, 60—61, 162—164, 166, 255—258

contrast 对照, 6, 89 (亦参 accent 重音)

correptio Attica 阿提卡方言缩短发音, 211—213, 217—219 (亦参 plosive + liquid/nasal)

correptio epica 史诗体缩短发音, 224—225, 290

counterpoint 对位法, 111—112, 338—339

crasis 元音缩合, 228

culmination 高昂, 86—87 (亦参 accent)

cursus 进程, 116

dactylo-epitrites 长短短—三长一短格, 314—315

demarcation 界分, 87 (亦参 accent)

deviation 违背常规, 108—109, 110—112 (亦参 poetry, norm vs variant)

diaeresis 分音 (分行), 114, 121 (亦参 caesura)

bucolic 牧歌体分音, 116, 224, 287, 291, 336—337

diectasis 音节增音, 258

digamma 希腊语半元音 F [w], 208, 214—215, 220—222, 224

diphthongs 双元音, 49, 134, 185, 207, 238

distinctiveness 不同、区分、独特，4，6，10，87—89，92（亦参 accent）

disyllables 双音节词，178—188

duration 时长，6，12，46—50，55—61，63—64，72，74，97—99（亦参 length）

elision 省音，4，Ⅱ3，Ⅱ6，121—122，314
    in Greek 在希腊语中，226—227；and Porson's Law 与波尔森法则，311
    in Latin，142—150

emphasis 强调，95（亦参 stress）

enclitic 非重读后接词，24—26，87，310（亦参 Greek accent；Latin accent）

enjambment 跨行，113—115，120—121

episynaloephe 行末元音省略，121，297

explanation (vs formulation) 解释（vs 构型），18—19

f+liquid f+ 流音，137，141

foot 音步
    metrical 格律上的，61，122—125
    phonetic 语音上的，41，78

fomulae (in poetry)（诗中的）程式，13—14，257—278

fortis/lenis vowels 强/弱元音，192—197

frequency 频率, 74, 83（pitch）

gemination 辅音重叠: 参见 length, of consonants
gesture 姿态, 77—78, 100
glides 滑音, 224—226
glottal 声门、喉音
    constriction 收缩, 91
    plosion 破裂, 79
    reinforcement 强化, 58
grammar 语法
    relevance to phonology 关涉音韵学, 17—26, 82, 89, 92
    transformational-generative 转换—生成, 17—19, 196
Grassmann's Law 格拉斯曼法则, 9
Greek accent 希腊语重音（亦参 accent, melodic; intonation; pitch）
    Aeolic 爱奥利亚方言, 238—239, 256
    change to dynamic 转向动力重音, 268—270
    circumflex 扬抑音, 234—235
    correlations in verse 行中关联, 261—268
    diphthongs (final)（词末）双元音, 238
    enclitics 非重读后接词, 240—244, 246, 249—251, 271
    epectasis 拉长发音, 240—241, 250
    "final trochee" "词末长短格", 237, 240, 263
    grave 抑音, 244—248, 269—270

Henninism 亨宁式发音，271—274，281—282，344

Homeric 荷马史诗中，242—243

Interrogatives 疑问句中，251—253

loan-words to and from Latin 借入和借出拉丁语的外来词，260—261，264—265

"middle" "中度" 重音，253—254

musical evidence 音乐证据，231—234，247，270—271

negatives 否定词，253

proclitics 非重读前接词，249—251

rules of incidence 适用规则，18—20，236—253

synenclisis 非重读后接词组合，244

typology 分类法，91—93，230—236

vocatives 呼格，252—253

h：参见 aspiration

heavy/light syllables 重/轻音节，53—65（亦参 quantity）

heterodyne/homodyne 外差/同差，261

hexameter 六音步

English：英语：Elizabethan 伊丽莎白时代，351—252；伊丽莎白时代之后，356—359

German 德语，353—356

Greek 希腊语，113，116，255—258，286—292，301—304

Latin 拉丁语，111—112，116—117，335—359；*carmina epig- raphica*

《碑铭歌集》，346—347

hiatus 元音分读，68—69，113，117，142，224—225

"hidden quantity" "隐藏音量"，141（亦参 hypercharacterization）

hypercharacterization 超特征化，66—67，117

    in Greek 在希腊语中，217，222—223，290

    in Latin 在拉丁语中，141，157—158，176—177，183

iambic shortening 短长格缩短发音，113，179—185，191—199

iambic trimeter 短长格三音步，304—314（亦参 Porson's Law）

    bisected 二分三音步，121，311

ictus 强音，99，153，276—279，341—346

    Bentley on 本特利论强音，342—344

indifference 不论

    at end of line 在行末，56，115，130—131，205—207，217，283，296—304，336

    at caesura？在音顿处？313

intonation 语调，3，6，12，20，85，94

    Greek 希腊语语调，248—249，251—253

isochrony 等时性，99，124（亦参 duration）

juncture 音联，4，6，11，20，22—23，32，58，71，113，115—117（亦参 morph(eme)；word）

    and quantity 与音量：in Greek 在希腊语中，209，216—222；in

Latin 在拉丁语中，139—141

of vowels 元音音联：in Greek 在希腊语中，224—229；in Latin 在希腊语中，142—150

kinaesthetic perception 动觉感知，37，76—78，100，191—192

Lachrnann's Law 拉赫姆法则，18—19

Latin accent 拉丁语重音，51，57，93，111，151—191（亦参 accent, dynarnic；stress）

 in elision 省音中，159—161

 enclitics 非重读后接词中，158—161，178

 fácilius 中，188—190

 final 词末，186—188

 parallels with English 类比英语，51，57—58，155—156，191—199

 rules of incidence 适用规则，155—161；reformulations 重构，161—191

 secondary 次重音，154，181，188—191

 syntactical 句法上的，154，160，168—169

laxing 松元音，66，173—174，256

length 音长

 of vowels 元音音长，3—5，46—49；in Greek 在希腊语中，207；in Latin 在拉丁语中，131—134；in motor terms 作为肌动术语，62—66；under stress，80—82，169，171，174，345 of consonants, 49—50; under stress 在重读中, 80—81, 169, 269

lexeme 词位, 24(亦参 word)

line 行, 113—114, 120

 end of 行末, 106, 110, 120(亦参 indifference)

liquids and nasals 流音和鼻音, 33, 35, 43, 69, 84, 211, 242, 317, 323—324, 326, 331(亦参 plosive + liquid/nasal)

 syllabic 音节中的, 215, 218, 242

long components 长组元, 7—9(亦参 prosody, in phonology)

long diphthongs 长双元音, 67, 223—225, 290

loudness 响度, 6, 74, 76(参见 stress)

marginal (vs nuclear) function 边缘(vs 核心)功能, 33, 35, 38—39, 44

mātrā [度], 48—49, 59, 61

matrix (of stress)(重读)音阵, 163—170, 191—199, 318—334

metre; metrical pattern 格律; 格律模式, 12—16, 103—125

metrics: relation to linguistics/phonetics 格律学: 关涉语言学 / 语音学, 15—16

modulation 调制, 74, 91(亦参 pitch; stress)

monosyllables 单音节, 50—51, 129—131, 177—178, 203, 283, 289, 294, 305, 307

mora 莫拉, 19, 59, 92—93, 122—123, 153, 161—163, 235, 256—257(亦参 Greek accent, rules of incidence) morph(eme) 语子（位），20，22—23，32，71

motor control 肌动控制，72（亦参 syllable）

Naeke's Law 奈克法则，109，291
    and Latin 与拉丁语，336

nasals 鼻音，69，84（亦参 liquids and nasals；plosive + liquid/nasal）

nasalized vowels (in juncture) 鼻音化元音（在音联中），142，147，149

nexus 词结，24

Nonnus 瑙努斯，268，291

nuclear 核心：参见 marginal

oral composition 口头创作，13—14

orthography 正词法，17，29—30

Osthoff's Law 奥斯特豪夫法则，66—67，222—223

overlong syllables 超长音节：参见 hypercharacterization

pattern 模式，101—102

pause 停顿，55—56，67—68，115—117，121，130—131，135，186，
    204—208，227—228，248—249，297
    and Porson's Law 与波尔森法则，305，310

pentameter 五音步，120，186—188，205，298—299

performance 表演
    vs competence 能力，19—20，44，73

of poetry 诗作的，105，109—110，112，115，150

phoneme；phonematic element 音位；音位因素，8

phrase 短语，20

pitch 音高，3，12，74—76，83—85，94—95（亦参 accent, mel-odic；Greek accent）

plosive+liquid/nasal 破裂音＋流音/鼻音，57—58，69—71，137—141，210—213，217—219

poetry 诗

    levels of description 描述层面，104—105

    norm vs variant 规范 vs 变体，106—112

    relation to language 关涉语言，12—16

Porson's Law 波尔森法则，26，108，226，304—312，314

    and comedy 与喜剧，311—312

    and Latin 与拉丁语，335—336

position，length by 位置音长，53—54

postpositive 后置词，120，289，310（亦参 enclitic）

preposition；prepositive 介词；前置词，25—26，120，289（亦参 proclitic）

proclitic 非重读前接词，24—26，87，120，287—288，307

prodelision 词首元音省略，148—149，227—228

pronouns 代词，287

prosody 韵律

    in metrics 在格律学中，5—6，12—16

in phonology 在音韵学中，3—12

quality (of vowels as feature of length) 音质（元音音质作为音长特征），46—47，63，132—133

quantitative verse 以音量度量的诗歌（行），100—101，183—184，276，304，339—340

quantity (of syllables)（音节）音量，5，11，20，50—62，64—73

    in motor terms 作为肌动术语，64—68，71—72

    $\Sigma=\Sigma\Sigma$，162—169，171，235—236，255—259（亦参 contr-action；resolution）

    in Greek 在希腊语中，203—222

    in Latin 在拉丁语中，129—131，135—141

recession 后退：参见 Greek accent，rules of incidence

release (of syllable)（音节）释放，42—44，62，68—72，第10，13章各处

resolution 分解，60—61

    in Greek 在希腊语中：anapaestics 短短长格，333；comedy 喜剧，329—330；dactylics 长短短格，332；Euripides 欧里庇得斯，325—327；first foot 第一音步，327—329；iambics and trochaics 短长格和长短格，205，316—332

    in Latin 在拉丁语中，166—169，199

retroflexion 卷舌，9，11，25

rhyme 韵，188，345

rhythm 节奏，xii，96—102

s+plosive *s*+ 爆破音，137，139—140，216

sandhi［连接音变］：参见 juncture

Sapphic 萨福体，109，347—351

    and Horace 与贺拉斯，348—349

Saturnian 农神颂诗体，113

scanning 合律，Ⅱ2，125，340—346

scazon 跛脚短长格：参见 choliambic 长短短长格

Schallfülle 响度：参见 sonority

semivowels 半元音，33—35，70（亦参 digamma）

sentence 句子，20

sonants 响音，222—223

sonority 响度，38—39

"split anapaest" rule "短长长格分离" 法则，167—169，331—332

spondee 长长格，123，278

Stetson 斯泰森：参见 syllable，phonetic definition，

    motor 肌动

stress 重读，6，12，17，74—82，94—95，99—101（亦参 accent，

    dyna-mic；Greek accent，change to dynamic；Latin accent；

    matrix）

    disyllabic 双音节，170—186，188—199

motor definition 肌动规定，76—80

"staccato" mode "断音"模式，80—81，169—170，185，191—19

in Greek 在希腊语中，260—334

 as element of melodic accent 作为旋律重音因素，260—268

 as accentual basis 作为重音基础，268—271

 as non—accentual feature 作为非重音特征，217，274—334；metrical evidence 格律证据，279—334；musical evidence 音乐证据，278—279，294—295

disyllabic 双音节中，316—333（亦参 resolution）

secondary 次要重读，293，321—325

of molossi 三长音步中，284—285，289—292

of spondaic(—ending) words 关于长长格（词尾）词语，284—292

summary of rules 规则总结，333—334

strong/weak position (in foot)（音步中）强/弱位置，60—61，277（亦参 arsis/thesis）

stylization 程式化，12—13，103—1.4

suprasegmental 超音段的，xii，7—8（亦参 prosody, in phono-logy）

svarita[吟诵]：参见 accent, Vedic

syllabification 音节划分，20—21，28—32，43—44，68（亦参 syllable）

 in English 在英语中，193，196—197

 in Greek 在希腊语中，203—222

 in Latin 在拉丁语中，129—130，135—141

syllable 音节, 8, 12, 27, 78
  phonetic definition 语音规定, 31—45; acoustic 声学规定, 38—39; articulatory 发音规定, 39—40; motor 肌动规定, 40—45; 72—73; respiratory 呼吸规定, 38
  phonological (phonotactic) definition 音韵学（音韵结构）规定, 27—31, 35
synaeresis 元音结合, 228
synaloephe 元音关联, 143, 150
synaphea 关联, 113, 116, 206
syncopation 切分, 111
synizesis 元音缩减, 146—147, 227—228

tenseness/laxness 紧张度/松弛度, 47—48, 50, 57—58, 63—64, 82（亦参 length）
tension (in poetry)（诗中）张力, 110—112, 338
tone 音调, 84, 92, 94（亦参 pitch）
transitions 过渡音, 21, 49, 81, 197
trochaic tetrameter 长短格四音步, 314, 327—328

Vendryes' Law 文德里斯法则, 204, 211, 239, 263
verse 诗歌、诗行：参见 line; poetry
versification 诗律, 5, 12（亦参 prosody, in metrics）
vocalis ante vocalem corripitur［元音前的元音要缩短］, 142—143（亦

参 *correptio epica*)

vocoid 元音，33，35

vowel/consonant 元音/辅音：参见 consonant/vowel dichotomy

vowel harmony 元音和谐，7—8

weakening (of vowels)（元音）弱读，51—52，93，133—134，194（亦参 laxing）

Wernicke's Law 威尼克法则，289—290

Wheeler's Law 维勒法则，204，239

word 词，4—5，8，10—11，20，22—26

writing 写作，13—14

zeugma［共轭］：参见 bridge

跋"古音三书"

2009年深秋，刘小枫老师到陕西师范大学讲学，首讲题为"哲人的幽微"，在古香古色的主图书馆200人报告厅举行，几层楼梯上都站满了人……第二讲，换到了600人大礼堂，主题"潘多拉神话"，座无虚席……结束后陪他走回校内宾馆，刘老师问起我的教学情况和学术兴趣，我说一直在开设两门西方古典语文课程，就是特别想搞清楚"这两门西方古典语文究竟是怎么回事"，他鼓励我说，这得从长计议。

刘老师离开西安当晚，陈越兄宴请，席间他们谈得十分投机，都是谋划如何编译学术丛书的事情。我郑重地问了刘老师一个问题："您这些学术规划究竟是为了什么呀？"他不假思索答道："为中国学术留下几个读书的种子！"返京后几日，刘老师就寄来了几大卷训诂详尽的希腊语和拉丁语文选。

转眼十多年过去了，徐晔、陈越两位先生主编的"精神译丛"已蔚为大观，品质享誉学界，荣登模范。而我的初心也没有变，想搞清楚西方古典语文之究竟的愿望，算是推进了一小步。

清学开山顾炎武在《〈音学五书〉叙》末有言："天之未丧斯文，必有圣人复起，举今日之音而还之淳古者。"亭林先生将"音学"提高到了"斯文圣学"高度!有见于"旧本之日微而新说之日凿",他法言确确:"读九经自考文始,考文自知音始。"(《答李子德书》)可见,我国西方古典语文学研究,必须向古音学方向拓展。为此我们撼译前剑桥大学古典语文学家阿伦(William Sidney Allen)教授三部古典希腊语和拉丁语的古音学专论,仿顾炎武《音学五书》大题,名之"古音三书",作为"爱言:古典语文学"(ΦΙΛΟΛΟΓΙΑ)丛书首批书目。

1888年9月末,哲人尼采(Friedrich Nietzsche)致信友人福克斯(Carl Fuchs),陈说"古代节奏('时间型节奏')与日耳曼语节奏('冲动型节奏')之分野",认为"按照古代的理解,节奏的性质是道德和审美,是对激情的约束。我们的节奏类型属于病理,而古代的节奏类型从属于'伦理'"。尼采所言足见古今音律品质意趣之别大矣哉!然古今中西哲人精神实无隔阂,中国上古哲人早就将音乐与政治一以贯之了:"凡音者,生于人心者也。乐者,通伦理者也。是故知声而不知音者,禽兽是也;知音而不知乐者,众庶是也。唯君子为能知乐。是故审声以知音,审音以知乐,审乐以知政,而治道备矣。"(《礼记•乐记》)古哲所论,实为"全球古典语文学"视野中古音学研究之旨归。

世界著名汉学家何莫邪先生,20世纪以"古汉语语法研究"("中国科学技术史"第7卷《中国传统语言与逻辑》)蜚声海内外,慨允为"古音三书"作序,为方兴未艾的"全球古典语文学"

张目,还拨冗翻译了插图中的希腊语铭文。剑桥大学古典系主任克拉克森教授,是阿伦教授原"比较语文学"教席当任者,他专文序介阿伦教授"古音三书"成就,重点介绍了近十年西方古典音韵学研究新进展。英国国家学术院院士、前剑桥大学三一学院院长、已故著名语言学家莱昂斯爵士(Sir John Lyons),2006年为阿伦教授撰写的长篇纪念文章《古音学家阿伦生平学述》,获英国国家学术院许可,译作分册,以飨读者。

古人云:"知音其难哉!""爱言:古典语文学"丛书暨"古音三书",承蒙西北大学出版社马来社长、张萍总编辑鼎力支持。尤为感念,从书名译法,到版式设计,陈越兄都视如己出,全程事无巨细给予建议。责任编辑任洁女士,校勘细致入微令人称奇,待人温润如玉令人感佩。西南大学我国古音学研究大家孟蓬生教授,对丛书翻译鼓励有加。译者所在重庆大学袁文全教授,对古典人文学术热忱支持始终如一。重庆大学古典辞书编纂研究中心和全球古典语文学研究中心同仁,都在支持我的工作,朱成明教授指正了梵文音韵学术语译法,肖馨瑶博士校正了西方大学教职教席译法。三位后学张鑫、贾士申、黄卓尔亦有贡献。

目力所及,"古音三书"应为国内学界首次译介西方古音学专门研究著作。于我而言,术语翻译难度极大,尤其"古代语法学家及其他作家语录"部分,鲜有现代译本参考,勉力按字面生硬直译,当然参考了高本汉《中国音韵学研究》(赵元任、罗常培、李方桂译,上海:商务印书馆,1940)等古音学著作,以及特拉斯克《语音学和音系学词典》(北京:语文出版社,2000)等工具书。译稿从诸位前辈师友大家获益良多,然错谬难免,祈请方家指教,以俟来日完善。

黄瑞成

壬寅仲秋于渝州九译馆

小寒改定

著作权合同登记号：陕版出图字 25-2022-164
图书在版编目（CIP）数据

重音与节奏：拉丁语和希腊语的韵律特点 /（英）威廉·西德尼·阿伦著；黄瑞成译. — 西安：西北大学出版社，2022.12
（爱言：古典语文学丛书 / 黄瑞成主编）
书名原文：Accent and Rhythm：Prosodic Features of Latin and Greek
ISBN 978-7-5604-5079-7

Ⅰ.①重… Ⅱ.①威…②黄… Ⅲ.①拉丁语—韵律（语言）—研究 ②希腊语—韵律（语言语）—研究 Ⅳ.① H771.4 ② H791.04

中国版本图书馆 CIP 数据核字（2022）第 247356 号

This is a Simplified-Chinese translation of the following title published by Cambridge University Press: Accent and Rhythm : Prosodic Features of Latin and Greek
ISBN 9780521108591
© Cambridge University Press 1973
This Simplified-Chinese translation for the People's Republic of China (excluding Hong Kong, Macau and Taiwan) is published by arrangement with the Press Syndicate of the University of Cambridge, Cambridge, United Kingdom.
© Northwest University Press Co., Ltd., 2022
This Simplified-Chinese translation is authorized for sale in the People's Republic of China (excluding Hong Kong, Macau and Taiwan) only. Unauthorised export of this Simplified-Chinese translation is a violation of the Copyright Act. No part of this publication may be reproduced or distributed by any means, or stored in a database or retrieval system, without the prior written permission of Cambridge University Press and Northwest University Press Co.,Ltd.
Copies of this book sold without a Cambridge University Press sticker on the cover are unauthorized and illegal.
本书封面贴有 Cambridge University Press 防伪标签，无标签者不得销售。

重音与节奏：拉丁语和希腊语的韵律特点
[英] 威廉·西德尼·阿伦 著　黄瑞成 译

出版发行：西北大学出版社
（西北大学校内　邮编：710069　电话：029-88302621　88303593）

经　　销：	全国新华书店
印　　装：	陕西博文印务有限责任公司
开　　本：	889mm×1194mm　1/32
印　　张：	18.25
字　　数：	380 千字
版　　次：	2022 年 12 月第 1 版
印　　次：	2022 年 12 月第 1 次印刷
书　　号：	ISBN 978-7-5604-5079-7
定　　价：	120.00 元

本版图书如有印装质量问题，请拨打电话 029-88302966 予以调换。